“十四五”时期国家重点出版物出版专项规划项目

高速铁路基础研究与技术创新丛书

现代信息技术系列

高速铁路数据中心设计技术

本丛书编委会　总主编

杨德修　樊　艳　赵　耀　崔校玉　编　著

蒋先国　主　审

中国铁道出版社有限公司

2024年·北　京

内 容 简 介

本书为“高速铁路基础研究与技术创新丛书”之分册。作者团队以中国铁路主数据中心设计经验为基础，凝练了中国铁路设计集团有限公司近30年来积累的高速铁路信息及相关领域工程经验，重视设计技术的实用性。本书内容以高速铁路数据中心的全过程规划设计为主线，重点论述了铁路数据中心基础设施规划与总体设计，建筑、结构、电力、暖通、消防、智能建筑、信息系统配套、通信系统，基础设施管理、BIM系统等关键设计技术，并对各类技术进行了发展趋势展望。

本书可供高速铁路数据中心相关设计、施工、建设管理、运营管理人员参考使用，并可为高校相关专业师生提供学习参考。

图书在版编目(CIP)数据

高速铁路数据中心设计技术/杨德修等编著.—北京：中国铁道出版社有限公司，2024.12

(高速铁路基础研究与技术创新丛书.现代信息技术系列)

“十四五”时期国家重点出版物出版专项规划项目

ISBN 978-7-113-31126-1

Ⅰ.①高… Ⅱ.①杨… ②本… Ⅲ.①高速铁路-数据处理中心-设计 Ⅳ.①U238②TP308

中国国家版本馆CIP数据核字(2024)第065513号

书　　名：高速铁路数据中心设计技术
作　　者： 杨德修　樊　艳　赵　耀　崔校玉

策　　划： 刘　霞
责任编辑： 夏　伟　　**编辑部电话：**(010)51873405　　**电子邮箱：**604105550@qq.com.
封面设计： 高博越　尚明龙　　**丛书标识设计：** 崔丽芳
责任校对： 刘　畅
责任印制： 高春晓

出版发行： 中国铁道出版社有限公司(100054，北京市西城区右安门西街8号)
网　　址： https://www.tdpress.com
印　　刷： 北京联兴盛业印刷股份有限公司
版　　次： 2024年12月第1版　2024年12月第1次印刷
开　　本： 787 mm×1 092 mm　1/16　**印张：** 22　**字数：** 451千
书　　号： ISBN 978-7-113-31126-1
定　　价： 128.00元

序

我国高速铁路起步晚、发展快、后劲足，经过几代人的不懈努力，通过原始创新、集成创新、引进消化吸收再创新，成功地走出了一条符合中国国情路情、具有中国特色的自主创新之路。我国已系统掌握各种复杂地质和气候条件下高速铁路建造成套技术；在工务工程、列车运行控制、牵引供电、动车组等高速铁路核心技术方面实现自主化；形成了复杂路网条件下处理跨线运行的运营管理成套技术，构建了人防、物防、技防三位一体的主动安全保障机制。我国已成为全球高速铁路运营里程最长、在建规模最大、运营速度最快、技术体系最全、运营和管理经验最丰富的国家。我国高速铁路技术已走在世界前列，成为推动世界高速铁路发展的重要力量。

为贯彻落实中共中央、国务院《交通强国建设纲要》，推进国铁集团《新时代交通强国铁路先行规划纲要》的落地，系统总结、梳理我国高速铁路各领域前沿理论和技术，向我国乃至世界高速铁路科研工作者和工程技术人员提供一套前沿性的参考书，中国国家铁路集团有限公司铁道出版社公司特组织编著出版“高速铁路基础研究与技术创新丛书”。

丛书以习近平新时代中国特色社会主义思想为指导，以国家自然科学基金课题、国家基金委-国铁集团高铁联合基金课题、国家“973”课题、国家重点研发计划课题等科研成果为支撑，从高速铁路前沿研究、补短板技术、核心技术、技术发展趋势等方向组织选题，涵盖动车组、供电、通信与信号、列控与检测、工程勘察与设计、智能建造、运营与管理、现代信息技术、安全和维护等领域，规模为100册，是全面系统论述我国高速铁路基础研究与技术创新成就的大型系列原创性科技著作。

丛书力求突出制高点、原创性、权威性、全覆盖特色。丛书各册内容以作者团队长期从事高速铁路科学研究的成果为依托，多数成果居于国内领先水平甚至世界先进水平，多种成果荣获国家科学技术奖一等奖、二等奖，国家技术发明奖一等奖、二等奖，茅以升科学技术奖，詹天佑铁道科学技术奖，铁道科技进步奖等奖项，丛书内容体现了我国当今最新、最前沿以及展现未来发展趋势的高速铁路相关研究成果和应用技术。丛书包括动车组、供电、工程施工与组织等十个系列，基本实现高速铁路各领域全覆盖。

丛书由编委会总负责。编委会阵容强大，认真负责。编委会各成员都是长期从事我国高速铁路科研、技术、生产和管理的一流专家学者，是所从事领域的翘楚，其中包括高速铁路及其相关领域的四位院士。编委会多次开会商讨丛书的体系、内容特色、作者条件及质量保障机制；分工负责，精心审订和修改各册编写提纲；多次遴选选题，先从150多个选题意向中遴选出100个选题，后又剔除了内容特色不太鲜明的8个选题，还对10多个选题提出了较大的改进意见，补充了8个关键技术和弥补技术空白的选题；最后邀请专人对各册内容进行审定，从而保证了各册内容的正确性和先进性。

2021年年底，国家新闻出版署经过严格评审，“高速铁路基础研究与技术创新丛书”(100册)成功入选“‘十四五’时期国家重点出版物出版专项规划——重大出版工程”。这是对本丛书项目的认可，也是对编委会、作者和编辑等人员前期工作的认可，更是一种鞭策。我们相信，本丛书的出版，将助力于《交通强国建设纲要》的贯彻落实，推动我国乃至世界高速铁路事业的发展，也将为铁路领域的科研工作者、工程技术人员、管理人员，以及高校相关专业师生提供一套高水平、原创性、权威性、全覆盖的大型高铁科技精品著作。

中国工程院院士
“高速铁路基础研究与技术创新丛书”编委会主任 卢春房

2022年2月

前　言

本书为“高速铁路基础研究与技术创新丛书”之分册，按丛书要求，力图体现高速铁路数据中心设计技术的原创性、前沿性特色。

随着智能高速铁路建设的快速推进，云计算、大数据、物联网、人工智能、5G移动互联等先进的信息技术、通信技术在高速铁路智能建造、智能装备、智能运营等领域得到了广泛应用。铁路数据中心作为集中承载信息、通信系统的新型基础设施，成为了铁路信息化、数字化、智能化建设的必要基础条件，是智能高速铁路安全、可靠、高效运行的重要保障，其重要性日益提升。

与传统设置于国铁集团、铁路局、基层站段多层级的信息机房、通信机房分布式部署模式不同，铁路数据中心具有集中部署、体量巨大、建设等级高等特点，对安全可靠、绿色节能、智能运营等方面的要求非常高。目前国内外金融、电力、互联网等企业纷纷建设数据中心支撑企业信息化、智能化发展，但不同行业信息化发展规划不同，数据中心的规模、等级、选址、布局等均有较大的差异，建筑、结构、电力、暖通、消防、智能建筑、信息系统配套、通信等关键设计技术更是千差万别，BIM技术在铁路数据中心设计中的应用存在空白，尚无针对高速铁路数据中心设计技术的专门研究。

本书以高速铁路数据中心的全过程规划、设计为主线，重点论述数据中心基础设施各部分的关键设计技术，并对各类技术进行了发展趋势展望，主要内容包括：高速铁路数据中心规划与总体设计，建筑、结构、电力、暖通、消防、智能建筑、信息系统配套、通信等系统设计，基础设施管理系统、BIM应用等设计技术。

本书内容涉及众多高速铁路数据中心高可靠性、高安全性、绿色节能、智能运营、云计算数据中心、BIM等前沿综合性技术，作者团队以中国铁路主数据中心设计经验为基础，凝练了中国铁路设计集团有限公司近30年来积累的高速铁路信息及相关领域工程经验，重视设计技术的实用性，可供高速铁路数据中心相关设计、施工、建设管理、运营管理人员参考使用，并可为高校相关专业师生提供学习参考，还可为其他行业数据中心从业人员提供参考。

本书由中国铁路设计集团有限公司杨德修、樊艳、赵耀、崔校玉编著，由全国勘察设计大师蒋先国主审，其他多位专业技术人员参与编写工作。第 1 章由赵耀编著；第 2 章由樊艳编著；第 3 章由杨德修编著，张晶、郭栋参与；第 4 章由杨德修编著，李俊生、何浩博、翁凯、苗盛、张文超、米宏广参与；第 5 章由崔校玉编著，关磊、庞玉泽、王斌晓、张莹、闫小伟、崔小岳、赵丽娜参与；第 6 章由杨德修编著，赵云波参与；第 7 章由杨德修编著，吴彬参与；第 8 章由赵耀编著，吴绍华、秦小光、赵树学参与；第 9 章由赵耀编著，李珉璇、黄乃斌、冯敬然参与；第 10 章由樊艳编著，谭超、任超、李敬钦、沙玉林参与；第 11 章由赵耀编著，周敏、江凌翔参与；第 12 章由赵耀编著，张妍君、朱纯瑶、柴天娇、彭涛、董健、彭良勇参与。全书由赵耀统稿，杨德修、樊艳定稿。

编著者

2023 年 9 月

目　　录

第1章　绪　　论

我国交通运输行业正进入加快建设交通强国新阶段的重要时期，为贯彻落实《交通强国建设纲要》《国家综合立体交通网规划纲要》，构建安全、便捷、高效、绿色、经济的现代化综合交通体系，高速铁路数字化转型与智能化提升对优化设施、技术、管理、服务等方面均起到重要作用。

随着智能高速铁路建设的快速推进，云计算、大数据、物联网、人工智能、5G 移动互联等先进的信息技术、通信技术在高速铁路智能建造、智能装备、智能运营等领域得到了广泛应用。铁路数据中心作为集中承载信息、通信系统的新型基础设施，成为铁路信息化、数字化、智能化建设的必要基础条件，是智能高速铁路安全、可靠、高效运行的重要保障，其重要性日益提升。

与传统设置于中国国家铁路集团公司（以下简称“国铁集团”）、铁路局集团公司（以下简称“铁路局”）、基层站段多层级的信息机房、通信机房分布式部署模式不同，铁路数据中心具有集中部署、体量巨大、建设等级高等特点，对安全可靠、绿色节能、智能运营等方面的要求非常高。目前国内外金融、电力、互联网等企业纷纷建设数据中心支撑企业信息化、智能化发展，但不同行业信息化发展规划不同，数据中心的规模、等级、选址、布局等均有较大的差异，建筑、结构、电力、暖通、消防、智能建筑、信息系统配套、通信系统等细节设计技术更是千差万别，BIM 技术在铁路数据中心设计中的应用存在空白，有必要对高速铁路数据中心设计技术开展专门研究。

1.1　数据中心发展概述

数据中心是承载电子信息系统设备的重要场所，作为信息系统的基础设施经历了数十年的发展。本节重点从数据中心定义及功能、数据中心演进、数据中心发展趋势等方面对数据中心发展历程进行介绍，为读者提供数据中心的基础知识。

1.1.1　数据中心定义及功能

数据中心（data center，DC），即为集中放置的电子信息设备提供运行环境的建筑场所。

数据中心不仅仅包含计算机系统和其他与之配套的通信、存储、网络等设备，还包含了为其提供安全可靠运行环境及物理安全条件的建筑结构、机电设备、监控设备及各种安全装置。

数据中心的定义有狭义与广义之分，狭义的数据中心是指场地基础设施（建筑物、柴油发电机、冷冻机、精密空调、变配电设备、UPS、给排水、消防、安防、环境控制等），而广义的数据中心则涵盖了业务层、IT 应用层、IT 基础设施层（服务器、存储、网络设备等）和场地基础设施层。本书论述的数据中心指狭义的数据中心，即场地基础设施。

目前数据中心主要分为企业数据中心与互联网数据中心两大种类。

1.1.1.1 企业数据中心

企业数据中心（enterprise data center，EDC）的功能可概括为：企业的生产中心、企业的核心运营支撑、信息资源服务、核心计算、数据存储和备份、业务可持续性计划实施等重要环节和关键业务，承载企业和政府信息化发展的重任。到目前为止，大型银行、电力系统、电信运营商、主要政府部门已经逐步完成了数据大集中，其趋势正在持续加速，更多的企业和地方政府也加入其中。实施数据大集中的初衷是为了进一步强化风险控制能力，降低总体运营成本，支持行业大数据、政府大数据系统的建设与发展，挖掘企业数据的巨大潜在价值。但数据大集中之后存在数据安全风险，因此企业数据中心更注重安全可靠性。

高速铁路数据中心属于企业数据中心。

1.1.1.2 互联网数据中心

互联网数据中心（internet data center，IDC）是指一种拥有完善的设备（包括高速互联网接入带宽、高性能局域网络、安全可靠的机房环境等）、专业化的管理、完善的应用服务平台。在这个平台基础上，IDC 服务商为客户提供互联网基础平台服务（服务器托管、虚拟主机、邮件缓存、虚拟邮件等）以及各种增值服务（场地的租用服务、域名系统服务、负载均衡系统、数据库系统、数据备份服务等）。IDC 服务的主要对象包括：大型跨国企业机构、互联网服务供应商、互联网内容供应商、电子商务服务供应商、应用软件服务供应商、系统集成供应商、多媒体服务供应商、网站设计及托管供应商。

1.1.2 数据中心演进

电子通信、计算机、互联网的先后发明与规模化应用，标志着近代社会人类第三次工业革命“信息革命”的大规模兴起与应用。由通信技术、计算机、网络组成的信息基础设施中，数据中心实现了大量计算、存储、网络资源的集中化应用，是信息化发展阶段从计算机时代跨入信息时代的关键一步。随着信息技术的进步，信息系统的算力经历了集中—分散—集中的发展过程，如今又出现了云边端协同、雾计算等复杂计算结构。同样地，作为算力承载基础设施的数据中心也从僵化的结构、低效的管理与运营模式，向具有数字化、网络化、智能化特征的新型数据中心转变。结合信息通信技术发展与承载需求变化，数据中心主要经历了计算中心、信息中心、云数据中心等数个主要发展阶段，正在向算力中心方向演进。

1.1.2.1 计算中心阶段

计算中心阶段的早期数据中心多由政府和企业自建自用，后续也出现了由基础电信运营商提供数据中心服务，服务内容主要包括场地、电力、网络带宽、通信设备等基础资源和设施托管、维护服务，主要业务类型为主机托管。以美国为例，在20世纪90年代初期，数据中心以政府和科研应用为主，商业化使用情况较少。

互联网的高速发展带动了网站数量的激增，各种互联网设备如主机、服务器、存储、出口带宽等资源的集中放置和维护需求高涨，主机托管、网站托管等业务类型需求突出。这个阶段数据中心主要针对托管需求提供主机托管服务、数据存储管理、安全管理、网络互联、出口带宽的网络选择等资源托管服务。

1.1.2.2 信息中心阶段

本阶段的主要特征是大型化、虚拟化、综合化的数据中心服务，尤其是云计算技术引入后，数据中心突破了原有的机柜出租、线路带宽共享、主机托管维护、应用托管等服务，更注重数据存储和计算能力的虚拟化、设备维护管理的综合化、规模化运营。

1.1.2.3 云数据中心阶段

云数据中心阶段对数据中心电能、能源利用效率（power usage effectiveness，PUE）目标、虚拟化、服务器利用率以及设备利用率等指标提出了监控和度量要求。在云计算技术成熟驱动下，云服务商的集中云化需求旺盛并向多形态云服务演变，市场供给侧呈现运营商、第三方、跨界方多主体竞争格局。

1.1.2.4 算力中心阶段

数据中心正在步入算力中心阶段，云计算、大数据、物联网、人工智能、移动互联等新型信息通信技术的加速发展，显著驱动了数据云存储及智能算力需求的增长，促使数据中心的算力技术持续发展。该阶段数据中心产业用户需求开始转向绿色化、智能化的算力解决方案，服务器的计算能力也从以往的CPU计算向GPU、TPU等更契合人工智能计算的转变。

1.1.3 数据中心发展趋势

互联网发展带动数据中心逐步转化为集中建设、灵活部署、绿色节能的集约式发展方式。依托云计算技术的数据中心能够实现信息基础设施资源动态调配和按需供给，满足业务应用系统按需分配资源以及业务数据大集中、开展大数据及人工智能应用等更高需求。

1.1.3.1 广义数据中心发展趋势

当前，数据中心已成为现代大型企业核心竞争力的重要表征，担负信息资源服务、关键业务计算、数据存储备份等重要任务。

现代数据中心具有如下发展趋势：

1. 集中化和集约化

集中化和集约化主要体现在以下几个方面：

(1)大，数据中心大型化、规模化。规模化不仅能够带来可观的经济效益，更可以为数据中心运营者带来管理效率的提升。

(2)小，指 PUE 值变小，即数据中心绿色化。绿色、节能、低碳、环保是数据中心能耗发展的必然趋势。

(3)精，指数据中心精细化智能运维，降低运营成本，提高安全性。

(4)灵，指数据中心具有灵活度，能快速、灵活地实现应用系统部署与调整。

2. 软件定义数据中心

软件定义数据中心(software defined data center，SDDC)指对数据中心所有的物理资源进行虚拟化、软件化，通过虚拟化技术构建一个由虚拟资源组成的资源池，对服务器计算、存储、网络等资源进行虚拟化。软件定义数据中心可以简化服务器更改、存储更改操作，降低网络配置难度，对服务器、存储、网络管理和配置操作具备可重复性和持续性，使硬件资源可以通过软件进行配置和调度，提高灵活性和敏捷性，显著降低数据中心成本和管理难度。

3. 网络技术进步推动数据中心架构创新和演进

新一代数据中心运用软件定义网络(software defined network，SDN)技术，并在整个堆栈中普遍使用虚拟化、容器和网络功能虚拟化(network functions virtualization，NFV)等相关虚拟化技术，实现可编程基础设施及网络自动化和可视化，极大提高数据中心伸缩性和性能。

4. 超融合架构基础设施

超融合架构基础设施指融合计算、存储、网络等能力的标准设备通过软件平台进行关联，即可实现相比传统 IT 形态更弹性、可靠、安全的 IT 模式，通过超融合管理平台将所有资源统一管理、运维和防护，同时提供标准接口，与上层各类平台进行对接。

5. 运维模式向研发运维一体化发展

随着云计算、大数据、物联网、微服务、容器等新技术广泛使用，DevOps 理念快速推广，CI/CD 深入人心，稳态与敏态融合的业务模式使运维模式呈现明显的“混合化”趋势。运维模式的改变给运维部门在管理、组织、流程、技术、工具等方面带来全新变化，逐渐向研发运维一体化的方向演进。

1.1.3.2 数据中心基础设施发展趋势

为了满足承载电子信息系统的发展，狭义的数据中心即数据中心基础设施也在以下几个方面发展、演进。

1. 模块化的标准基础设施

在新一代数据中心中，为使信息基础设施简化以及具有适应性与可扩展性，需要对服务器、存储设备、网络等基本组成按工业标准进行模块化配置设计，通过调整配置就可以为满足数据中心服务需求量身打造具体方案。基于标准的模块化系统能够简化数据中心的环境、加强对成本的控制、降低建设周期，进而实现为可扩展、灵活的信息系统和服务构建更具适应性的基础设施环境，从而提高运营效率，降低复杂性和风险。

2. 自动化远程管理

新一代数据中心应是 7×24 小时无人值守、可远程管理的，这种管理涉及整个数据中心的自动化运营，不仅监测与修复设备的硬件故障，还要实现从服务器和存储系统到应用的端到端的基础设施统一管理。先进的自动化功能可以动态地重新分配资源，确保信息基础设施与业务协调一致。通过将重复性的任务自动化，IT 机构可以降低成本，减少人为错误。自动化、虚拟化和自动化管理的有机结合能帮助 IT 机构按照预定的计划实现所需的服务等级。随着 BS 架构逐步普及，数据中心管理员只要有一个浏览器，就能通过网络实现基础设施的可视化远程管理，也能对信息基础设施进行统一的系统漏洞与补丁管理、主动的性能管理与瓶颈分析、快速的服务器与操作系统部署、系统功率测量与调整，对数据中心中的门禁、通风、温度、湿度、电力进行远程调度与控制。数据中心基础设施均可自动地远程管理，而不依赖于现场人工干预。

3. 快速的可扩展能力

在新一代数据中心中，所有的服务器、存储设备、网络均可通过虚拟化技术形成虚拟共享资源池，而被数据中心中的各种应用系统共享。新的云平台方案通过资源所有权分离手段将信息基础设施管理者与应用管理者进行逻辑分离，使系统管理员可通过软件工具快速进行虚拟资源的创建和重新部署，成为 IT 服务的共享资源。然后，根据已确定的业务应用需求和服务级别并通过监控服务质量来动态配置、订购、供应虚拟资源，实现虚拟资源供应的自动化，获得基础设施资源利用的快速扩展能力。而且，这种资源扩展能力是按不断变化的业务需求实时变化的，或扩展或收缩(按需要从虚拟池获得，不需要时归还虚拟池，让其他系统共享)，形成高度灵活的系统扩展性。对应的基础设施空间、供电、制冷等方面也应具备相应能力。

4. 能源与空间节约

传统数据中心设计阶段重点考虑性能，而新一代数据中心在当今能源紧缺与能源成本迅猛增长、“碳达峰、碳中和”发展理念下必然要在性能基础上追求能源利用效率，并提高数据中心空间利用率。在新一代数据中心中将大量使用节能服务器、存储和网络设备，在信息基础设施层面实现动态节能调度，并通过先进的供电和散热技术(新型电源组件、热量智能管理、冷池制冷技术、水冷却机柜、紧耦合散热、动态智能散热等)，解决传统数据中心过量制冷和空间不足的问题，实现供电、散热和计算资源的无缝集成和管理。新一代数据中心将是一个融合信息基础设施与场地基础设施、能高效利用能源和空间的数据中心，支持企业或机构获得可持续发展的计算环境。

5. 高可用性冗余设计

新一代数据中心应该是 7×24 小时连续运行的，尤其是高速铁路数据中心这种直接影响运营安全的数据中心，其服务不允许有任何的中断(包括计划内的维护)。企业或机构的数据中心集中承载重要数据和核心应用，信息或场地基础设施因自身各种原因或灾难导致故障都可能引起业务中断。因此，新一代数据中心特别强调系统中各部分的冗余、容错以至容灾设计，并考虑跨数据中心之间的容灾备份，使之能确保稳定持续的系统连接，既满足关键业务对系统性能的要求，又能保障企业或机构数据的安全。在新一代数据中心中，建立高度可信赖的计算平台(容错和容灾计算环境)是第一位的；然后是信息安全保障，包括网络安全威胁防范、数据复制与备份；进一步是场地基础设施的高可靠容错设计与容灾备份中心建设等措施，从而满足连续服务的高可用性要求。

1.2 高速铁路数据中心概述

中国铁路信息化自 20 世纪 60 年代起发展至今，从最早的计划编制到如今智能高速铁路建设的重要支撑，其作用日益提升。相应地，承载铁路信息化发展的信息机房也经历了多个建设阶段，才最终进入高速铁路数据中心的建设阶段。本节从铁路信息化发展、铁路信息机房建设情况及高速铁路数据中心建设必要性多个角度对高速铁路数据中心概况进行介绍。

1.2.1 铁路信息化发展

中国铁路信息技术应用始于 20 世纪 60 年代，开始时主要用于编制铁路运输计划。从 20 世纪 70 年代起，开始全面规划信息技术在铁路上的应用。21 世纪初期，铁路信息技术已经涉及了全路各部门，覆盖了运输和车、机、工、电、财务、统计、办公等系统，功能深入到铁路运输生产内部环节的全路全网型实时性系统，初步形成了铁路通信网和计算机网络，铁路客票发售和预订系统应用效果良好，铁路车号自动识别系统投入运用，铁路运输管理信息系统(TMIS)基本建成，财务、货运清算、电子政务等系统初具规模逐步推广应用。

2005 年《铁路信息化总体规划》发布以来，经过"十一五"积极推进，特别是"十二五"期间，围绕运输组织改革、服务方式改进、安全技术防护、多元业务发展等重大任务，大力推进信息化建设，系统覆盖范围进一步扩大，信息共享进一步增强，应用水平进一步提高，运输生产更加有序，客货服务更加便捷，业务管理更加协同，安全保障更加有力，在运输组织、安全生产、客货服务、经营管理、建设管理等领域发挥了重要支撑作用。信息化已成为各单位、各部门不可或缺的重要手段。

2017年国铁集团前身中国铁路总公司发布了新版《铁路信息化总体规划》，明确提出按照云数据中心进行规划设计、尽快建成总公司主数据中心，以解决总公司机房资源紧张、计算存储资源配置分散、云计算和虚拟化技术应用程度不高、信息处理能力不足等一系列问题，进一步提升铁路信息基础设施服务能力。"十三五"期间高速铁路信息化广泛利用现代通信和信息技术，构建技术先进、功能完善、经济适用、安全可靠的，具有中国特色的高速铁路信息系统，在工程建设信息化、客运服务信息化、动车组维修信息化、基础设施维护信息化、运输调度信息化、安全防护信息化、经营管理信息化等领域取得了显著成效，构建了基础硬件及网络设施、基础数据平台、信息共享平台、大数据分析平台等公共基础平台，实现了调度指挥智能化、客货营销社会化、经营管理现代化，为提高运输效率、扩大运输能力、优化资源配置、保障运输安全、改进服务质量、提升管理水平、提高经济效益提供支撑。

在步入"十四五"后，国铁集团发布了《"十四五"铁路网络安全和信息化规划》，进一步提出细化落实铁路信息化的主要目标体现在铁路信息基础设施更加智能、信息系统服务能力更加完备、网络安全防护更加坚固、信息化管理更加优化四个方面，指导铁路信息化向新的目标发展。

1.2.2 铁路信息机房建设情况

铁路数据中心早期按照信息机房的标准进行建设，目前已经形成了国铁集团级—铁路局级—站段级为主要模式的信息机房体系架构，支撑了铁路信息化的发展。

国铁集团级信息机房主要在国铁集团调度楼内，承载中心级客票、客服、运调、财务、公安、办公等系统。

铁路局级信息机房随铁路局调度所工程建设，其中北京、上海、武汉、广州、成都调度所信息机房为第一批建设，郑州、南昌、昆明、兰州、乌鲁木齐调度所信息机房为第二批建设，沈阳、西安、呼和浩特、哈尔滨调度所信息机房为第三批建设，同时南宁、太原、济南、青藏公司调度所信息机房也穿插在三批调度所工程过程中建设，承载铁路局级信息系统。

站段级信息机房随铁路工程建设，满足站段现场的设备部署需求。

1.2.3 高速铁路数据中心建设的必要性

1.2.3.1 铁路信息系统建设的迫切需求

铁路整体信息机房能力相对薄弱，以国铁集团级信息化基础设施为代表，无论是早期建设的东调度楼机房，还是2012年建成投运的西调度楼运营调度、客运服务系统机房，都不是按照数据中心理念设计的。随着信息技术发展提出的系统部署需求，出现了机房部署分散、机房设计采用标准低、运行环境不佳等问题，由于受到供电及制冷的限制导致机房布局分散、负荷重、能耗高，存在运营隐患。特别突出为问题是现有机房面积小，装机能力远不能满足信息系统建设要求。

铁路既有信息机房由于受到场地面积、供电及辅助配套设备限制,在信息系统部署需求、安全性、可用性方面受到了很大限制,已不能满足国铁集团信息系统发展对数据中心基础设施的要求。

铁路未来信息系统向应用业务数据大集中、大数据与人工智能应用方向发展,对铁路数据中心的体量有更高的需求,信息机房的现状已严重制约了铁路信息化的发展,铁路数据中心基础设施的规划建设已迫在眉睫。

1.2.3.2 提高铁路信息系统先进性、安全性及可靠性部署的迫切需要

铁路信息系统长期处于分散建设阶段,业务应用系统开发建设各自为战,信息孤岛众多、信息共享困难、信息资源利用效率不高,特别是各层级业务应用水平参差不齐,对全面提升主营业务能力支撑不足。信息化整体水平与国内外相关行业及领先企业相比存在较大差距。对于国铁集团级关键业务系统而言,因信息机房受到场地面积、供电及辅助配套设备限制,仅实现了客票系统的双活,存在信息系统建设受机房面积限制的倒挂现象。

当前及今后一个时期是国铁集团发展重要战略机遇期。信息化作为发展的新空间和新动力,是驱动铁路创新发展的先导力量。有必要把信息化、数字化摆在战略高度,切实推进信息化建设,充分发挥信息化在推动企业变革、引领创新发展中的重大作用,着力推进管理模式、经营模式、运输组织创新,积极开展基于互联网各类应用创新,提高运输组织效率,打通物流链、服务链,拓展市场发展空间。向改革要出路,向创新要成果,向管理要效益。

根据相关规划,铁路数据中心规划为国铁集团级数据中心、铁路局运行中心二级架构,并在站段构建边缘计算中心。其中,国铁集团级数据中心作为国铁集团级的生产运行中心,将积极采用互联网、云计算、大数据、物联网、移动互联网、北斗卫星、地理信息等信息新技术,统一构建企业级数据服务平台、集成服务平台、客户服务平台和信息基础设施平台,承载国铁集团级应用系统部署、全路集中应用系统部署及数据资源存储,并应满足 12306 网站、客票系统、调度系统等同城双活的高可靠性要求,保证关键业务的连续性和实时性。

综上所述,铁路数据中心作为铁路信息系统集中统一部署的重要基础支撑,能够实现信息基础设施能力的统一管理、弹性扩展、按需调配,确保核心业务应用系统运营的安全性、可靠性和连续性。因此,铁路数据中心的建设是非常必须和迫切的。

1.2.3.3 铁路大数据发展战略的迫切需要

2015 年国务院印发了《国务院关于促进大数据发展行动纲要的通知》(国发〔2015〕50 号),明确要求加快推动数据资源开放共享流通、强化数据资源在各领域应用、促进产业转型升级、培育发展新业态。2016 年 1 月国家发展改革委办公厅印发了《关于组织实施促进大数据发展重大工程的通知》(发改办高技〔2016〕42 号),明确依托国家重大建设项目组织开展促进大数据发展重大工程。

铁路应积极践行国家号召,从破解制约铁路大数据创新发展的突出矛盾和问题出发,重

点推进数据资源共享开发,推动大数据基础设施统筹建设,打破数据资源壁垒,深化数据资源应用,积极培育产业发展新业态。

各省、市地方政府大都建立了各种形态的创新园区,铁路转型发展也需要拥有自己的创新园区。铁路也急需一个大数据研发及应用创新基地,需要一个技术孵化基地,需要一个开展"大众创业、万众创新"的集中场所。铁路应紧抓信息数据大爆发的历史机遇,大力推进"互联网+"现代铁路,研究应用大数据、云计算、物联网、移动互联、北斗卫星导航等先进技术,推动铁路全产业链改造升级,朝着世界一流企业的目标快速成长跃进。建立创新园区、集中优势力量开展铁路技术创新、应用创新技术是铁路转型发展的需要。

铁路信息化规模应用经过逾20年的发展,已经积累了海量的铁路数据。在全球大数据时代来临之际,铁路应不失时机地启动大数据战略,研究制定铁路大数据开发标准和战略路线图,基于铁路大数据进行创新开发,在铁路运输生产、调度指挥、客货运服务、设备检修与监测、经营管理、决策支持等方面,发挥数据价值挖掘优势,提高关联业务分析和辅助决策能力,提升铁路大数据采集获取能力和分析利用能力,充分发掘数据资源的创新支撑潜力,带动铁路技术研发体系创新、生产管理方式变革、商业模式创新和产业价值链体系重构,推动跨领域、跨行业的数据融合和协同创新,促进铁路转型升级,探索形成协同发展的新业态、新模式,形成新的经济增长点,同时降低铁路运营成本,提高铁路经营决策水平和业务效率,提升铁路创新能力和服务质量。

利用大数据技术,可同时对接国家大交通、政府、海关、银行、其他物流企业等单位,提供铁路大数据应用公共服务和铁路数据共享,提高对接单位的数据应用效率,方便人民群众。

1.2.3.4 增强国铁集团核心竞争力的迫切需求

全球经济一体化进程、资本市场竞争的加剧以及信息技术的冲击,使得国内外企业的业务模式、市场拓展、管理运营、技术创新、资源开发等都在期待着有所突破,并通过创新和变革带来新的竞争优势。面对挑战,信息化技术将成为企业的重要竞争力之一,能显著提高经营效率和质量,并充分利用信息技术创新业务模式,增强企业的核心竞争力。

铁路作为国民经济大动脉、国家重要基础设施和大众化交通工具,是综合交通运输体系的骨干,具有节能、环保、安全、大运力等特点,在我国经济社会发展中的地位至关重要。铁路技术发展的总目标是:依靠科技进步与创新,构建完善客运高速、便捷,货运重载、快捷,速度、密度、重量合理匹配,高新技术与适用技术并举,不同等级技术装备协调发展,具有中国铁路特点的技术体系,建设安全、高效、节能、环保、高度信息化的现代化铁路。

铁路信息化建设要坚持统一规划、统一标准、互联互通、资源共享的原则,全面推进铁路信息化建设,大力发展数字化、智能化铁路。推进运输调度指挥、运输生产组织、客货营销服务、运力资源配置、经营资源管理、行车安全监控、铁路建设和政务管理等信息化,强化系统整合,促进业务流程再造和资源优化配置,深入开发和综合利用信息资源,充分发挥信息化整体效益。积极发展应用物联网、云计算、地理信息、卫星导航、下一代互联网等现代信息技术。加强铁路信息基础设施建设，推进公用基础编码平台、信息共享平台、铁路地理信息平台、铁路门户和数据中心的建设与运用，建设覆盖全路的宽带信息网络。坚持积极防御、综合防范的原则，运用多样化的安全策略，实行信息安全等级保护制度，落实灾难备份措施，加强信息系统运行监测，建立健全信息安全保障体系和信息系统运行维护体系，提高铁路网络与信息安全突发事件应对能力。

数据中心是企业信息化的重要基础设施，是企业必不可少的业务支撑平台，是现代企业核心竞争力的重要表征。进入 21 世纪，我国数据中心建设进入快速发展阶段。国内金融、电信、石化、电力、税务、海关、民航、电商等行业纷纷对数据进行全面整合和集中管理，并开展了现代大型数据中心建设，实现了从计算中心、信息中心向数据中心的转变，在提升企业信息服务质量与效率的同时，先行抢占了资源制高点，夯实了企业发展基础，增强了企业竞争能力。

在能源行业，主要生产销售企业已在北京及周边地区规划建设了数万平方米数据中心。在金融行业，大型国有银行目前主数据中心、异地灾备数据中心的规模也已接近十万平方米。在交通行业，各大航空公司、航运公司、城市铁路等企业也分别建设了数万平方米的数据中心。在互联网及电子商务领域，已规划和建设了数十万平方米的数据中心。

爆发式的需求增长以及高能源消耗的基本特性，使得数据中心迅速成为紧俏资源。北京、上海等一线大城市从 2014 年起开始限制或停止对数据中心新建、改建项目的审批工作，已批准的在建项目规模有限，一线城市数据中心资源正面临日趋枯竭的困境。

借鉴国内相关行业数据中心建设的经验，结合铁路技术发展的总目标对信息化建设的要求，铁路数据中心的建设是非常重要和必须的，只有快速实现从现状分散式部署计算中心、信息中心向数据中心的转变，在提升企业信息服务质量与效率的同时，先行抢占资源制高点，才能有效夯实企业发展基础，增强企业的核心竞争能力。主数据中心是企业信息化的重要基础设施，是企业必不可少的业务支撑平台，是现代企业核心竞争力的重要表征。

1.3 高速铁路数据中心研究现状

在高速铁路数据中心建设的紧迫需求之下，国铁集团主管部门开展了铁路数据中心规划、布局等方面的研究工作。本节主要根据数据中心的规划情况，结合相关行业数据中心的实际规划与布局情况，对高速铁路数据中心研究现状进行介绍。

1.3.1 高速铁路数据中心规划

1.3.1.1 铁路数据中心分级规划

按照国铁集团统筹规划，国铁集团层数据中心由多地多中心方式构成，与铁路局和其他所属公司以及站段既有IT资源构建覆盖3个层级一体化的铁路行业云。建成后的铁路云为兼具私有云服务和公有云服务的混合云。

1. 国铁集团层级

以主数据中心为核心，整合同城双活中心、异地灾备中心，构建铁路云的核心能力层，是全路数据存储、逻辑算力和网安管控中心。

2. 铁路局和其他所属公司层级

整合各铁路局和其他所属公司IT资源，依托国铁集团数据中心能力，构建铁路云的区域中心层。

3. 站段层级

由各铁路局根据需要在网络边缘侧配置IT资源，构建边缘计算节点层，与区域中心层形成互补。

1.3.1.2　铁路数据中心发展规划

铁路数据中心建设不仅是落实铁路行业信息化总体规划的关键，更是我国铁路行业与世界铁路同行业相比实现“两个领先、三个提升”的重要基础支撑。

铁路云的持续建设可理解为铁路行业自建内部私有网络空间的过程，即通过与人互动形成的三维动态虚拟空间，根据不同应用运行需求和安全等保要求划分为外部服务网络空间、私有内部服务网络空间、私有安全生产网络空间。

数据中心作为网络空间在物理空间上的通信和算力节点，需进一步提升和加强现代化数据中心的“算力资源中心、数据资源中心、网安管控中心、生产运行中心”等核心能力。参考中国工商银行股份有限公司、国家电网有限公司、阿里巴巴网络技术有限公司等行业数据中心的先行经验，结合铁路行业信息化现状及未来发展方向规划如下：

(1)全面建成“多地多中心＋双运行中心”模式。整合改造铁路局既有数据中心资源，探索分布式多活架构，资源调度跨越多个数据中心，运维管理基于全局，逻辑上视为一个全局全域数据中心。

(2)多业务整合。整合分散的业务系统，再造业务流程，综合考虑应用系统部署方式、业务连续性要求等多种因素，采用扁平化架构，建立相同或相似数据中心业务系统，建成“面向服务计算模式”的企业级数据中心，实现集中式基础设施、信息全面共享的目标。

(3)基于算力资源、数据资源集中，努力建立铁路企业运输生产动态全景的“数字孪生”，以员工在线、产品在线、客户在线、管理在线为标志支撑实现铁路企业数字化运营。

1.3.2　高速铁路数据中心布局

数据中心是国家新基建的重点内容之一，推动全国一体化大数据中心建设有助于促进数字经济的发展。铁路数据中心承载的主要业务包括铁路信息化、智能化、数字化相关业务应用，同时可以为以铁路 5G 核心网为代表的铁路通信云提供基础设施支撑。不论是从国家战略政策角度，还是铁路行业创新发展的角度，均有必要合理布局高速铁路数据中心。

1.3.2.1 典型数据中心布局

从全球分布来看，数据中心主要集中在全球主要中心城市。互联网企业利用其强大的网络及软件技术支持，多选择在气候环境有助于节能的城市建设数据中心。一直以来，我国数据中心主要集中在北京、上海、广州、深圳等人口密集、经济发达的城市，自 2013 年工业和信息化部联合四部委发布《关于数据中心建设布局的指导意见》以来，我国数据中心布局渐趋合理，目前我国多个城市建有大型或超大型数据中心。

1. 全国一体化大数据中心体系

各国政府高度重视数据中心发展，美国、欧盟、日本等发达国家和地区相继推出政策计划，将数据中心的整合升级作为战略实施的关键基础。我国也高度重视数据中心的整合发展，提出了建设全一体化的国家大数据中心概念，构建融合物理层数据中心、处理层云计算、应用层大数据的集成创新平台。

全国一体化大数据中心体系架构由国家主数据中心、区域公共数据中心和社会数据中心组成，如图 1-1 所示。

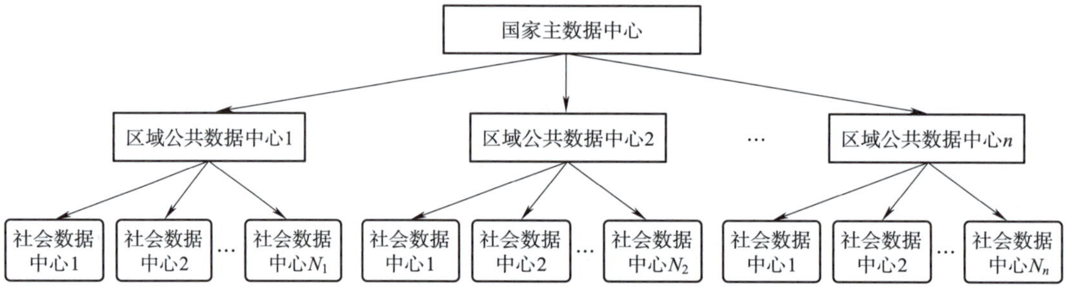

图 1-1 全国一体化大数据中心体系架构

推动建设全国一体化国家大数据中心，加快新型基础设施建设布局，有助于促进我国数字经济发展。为实现全国一体化大数据中心的协同创新，需进一步构建政府与企业间的数据资源流通共享体系、深化行业数据智能应用，对企业数据中心的规划提出了新的要求。

2. 国内典型企业数据中心布局分析

根据文献及公开资料查阅，国家电网、工商银行、建设银行、阿里巴巴、腾讯等企业数据中心情况见表 1-1。

表 1-1 国内典型企业数据中心概况

公　司	布局原则
国家电网	灾备中心向集中式数据中心发展
工商银行	两地三中心模式
建设银行	两地三中心模式
阿里巴巴	分布式多数据中心
腾讯	分布式多数据中心

典型的互联网企业倾向于采用大集中式、扁平化、多地多中心(≥3)模式的数据中心;典型的大型国有企业多采用两级数据中心架构,一级数据中心多采用"两地三中心"模式或"三地三中心"模式。数据中心之间多采用互为备份的方式。

典型国企的总公司级数据中心选址多为北京、上海、广州、深圳等发达的城市。

3. 对高速铁路数据中心的启示

高速铁路数据中心是铁路行业的核心,作为社会数据中心纳入全国一体化大数据中心有助于促进信息资源融合、为政府决策提供铁路行业数据。因此,有必要采用云计算、绿色环保、安全可靠技术构建,合理布局和选址,适时承载区域公共数据中心的部分功能。

为了保障业务安全可靠运行,数据中心部署宜采用"两地三中心"模式;而为了区域化服务提高用户体验,数据中心宜采用扁平化多中心的模式。需进一步结合高速铁路数据中心承载信息系统业务的具体需求,进行合理的布局及选址研究。

1.3.2.2 高速铁路数据中心布局模式

1. 高速铁路数据中心分级架构

铁路数据中心需求主要包含铁路信息化业务应用部署、智能铁路业务应用部署、以铁路5G专网核心网为代表的铁路通信云部署等内容,数据中心布局主要可以分为分级部署、扁平化一级部署2大类。

(1)分级部署。铁路运输生产、客货营销、经营管理等信息化应用及铁路通信云部署,在国铁集团、铁路局层面均有数据处理的需求,同时在站段进行边缘处理,适合采用分级部署的模式。

(2)扁平化一级部署。以12306互联网售票系统、95306货运综合服务平台等为代表的互联网应用内容数据量大、同时接入用户数量多,为了向用户提供高质量、低时延的优质服务更加适宜一级部署,并扁平化靠近用户提供服务。随着智能铁路数据量提升,一些非关键业务有采用5G公网或互联网承载的可能,为了接近业务现场,也适合采用国铁集团一级数据中心的扁平化、区域化部署模式。

(3)铁路数据中心分级。在智能铁路的发展方向指引下,结合智能京张(北京—张家口)、京雄(北京—雄安)、浩吉(浩勒报吉—吉安)等实践,数据和业务应用有向国铁集团级数据中心集中的趋势,扁平化一级部署的业务应用占比将逐步增加;但前置数据服务、个性化系统部署、特殊情况的应急处理等需求,需要在铁路局一级维持数据处理能力,分级部署模式将在一段时间内持续存在。

综上分析,铁路数据中心可按照国铁集团、铁路局、站段三级架构开展布局研究。

2. 高速铁路一级数据中心布局方案研究

铁路局级数据中心维持按照18个铁路局集团公司进行的布局,站段级数据中心结合业务具体需求布局,不再深入探讨,主要对铁路一级数据中心的布局进行研究。

(1)主备模式布局。主备模式布局工作机制如图1-2所示。正常工作模式下主数据中心作为生产中心承载全部业务,并定时与备用中心进行数据及应用系统备份;在主数据中心发生故障或灾难的情况下,备用数据中心启用接替主数据中心,系统用户全部切换到备用数据中心。

图1-2　主备模式数据中心工作机制

主备模式数据中心分工明确,可靠性较高。但这种模式中备用数据中心只在灾难发生时才能起到作用,造成了资源的浪费;备用数据中心在接替主中心时需要较长的时间、关系复杂,往往会影响用户的业务办理。

(2)分布式多活数据中心布局。分布式多活数据中心工作机制如图1-3所示。正常工作模式下各数据中心负载分担,各自承载部分业务为就近用户提供服务,并定时进行数据及应用系统相互备份;在其中一个中心发生故障或灾难的情况下,其业务及用户根据制定的策略切换到其他数据中心。

分布式多活数据中心将业务分布到多个数据中心,彼此之间并行为客户提供服务,分布式多活技术包括分布式和多活两大关键特征,便于数据中心资源调度,业务部署灵活。多个数据中心之间可以根据需求分别承载不同的业务应用或就近接入不同区域用户,这种复杂性也对业务运营能力提出了较高的要求。

(3)布局方案。目前以国家电网、银行为代表,包括交通、能源等诸多行业用户,为了保障信息系统服务的连续可靠,多采用“两地三中心”的主备模式构建数据中心基础设施。同

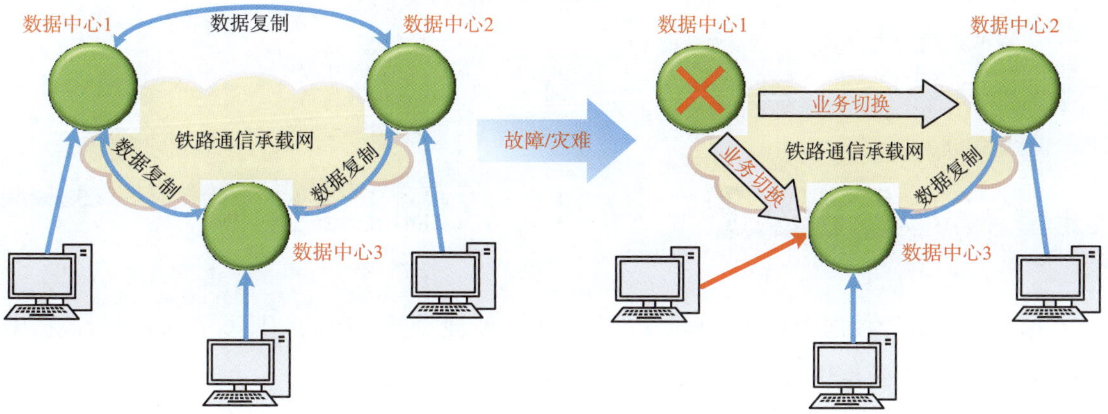

图 1-3 分布式多活数据中心工作机制

时互联网企业对外提供云计算、内容分发服务，为了更好地服务不同区域用户，多采用“多地多中心”的模式构建分布式多活数据中心架构。

铁路是国民经济大动脉、重大民生工程和综合交通运输体系骨干，在经济社会发展中的地位和作用至关重要，必须最大限度地保障影响行车安全的核心业务应用运行可靠性；同时，铁路客货运输服务质量非常重要，以 12306 互联网售票系统、95306 货运综合服务平台为代表的客户服务平台也迫切地需要提升用户体验。这样，高速铁路数据中心布局需要同时满足安全可靠与客户体验优良的需求，可以采用主备模式向分布式多活数据中心逐步演化的动态方式形成铁路一级数据中心的最终布局。

在规划早期，通过异地主备中心、同城双活中心的方式保障避免区域性灾害并保障核心业务连续性，铁路一级数据中心布局模式为主数据中心、异地备用数据中心、同城双活数据中心，各中心定位规划见表 1-2。

表 1-2 主备模式布局铁路一级数据中心定位规划

分 类	定位规划
主数据中心	生产中心
异地备用数据中心	主数据中心故障时接替主数据中心
同城双活数据中心	关键业务双活，与主数据中心共同承载

在基本形成“两地三中心”的数据中心布局架构情况下，按照这种容灾模式承载铁路信息化、智能化相关业务应用及铁路通信云等其他类信息系统。由于这种主备、双活的容灾模式非常成熟，在构建过程中可以确保业务的可靠性，同时可以利用三个中心的架构开展区域化服务及容灾的测试。

第2章　规划与总体设计技术

本章用于指导数据中心在规划阶段、总体设计阶段需要解决的问题与方法，包括数据中心规划设计概述、数据中心关键规划内容与方法、综合设计技术。

2.1　规划设计概述

数据中心的规划设计是一个复杂系统性工作，本节从数据中心的组成、数据中心的等级划分、数据中心设计主要难点及参照的相关设计标准规范等内容进行介绍，便于读者理解数据中心规划设计的主要内容及难点。

2.1.1　组　　成

数据中心为集中放置的电子信息设备提供运行环境的建筑场所，可以是一栋或几栋建筑物，也可以是一栋建筑物的一部分，广义上也可以是集装箱、车辆、船舶等移动空间。本书讨论的高速铁路数据中心主要以国铁集团级为主，兼顾铁路局级、站段级等不同级别数据中心或机房，均是将独立建筑或建筑物内一部分作为数据中心的情况。

2.1.1.1　功能区划分

1. 主数据中心

主数据中心指在常规工况下生产系统运行功能的场所。数据中心的组成根据电子信息系统运行特点及设备具体要求确定，一般由主机房、辅助区、支持区、行政管理区等功能区组成。

主机房：主要用于数据处理设备安装和运行的建筑空间，包括服务器机房、网络机房、存储机房等功能区域。

辅助区：用于电子信息设备和软件的安装、调试、维护、运行监控和管理的场所，包括进线间、测试机房、总控中心、消防和安防控制室、拆包区、备件库、打印室、维修室等区域。

支持区：为主机房、辅助区提供动力支持和安全保障的区域，包括变配电室、柴油发电机房、电池室、空调机房、动力站房、不间断电源系统用房、消防设施用房等。

行政管理区:用于日常行政管理及客户对托管设备进行管理的场所,包括办公室、门厅、值班室、盥洗室、更衣间和用户工作室等。

2. 灾备数据中心

在灾难发生时,仍需保证电子信息业务连续性的单位,需建立灾备数据中心。灾备数据中心是用于灾难发生时,接替生产系统运行,进行数据处理和支持关键业务功能继续运作的场所,包括限制区、普通区和专用区。

限制区:根据安全需要,限制不同类别人员进入的场所,包括主机房、辅助区和支持区等。

普通区:用于灾难恢复和日常训练、办公的场所。

专用区:用于灾难恢复期间使用及放置设备的场所。

2.1.1.2　功能区面积

主机房的使用面积应根据电子信息设备的数量、外形尺寸和布置方式确定,并应预留今后业务发展需要的使用面积。

在电子信息系统设备规格已经确定,但外形尺寸不完全掌握的情况下,主机房的使用面积可按下式计算:

$$A = k \cdot \sum_{i} S_i^1 \tag{2-1}$$

式中　A——主机房的使用面积,m^2;

k——系数,高速铁路数据中心的 k 一般取 5～7;

S_i^1——单台信息设备的投影面积,m^2。

在电子信息系统设备尚未确定规格时,主机房的使用面积可按下式计算:

$$A=FN \tag{2-2}$$

式中　A——主机房的使用面积,m^2;

F——单台设备占用面积,m^2/台,高速铁路数据中心的 F 一般取 3.5～5.5 m^2/台;

N——主机房内所有设备(机柜)的总台数,台。

辅助区和支持区的面积之和可为主机房面积的 1.5～ 2.5 倍。

行政管理区的面积结合实际应用、管理需求进行设计,其中专门用于数据中心的用户工作室的使用面积可按 4～5 m^2/人计算,硬件及软件人员办公室等有人长期工作的房间使用面积可按 5～7 m^2/人计算。

2.1.2　等级划分

数据中心一般按照可靠性、可用性进行等级划分,国内、国外的分级标准略有不同,铁路行业也对等级划分进行了规定,以下对高速铁路数据中心需要参考的几种分级标准进行介绍。

2.1.2.1 GB 50174—2017《数据中心设计规范》

在 GB 50174—2017《数据中心设计规范》中将数据中心划分为 A、B、C 三级。设计时应根据数据中心的使用性质、数据丢失或网络中断在经济或社会上造成的损失或影响程度确定所属级别。

A 级数据中心为“容错”系统，其基础设施宜按容错系统配置，在电子信息系统运行期间，基础设施应在一次意外事故后或单系统设备维护或检修时仍能保证电子信息系统正常运行，可靠性和可用性最强。

B 级数据中心为“冗余”系统，其基础设施按冗余要求配置，在电子信息系统运行期间，基础设施在冗余能力范围内，不得因设备故障而导致电子信息系统运行中断，可靠性和可用性居中。

C 级数据中心为满足电子信息系统运行的基本系统，其基础设施按基本需求配置，在基础设施正常运行情况下，应保证电子信息系统运行不中断，可靠性和可用性最低。

此外，数据中心基础设施各组成部分一般按照相同等级的技术要求进行设计，也可根据实际使用、建设投资控制情况，将基础设施各组成部分按照不同等级的技术要求进行设计。当各组成部分按照不同等级进行设计时，数据中心的等级应按照其中最低等级部分确定。

2.1.2.2 国际标准

美国电信行业协会(TIA)、美国国家标准协会(ANSI)颁布的 ANSI/TIA—942《数据中心电信基础设施标准》，为了要求和指导数据中心或机房的设计和安装，将数据中心基础设施划分为 T1、T2、T3、T4 级标准。

T1 定位为最基本的数据中心，基础设施没有冗余的组成部分，提供 99.671%的可用性。基本配置数据中心内的电子信息设备具有无冗余容量的电力配送和制冷组件，具有单一或无备份电力配送和制冷分配路径来供应计算机设备。即使有 UPS 或者发电机，也是单模块系统，具有多处单故障点。

T2 定位为具备冗余部件的数据中心，供电系统和冷却分配是单通路，但关键设备冗余设置，可以提供 99.741%的可用性。该级别数据中心具有部分冗余容量的电力配送和制冷组件，具有单一或部分冗余电力配送和制冷分配路径来供应电子信息设备。一般 UPS 和发电机的设计容量是 $N+1$，且为单回路设计，因此有单点中断可能。

T3 定位为可在线维修的数据中心，由多条有效的电力和冷却分配路径组成，通常一条路径即可保证数据中心正常运行，可有计划地安排在线维修，可用性达到 99.982%。该级别机房具有冗余部件和容量组件，具有多个独立的冗余电力配送和制冷分配路径来供给电子信息设备，任何时候只需要一个分配路径即可供给计算机设备。所有的 IT 设备都是双电源的，遵循容错电力要求，且该数据中心基础设施的拓扑架构兼容。

T4 定位为故障容错数据中心，由多条有效的电力和冷却分配路径组成，并且具有故障容错功能，可提供99.995%的可用性。容错级数据中心具有多个独立的、完全隔离的备份容量组件系统，具有独立、多样化的有效分配路径，同时为计算机设备供应电力配送和制冷分配。备份容量组件及多元化分配路径，须配置成 N 的容量，在基础设施发生任何故障时可以提供计算机设备电力和冷却。所有的IT设备都是双电源的，遵循容错电力要求，且该数据中心基础设施的拓扑架构兼容。基础设施的备份系统和备份分配路径必须完全地彼此隔离，以防止任何单一事件同时影响主用/备份系统或分配路径。

2.1.2.3　国铁集团企业标准 Q/CR 571—2017《铁路信息机房通用技术规范》

在Q/CR 571—2017《铁路信息机房通用技术规范》中，依然沿用GB 50174—2008中的定义采用“信息机房”“信息设备间”的说法，涉及的相关定义如下：

信息机房是为信息设备提供运行环境的场所，可以是一栋建筑物或建筑物的一部分，包括主机房、辅助区、支持区和管理区等。

信息设备间，亦称信息配线及设备间，指放置计算机网络及综合布线等设备的独立房间。

Q/CR 571—2017《铁路信息机房通用技术规范》将铁路信息机房划分为A、B、C三级。

A级信息机房的基础设施要求按照容错系统配置，在信息系统运行期间，基础设施单系统一次意外事故后或单系统设备维护、检修时，仍能保证信息系统正常运行，可靠性和可用性最强。

B级信息机房的基础设施要求按照冗余要求配置，在信息系统运行期间，基础设施在冗余能力范围内，不应因设备故障而导致信息系统运行中断，可靠性和可用性居中。

C级信息机房的基础设施按照基本需求配置，在基础设施运行正常情况下，应保证信息系统运行不中断。

2.1.3　设计主要难点

铁路数据中心具备高等级、大体量、技术先进、高可靠性、绿色、智能等特点，面临的难点主要有：

(1)铁路数据中心影响面大、安全风险高，一旦数据中心因故导致关键信息系统运行中断，将对国铁集团、地方乃至国家造成重大经济损失，并会造成公共场所秩序严重混乱。因此，建设中必须保证数据中心基础设施的可用性、可靠性。

(2)铁路数据中心是铁路行业信息机房标准向高等级大型数据中心的转变，存在面积大、信息模块数量多、主机房机柜密度高等特点，既有运维管理模式很难支持，需深入对接运营维护，设计难度较大。

(3)由于数据中心规模庞大，根据信息系统分期建设的特点，机房模块需要分期启用。设计中要充分考虑信息机房模块分期投产的特点，基础设施中各类机电设备均需考虑分期实施、灵活扩展的能力。

(4)数据中心规模庞大,用电量巨大,因此对绿色环保节能的要求高于常规项目。数据中心设计中对PUE值有严格的要求,不仅在各类机电设备的设计中均需要采用节能的措施,还要系统性地研究节能降耗总体方案。

(5)数据中心内存在暖通、给排水、电力、通信、信息、智能建筑等多专业综合管线,由于基础设施对可用性的要求,尤其是A类数据中心的关键机电系统的管线均采用A、B双路设计,且A、B路应相互物理隔离,综合管线复杂程度极高,对机电设备专业、房屋结构专业设计影响巨大。

(6)由于数据中心系统繁多,主要包括了信息系统、通信系统、智能建筑系统等,各系统又分别包含多项子系统,系统间协作支撑数据中心业务运行提供服务。按照传统的设计方案难以满足数据中心繁多系统的协同工作需求,因此对数据中心的智能化要求很高。

2.1.4 相关设计标准规范

1. GB 50174—2017《数据中心设计规范》;
2. GB 50462—2015《数据中心基础设施施工及验收规范》;
3. Q/CR 571—2017《铁路信息机房通用技术规范》;
4. T/CECS 485—2017《数据中心网络布线技术规程》;
5. T/CECS 486—2017《数据中心供配电设计规程》;
6. T/CECS 487—2017《数据中心制冷与空调设计标准》;
7. T/CECS 488—2017《数据中心等级评定标准》;
8. GB 51195—2016《互联网数据中心工程技术规范》;
9. GB/T 34982—2017《云计算数据中心基本要求》;
10. GB 50016—2014《建筑设计防火规范》;
11. GB 50116—2013《火灾自动报警系统设计规范》;
12. GB 50166—2007《火灾自动报警系统施工及验收规范》;
13. GB 50370—2005《气体灭火系统设计规范》;
14. GB 50263—2007《气体灭火系统施工及验收规范》;
15. GB 50314—2015《智能建筑设计规范》;
16. GB 50606—2010《智能建筑工程施工规范》;
17. GB 50339—2013《智能建筑工程质量验收规范》;
18. GB 50348—2004《安全防范工程技术规范》;
19. GB 50394—2007《入侵报警系统工程设计规范》;
20. GB 50395—2007《视频安防监控系统工程设计规范》;
21. GB 50396—2007《出入口控制系统工程设计规范》;
22. GB 50464—2008《视频显示系统工程技术规范》;

23. Q/CR 575—2017《铁路综合视频监控系统技术规范》;
24. GB 50311—2016《综合布线系统工程设计规范》;
25. GB/T 50312—2017《综合布线系统工程验收规范》;
26. JGJ 16—2008《民用建筑电气设计规范》;
27. GB 50981—2014《建筑机电工程抗震设计规范》;
28. GB 50189—2015《公共建筑节能设计标准》;
29. GB 50057—2010《建筑物防雷设计规范》;
30. GB 50343—2012《建筑物电子信息系统防雷技术规范》;
31. GB 50611—2010《电子工程防静电设计规范》;
32. TB 10180—2016《铁路防雷及接地工程技术规范》。

2.2 关键规划内容与方法

数据中心在规划阶段要具备更有效、更可靠、可预测的特征,对来自不同专业方案、供应商的类型迥异的设备进行通用可行设计,组合成一个数据中心需要的独特的大型基础设施系统。不科学、不规范的数据中心规划会导致数据中心建设达不到预想的效果,例如:凭主观臆断确定数据中心建设等级、规模、技术路线;在没有对所建数据中心的功能、技术可行性进行充分论证的情况下开展设计与建设。为了解决上述问题,首先对高速铁路数据中心需要规划的关键内容与方法进行介绍。

2.2.1 等级确定

不同类型、用途的数据中心的建设模式差异巨大,不同等级的数据中心对于容错、冗余也有不同的要求,承载同一个规模的电子信息系统,不同等级数据中心在建筑规模、设备体量、工程投资、运营维护方式等角度存在巨大差异,因此对数据中心的等级划分就成为建设与设计过程中必须优先确定的重要制约因素。

2.2.1.1 标准规定

在 GB 50174—2017《数据中心设计规范》中将数据中心划分为 A、B、C 三级。设计时应根据数据中心的使用性质、数据丢失或网络中断在经济或社会上造成的损失或影响程度确定所属级别。

电子信息系统运行中断将造成重大的经济损失或电子信息系统运行中断将造成公共场所秩序严重混乱的数据中心应定义为 A 级。电子信息系统运行中断将造成较大的经济损失或电子信息系统运行中断将造成公共场所秩序混乱的数据中心应定义为 B 级。不属于 A 级或 B 级的数据中心定义为 C 级。同时,在同城或异地建立的灾备数据中心,设计时宜与主用数据中心等级相同。

Q/CR 571—2017《铁路信息机房通用技术规范》中将铁路信息机房划分为 A、B、C 三级。A 级信息机房指国铁集团级信息机房、铁路局级信息机房。B 级信息机房指铁路局范围内承担多个站段网络汇聚功能的信息机房、铁路局直接管理的车务站段信息机房、设计速度 250 km/h 及以上铁路客运站信息机房、其他部署有与运输生产和行车安全直接相关信息系统的站、段、所信息机房。不属于 A 或 B 级的信息机房为 C 级信息机房，信息设备间按照 C 级信息机房要求建设。

可以看出，《数据中心设计规范》提出了通用的数据中心等级划分原则，而《铁路信息机房通用技术规范》中则根据铁路行业特点进一步对信息机房等级进行了明确，是高速铁路数据中心确定等级的重要依据。

2.2.1.2　高速铁路数据中心等级确定

在《"十四五"铁路网络安全和信息化规划》中提出国铁集团级数据中心包括主数据中心、同城双活数据中心、异地数据中心（灾备），在铁路局及所属公司构建应用运行中心，以上两级分别隶属国铁集团、铁路局级，参照《铁路信息机房通用技术规范》对于信息机房等级的要求，应按照 A 级数据中心标准建设。站段层级为边缘计算节点，其对应的运行环境比照《铁路信息机房通用技术规范》对 B 级、C 级机房的定义进行定级，参照对应等级的数据中心标准建设。

2.2.2　规模预测

在规划数据中心时，预测数据中心规模是一个首先要进行的基本程序。但是，以数据中心设计寿命是 10～15 年为例，在这个时间跨度的使用寿命期内，数据中心主机房内的设备在逐年部署过程中将会数次被新一代的电子信息系统设备刷新，例如物理机—虚拟机—云计算的系统级演变、小型机—x86 服务器的系统架构或设备形式转变，对机房的空间、供电、制冷、网络等条件需求均产生很大的变化，这种 IT 设备的快速更迭使得最基本的数据中心未来容量预测变得非常困难。

在 2012 年前后随调度所建设的国铁集团级及铁路局级信息机房，单机柜用电容量 2～4 kW 还是一个比较典型的数值，但是目前的大部分数据中心将这一数值增大到单机柜用电容量 5～10 kW 甚至更多。仅仅在最近几年中，系统基础设施结构就实现了惊人的扩展，包括液冷、供电母线等技术的应用，以便应对数据中心的电源容量和冷却不断变化的要求。

规模规划直接对经济效益有巨大影响，例如一个大型数据中心建成后，经常需要数年设备负荷才能达到或接近设计能力。早期运营的数据中心对电源容量的需求很少，而当前的用户经常会斥资数百万甚至千万元建设能够达到全部设计容量的数据中心，包括购买数兆瓦的冗余电源系统来支持数据中心。系统在以最低限度的低容量运行几年后，才能使用全部容量。在这种情况下，大量的资金用于最初的容量建设，以满足多年以后才会出现的需要。具有讽刺意味的是，由于电子信息系统设备的密度不断增加，在使用全部电源容量的同时，数据中心仍有很大的占地面积可供使用，造成了徒有空间但无法部署设备的尴尬局面。

因此，需要采用科学、合理的方法，对高速铁路数据中心规模进行规划。

2.2.2.1　规划数据中心规模的主要影响因素

数据中心建设规模是指在数据中心生命周期内，单位机柜拟提供支持和服务能力一定的情况下，可以容纳机柜数量的总规模。为了研究确定数据中心的建设规模，需要考虑多方面的问题，具体内容如下：

(1)需要充分考虑企业的经济规模，即项目投入与预计产出比是否处于最优状态，资源和资金的使用是否高效。根据数据中心项目建设的具体情况，可以采用先期基本建设一次建成，后期按需分步实施的策略。

(2)确定拟建规模的可行性。重点考虑各方面的资源状况是否能够满足拟建规模的要求，主要包括：场地空间、能源供应、项目资金状况等。

(3)需要充分考虑企业所在行业的现状和发展趋势。对于不同行业而言，在确定数据中心建设规模时应充分考虑各自的行业因素。

(4)对于改造项目，在保持项目可用性和可靠性的前提下，应充分考虑原有设备和设施的有效利用。

2.2.2.2　评估数据中心容量的方法

1. 业务系统需求方法

根据数据中心的用途不同，业务系统需求分析方式也存在一定差异。

(1)主数据中心。主数据中心作为业务运行中心，根据部署系统的规模确定，并结合业务发展特点估计建设使用周期未来数年内的整体容量。

(2)容灾备份中心。灾备、双活中心作为业务容灾中心，需结合灾备、双活的具体功能定位及等级，如数据级灾备、应用级灾备、业务双活等需求，结合主数据中心业务的容量进行整体容量的测算。

2. 成本方法

成本分为两大类，即投资成本和运营成本。

(1)投资成本(capital expenditure，CAPEX)。数据中心基础设施的投资成本是一笔十分可观的支出，包括设备的成本以及与设计和部署设备相关的成本。投资成本主要为初级及建设过程的投入，将以资产折旧与摊销费用计入项目。

(2)运营成本(operating expense，OPEX)。运营成本是与维护业务相关的所有成本。数据中心基础设施的运营成本，包括能源成本、运营人员工资福利、培训支出以及维护和维修成本等，需要在数据中心运营周期内持续投入。

数据中心的 CAPEX 主要集中在土建、IT 设备、基础设施设备等方面，而运营成本主要由电费、水费、人员费等构成。因此,强调绿色与节能的最直接意义就是降低成本。成本始终是最受关注的维度之一。如何将成本与技术及业务需求完美结合起来,做到成本最低,始终是数据中心规模容量研究的一个很大的挑战。

3. 绿色节能方法

目前对数据中心绿色节能业界有着相对成熟的计量指标,如能源利用效率(power usage effectiveness, PUE)和数据中心基础设施效率(data center infrastructure effectiveness, DCIE)等。

这两个指标被用来评价数据中心的能效利用率,即每瓦 IT 设备能耗需要消耗多少总输入能耗。换一个角度,如果能够预先知道数据中心总能耗(初始设计时,这个指标基本上往往被用来表征数据中心最大供电能力);PUE 在业界也有相对合理和流行的工程值(如 1.5 以下),由此能大致估算出 IT 设备能耗,从而也就能够算出数据中心机架的功率密度,可以预估关键子系统的建设规模。

4. 功率密度方法

上述方法基本上是从宏观的层面去规划数据中心的容量,具体到可操作的层面,业界关于数据中心功率密度方法的容量规划基本上有三种思路。

(1)以业务为支点的方法。业界一线供应商基本均推出了针对不同规模客户群的指导性解决方案。以电信行业的数据中心供电系统建设为例,对于省级机房、地市级机房等均有不同的方案模板。

(2)以面积为支点的方法。不同面积的机房有不同的解决方案。比如 100 m^2 的机房该如何建设,1 000 m^2 的机房该如何建设等也存在较多的典型案例。

(3)综合业务与面积的方法。同时考虑业务和面积的做法,即确定功率密度为数据中心容量规划的可操作性支点,基本上可以理解为:功率密度=业务(体现为服务器功耗)/面积。

功率密度的表达方式有多种,包括 IT 设备的功耗除以所有设备机柜的占地面积、IT 设备的功耗除以数据中心的总占地面积、数据中心总能耗除以数据中心总面积、IT 设备的功耗除以 IT 设备室面积、机架的功率密度。

在具体实践中,机架的功率密度直接定义到每个机架,为数据中心从业者精确规划、建设和管理提供了更好、更明晰的方法,目前使用最为广泛。

2.2.2.3 主数据中心的规模测算方法

以既有信息系统设备现状为基础,借鉴全球交通行业数据中心各类型设备的平均增长率参照数据,结合铁路信息化未来几年规划的建设项目,采用综合面积、电量、制冷量的测算法对主数据中心规模进行测算。

1. 信息系统现状分析

对同等级的信息机房规模、设备规模、信息系统现状进行详细调研与分析。

特别说明的是，在设备规模的分析中，要结合年增长率的测算方法，根据功率特性及机柜部署方式等因素综合考虑，将设备进行归类整理，如 UNIX 服务器、x86 服务器、刀片服务器、存储设备、网络设备等。

2. 信息系统设备的年增长率

以全球数据中心各类型设备平均增长率采样、交通行业数据中心各类型设备增长率参照数据作为基准，根据国铁集团对信息化及应用系统的规划、新建数据中心的功能定位及技术路线、重大项目的建设计划等，结合各类业务系统的升级改造、既有设备的使用和更新周期情况，并适当预留发展（突发业务，政策性、监管性等不确定需求引起的 IT 系统的不确定性变化，规划外项目或新应用系统的突发性要求，测试开发平台等），综合上述因素进行适当调整和修正后，确定规划十年内的设备年增长率。

提出不同的设备类型的不同参照增长率区间，并提出规划期的分类型、分年度设备增长率表。

3. 综合面积、电量、制冷量的容量测算

根据设备分类及典型功耗情况，确定单机柜的功率密度，将设备—空间—用电—制冷进行关联耦合，从而将根据设备现状及增长率确定的规划期年度设备总量转化为规划期年度机柜数量，得到数据中心的总体规模，具体形成的测算表格式可见表 2-1（空）。

表 2-1　规模需求测算

设备数量	初期	近期	远期
总计机柜/个			
用电量/kW			
散热量/kW			

2.2.2.4　容灾数据中心的规模测算方法

从影响范围、经济损失、社会影响、企业声誉、法律法规、安保等级、业务受理量、系统中断后是否有线下替代方法、数据丢失后补录手段、应用系统的业务服务时间段等因素，评估该等级应用系统的灾难恢复需求，提出灾难恢复优先顺序、恢复时间目标（recovery time objective，RTO）和恢复点目标（recovery point objective，RPO）等容灾备份的指标因素。

结合 RTO、RPO 因素，规划不同业务系统采用数据级容灾或应用级容灾。数据级容灾是指建立一个异地灾备系统作为本地关键数据的可用复制。在本地信息系统出现灾难时，异地灾备系统保存有一份可用的关键业务的数据，在灾难情况下保证信息系统数据的可用性。应用级容灾是在数据级容灾的基础之上，建立一套与本地生产系统相当的备份环境，包括服务器、网络、应用等必要资源。当本地信息系统发生灾难时，异地灾备系统可以提供完全可用的生产环境，替代主系统运行，在灾难情况下保证信息系统的业务连续性。

1. 应用级容灾资源估算

在灾备系统建设中，通常会引入最低业务持续目标（minimum business continue objective，MBCO）的概念，表示系统一旦出现严重故障，在保证系统可以运行的前提下，恢复系统所需要的最小条件。比如某系统 MBCO 值为 0.5，即表示一旦系统发生故障，通过异地容灾机制将业务在异地数据中心被拉起，这时候业务是可以正常访问的，但是其系统的处理能力约为此前的一半。

按照业务系统灾难恢复等级，约定不同的 MBCO 值，并根据主数据中心的规模为依据进行测算。

2. 数据级容灾资源估算

RTO 大于 24 小时的业务系统建议采用数据级容灾方式，即将系统的全部数据进行实时复制，参考主数据中心存储系统占整体资源的比例进行容灾数据中心规模规划。

2.2.3 选　址

2.2.3.1 相关标准对数据中心选址的要求

1. 选址总体要求

以 GB 50174—2017《数据中心设计规范》的相关要求为主，提出数据中心在选址过程中应考虑以下因素：

（1）电力供给应充足可靠，通信应快速畅通，交通应便捷；

（2）采用水蒸发冷却方式制冷的数据中心，水源应充足；

（3）自然环境应清洁，环境温度应有利于节约能源；

（4）应远离产生粉尘、油烟、有害气体以及生产或贮存具有腐蚀性、易燃、易爆物品的场所；

（5）应远离水灾、地震等自然灾害隐患区域；

（6）应远离强振源和强噪声源；

（7）应避开强电磁场干扰；

（8）A 级数据中心不宜建在公共停车库的正上方；

（9）大中型数据中心不宜建在住宅小区和商业区内。

设置在建筑物内局部区域的数据中心，在确定主机房的位置时，应对安全、设备运输、管线敷设、雷电感应、结构荷载、水患及空调系统室外设备的安装位置等问题进行综合分析和经济比较。

Q/CR 571—2017《铁路信息机房通用技术规范》中针对铁路场景进一步提出要求，A 级数据中心宜为独立建筑物，B、C 级数据中心宜与其他建筑物合建。设置在车站站区内的数据中心应与站房合建，无条件与站房合建时考虑与其他铁路房屋合建。要求新建车站数据中心应靠近通信机械室设置，且主机房不宜设在建筑物地下层或顶层，必须设在地下层或顶层时要采取必要的防护措施。

2. 分级选址技术要求

综合 GB 50174—2017《数据中心设计规范》和 Q/CR 571—2017《铁路信息机房通用技术规范》，国内标准对高速铁路数据中心选址的要求见表 2-2。

表 2-2　国内相关标准对各级数据中心选址技术要求

<table>
<tr><th rowspan="2">项　目</th><th colspan="3">技术要求</th><th rowspan="2">备　注</th></tr>
<tr><th>A 级</th><th>B 级</th><th>C 级</th></tr>
<tr><td>距离停车场</td><td>不宜小于 20 m</td><td>不宜小于 10 m</td><td>—</td><td>包括自用和外部停车场</td></tr>
<tr><td>距离高速公路的距离</td><td>不宜小于 800 m</td><td>不宜小于 100 m</td><td>—</td><td>—</td></tr>
<tr><td>距离地铁的距离</td><td>不宜小于 100 m</td><td>不宜小于 80 m</td><td>—</td><td>—</td></tr>
<tr><td>在飞机航道范围内建设数据中心距离飞机场</td><td>不宜小于 8 000 m</td><td>不宜小于 1 600 m</td><td>—</td><td>—</td></tr>
<tr><td>距离化学工厂中的危险区域</td><td colspan="2">不应小于 400 m</td><td>—</td><td>—</td></tr>
<tr><td>距离甲、乙类厂房和仓库、垃圾填埋场</td><td colspan="2">不应小于 2 000 m</td><td>—</td><td>—</td></tr>
<tr><td>距离火药炸药库</td><td colspan="2">不应小于 3 000 m</td><td>不宜小于 1 600 m</td><td>—</td></tr>
<tr><td>距离核电站的危险区域</td><td colspan="3">不应小于 40 000 m</td><td>—</td></tr>
<tr><td>距离住宅</td><td colspan="3">不宜小于 100 m</td><td>—</td></tr>
<tr><td>有可能发生洪水的地区</td><td colspan="2">不应设置</td><td>不宜设置</td><td>—</td></tr>
<tr><td>地震断层附近或有滑坡危险区域</td><td colspan="2">不应设置</td><td>不宜设置</td><td>—</td></tr>
<tr><td>高犯罪率的地区</td><td>不应设置</td><td>不宜设置</td><td>—</td><td>—</td></tr>
<tr><td>从火车站、飞机场到达数据中心的交通道路</td><td>不应少于 2 条道路</td><td>—</td><td>—</td><td>—</td></tr>
</table>

在美国 ANSI/TIA—942—2005《数据中心的通信基础设施标准》的附件 F 位置选择和附件 G 数据中心基础设施分级中，关于数据中心选址的有关参考见表 2-3。

表 2-3　国外标准数据中心选址技术要求

项　目	Tier 4	Tier 3	Tier 2	Tier 1
洪水位	100 年洪水位	50 年洪水位	不能在洪水危害区	无要求
机场	不小于 8 km	不小于 1.6 km	无要求	无要求
大城市区域	小于 16 km	小于 48 km	无要求	无要求
河流、大坝	不小于 0.4 km	不小于 0.4 km	不小于 0.4 km	不小于 0.4 km
靠近沿海或岛屿	不小于 0.8 km	不小于 90 m	无要求	无要求

续上表

项　　目	Tier 4	Tier 3	Tier 2	Tier 1
化工厂	不小于 0.4 km	不小于 0.4 km	不小于 0.4 km	不小于 0.4 km
实验室	不小于 0.4 km	不小于 0.4 km	不小于 0.4 km	不小于 0.4 km
垃圾掩埋场	不小于 0.4 km	不小于 0.4 km	不小于 0.4 km	不小于 0.4 km
铁路、高速公路	不小于 0.8 km	不小于 0.8 km	不小于 0.8 km	不小于 0.8 km
主要道路	不小于 0.8 km	不小于 90 m	无要求	无要求
军事基地	不小于 0.8 km	不小于 0.8 km	不小于 0.8 km	不小于 0.8 km
核工厂、军火厂、防御工事	不小于 1.6 km	不小于 1.6 km	不小于 1.6 km	不小于 1.6 km
外国使馆	不能临近	不能临近	不能临近	不能临近
高风险区	不能临近	不能临近	不能临近	不能临近

2.2.3.2　高速铁路数据中心的选址理念与要素

1. 高速铁路数据中心的选址理念

数据中心选址要考虑的核心内容是规避风险，要尽量避免选择在高风险的区域建设数据中心，所谓高风险的区域包括：农业生产、化工厂、生物制造、核设施、制造业工厂的周边地区，自然灾害（如水灾、火山、地震等）高发区，以及人为灾害高风险区（如机场周边、飞机起降路径、高速路边等）；同时数据中心也要避开人口稠密区，尽量减少人为因素带来的风险。

在选择数据中心用地时，因为保证中心内服务器及各种设备能够持续、安全的运行是最基本的条件，数据中心选址的理念应满足以下条件：

(1)地基牢固；

(2)发生火灾的危险性小；

(3)没有大雨等引起洪水的可能性；

(4)远离经常落雷的地区和变电所、输电线；

(5)远离空气污染地区。

2. 高速铁路数据中心的选址要素

选址对于保证数据中心可用性、可靠性和控制成本来说是至关重要的，选址六大要素按重要性排序为：自然地理条件、配套设施条件、与现有 IT 设施的协同、政策环境、成本因素、高科技人才条件。

(1)自然地理条件主要包括地质结构稳定性高、年平均气温较低、水患风险概率小、水资源是否充足、空气洁净度高等因素。

(2)配套设施条件主要包括供电稳定性、交通便利性、网络接入条件、供应商资质、具有大型企业数据中心案例等因素。

(3)与现有信息系统设施的协同主要考虑既有设备迁移难度低、便于接入铁路网络核心节点、便于信息系统协同运维等条件。

(4)政策环境主要包括省级专项政策扶持、土地出让优惠、税费减免或优惠、数据中心项目专项资金补助、社会及政治稳定性等因素。

(5)成本因素主要包括设计建设成本、供电成本、供水成本、运维人力成本、供应商维保成本等因素。

(6)高科技人才条件主要包括周边高校数量、高新技术产业氛围、社会发展程度、人才吸引力、人才引进鼓励等因素。

2.2.3.3　高速铁路数据中心的选址特殊要求

1. 高速铁路数据中心选址特点

高速铁路数据中心选址不仅要结合数据中心选址理念及要求，并符合数据中心设计规范中指出的标准，同时要考虑铁路路网现状、规划及铁路信息、通信系统的特点对数据中心选址的影响。

(1)铁路路网对数据中心选址的影响。铁路路网的管理模式中，最核心的是国铁集团，十八个铁路局按区域分管，铁路局又按区域、功能设置了各类站段，这些单位共同保障整个路网运行。根据职责不同，各层级的运维能力均有所差异，如信息系统在国铁集团级运维实力最强，具备全路各类系统开发及调整能力；铁路局具备本局系统的运维及开发能力；站段则仅能对现场设备进行简单维护，不具备系统级的开发能力。同样，铁路的通信、供电等部门在各个层级具备的运维能力各不相同。

在进行数据中心选址时，就要考虑到铁路路网的情况，选择铁路信息、通信、供电等部门技术实力强、应急响应快、安全等级高的区域建设铁路数据中心，从保障数据中心可靠性、可用性的角度有明显优势。

(2)铁路信息系统对数据中心选址的影响。信息系统的建设模式、运维水平会影响数据中心的选址。例如，采用分布式信息系统建设模式，则数据中心也可以分散建设；采用集中式信息系统建设模式，则数据中心适宜集中建设。同时，数据中心应具备远程运维的能力，但是否采用远程运维则要看这种模式与企业的信息系统建设、运营管理模式是否适应。

铁路信息系统采用国铁集团、铁路局、站段多级多模式部署，涉及到管理层面的系统多在国铁集团级部署，因此国铁集团级数据中心适宜采用集中式部署。考虑到目前国铁集团级信息系统均部署在国铁集团院落内，运维、开发人员尚无远距离运维经验，为了保障国铁集团级信息系统稳定运行，则开展数据中心选址时应考虑尽量与国铁集团信息维护部门地理距离接近，如北京市内或附近开展选址工作。

(3)铁路通信系统对数据中心选址的影响。数据中心选址时要考虑通信条件。一般互联网数据中心采用互联网公网接入模式与用户进行连接，因此这些数据中心选址时重点考虑选址位置是否方便接入运营商的大区网络节点。与互联网数据中心选址不同，铁路数据中心在选址时，必须同时考虑选址要便于接入铁路通信系统核心节点位置。

铁路信息系统有两方面的用户：一方面是铁路内部用户，各系统要通过铁路内部通信系统传输与铁路局、站段进行连接，服务铁路内部的车、机、工、电、辆各专业；一方面是铁路外部用户，例如通过互联网接入 12306、95306 等铁路门户网站的客、货运用户。

针对铁路内部用户通过铁路专用通信系统构建的广域网实现国铁集团、铁路局、站段各层级的互联，相关网络均为铁路内部网络，不可通过外网互联，因此数据中心选址应选择在等级较高的通信网络节点，实现与各个路局相对均衡的互联。同时，铁路 12306、95036 等互联网业务在运输高峰期已经是流量大户，对互联网接入需求很大，因此铁路数据中心也应该具备高可靠接入互联网的能力，一般选址应选择多家运营商均能提供良好互联网接入能力的地点。

2. 多个数据中心选址的制约因素

根据国铁集团级数据中心规划，首先要建设一座中国铁路主数据中心，后续根据容灾备份的需求建设异地数据中心，这样在选址时就要考虑多个数据中心在不同时期选址的因素。在实际建设过程中，国铁集团确实采用了首先确定主数据中心选址，在主数据中心建设过程中开展后续数据中心选址的模式。

(1)主数据中心选址。主数据中心选址要符合铁路信息系统发展规律，考虑到主数据中心是铁路行业第一个按照数据中心标准建设的信息系统新型基础设施，将集中部署国铁集团级信息系统，因此其尽量要符合信息系统运维团队、基础设施运维团队的既有工作模式，避免变化给运营带来不稳定因素。对于选址来说，就是要尽量接近既有信息系统运维团队、基础设施运维团队及信息系统建设决策层，即选址应该靠近国铁集团，使得既有信息机房的运维团队可以平滑、顺利地接手数据中心运维，且不能影响机房向数据中心切换中信息系统的建设。

(2)后续数据中心的选址。具备第一个数据中心的运维经验后，后续数据中心选址则不必拘束于在国铁集团附近选址，相反，后续数据中心应结合容灾备份的功能定位进行选址，与主数据中心不宜设置于同一区域(同时发生自然灾害可能性较大的区域)。

同时，后续数据中心的选址应充分考虑运维需求，综合考虑国铁集团、铁路局现有运维力量，可以适当考虑借助铁路局的信息系统运维团队，则选址可以考虑在铁路局附近区域。

结合后续数据中心规划，首先要进行为主数据中心提供容灾备份的异地灾备数据中心选址，再进一步结合业务发展需求与数据中心总体规划开展多活数据中心的选址和建设。

2.2.3.4 铁路数据中心选址区域分析

1. 全国范围选址区域划分

根据数据中心选址自然地理条件、配套设施条件、与现有信息系统设施的协同、政策环境、成本因素、高科技人才条件这六大选址要素的区域特性，将全国划分为内蒙古、东北、华北、华中、华东、华南、西南、西北共八大选址区域。其中，由于内蒙古区域在数据中心建设领域具有一定的特殊性，因此单独划分为一个区域进行分析。

2. 选址区域分析

对全国范围八大选址区域的六大选址要素进行分析。

(1)自然地理条件。

①地质结构稳定性：内蒙古、东北、华中、华东、华南区域的地址结构稳定性高于其他几个区域。

②年平均气温：较低的年平均气温有助于数据中心运行中采用自然冷却的方式，节省空调系统的能耗。内蒙古、东北、华北、西北区域的年平均气温较低，具有一定的优势。

③水患风险：内蒙古、华北、西南、西北区域的水患风险概率较小。

④水资源条件：除了内蒙古、西北区域以外，其他六个选址区域的水资源均属于比较充足的区域，有助于水冷系统的蒸发需求。

⑤空气洁净度：华北、西北区域空气洁净度较差，存在硫化物对信息系统设施腐蚀的风险。

通过对以上自然地理条件几个因素的分析，内蒙古、东北区域的自然地理条件较好，西北区域自然地理条件较弱，其他几个区域地理条件处于中档水平。

(2)配套设施条件。

①供电稳定性：东北、华北、华中、华东、华南区域在供电稳定性方面较其他几个选址区域具有一定优势。

②交通便利性：内蒙古、东北、华北、华中、华东区域在交通便利性方面较其他几个选址区域具有一定优势。

③网络接入条件：东北、华北、华中、华东、华南区域在网络接入条件方面较其他几个选址区域具有一定优势。

④供应商资源、大型企业级数据中心案例：华北、华中、华东、华南区域属于我国信息系统行业发展强盛的区域，供应商资源相比其他区域具有明显优势，大多数大型企业级数据中心也都选择在上述区域建设。

华北、华中、华东区域在配套设施条件方面具有明显优势，华南区域条件较好，东北区域条件一般，内蒙古区域配套设施条件相对较差，西南区域和西北区域配套设施条件尚不完善。

(3)与现有 IT 设施的协同。

①既有设备搬迁难度：由于国铁集团既有信息系统机房均位于北京市内，因此华北区域选址对于既有设备搬迁难度最低，具有绝对优势。

②接入铁路通信骨干网：东北、华北、华中、华东区域较其他选址区域更便于接入铁路通信骨干网。

③信息系统协同运维：目前国铁集团信息系统主要运维单位均位于北京市内，主数据中

心如建设在华北区域内，更便于信息系统协同运维。

④应急响应速度：东北、华北、华中、华东、华南区域的应急处理响应速度要高于其他几个选址区域。

现有信息系统设施协同方面华北区域具有明显优势，东北、华中、华东和华南区域的条件相对好于内蒙古、西南和西北区域。

(4)政策环境。

①政策支持：内蒙古、西南、西北区域在省级专项政策扶持、土地出让优惠、税费减免或优惠、数据中心项目专项资金补助等方面具有一定的政策支持；其他几个选址区域由于相关产业发展已经具备一定的规模，相关政策支持力度要低于上述三个区域。

②社会及治安稳定性：内蒙古、东北、华北、华中、华东、华南、西南几个选址区域的社会和治安稳定性都具有相对更强的保障。

内蒙古、西南、西北区域的政策支持力度大，考虑社会和治安稳定性方面内蒙古、西南区域优势最佳，西北区域较好。其他选址区域数据中心建设方面的政策支持一般。

(5)成本因素。

①设计建设成本：八个选址区域的设计建成成本相当。

②网络建设成本：华北、华中、华东三个区域的网络建设成本具备一定优势。

③供电成本：内蒙古、西南、西北区域的供电成本低于其他选址区域。

④供水成本：东北、华中、华南、西南区域的供水成本低于其他选址区域。

⑤网络接入成本：内蒙古、东北、华中、西北区域的网络接入成本低于其他选址区域。

⑥运维人力成本：内蒙古、东北、西南、西北区域的运维人力成本低于其他选址区域。

⑦供应商维保成本：华北、华东、华南区域的供应商维保成本较其他选址区域具有一定的优势。

八个选址区域的设计建成成本相当，华北、华南区域的运维成本略高于其他选址区域。

(6)高科技人才条件。

①高校数量和高新技术产业氛围：华北、华中、华东、华南四个区域的高校数量和高新技术产业氛围明显优于其他四个选址区域。

②社会发展程度和人才吸引力：华北、华东、华南区域的社会发展程度和人才吸引力都非常高，优于其他选址区域。

③人才引进鼓励：内蒙古、东北、西南、西北四个区域由于人才流失情况比较严重，具有个税减免、落户政策、高端人才奖励政策的人才引进鼓励政策。

在高科技人才条件方面，华北、华东、华南区域具有明显优势，华中区域条件较好，内蒙古、东北、西南、西北四个区域正在通过政策吸引人才。

(7)选址区域小结。综合上述六大要素的分析结果，对八个选址区域进行分析比较见表 2-4。

表 2-4　选址区域比较表

选址区域	内蒙古	东北	华北	华中	华东	华南	西南	西北
自然地理条件	★★★	★★★	★★	★★	★★	★★	★★	★
配套设施条件	★	★★	★★★	★★★	★★★	★★★	★	★
与现有 IT 设施的协同	★	★★	★★★	★★	★★	★★	★	★
政策环境	★★★	★	★	★	★	★	★★★	★★
成本因素	★★★	★★	★	★★	★★	★	★★★	★★
高科技人才条件	★	★	★★★	★★	★★★	★★★	★	★

备注：优势：★★★，一般：★★，无明显优势：★。

综合考虑华北地区整体配套条件优越，人才条件好，与既有信息系统的协同性最佳，距离国铁集团距离最近，是数据中心选址的最优选区域。

华中、华东、华南区域配套设施条件优越，人才条件较好。考虑到信息系统运维人才储备、设备厂商响应速度、外水外电等基础设施条件等因素，是数据中心的可选区域。

内蒙古、西南区域自然地理条件占优势、政策条件好、基础设施运维成本低，在数据中心的运维成本方面有较强的优势。若灾备中心建设在这个区域，可以有效降低灾备中心的运营成本。

2.2.4　建设模式分析

2.2.4.1　数据中心建设模式分析原则

为实现铁路数据中心项目规划目标，数据中心建设模式依据以下原则进行分析和评估：

1. 整体性原则

数据中心要根据业务发展要求进行整体规划，统筹考虑，分步实施，保证整体可用性；同时数据中心的建筑、室内设计、各子系统和设备需满足承载的电子信息系统业务需求。

2. 安全性原则

数据中心必须具有高安全性及高可靠性，保证为业务系统提供不间断的 7×24 的基础设施服务；需要考虑场地本身及周边环境因素，规避风险。

3. 面向需求原则

考虑到大型数据中心机电系统配置将采用模块化、分期部署的模式，场地及设施需满足其灵活部署的要求，即容量规划和系统设计要求一步到位，基础设施及辅助设施满足分期部署的要求。

4. 总体成本原则

数据中心前期投资大，后期运维成本高，如何有效控制数据中心的前期建设成本及降低后期运维成本，实现总体成本最优，是数据中心管理者首要关注的问题。

5. 实施周期原则

考虑到铁路项目建设速度快，对于数据中心投产时间提出了较高要求。数据中心建设过程中涉及需要相互配合的专业繁多，采用自建模式包括规划、设计、建设等阶段众多不确定因素可能会导致数据中心投产日期滞后。

6. 政策风险原则

数据中心建设前期面临土地规划、购买、审批等烦琐流程，时间及进度不可控，同时数据中心是耗电大户，电力审批往往周期较长。政府及相关部门也在控制数据中心过度建设，政策风险也将是未来铁路数据中心规划建设需首要考虑的问题。

2.2.4.2 数据中心建设模式经济性分析

1. 数据中心总体拥有成本

数据中心总体拥有成本（total cost of ownership，TCO）主要包含两大组成部分，即投资成本（capital expenditure，CAPEX）和运营成本（operating expense，OPEX），如图 2-1 所示。

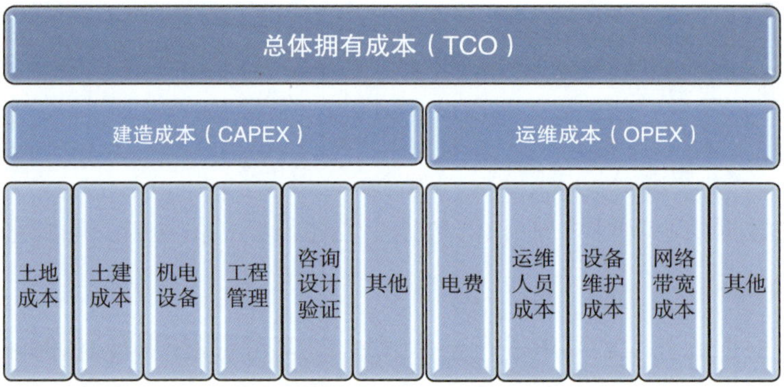

图 2-1 数据中心总体拥有成本组成

（1）CAPEX 指的是通常意义上的数据中心的总投资成本（造价），数据中心总投资成本主要包含土地、土建工程、电气系统、暖通系统、给排水系统以及弱电系统。除此之外还会包含前期的咨询、设计，中期的数据中心建设和设备安装调试以及后期的验证等工作所产生的一系列费用。

（2）OPEX 是每年都会发生的费用，主要包含以下方面：整个数据中心的机电设备、IT 设备和照明等所耗费的电费；数据中心场地基础设施（风火水电）和 IT 设备管理及运维人员的成本；机电设备每年的保修维护费用；所有需要连接到数据中心的分支机构的广域网租用的带宽成本；柴油、水费、耗材、清洁费等其他费用。

由于数据中心处于运行状态之后，OPEX 的多少是与数据中心运行的 IT 设备的总电量息息相关，因此随着数据中心内 IT 设备数量的不断增长，OPEX 会逐年增加。

2. 自建数据中心成本分析方法

(1)建设成本。数据中心建设成本与总用电量、建设规模、建设等级有直接的关系，其中影响因素较大的是总用电量和建设等级两项指标，在数据中心建设中，机电设备的投资占到数据中心总投资的 70%以上(不含土地成本及外电接入成本)。

建设成本估算方法为：

数据中心总造价 CAPEX＝IT kW 电量×每 IT kW 造价

在评估每 IT kW 造价时，参考以下条件进行研判：

①电气专业范围是否包括发电机、高低压配电、UPS；

②空调专业范围是否包括冷源、末端空调、新风系统、排烟排风系统、发电机燃油系统；

③弱电专业范围是否包括综合布线及电话系统、安防系统、火灾自动报警、消防应急广播系统信息发布及显示系统、机电设备监控系统；

④给排水专业范围是否包括给排水、气体消防(IG541)、消火栓系统、自动喷淋系统、消防水池和泵房；

⑤装修专业范围是否包括计算机房的内隔墙、架空地板、吊顶、内表面喷涂、内部保温及公共区域内装修；

⑥范围是否包含水、电、通信等室外管线；

⑦范围是否包含 ECC 总控中心造价；

⑧范围是否包含外装修；

⑨建议造价分析包含数据中心土建成本，不包含土地购置、外电及网络接入成本；

⑩不建议市政接入纳入估算范围内(如燃气管道、供水管道等)；

⑪范围是否包含地勘、场地平整、咨询、投资估算、设计、招投标费用、监理、验收、搬迁等费用；

⑫范围是否包含园区建设相关费用：如街道、绿化、绿灯、园区智能化等等；

⑬范围是否包含市政配套收费，如城市基础设施建设费、防洪费、建设单位管理费、质量监督费、建设许可证执照费、工程保险费等；

⑭主要设备及主要材料的参考等级。

(2)运营成本。数据中心运营成本主要包括数据中心日常运营过程中产生的电费，水费，人力成本，管理成本，设备维护成本，清洁维护成本，油费及其他费用。

计算方法如下：

数据中心投产每年运营成本 OPEX＝年总用电量×电费÷电费占比系数

其中：

年总用电量＝IT 总用电量×PUE×24×365

3. 购买数据中心成本分析方法

购买数据中心建设成本与自建数据中心建设成本主要的区别是土地成本，需考察过的待选地址作为购买数据中心的分析范围。考虑到场地设施及配套由第三方承建，所以建设成本分析需参考第三方报价。

自建与购买数据中心在后期运维费用支出方面基本一致。

4. 租用数据中心成本分析方法

租用数据中心由于有第三方运营商提供数据中心场地设施，所以没有前期的建设成本，计算方式可以考虑每机柜每年的租赁费用。

5. 经济性对比方法

数据中心经济性分析主要是针对数据中心总体拥有成本 TCO，同时其建设成本 CAPEX 和运营成本也是 OPEX 也是影响投资的两个重要因素。

为了能够更好地控制 TCO 就需要尽可能地在规划设计阶段采用安全、可靠、绿色的方案进行设计，同时在数据中心投产后的运营阶段，也需要提高运营服务团队的数据中心管理水平，运营管理团队的成熟度越高，后期的运营成本也会相应降低。

2.2.4.3 数据中心建设模式分析

1. 自建数据中心

自建数据中心在安全性、可用性、需求保障使用成本及服务水平是可以通过合理的规划、严格的施工过程质量控制以及后期的优秀的运维团队精细运维实现的，但是政策因素及供电审批周期长的影响(通常从立项到投产要经历 3～5 年的时间)会使数据中心需求方难以接受。

另一方面，自建模式后需要针对项目进行土建、机电等施工项目进行招投标及施工管理，考虑到整个过程涉及专业较多，对建设单位来讲也面临着巨大的管理压力。同时自建数据中心在初始投资上需要大量资金投入，加之运维团队要承担基础设施及 IT 基础结构的全方位运维管理，给运维团队带来很大的压力。

在政策风险方面，由于目前国内数据中心建设过热，国家也出台了一部分政策法规来约束数据中心建设，新建数据中心要考虑这些政策的要求。

2. 购买数据中心

购买数据中心由于可以在充分考虑其安全性、可用性及需求保障的同时又可以规避当地的政策风险，是对交付周期有要求的业主是一个很好的选择。由于在购买的同时，通过专业的数据中心设计及施工来保障一些关键的技术标被实现，从而满足业务的整体需求。但是在建设成本方面不可避免地需对已购买的场地进行改造，将增加部分前期的建设成本。

由于在购买数据中心的过程中需要考虑与其他业主共用某些资源的情况下，其服务水平也将会受到影响(部分基础设施由第三方负责运营维护)。另一方面在数据中心场土地、场地设施及改造过程中面临着大量的商务条款及合同，也增加了其不确定性。

3. 租用数据中心

租用数据中心可以实现在短期内部署 IT 设备，同时也能分担部分运维工作，既规避了政策风险，又可以实现灵活部署。但是由于目前 IDC 及大型数据中心运营商受服务合同及条款的影响不一定能够承诺和保障高可用的场地设施服务，将对数据中心整体可靠性造成影响。

在安全性方面，由于数据中心内部空间、网络设备及人流物流通道公用，势必降低数据中心的安全性，尤其是对数据中心安全性有较高要求的业务系统。

在需求保障方面由于受到合同及价格的影响，运营商不能够快速地响应，也对业主在紧急部署设备的时候产生影响。同时，IDC 运营商在服务持续性方面没有保障，如遇到场地扩容和续租的情况，存在较大风险。

租用的价格也远远高于自建和购买数据中心的价格。租用数据中心虽然不是铁路行业一个最好的选择，但是可以缓解在铁路数据中心投产前基础设施需求的问题。

2.2.4.4　数据中心建设模式的确定

需要在数据中心项目立项前确定数据中心的建设模式，综合分析影响数据中心来源的几项原则因素，进行自建、购买、租用三种方式的经济性分析与模式分析，经过铁路相关主管部门审批确定最终的数据中心建设模式。

2.3　综合设计技术

由于数据中心是一个复杂的系统性工程，对于系统整体的级别、布局、能耗、监控等均需要多专业协同完成，为了指导系统性开展数据中心的设计工作，本节对高速铁路数据中心综合设计技术进行介绍。

2.3.1　主要建设与设计流程

2.3.1.1　典型数据中心建设流程

数据中心项目建设运营周期与一般项目建设流程类似，有一个完整、高效、规范的建设流程，有效地保证数据中心建设的水平和效率。该流程可以分为 3 个阶段 12 个环节，如图 2-2 所示。

首先是项目前期(立项阶段)，包括项目建议书和可行性研究报告两个环节；其次是建设期(实施阶段),包括初步设计、设备厂商或承建方招标或技术谈判、施工图设计、施工 4 个环节;最后是投产期(竣工验收阶段),包括竣工验收(初验、终验)、项目投产两个环节。

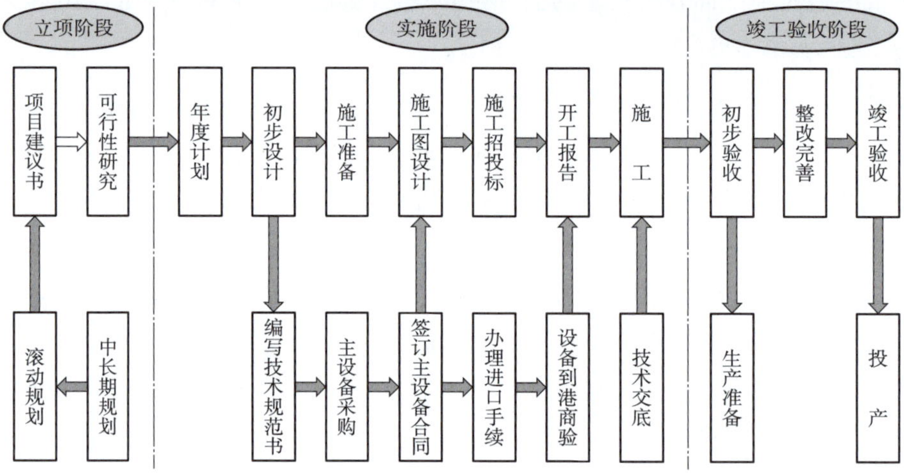

图 2-2 数据中心典型建设流程

项目建议书主要内容包括:对市场需求、技术发展、现有网络进行初步分析;提出数据中心的初步建设方案;对建设方案进行比较并选择;投资估算以及投资分析;重点在于多方案比较(技术、经济)。其作用为建设单位对项目做出的初步决策提供依据。

项目可行性研究报告主要内容包括:市场的需求、技术的发展、现有信息系统的进一步分析;提出初步数据中心建设方案;建设方案的比较并进行选择;投资估算以及经济分析;重点在于工程的经济可行性(包含建设规模、收入、投资、经营成本的预测)。其目的和作用是作为工程建设单位向政府或决策部门申请立项的依据。

初步设计环节主要工作内容包括:论述工程建设的理由、工程的建设方案;提出设备选型,采取重大技术措施,对技术指标与经济指标进行分析、研究,方案比选并推荐采用的方案,并进行工程设备配置、工程的投资概算;重点在于工程总体建设方案的比选以及投资概算。其目的是作为工程项目技术上的总体规划,为施工做准备,确定投资额度。初步设计阶段责任单位为项目设计单位。

设备厂商或承建方招标或技术谈判环节主要工作内容包括:根据审定的设计方案,编制工程技术规范书;与设备供应商技术谈判;通过招投标等方式确定设备供应商或项目承建方;签订设备购买或项目总承包合同;重点在于技术、商务比较。其目的是保证工程进度、工程质量;采购合适的设备(技术、经济)和承建方。责任单位为建设单位和设计单位。

施工图设计的主要内容包括提出工程实施的具体措施(工程设备配置、工程技术措施);绘制施工图纸;编制工程预算。其目的是指导施工,便于工程竣工、决算。责任单位为设计单位。

施工环节主要工作内容为：施工现场复勘；工程施工和设备安装；设备安装后，先对设备单机测试；后对系统段测试；最后联网测试；编制竣工资料。责任单位为项目承建方。

竣工验收阶段主要工作内容包括：编制工程验收指标；工程验收小组对工程质量全面检验；审查竣工验收报告；确定竣工决算。其目的是尽快将系统投入使用；控制投资规模。工程验收小组人员应由建设、监理、维护管理、生产、设计、施工单位等部门组成。

投产试用期主要内容包括：竣工验收合格的工程由维护生产单位接管运营，根据竣工决算进行固定资产登记。

2.3.1.2　铁路数据中心建设流程

铁路数据中心建设与典型数据中心建设类似，但由于需要比照铁路建设项目管理办法，在过程中也存在一定差异。

(1)针对设备厂商或承建方招标或技术谈判阶段的工作内容，由于铁路建设项目一般采用施工图招标的模式，因此该步骤要移到施工图设计流程之后，与施工招标同步进行。设备分为甲供设备与非甲供设备，其中非甲供设备纳入施工标统一进行招标。

(2)同样针对承建方招标在流程中位于初步设计之后的情况，与铁路建设项目特点不符。若进行承建方招标的模式，一般铁路 EPC 总承包项目采用可行性研究招标的方式，并由总承包单位完成初步设计、施工图设计等工作。

2.3.1.3　铁路数据中心主要设计流程

高速铁路数据中心在规划阶段，首先根据其承载电子信息系统业务确定其等级，估计数据中心的整体规模，在等级、规模确定基础上进行选址。确定数个合理选址后，进行数据中心布局的规划，结合规范、实际需求及经济因素进行比选，确定最合理的选址。

进行数据中心建筑规划，同时兼顾主机房、辅助区、支持区、行政管理区的需求，需要初步进行信息系统配套、供配电、暖通、消防、智能建筑等系统的方案规划，合理提出建筑、结构的要求，从而支持相关专业进行园区的总图设计及建筑设计。

在明确园区总图及建筑分布基础上，以测绘勘察的地质结果为基础进行建筑、结构深化设计，同时各专业进行专项协同设计，根据确定的各项因素，相关专业在项目总体设计原则的指导下形成完整的设计方案。

2.3.1.4　铁路数据中心总体设计原则文件内容组成

由于铁路数据中心是一个复杂的系统工程，在各专业详细设计的基础之上，需要有一个总体设计文件将项目背景、项目概况、各专业设计内容之间的关系关联起来，对各专业的设计内容进行约束，这个就是在设计之初需要制定的总体设计原则。

总体设计原则文件作为设计过程的总纲，对设计质量的把控具有至关重要的所用，其文件内容主要组成部分如下：

1. 项目基本需求

包括本次设计的工程名称、可行性研究批复或初步设计批复等设计依据、本次设计工作的明确设计范围及设计阶段等内容。

2. 需进一步研究解决的问题处理意见

主要针对上一阶段的可行性研究文件、设计文件或外部调研中提出的问题进行本设计阶段的应答，针对数据中心工程的施工图阶段而言还要包括外电接引、外水接引、通信线路接引等内容与市政相关部分的约定与合同签署方面的规划。

当数据中心基础设施与信息系统分别建设的情况，要明确与信息系统工程的关系、分工、接口。

针对铁路应用的数据中心，必须要接入铁路通信网络，还要明确与铁路通信部门对接的传输系统方案、光缆径路规划等内容。

3. 设计年度

针对数据中心中信息系统分期建设的情况，比常规铁路工程的设计年度规划要更加细分一些，建议对设计年度初期、近期、远期进行约定，针对不同设计年度的信息系统设备、机电设备、建筑物及园区整体规模进行描述。

4. 项目重点难点分析

分析项目重点技术难题，其中建筑结构要针对地质专业的勘察结果分析数据中心建筑沉降等风险及措施，针对消防、基础设施管理系统、降低 PUE 等需要综合研究解决的问题，约定牵头专业与开展方式。

5. 运营组织管理

对确定的运营组织单位进行描述。由于铁路数据中心涉及信息、通信、供电等专业分工，对应的运营组织也会有所细分，影响具体的机房分配、监控室设计、监控系统接入上级机构等问题。

6. 主要技术标准

确定数据中心基础设施设计符合 GB 50174—2017《数据中心设计规范》中 A、B、C 哪个等级标准的相关规定。提出建筑耐火等级、建筑防水等级、火灾危险性分类、结构形式、基坑设计等级、基坑支护结构安全等级等主要技术标准参数。

7. 系统设计

本部分主要提出需要特别关注的综合性的系统设计要求、各专业间接口设计要求、联合设计的职责分工等。铁路数据中心设计过程中各专业应严格执行《铁路工程建设项目系统设计指导原则》的有关规定。

系统设计内容包括园区总图布置、信息楼建筑布局方案、消防设计、综合排水设计、园区综合管路系统设计、防涝设计、接地设计、环境保护设计等方面的内容。

8. 专业主要设计原则

分专业确定专业自身的主要设计原则，包括房屋建筑、暖通空调、给排水、消防、电气系统、智能建筑系统、信息机房工程及通信工程内容。

9. 风险防范、安全施工设计

分专业提出各自的风险防范、安全施工设计要求。

10. 投资控制设计原则

对工程项目的投资控制设计原则进行约定，确定设计方案、原则调整的解决流程，明确投资控制目标，哪些调整内容应纳入变更设计解决。

提出投资对照分析的要求与精度，确定工程经济专业为各设计专业提供的资料内容，提出工程量计算原则，约定过程控制方法。

11. 总工期

初步确定施工阶段划分及总工期要求，指导施工组织计划编制。

12. 概预算编制原则

对概预算的编制范围、编制单元、编制依据、各专业采用定额等内容进行约定。

13. 其他需要说明的问题

对制约设计的相关问题进行补充说明。

14. 文件分册

典型铁路数据中心施工图阶段的文件分册如下：总说明书，建筑，结构，电力，通信，信息，供暖通风及空气调节，给水排水，PUE 专篇，消防专篇，环境保护、水土保持，施工安全风险防范，总预算，需要说明的问题。

15. 文件及图纸编写规定

(1)文件编制。约定文件组成内容的约束文件，如住建部《建筑工程设计文件编制深度规定》和国家铁路局《铁路建设项目预可行性研究、可行性研究和设计文件编制办法》等，并约定文件章节顺序，如章、一、(一)、1、(1)、1)、①……等。

(2)图纸编号。约定本项目的图纸编号规则，如：

数据中心施—AA—B—CC

其中，AA 代表专业简称：建筑、结构、地下结构、暖通、电力、通信、信息等；B 代表图册顺序号，各专业按要求编排；CC 代表图纸顺序号，各专业按要求编排。

(3)图纸名称、图标及审签。对图纸名称、图标选择进行约定，确定执行的审签流程。

16. 附件

附上参与项目的主要人员名单，明确项目总体负责人、专业负责人等。

2.3.2 总体布局设计方法

根据功能的不同，数据中心可以划分为主机房区、支持区、辅助区和行政管理区。主机房区包括：服务器机房、网络机房、存储机房等。支持区包括：高低压变配电房、发电机房、UPS电池电力室、空调机房、设备监控机房、接入室和消防控制中心等。辅助区包括：监控室、休息区、会议室等。行政管理区包括：用户接待区、用户操作区等。以上可根据实际功能需要选择性设置。在数据中心设计过程中，需要对以上组成进行合理的布局设计。

2.3.2.1 数据中心总体布局影响因素分析

对数据中心总体布局的影响因素进行介绍，主要的内容包括数据中心组成的相关规定、数据中心设备布置的相关规定、数据中心整体规划对主机房的影响、数据中心主机房面积的影响、数据中心主机房层高的影响。对数据中心设计中需要考虑的关键因素进行了剖析。

首先，数据中心的规划及布局必须符合设计规范的规定，规范中直接指导数据中心规划及布局的部分是数据中心组成及设备布置方面的内容。因此，对相关规定进行列举和分析，把握数据中心规划及布局的控制点。

同时，每个数据中心具备不同的个性，如互联网行业的IDC与企业的EDC虽然均为数据中心，但在建筑物功能、建筑物分期建设情况等方面有较大的差异。因此，分析了数据中心的整体规划对数据中心规划和布局的影响。

最后，数据中心的核心是运行电子信息系统设备的主机房，数据中心整体的布局受到单个主机房影响最大，可以说整个数据中心是为了服务于主机房扩展而成的建筑物。因此，对于主机房面积、层高的制约因素是对于整个数据中心规划至关重要的基础。

通过对数据中心总体规划及布局影响因素的分析，结合具体项目对数据中心整体规划及信息系统主机房的需求，就可以进一步开展数据中心的设计工作。

1. 数据中心组成的相关规定

数据中心的组成应根据系统运行特点及设备具体要求确定，宜由主机房、辅助区、支持区、行政管理区等功能区组成，典型分布示意如图2-3所示。

2. 数据中心设备布置的相关规定

GB 50174—2017《数据中心设计规范》中，对设备布置进行了如下规定：

(1)数据中心内的各类设备应根据工艺设计进行布置，应满足系统运行、运行管理、人员操作和安全、设备和物料运输、设备散热、安装和维护的要求。

(2)容错系统中相互备用的设备应布置在不同的物理隔间内，相互备用的管线宜沿不同路径敷设。

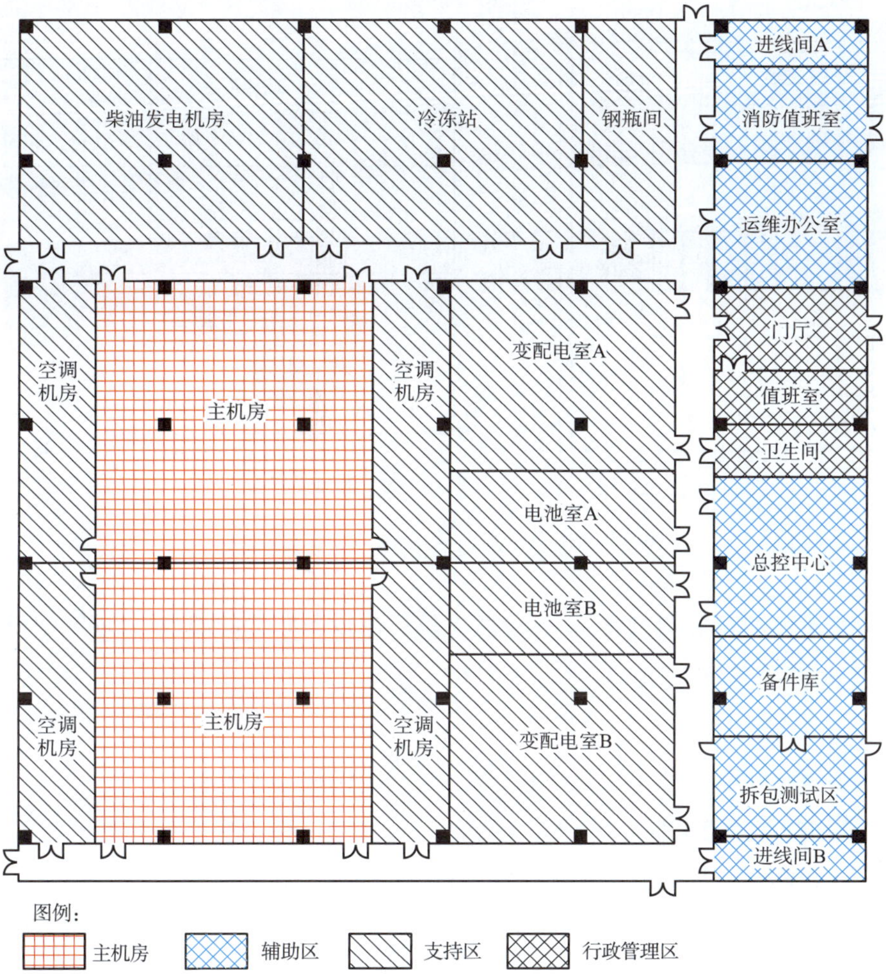

图 2-3　数据中心组成示意图

(3)当机柜(架)内的设备为前进风/后出风冷却方式，且机柜自身结构未采用封闭冷风通道或封闭热风通道方式时，机柜(架)的布置宜采用面对面、背对背方式。

(4)主机房内通道与设备布局示意图如图 2-4 所示，通道与设备之间的距离应符合下列规定：

①用于搬运设备的通道净宽 L1 不应小于 1.5 m；

②面对面布置的机柜(架)正面之间的距离 L2 不宜小于 1.2 m；

③背对背布置的机柜(架)背面之间的距离 L3 不宜小于 0.8 m；

④当需要在机柜(架)侧面和后面维修测试时，机柜(架)与机柜(架)、机柜(架)与墙之间的距离 L4 不宜小于 1.0 m；

⑤成行排列的机柜(架)，其长度超过 6 m 时，两端应设有通道；当两个通道之间的距离大于 15 m 时，在两个通道之间还应增加通道。通道的宽度不宜小于 1 m，局部可为 0.8 m。

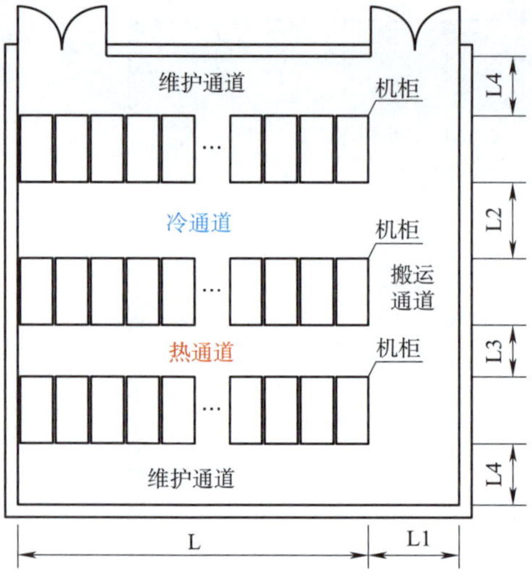

间距代号	间距描述	间距要求	通道名称
L1	搬运设备通道净宽	≥1.5 m	搬运通道
L2	机柜（架）正面之间间距	≥1.2 m	冷通道
L3	机柜（架）背面之间间距	≥0.8 m	热通道
L4	机柜（架）正面、背面与墙体之间间距	≥1 m	维护通道
L5	机柜（架）侧面与墙体之间间距	≥1 m	疏散通道
L6	机柜（架）侧面之间间距	≥1 m	疏散通道

注：L4、L5、L6遇到柱子的影响时，局部可为0.8 m。
L5、L6在成行排列的机柜（架）长度大于6 m时设置。

图 2-4　数据中心主机房设备布置示意图

在进行数据中心机房规划时，应充分考虑机房内设备布置的需求，合理规划机房的面积及长宽比例，满足各类设备运输、安装、维修的需求。

3. 数据中心整体规划对主机房的影响因素

数据中心整体规划主要考虑建筑物功能划分、使用规划等因素。

（1）建筑物功能划分的影响。根据 GB 50174—2017《数据中心设计规范》的相关规定，数据中心由主机房、辅助区、支持区、行政管理区等功能区组成。

主机房：主要用于数据处理设备安装和运行的建筑空间，包括服务器机房、网络机房、存储机房等功能区域。

辅助区：用于电子信息设备和软件的安装、调试、维护、运行监控和管理的场所，包括进线间、测试机房、总控中心、消防和安防控制室、拆包区、备件库、打印室、维修室等区域。

支持区：为主机房、辅助区提供动力支持和安全保障的区域，包括变配电室、柴油发电机房、电池室、空调机房、动力站房、不间断电源系统用房、消防设施用房等。

行政管理区：用于日常行政管理及客户对托管设备进行管理的场所，包括办公室、门厅、值班室、盥洗室、更衣间和用户工作室等。

其中主机房、支持区关系紧密均为设备部署区域，一般设置在同一栋建筑物中；辅助区、行政管理区主要是人员工作区域，既可以与主机房、支持区设置在同一栋建筑物中，也可以设置专用的运维/办公楼满足数据中心园区的维护管理需求。

根据不同区域在不同建筑物的划分，对数据中心的规划会造成一定的影响。例如，若人员办公区域在数据中心信息楼内，则要在数据中心规划时充分考虑有人区和无人区的区域划分原则，避免人员生活区域对设备区的影响，设置不同的安防等级等。

(2)数据中心使用规划的影响。一般数据中心土建的使用年限至少为50年,机电设备的使用年限为10年左右,IT设备的使用年限为5年。由于数据中心内各部分的使用年限不同,考虑到技术变化、初期投资等因素,数据中心存在使用规划的问题。

①一次建成全部投产。数据中心土建、机电设备、IT设备均一次建成全部投产。这类数据中心初期就确定了整体的使用规划,一般适合规模较小的数据中心,或整体对外提供云服务的运营商数据中心。

②土建、机电设备一次建成,IT设备分期建设。数据中心的土建基础设施部分一次建成,机房环境一次到位,IT设备按需部署。该方案适用于对外租用数据中心基础设施的数据中心,提供完备的数据中心土建基础设施环境,根据租户需求提供IT设备或由租户自行建设IT系统。

③建筑物一次建成,机电设备、IT设备分期建设。数据中心的建筑物一次建成,机电设备、IT设备根据需求分期建设。考虑到机电设备、IT设备的使用年限较短,为了避免闲置,节约初期投资,大部分自用数据中心和外租基础设施数据中心均采用这种方式建设。

④园区分期建设数据中心建筑。数据中心园区规划多栋信息机房楼,根据使用的需求,分阶段建设。这种方式可以将新启用数据中心机房对已启用机房的影响降至最低,同时初期投资也相对最少,受到园区土地情况和地方政策影响,目前在贵州、内蒙古等大数据发展重点区域的新建大型数据中心多采用这种方式建设。

根据不同的使用规划,建筑物的规划也要发生相应的调整。例如,一次建成可以按照全局统一的方案进行设计,若分期启用则在设计过程中要充分考虑后期启用时施工对已经启用部分的影响,进行合理的模块化、区域化划分。

4. 数据中心主机房面积的影响因素

(1)消防相关要求的影响。数据中心主机房主要采用气体灭火,因此主机房的面积需要考虑气体灭火系统的相关规范对防护区划分的相关规定:

①防护区宜以单个封闭空间划分;同一区间的吊顶层和地板下需同时保护时,可合为一个防护区;

②采用管网灭火系统时,一个防护区的面积不宜大于800 m^2,且容积不宜大于3 600 m^3;

③采用预制灭火系统时,一个防护区的面积不宜大于500 m^2,且容积不宜大于1 600 m^3。

根据上述规定的要求,一般将主机房及配套的空调机房划分为一个防护区,并根据防静电地板下、机房空间、吊顶内空间计算整体容积。

(2)信息机柜布置的影响。数据中心是为集中放置的电子信息设备提供运行环境的建筑场所,因此承载电子信息设备的能力是数据中心的核心要求。考虑到电子信息设备均需部署在信息机柜内,因此信息机柜的布置要求是数据中心主机房的核心需求。

在数据中心设计初期首先要确定信息机柜布置的原则,从而实现数据中心最优利用的效果,其因素包括:

①单机柜容纳电子信息设备的能力。一般按照单机柜容纳电子信息设备的功率密度来标定。单机柜的用电量、散热量直接影响暖通空调方案及电力配电方案,针对冷热通道分离地板下送风的机房又会直接影响冷通道的宽度。

②机柜大小的选择。目前主流的机柜深度在 800～1 200 mm 之间,宽度在 600～800 mm 之间,高度在 2 000～2 200 mm 之间。根据规划部署电子信息设备的种类及柜内布线需求,确定合理的机柜尺寸。

③机柜布置方式。主机房内信息机柜布置是否考虑冷热通道分离及是否冷热通道封闭、机房内运输通道规划、运维通道宽度需求等影响了机房整体容纳机柜的数量,同时单机柜用电量对冷通道送风量要求的影响,全部机柜总用电、散热量对机房配套暖通、电力设备的布置影响。

(3)主机房供电方案的影响。主要考虑机房内是否为供电设备提供部署空调。采用强电列头柜的方式或者智能母线的方式,若采用强电列头柜的需要在主机房地板上机柜间考虑强电列头柜的部署空间;若采用智能母线的方式则地板上不需要考虑供电设备的部署空间。

(4)空调方案的影响。

①主机房空调方案的影响。主流的空调方案有房间级空调及行间级空调两种。其中房间级空调需要集中部署在机房一侧,根据运维管理习惯一般会单独隔离出空调机房;行间级空调需要根据信息机柜散热量需求穿插部署在信息机柜之间。

②冷通道宽度的影响。在机房内机柜布置方式为冷热通道分离且采用房间级空调制冷地板下送风的情况,根据单机柜的散热量需求,需要考虑冷通道宽度。一般经验中,若单机柜散热量在 4 kW 以内,冷通道的宽度至少为 1.2 m;若单机柜散热量在 4～8 kW 之间,冷通道的宽度至少为 1.8 m;单机柜散热量在 8 kW 以上时,需要考虑行间制冷方式进行辅助。

5. 数据中心主机房层高的影响因素

在 GB 50174—2017《数据中心设计规范》中,规定主机房净高应根据机柜高度、管线安装及通风要求确定,新建数据中心时,主机房净高不宜小于 3.0 m。主机房净高指的是静电地板表面至梁底(吊顶地面)的可用高度,主机房层高在受到主机房净高影响的同时,受到防静电地板高度、梁高等因素的影响。

(1)主机房净高的影响。

①信息机柜高度的影响。数据中心主机房信息机柜一般选用标准机柜,其中 42U 标准机柜的高度尺寸为 2 000 mm;47U 标准机柜的高度尺寸为 2 200 mm,因此机柜高度主要在 2 000～2 200 mm 之间。

在数据中心规划时,需要根据 IT 系统架构及电子信息设备使用规划明确机柜高度。

②管线安装的影响。原则上主机房内不允许无关的管线穿过,但主机房自身使用的管

线数量就很多，主要包括弱电桥架（机房光缆、机房铜缆、安防监控线缆、火灾自动报警系统线缆）、强电桥架（供电电缆）、照明桥架及灯具、气体灭火管路、送排风管道、空调水系统管路等，这些管线分布在主机房、空调机房的防静电地板下或机柜顶部。

在数据中心规划时，需要明确各类管线的数量及安装位置，其中机柜顶部安装又分为吊装及机柜顶安装，吊装又存在直接顶板吊装或设置联合吊架作为转换层吊装集中方案。在确定的管线安装条件下，计算主机房净高的最小需求。

③通风要求的影响。若暖通专业采用行间级空调，则空调送风方式主要采用机柜间横向送风的方式，对机房净高的影响较小；若采用房间级空调，数据中心主机房一般采用地板下送风上回风的方案，对机房净高的影响则比较大。

结合提高空调制冷效率对封闭冷热通道的需求，封闭冷通道、封闭热通道对净高的影响也有所不同。封闭冷通道通常采用的措施是在机柜冷通道增加端门及顶板，净高需要考虑冷通道封闭组件在机柜高度基础上增加的部分高度；封闭热通道采用的措施是热通道上方制作封闭空间，一般封闭空间直接延伸至空调机房，整个热通道封闭占用的空间均需考虑。

（2）防静电地板高度的影响。GB 50174—2017《数据中心设计规范》中规定，主机房地面设计应满足使用功能的需求，当铺设防静电活动地板时，活动地板的高度应根据电缆布线和空调送风的要求确定。当活动地板下的空间只作为电缆布线使用时，地板高度不宜小于 250 mm；当活动地板下的空间既作为电缆布线，又作为空调静压箱时，地板高度不宜小于 500 mm。

在实际设计中若防静电活动地板作为空调静压箱时，暖通专业需根据机房整体的散热量计算静压箱的高度，因此静电地板架空高度主要受暖通专业的影响。

（3）荷载的影响。GB 50174—2017《数据中心设计规范》附录 A 中规定，主机房活荷载标准值为 8～12 kN/m^2，主机房吊挂荷载不应小于 1.2 kN/m^2，不间断电源系统室活荷载标准值为 8～10 kN/m^2，电池室活荷载标准值在蓄电池组 4 层板房时 16 kN/m^2，总控中心活荷载标准值不应小于6 kN/m^2，钢瓶间活荷载标准值不应小于 8 kN/m^2。

结合各类房屋的荷载要求，在结构设计中会影响结构柱的数量及截面积，梁的布局及高度。由于荷载高的情况下梁会比较高，因此房屋结构件的尺寸也会直接影响主机房层高。

2.3.2.2　数据中心总体布局规划方法

根据分析的数据中心规划及布局影响因素，结合数据中心实际情况进行布局方案设计方法进行介绍。

1. 数据中心整体规划

对数据中心的整体规划进行研究分析，了解包括数据中心使用规划、信息系统规划两个方面，作为具体布局方案研究的前提条件。

（1）数据中心机房使用规划。

①系统架构规划。根据铁路信息化总体规划，为满足业务应用系统按需分配资源需求，国铁集团、铁路局两级数据中心按云数据中心规划设计。按照云数据中心规划，数据中心内信息系统采用云平台、虚拟化等先进的信息技术，在数据中心构建计算、存储、网络资源池，逐步构建基础设施即服务（infrastructure as a service，IaaS）、平台即服务（platform as a service，PaaS）、软件即服务（software as a service，SaaS）云。

②数据中心规模及启用年限。根据规划阶段对数据中心规模的研究结论，根据其中的数据中心机柜密度、数量及启用年限规划，分析不同年度数据中心的机柜数量、用电量需求。

（2）数据中心信息系统规划。对数据中心部署云平台、IT 基础设施的基本情况进行了解，作为数据中心主机房规划的依据。

①云平台。数据中心云计算环境通过对软件定义的分布式数据中心实现资源统一管理，通过划分虚拟数据中心，提供信息化资源供给服务、容灾资源服务。

数据中心按照云计算服务交付标准，对用户提供 IaaS、PaaS、SaaS 三层服务。IaaS 层服务为信息化整体架构提供基础设施支撑平台，包含生产应用、开发测试、应用容灾三大领域基础设施；PaaS 层服务为集成服务平台、数据服务平台、开发测试平台以及生产应用的微服务平台提供实现保证；通过 SaaS 层服务最终体现业务系统；通过安全控制平台以及智能运维平台，为用户提供符合国家安全等级保护要求的信息化环境和稳定可靠的信息化运行平台。

②基础设施。

a. 基础网络。数据中心基础网络技术架构，包括网络架构、网络区域划分，用于支撑安全、运维工作的运维管理区、终端接入区、带外管理区等网络区域，以及铁路其他数据中心相关区域组成。

b. 计算资源。计算资源池可以分为物理资源池和虚拟化资源池。

物理资源池包括通用物理机（如 x86 服务器）和小型机，主要适用于不适合虚拟化的应用，以及一些必须在小型机上运行的传统类型应用等。

虚拟化资源池目前主要是 x86 服务器，支持虚拟机和容器运行。计算资源上层可以划分成不同种类的逻辑资源池，以支持不同场景下的服务平台和业务应用。这种逻辑资源池包括：同时提供容器和虚拟机的虚拟化容器资源池、标准的虚拟化资源池、存储高性能虚拟化资源池，以及高安全虚拟化资源池等。

虚拟化容器资源池：可以同时提供虚拟机和容器资源，适用于需要提供敏捷资源的开发测试环境。

标准虚拟化资源池：适用于几乎所有场景，支持中间件、前端系统等应用。

存储高性能虚拟化资源池：通过挂载含有闪存的分布式存储，或者包括闪存盘的集中式存储，可以支持高性能虚拟机，或者运行数据库类等应用。

高安全虚拟化资源池：通过执行严格的逻辑隔离策略，适用于多租户、DMZ 区等场景。

c. 存储资源。存储资源池一般分为分布式存储资源池和集中式存储资源池两个部分。分布式存储池包括对象存储、混合模式的分布式存储和全闪模式的分布式存储；集中式存储池包括 NAS 存储、混合模式的集中式存储和全闪模式的集中式存储。

分布式存储更多时候是与虚拟化的计算资源池共同使用，支持部署在虚拟化及云平台上的应用。而集中式存储资源池，既可以与虚拟化计算资源池结合使用，也可以与物理计算资源池配合，提供高性能的集中式存储功能，保证这些应用及应用数据的安全稳定。

③安全措施。数据中心网络分为业务区和管理区，分别根据网域划分采用对应的安全措施。

2. 数据中心规划及布局原则

在数据中心整体规划基础上，逐一分析明确数据中心规划和布局的影响因素，从而确定数据中心机房进行布局方案。

(1)数据中心规划原则。

①数据中心承载能力原则。数据中心承载能力是规划和建设的核心，其数据中心建筑物规模、机房布局、电力暖通配套机电设备的设计，均是以承载能力为最基础的需求而开展的。

②建筑功能划分原则。在数据中心园区场地条件允许的情况下，将数据中心人员办公区域与数据中心机房区域分别规划在不同的建筑物内，有助于从物理划分上进一步提高数据中心的安防等级。柴发楼与数据中心主机房楼用途差异较大，建议园区内根据建筑功能分别建设信息楼、柴发楼及运维楼。

信息楼承载数据中心主机房，满足人员最小化原则降低安防风险，同时设置必备的现场监控功能。信息楼内设置主机房对应的服务器机房、网络机房、存储机房等、支持区对应的变配电室、电池室、空调机房、动力站房、不间断电源系统用房、消防设施用房等，辅助区对应的进线间、现场运行监控和管理场所、消防和安防控制室、拆包区、备件库等及必要的配套房屋。

柴发楼为数据中心提供备用电源，由于柴油发电机组运行过程中会发生较为严重的震动及排出废气，原则上考虑单独设置柴发楼。柴发楼内设置支持区的柴油发电机房及配套房屋。

运维楼为数据中心集中运维、管理的建筑，集中提供数据中心监控人员和管理人员的办公场所。楼内设置辅助区中用于电子信息设备和软件的安装、调试、维护、运行监控和管理的场所，包括总控中心、打印室、维修室等区域；行政管理区用于日常行政管理及客户对托管设备进行管理的场所，包括办公室、门厅、值班室、盥洗室、更衣间和用户工作室等。

③数据中心使用规划原则。考虑到数据中心建筑物、机电设备、IT 设备的使用年限差异较大，且自用数据中心内电子信息系统设备部署方案尚未确定的情况，为了减少建筑物初

期投资避免浪费，数据中心的使用规划原则为建筑物一次建成，机电设备、IT 设备分期建设。为了更好地满足分期启用需求，数据中心信息楼整体按照模块化的理念进行设计。

以标准机房模块为基础，扩展单层信息楼的空调机房、电力机房等房屋，作为标准机房楼层。为了减少后期装修、设备安装对启用楼层的影响，按照自顶而下的顺序启用标准机房楼层。

④相关专业主要设计原则。结合 A 级数据中心的需求为例，列举相关专业影响信息机房模块设计主要设计原则，作为信息机房模块规划的先决条件。

a. 电力。数据中心接引 2 回路 10 kV 电源构成双重电源条件，设置双总线输入/输出型 UPS 电源系统，为信息机房模块提供不间断电源。变配电所、UPS 室、电池室均采用 $2N$ 原则配置，A、B 两套互为冗余的设备分别设置在不同的物理隔间内。

低密机房采用强电列头柜的配电方式，在每一列设置强电列头柜；高密机房则考虑采用智能母线的配电方式。

b. 暖通。数据中心工艺空调系统采用两路环状市政供水，信息楼地下室设有冷却水补水池。制冷采用集中式冷冻水空调方案，采用 $2N$ 独立双供双回容错系统，信息机房模块空调系统全部采用 $2N$ 布置。

2.3.2.3 数据中心模块化设计方法

采用模块化理念为基础进行总体布局设计，同时考虑设计过程中房建、电力、暖通等相关专业之间的影响，可以确定主机房的规模体量，为相关配套子系统设计提供基础，有助于早期建设决策，简化设计流程。

模块化设计广泛应用于产品研发领域，综合多要素构成具有特定功能的标准模块，通过不同标准模块组合，可以高效、经济地设计出满足不同需求的定制化产品。数据中心的差异主要在于规模、设备部署等，而信息机房功能相似，具备模块化条件，可以利用模块化设计方法开展设计。

铁路数据中心主机房规模大，设备部署集中，主机房作为数据中心建筑体的核心功能，对建筑各子系统的影响非常大，因此设计上也会有所区别。

数据中心基础设施按照铁路信息系统未来 10～20 年的需求进行建设，建筑物一般一次建成，而信息系统及配套电力、暖通设备分期建设。为了保证数据中心近远期规划建设的一致性，以及建设过程中的灵活性和运维管理的便捷性，采用模块化理念进行机房设计，即通过对数据中心基础设施的统一规划，按照终期需求将数据中心划分为多个信息机房模块，电力、暖通设备也采用模块化理念进行配套，在初期根据信息系统的需求建设部分模块，在使用过程中根据实际需求对其他预留模块进行建设。

1. 模块化设计典型建筑物内部布局方案

数据中心模块化设计采用的建筑内布局方案如图 2-5 所示。信息机房部署在建筑物中心部位，可以减少与建筑物外的热交换，提高制冷效率。信息机房模块两侧紧邻机房专用空调机房，其在建筑物中心部署多套，建筑物靠近边缘的房间为电力系统配套房间及其他附属房屋。

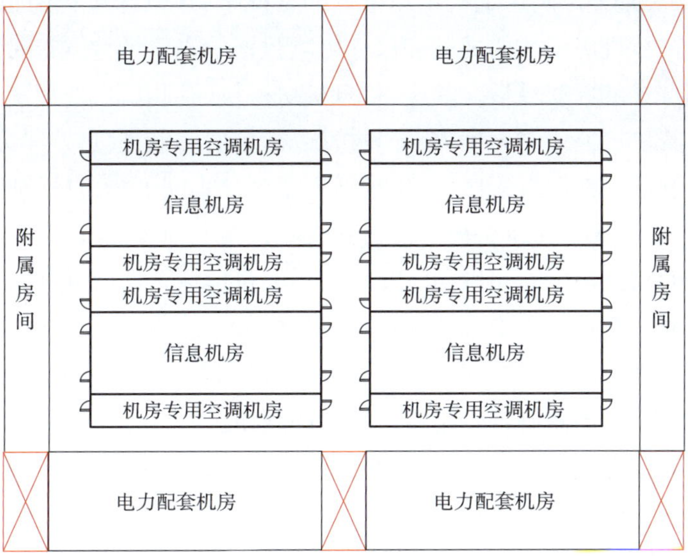

图 2-5　数据中心模块化设计布局方案示例

2. 主机房模块设计

(1)主机房模块设计原则。通过与电力、暖通等专业的深入配合，数据中心主机房模块设计的一个原则就是减少差异。由于数据中心信息系统规模非常大，机房模块在具备较强可预见性的近期不会全部启用，而远期对信息系统需求的预估精准度不高，因此在设计过程中要根据既有系统的特点，充分归纳信息系统的设备特点及其共同点，减少细节差异，这样既可以降低设计的复杂程度，也可以为未来信息机房模块的启用预留更多可扩展和变化空间。

减少差异主要体现在减少机柜差异、减少机房模块差异、减少机柜布置差异几个方面。

①减少机柜差异。信息系统设备主要涉及服务器、网络设备、存储设备几大类，以服务器为例，又包含了刀片服务器、机架式服务器、小型机服务器等众多种类；厂家和型号不同，设备的特性也有区别。每种设备的用电量不同，机柜中布置不同设备的情况下，机柜的用电量也是千差万别，根据设备判断每一个机柜的用电量并在此基础上进行设计，工作量是非常庞大的，考虑到信息系统发展和设备更新速度很快，这项工作也是没有意义的。

由于机柜内的空间是固定的，单个机柜可安装设备数量有限，相应单机柜可安装设备与其用电量是有规律可循的。通过对既有铁路信息系统机柜用电量进行分析，可以对机柜的用电量做一定的约束，将它们归纳为常规机柜和高密度机柜两类：常规机柜主要用于常规机架式服务器、小型机服务器、网络设备、存储设备等；高密度机柜主要用于刀片服务器、满布的机架式服务器等。在使用过程中，按照规定的机柜用电量部署设备，预留了很强的使用灵活性，同时对整体规模的估计也是准确的，符合数据中心的设计需求。

②减少机房模块差异。确定了机柜用电量的情况下，在设计过程中也应尽可能减小机房模块的差异。首先，机房模块的规模和尺寸影响数据中心建筑整体布局，信息机房模块差异小，建设和启用方式就更加灵活。其次，信息机房模块的用电量、散热量也影响配套电力、暖通设备的部署，若机房模块差异大，会导致楼层、区域的用电、散热差异大，对应电力、暖通专业的管路、机房利用率都会有所区别，不仅增大了设计难度也会造成空间的浪费。

③减少机柜布置差异。在机房模块规模和机柜用电量基本确定的基础上，应在初期规划时尽量减小机柜布置带来的差异，便于在数据中心投运后，可以根据信息系统实际业务需要灵活布置机柜，而不会对数据中心整体规模产生较大的影响。

(2)主机房模块规模。为了实现模块化设计，在确定数据中心整体规模后，要将数据中心划分为多个机房模块，还需确定每个机房模块的规模。

从建筑物利用率的角度来说，机房模块不宜过小。由于每个机房模块都要配套电力、暖通等机电设备，它们也要设置附属机房，这些机房都要具备人员及设备出入条件。在单个机房模块面积变小的情况下，数据中心内机房模块及附属机房的数量增加，建筑物内走道、墙体等机柜不可用面积就会变大，降低了数据中心的利用率。

从消防安全的角度讲，机房模块不可过大。数据中心信息机房通常采用气体灭火的消防方式，若机房的容积过大会影响气体灭火的效果，带来安全隐患，一般要求机房容积不大于 3 600 m^3/处。

考虑防静电地板高度、机柜高度、顶部管线排布等因素，一般数据中心层高为 6 m 左右，则满足气体灭火要求的机房面积约 600 m^2/处。信息机房模块与其配套的机房专用空调机房联通属于同一个气体灭火保护区，去掉机房专用空调机房及隔墙面积后，初步确定用于部署 IT 设备的信息机房模块规模约为 400 m^2/处。

(3)主机房模块及机柜布置。机房模块的尺寸及机柜布置方案主要与暖通配套的机房专用空调部署方案相关。典型的信息机房模块及设备布置如图 2-6 所示。中间为信息机房模块，它的上、下侧各配一个机房专用空调机房，以 $2N$ 的方式部署机房专用空调，为信息系统设备提供制冷功能。

信息设备机列垂直于机房专用空调机房长边方向，设备机柜采用前进风/后出风方式冷却，按照面对面、背对背方式布置，面对面为冷通道，背对背为热通道。

对信息机房模块进行初步布置后，要根据机房模块内机柜数量及单机柜用电量，计算整个机房模块信息设备的用电量和散热量。用电量要作为电力专业变配电、UPS 的设计依据，散热量则是暖通专业机房专用空调及制冷系统的设计依据。由于信息机房模块和机房专用空调机房关系紧密，在提供散热量后需要和暖通专业协调机房模块的尺寸及布置可行性。

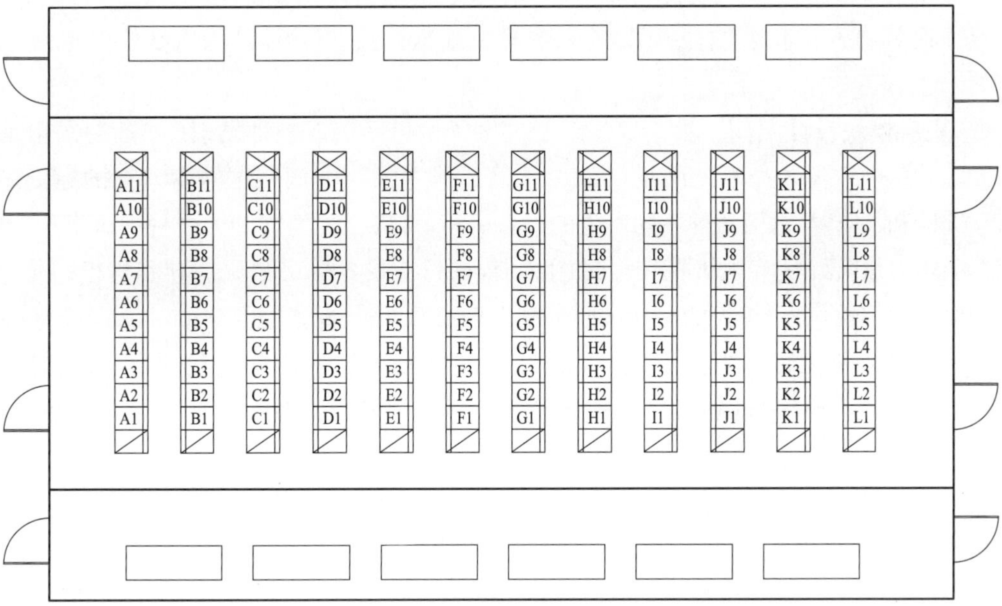

图 2-6　机房模块设备布置示例

按照 A 级数据中心的要求，机房专用空调需要采用 $N+X$ 冗余（$X=1\sim N$），铁路数据中心采用 $2N$ 冗余。在采用行间制冷、$2N$ 冗余方案时，一侧机房专用空调机房的制冷量就应满足整个信息机房模块的散热量需求，暖通专业需通过每台机房专用空调的制冷量和体积核实机房大小是否能够满足要求。若机房大小不能满足机房专用空调布置需求，则需要信息专业与暖通专业协商对机房模块尺寸及机柜布置方案进行调整。

（4）主机房模块净高设计。

①主机房信息机柜高度。主机房信息机柜的高度，如采用 42U 标准机柜，机柜高度为 2 000 mm。

②主要管线安装方案。主机房综合布线系统多采用上走线方式，在机列上方设置电缆桥架与光缆桥架。典型的电缆桥架采用金属网格式桥架，光缆桥架采用封闭式低烟无卤阻燃型复合材料桥架。

光电缆桥架包括主干桥架、分支列桥架。主干桥架垂直于机列分布，分支列桥架设置于机房内各机列热通道侧的机列上方。

消防、安防等主机房内其他管线数量较少、单体管径小，可以利用桥架上方空余空间及梁格内空间进行布置，在主机房规划阶段不再深入研究。

考虑机柜顶部操作空间，桥架上方操作空间，综合研判机柜顶部至梁底的高度。

③防静电地板高度。根据房屋整体散热量需求，一般由暖通专业核算作为静压箱的防静电地板高度最低值。

④主梁高度。根据房屋整体荷载情况,结构专业核算主梁高度。

⑤净高计算。主机房自下而上考虑防静电地板高度、机柜高度、管线安装高度、主梁高度。

(5)机房模块设计实例。由于数据中心内电子信息系统设备种类很多,统一采用同一种用电量、同一种部署方式不能满足全部设备的部署需求。本例依据减少差异的原则,选取5 kW/机柜和10 kW/机柜两种不同密度的设备机柜,将机柜种类限制为2种。这里选择的高密度机柜用电量恰好是常规机柜用电量的2倍,有利于减少机房模块差异和机柜布置差异。考虑到设备兼容性,每个机柜的尺寸按照标准机柜长1 200 mm×宽800 mm×高2 000 mm考虑。机柜每两列面对面布置为一组,机柜面对面为冷通道,背对背为热通道。高密度机柜冷、热通道为1.8 m,常规机柜冷、热通道为1.2 m,采用封闭冷通道的方式提高制冷效率。

设计标准信息机房模块体量为长31 m×宽12.9 m,面积约400 m^2,一列可容纳11个设备机柜、1个强电列头柜和1个弱电列头柜。在标准机房模块长度方向上划分为三个区域,每个区域约为宽10 m×长12.9 m,面积约为129 m^2。根据高密度机柜、常规机柜对冷热通道的距离要求,每个区域可容纳1组2列高密度机柜或2组4列常规机柜。

针对每个标准机房模块划分为3个区域,标准机房模块内有4种机柜部署方式:部署方式A:三个区域内全部署高密机柜;部署方式B:两个区域部署高密机柜,一个区域部署常规机柜;部署方式C:一个区域部署高密机柜,两个区域部署常规机柜;部署方式D:三个区域全部署常规机柜。

4种部署方式标准机房模块中可容纳高密机柜、常规机柜的数量及用电量、散热量对比见表2-5。

表2-5 机房模块机柜部署方式对比

部署方式	高密机柜/个	常规机柜/个	用电量/kW	散热量/kW	面积/m^2
A	66	0	660	660	400
B	44	44	660	660	400
C	22	88	660	660	400
D	0	132	660	660	400

机房模块内4种部署方式如图2-7所示。

从表2-5可以看出,采用上述4种部署方式的任意一种,都对机房模块的尺寸、用电量、散热量没有影响,减少了机柜布置带来的差异。这样,配套的电力、暖通设备在每一层的部署方案也是相同的,实现了在各楼层数据中心内部署的信息系统设备的一致性。

传统铁路大型信息机房设计中,每个机房的用电量、散热量均有差异,电力、暖通、建筑要根据机房特点开展设计,工作量大、周期长,且建成后由于配套条件固定而难以调整机房功能。数据中心模块化设计方法，将主机房与配套设施构成标准化模块，有助于简化设计流程，建成后机房功能也可灵活调整，具有一定的优势。

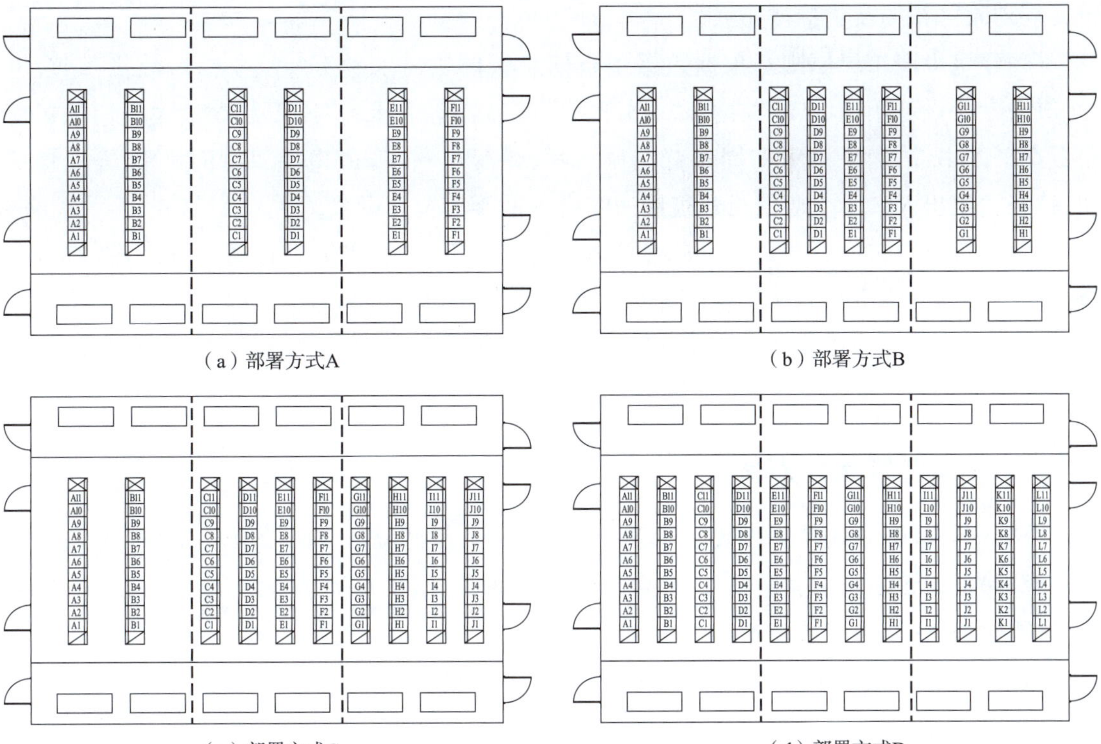

（a）部署方式A　（b）部署方式B　（c）部署方式C　（d）部署方式D

图 2-7　机房模块 4 种部署方式示意

3. 配套机电房屋方案

（1）信息楼层电力用房。与主机房模块化相匹配，各信息机房楼层配套电力用房采用模块化设计方案。

在每个主机房楼层的辅助区域设置供配电用房，配置双总线输入/输出型 UPS 电源系统，根据主机房的用电需求，按每一个主机房模块配置一套 UPS 电源系统规划。

并按每个信息机房楼层配置一套单总线输入/输出型 UPS 电源系统为本层主机房的配套机房空调提供不间断低压电源。

配电设备应尽量深入用电负荷中心部署，减少线路损耗；在建造时可分期、分模块建设，部署灵活，便于扩展和管理；满足可持续发展策略的要求。

（2）信息楼层空调用房。以主机房模块采用冷通道封闭房间型机房专用空调系统为例，主机房模块配套的空调采用 $N+N$ 配置原则，机房空调设置于信息机房侧空调机房内。

冷通道封闭房间型机房专用空调系统方案：送风方式采用地板送风，吊顶上回风模式，冷通道均采用物理分隔进行封闭，物理分隔可根据需要开启关闭。

4. 数据中心建筑布局原则

根据上述主机房模块规划及配套电力、空调用房设置需求，结合具体选址的地块条件，统筹规划园区布局及信息楼布局。

(1)建筑平面布局原则。根据数据中心信息楼模块需求确定每层主机房数量，结合电力、暖通专业设备用房、结构柱网、防火分区、可扩展性等需求，将需要制冷量大的信息机房布置在平面中部，信息机房四周布置空调机房、供配电室(变配电室、UPS 室等)等设备房间，建筑主要出入口及交通核沿建筑周边结合疏散距离合理设置。

(2)建筑竖向布局原则。在信息楼总体布置基础上，结合各专业设备共同考虑，将电力及空调机房楼层使用布置在信息楼首层及地下层，2 层以上均为信息机房及相关设备层。

信息楼各层层高根据设备用房净高要求，结合管线布置形式合理设置，确定每层的高度。

2.3.3 综合管线设计方法

数据中心基础设施是保证数据中心安全运行的关键部分。基础设施包含多个专业的系统内容，除了建筑结构土建设施外，包含暖通空调系统、给排水消防系统，电力系统，信息系统，智能建筑系统，通信系统等，每个系统都包含大量的设备和管线，涉及多个专业。

为了使建筑内的空间合理利用，管线整齐有序，施工安装有利，运营维护方便，对数据中心基础设施的综合管线进行综合设计非常关键。

2.3.3.1 综合管线设计简述

进行大型建筑设计时，一般由各专业根据各系统的设计规范及使用要求自行布置相应的管线，必然造成某些部位管线相对较为集中。由于管线复杂而空间有限，各类管线往往会在位置上发生冲突，相互挤占空间。所以，在各专业管线设计时，还应进行综合管线设计，目的是在符合各专业设计规范前提下，将各类管线统筹安排，及时发现问题，调整管线位置，形成较合理的综合管线布置方案。

2.3.3.2 管线种类

在数据中心工程中，影响管线综合的机电设备工程的管线及设备种类大致有以下几种：

1. 主机房内部管线及设备

包括静电地板、IT 机柜、IT 线槽，电力线槽、通风管道、气体消防管道等。

2. 主机房外管线

(1)工艺空调水系统管道。数据中心设备散热量大，管道直径大，这类管线属压力流管道，主要有：空调冷冻水供回水管道、空调冷却水供回水管道。

(2)给排水消防管道。生活给水系统管道、消火栓系统管道、自动喷淋系统管道，排水系统管道。

(3)通风系统管道。主要有送排风系统管道、防排烟系统管道。

(4)强电系统。包括动力配电管线及线槽、桥架、电气照明配电管线等。

(5)弱电系统。包括通信网络系统、办公自动化系统、建筑设备监控系统、火灾报警及消防联动系统、综合布线系统、智能化集成系统等。

2.3.3.3 管线综合原则

1. 主机房内各种管线设备原则

(1)弱电布线。结合典型数据中心的部署方案及铁路行业运维特点,目前主要采用上走线的方式,弱电布置光缆桥架、电缆桥架,具体空间位置布置在机柜以上吊顶以下。

根据铁路行业运维需求,满足基本缆线调整、更替条件,机柜顶至桥架、桥架之间、桥架至吊顶间一般应保证300 mm以上的维修空间,最严峻情况下不应小于200 mm。

(2)安全距离。建议5 kVA以下铜缆与电力电缆之间最小间距300 mm,5 kVA以上铜缆与电力电缆之间最小间距600 mm;铜缆与配电母线槽之间最小间距300 mm。

2. 主机房外各种工程管线原则

具有各自的工艺布置要求,当出现相互交叉挤占同一空间的问题时,需相互协调、布置得当,综合管线设计的原则包括以下方面。

(1)“先大后小”。优先布置口径较大的管道,一般情况下,通风管道优先布置,然后布置电缆桥架,再布置有压水管管线。通常来说,大管道由于造价高、尺寸重量大等原因,一般不会做过多的翻转和移动。应先确定大管道的位置,后布置小管道的位置。

(2)“先重力后压力”。压力流管道避让重力流管道,压力流管道区别于重力流管道的主要特征是可以爬升。重力流管道内介质仅受重力作用,由高往低流,污水、废水、雨水、空调冷凝水等管道属于重力流管道,其主要特征是有坡度要求且排放水流杂质多,容易堵塞,因此力求水平管线短,避免过多转弯,以保证建筑空间及排水畅通。

(3)“先热后冷”。对于采暖、空调供回水管道,相对于一般给水管道而言,有较严格的排气、泄水要求,就必须要有合理的坡度;而且管道需要保温,要有合理的管道间距便于操作。

(4)电气管线、桥架与其他管道尽量分开布置(有严格要求的必须分开布置),不可避免时要布置在其他管道上方,以免管道渗漏时损坏电缆造成事故;如果布置在其他管道下方时,须采取加设套管等保护措施。

(5)各种管线在同一处垂直方向布置时,一般是:线槽或电缆在上,水管在下;热水管在上,冷水管在下;风管在上,水管在下。

(6)考虑设备检修通道空间。建筑内的综合管线排布,不仅为了施工,更为了日后的运行维护。如果仅考虑施工排布方便,把吊顶内的空间直接占满,能给施工省去很多麻烦,但日后运行维护时则会因为没有检修空间造成管路、设备无法检修,严重影响运营。因此,在管线排布过程中一般需要留出 500 mm 以上的检修通道，以便于日后的运行维护。

(7)管道间距。考虑到水管外壁、空调水管、空调风管保温层的厚度。电气桥架、水管，外壁距离墙壁的距离，最小有 100 mm 的距离，直管段风管距墙距离最小 150 mm，沿构造墙需要 90 度拐弯风道及有消声器、较大阀部件等区域，根据实际情况确定距墙柱距离，管线布置时考虑无压管道的坡度。不同专业管线间距离，尽量满足现场施工规范要求。

(8)考虑机电末端空间。整个管线的布置过程中考虑到以后送回风口、灯具、烟感探头、喷洒头等的安装，合理地布置吊顶区域机电各末端在吊顶上的分布，以及电气桥架安装后放线的操作空间以及以后的维修空间，电缆布置的弯曲半径不小于电缆直径的 15 倍。上述为管线布置基本原则，管线综合协调过程中根据实际情况综合布置管间距离以便安装、维修为原则。

2.3.4 节能设计方法

2.3.4.1 数据中心节能指标

随着数据中心 IT 设备部署功率密度的突飞猛进发展，数据中心的耗电量也水涨船高，增长迅猛。数据中心运营费用中，电费成本远远大于其他运营费用。已有的一些研究发现基础设施的用电量比 IT 设备本身用电量大 1 倍甚至 2 倍以上。基础设施是为 IT 设备服务的，应该设法降低能耗。

此外，随着电子信息系统机房 IT 设备高密度的集成化，解决设备散热及机房散热量日渐趋高的现象开始受到了各界强烈关注。相关数据资料显示，我国数据中心每年消耗的电量已接近一个三峡大坝的年总发电量。时至今日，IT/电信目前相关的碳排放已经成为最大的温室气体排放源之一，由此一年产生的碳排放为 8.6 亿吨，且该领域的排放势头还在随着全球对计算、数据存储和通信技术需求的增长快速上升。即使人们大力提高设备、机房结构等装置和数据中心的能效，到 2020 年，全球 IT 相关碳排放也将达到 15.4 亿吨。所以越来越多的人开始关注绿色机房的建设。

为了能够更好地对数据中心的电力使用效率进行衡量和评估，目前已经有几种数据中心能耗指标被提出，其中 PUE 就是国际上比较通行的数据中心电力使用效率的衡量指标之一。

1. 数据中心 PUE 定义

PUE 是最早由 Christian Belady 提出，由 IT 业内绿色网络组织(the green grid，TGG)发展和完善的一个用来测量数据中心能源利用效率的计量标准。

根据定义，PUE 的计算公式如下：

$$\text{PUE}=P_t/P_{\text{IT}} \tag{2-3}$$

其中，P_t 为数据中心总用电量，P_{IT} 为 IT 设备用电量。

数据中心主要耗电情况分解为IT设备用电量 P_{IT}，制冷系统用电量 P_{AC}，供电系统能耗 P_E，其他能耗 P_{etc}，则式(2-3)可以改写为：

$$\mathrm{PUE}=1+P_{AC}/P_{IT}+P_E/P_{IT}+P_{etc}/P_{IT} \tag{2-4}$$

从式(2-3)、式(2-4)可以看出，PUE是一个比率，取值大于1。PUE值越小，说明数据中心的能源利用率越高。

2. 数据中心PUE计算方法

数据中心PUE的定义为数据中心总用电量与IT设备用电量的比值，但没有定义相关用电量的具体取值为瞬时值或平均值，因此PUE计算也存在一些不同。

(1)基于瞬时值测量的PUE计算。基于瞬时值测量的PUE计算，用于数据中心投产后对能源利用效率的实时监测。

根据数据中心PUE定义，计算PUE需要对供配电系统几个位置的用电量进行测量，测量点如图2-8所示。

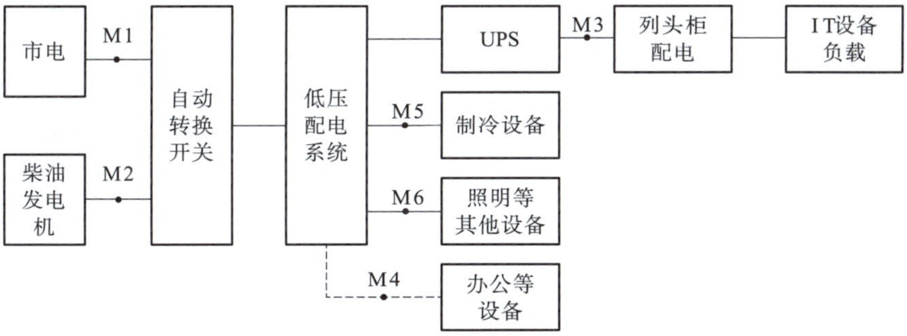

图2-8　数据中心PUE计算测量点

图2-8中设置了M1～M6共计6个测量点：M1为市电总用电量；M2为柴油发电机总用电量；M3为IT设备用电量；M4为办公等非数据中心用电量；M5为制冷设备用电量；M6为照明等其他辅助设备用电量。

在正常情况下，M1为数据中心总用电量；在市电故障情况下，M2为数据中心总用电量。若建筑物为多功能用途时，总用电量计算时应去掉M4办公等非数据中心用电量。M3为数据中心IT设备用电量。在单独计算制冷系统效率、供配电系统效率时，需要对M5、M6进行测量。

需要说明的是，以上M1～M6的测量点为PUE计算的示意位置，并不是最终真实测量点。以IT设备为例，若细化进行能效分析，需要对每个机柜的PDU、甚至每个设备的用电量进行测量，而不是简单的对列头柜用电量进行测量。

(2)基于平均值的PUE计算。基于平均值可以计算日均(用dPUE表示)、月均(用mPUE表示)、年均PUE(用yPUE表示)的值，其基本定义如下：

$$\mathrm{dPUE}=\int_0^d P_t\,\mathrm{d}t\Big/\int_0^d P_{\mathrm{IT}}\,\mathrm{d}t \tag{2-5}$$

$$\mathrm{mPUE}=\int_0^m P_t\,\mathrm{d}t\Big/\int_0^m P_{\mathrm{IT}}\,\mathrm{d}t \tag{2-6}$$

$$\mathrm{yPUE}=\int_0^y P_t\,\mathrm{d}t\Big/\int_0^y P_{\mathrm{IT}}\,\mathrm{d}t \tag{2-7}$$

3. 数据中心 PUE 测量点及测试规范

而由于 PUE 会随着测量季节、测量频率的不同有很大的差别。为了提高数据中心 PUE 测量和计算的精确性，又增加了相应的边界条件，从测量点以及测量频率进行规范，从而提出了 PUE 的细化方式，详见表 2-6。

表 2-6 PUE 测量点及测试规则要求

所测项目/测量频率		第一等级(L1)初级	第二等级(L2)中级	第一等级(L3)高级
IT 设备耗能	基本	UPS 输出端	配电板输出端	IT 设备输入端
设备总能耗	基本	市电输出端	市电输出端	市电输入端
	额外推荐		UPS 输入输出端；制冷输入端	配电板输出端；UPS 输入输出端；制冷输出端
度数间隔	基本	月/周	天/小时	连续(小于 15 min)
	额外推荐	每周	每小时	15 min 或更频繁

4. PUE 指标的缺陷

虽然 PUE 是目前业界广泛应用的数据中心电力使用效率的衡量指标之一，但是 PUE 仍然存在一些局限。比如由于每个数据中心都具有其唯一性，没有两个数据中心 IT 设备用电量是完全一样的，因此很难进行简单的直接比较以判断某个数据中心的优劣。有时通过虚拟化来提高平均服务器利用率，那么相应的效率提升并不能反映在 PUE 值上，甚至还会体现为 PUE 的增大。

此外，PUE 指标在测量和计算上还存在一定的可操控性，由于 PUE 为一个比值，因此减少分子或增加分母可以使 PUE 变小，一般来讲，数据中心总用电量越小或者 IT 设备用电量越大，PUE 可能越好。因此，可以通过选择最佳的测量时机来优化 PUE，例如选择户外很冷，照明系统全部关闭，用户几乎不在线时测量，甚至关闭冗余制冷系统才进行测量，这种时候测得的 PUE 值必然会很低，但它的确已经远远偏离了事实。此外，如果数据中心的供电是建筑物内其他功能设施共享，如办公室，会议室，餐厅和大堂，或共享空调系统制冷机房或冷却塔也会对计算 PUE 造成影响。

5. 其他衡量数据中心能耗效率的指标

除了 PUE 以外，目前广泛使用的用于衡量数据中心能耗效率的技术指标还有：CLF、PLF、CUE、WUE、ERE、ScE、DCcE 等，下面就对这些技术指标进行一个简单的介绍。

(1)CLF 和 PLF。制冷负载因子(cooling load factor,CLF)和供电负载因子(power load factor,PLF)是反映数据中心能耗情况的两个细化指标,两者可以比较细化地发现数据中心能效方面的问题,从制冷、供电设备的方面实施数据中心优化工作。其基本表达式如下:

$$\mathrm{CLF}=P_{\mathrm{AC}}/P_{\mathrm{IT}} \tag{2-8}$$

$$\mathrm{PLF}=P_{\mathrm{E}}/P_{\mathrm{IT}} \tag{2-9}$$

(2)CUE 和 WUE。碳排放利用率(carbon usage effectiveness,CUE)和水资源利用率(water usage effectiveness,WUE)是 TGG 组织近期公布的两种指标,用于衡量数据中心的碳排放和用水情况。两者的基本表达式如下:

$$\mathrm{CUE}=P_{\mathrm{c}}/P_{\mathrm{IT}} \tag{2-10}$$

$$\mathrm{WUE}=P_{\mathrm{w}}/P_{\mathrm{IT}} \tag{2-11}$$

式中,P_{c}是数据中心全部设备用电产生的碳排放总量,P_{w}是数据中心全部设备用水量。

CUE 和 WUE 量化了纯能耗指标所忽略的基本元素,这两个指标综合起来可以让数据中心考虑得更为全面。

(3)ERE。由于 PUE 无法描述数据中心所生产的附加能源的再利用情况,TGG 针对那些对重复利用能源进行加热或冷却的企业推出了再生能源利用效率(energy reuse effectiveness,ERE)。ERE 值的计算方式为将设备总能耗相加后减去重复利用的部分,然后再除以 IT 设备能耗。ERE 值为 1.0 时意味着仅需要为设施提供相当于 IT 能耗的电力。其基本计算公式如下:

$$\mathrm{ERE}=(P_t-P_{\mathrm{Er}})/P_{\mathrm{IT}} \tag{2-12}$$

式中,P_{Er}是数据中心所使用的再生能源所产生的电量。

(4)ScE 和 DCcE。TGG 的 ScE 是为了将目光由 CPU 利用率转向 CPU 效率。服务器计算效率(server computational efficiency,ScE)这一功能是通过对服务器时间分配的描述实现的。因为在这期间,服务器在提供“主要服务”的同时还需要提供“次要任务”,如病毒扫描、安全升级和硬盘碎片整理。数据中心计算效率(data center computational efficiency,DCcE)是设施中所有服务器的 ScE 总合。

例如,如果电子邮件服务器 75%的时间处理电子邮件,那么它的 ScE 值为 75%。其关注的不仅是“你的系统正在处理事务吗”,还包括“它正在处理有用的事务吗”。这一概念可用于识别未充分利用的服务器和申请虚拟化、整合或削减策略,以提高效率。

TGG 强调,这些指标并不是生产能力指标。它们并不测量做了多少工作,而是测算工作中有多少比例是有用的。这个区别很重要,因为处理器速度低的服务器可能要花上 1 h 的时间处理 100 笔交易,而处理器速度快的服务器在同样的时间内可以处理 1 000 笔交易。但是如果在这 1 h 之中,它们将全部的时间都用于做这项工作,那么两者的 ScE 值都是 100%。

2.3.4.2 影响 PUE 因素及降低 PUE 措施

1. 信息专业

信息专业作为数据中心的用户专业，主要影响的因素是 IT 设备用电量；同时，合理的设备部署也有助于提高电力、制冷等配套设备的效率。因此，虽然难以对降低 PUE 产生贡献，但用电量降低可以有效降低数据中心总体能耗，相当于调整总能耗的基数。

(1)影响 PUE 因素。

①存储方式的选择。在 IT 设备的能耗中，存储设备的能耗是占有一定的比重。存储的能耗取决于数据中心设计者给不同类型存储设置的基准。一般来讲，数据的存储可以分为静态数据的存储(或者无需实时交易的数据存储)和需要经常读取以及处理数据的高性能存储，根据存储时效性要求设计不同能力的存储设备有助于降低整体能耗。

②服务器效率。数据中心中不同服务器的效率一般各不相同，所以需要设计者检查服务器的效率，以及备用模式或者高压力情况下的服务器的具体能耗，结合系统业务整体负载率进行合理选择。

③服务器的虚拟化程度及云管能力。目前在数据中心由于服务器数量很多所以导致数据中心 IT 设备的能耗很高。此外，数据中心的服务器还存在以下的问题：

a. 成本高。服务器硬件成本高、运营和维护成本高，包括数据中心空间、机柜、网线、耗电量、冷气空调和人力成本等。

b. 可用性低。因为按照传统物理部署模式每台服务器都是单机，如果配置为双机模式成本更高，此外没有更好的热备方式。系统维护和升级或者扩容时候需要停机进行，造成应用中断。

c. 可管理性低。服务器数量太多难以管理，新服务器和应用的部署时间长，大大降低服务器重建和应用加载时间。硬件维护需要数天/周的变更管理准备和数小时的维护窗口。

d. 兼容性差。系统和应用迁移到新的硬件需要和旧系统兼容的系统。

因此要有效地降低数据中心的 PUE 就需要利用统一云管功能对服务器进行有效、合理的整合，积极采用服务器虚拟化技术按照云平台方案对数据中心服务器进行整合是一个非常有效的方案。

④管理工具。数据中心的基础设施监控与各设备效率的测量对于数据中心的能耗控制起着至关重要的作用，因此需要严格的管理。对于云平台来说，针对任务量进行适当的虚拟机迁移，将虚拟机负载集中，通过少量负载率较高的物理服务器完成数据中心计算，关闭其他物理服务器，可以有效降低整体总电量。

(2)降低能耗措施。

①优化存储方式的选择。可以通过将放置有不同性能存储设备的服务器设置与数据中

心的不同区域，然后根据制冷以及电力的实际需要进行设计，做到相互间的性能匹配，避免不必要的能耗浪费。

②提升服务器效率。设计者需要根据实际测试给出各种计算、制冷、温度范围以及服务器设备不同利用率下的电力需求等设置的基准。然后依照基准，隔离高功率服务器区域，并且分散与数据中心区域来充分利用数据中心内的电力和制冷能力。

③提升服务器的虚拟化程度。数据中心设计者需要在设计初期就将数据中心按照云平台、虚拟化架构进行考虑，可以通过虚拟化评估服务，以帮助决策是否可以做虚拟化，哪些系统可以迁移到虚拟化平台，以及虚拟化的架构等。

此外，设计者还可以对现有应用进行一段时间的数据采集，通过对数据进行分析，这样也更能准确地对应用进行虚拟化的规划。根据数据中心的实际情况，对于数据中心里的应用，通过配置多台高性能的服务器，同时每台服务器上都安装配置虚拟化软件，用于在单个高性能物理服务器实体上，利用服务器强大的处理能力，生成多个虚拟服务器。而每一个虚拟服务器，从功能、性能和操作方式上，等同于传统的单台物理服务器。在每个虚拟服务器上，再安装配置所需操作系统，进而再安装应用软件，这样以前的每个物理服务器就变身成为服务器上的虚拟机，从而大大提高资源利用率，降低成本，增强了系统和应用的可用性，提高系统的灵活性和快速响应，完美地实现了服务器虚拟架构的整合。

④智能化管理工具。设计者需要对相关管理工具进行具有针对性的设计。

经常的审查也可以帮助效率数据的比较，从而实现数据中心能耗持续的改善。基于实时数据，每分钟或小时获取一次，通过这种方法可以获得能耗的大幅改进。

此外，设计者还可以采用绿色网络设计的数据中心成熟度模型（DCMM）作为中心目前 PUE 水平的基准。DCMM 设计数据中心的主要部分：电力、制冷、网络、存储以及计算。

2. 电力专业

对于数据中心，电力专业主要负责为数据中心信息系统及配套机电设备提供不间断的可靠供电。

（1）影响 PUE 因素。目前传统数据中心主要以交流供电为主，通过 UPS 提供不间断交流供电。为了保证供电系统安全，数据中心供电系统一般为市电双路由，发电机组双备份，UPS 不间断供电。其中，在数据机房的不间断供电系统中，为了确保重要负载不会因 UPS、电池、内部模块系统等设备故障造成断电问题，具有不同安全等级的机房要有相应等级的不间断电源供电方式。在现有技术条件下，主要有以下三种不间断电源供电方案可供选择。

①$N+1$（或者 $M+N$）冗余供电方式。$N+1$（N 台工作，1 台冗余）或者 $M+N$（M 台工作，N 台冗余）冗余供电方式是由两台或多台同品牌、同型号、同功率的 UPS，在输出端并联连接在一起而构成的 UPS 冗余供电系统。通过并机通信及控制功能，该系统在正常情况下，所有 UPS 输出实现严格的锁相同步（同电压、同频率、同相位），各台 UPS 的逆变器均分

负载;当其中一台 UPS 故障时,该台 UPS 从并联系统中自动脱机,剩下的 UPS 继续保持锁相同步并重新均分全部负载。

②2N 冗余供电方式(双母线供电方式)。为保证机房 UPS 供电系统的可靠性,以两套独立的 UPS 系统构成的 2N 或 2(N+1)系统开始在大中型数据中心中得到了规模化的应用,这就是业界经常称之为 2N 冗余或者双总线的供电系统。双总线供电方案由两套独立工作的 UPS 系统、同步控制器、静态切换开关、输入、输出配电屏组成。

③"△型"供电方式(三母线供电方式)。三母线系统是双母线供电系统的一种变异形式,也就是通常提到的 3N 供电模式,当三套系统中的任意一套出现故障时,由另外两套承担起全部负荷。三母线系统基本继承了双母线系统的特点,且可以使单条母线最大安全带载率由双总线系统的 50%提升至 66%,但也使供电系统、负载分配等变得更加复杂。

但是以上的这些不间断供电方式一般来讲结构臃肿,设备过度冗余会提高电源设备投资成本,同时牺牲系统效率。变压器、UPS 负载长期在 40%以下运行,市电输入到主设备由于经过多次交直流转换,系统供电效率通常在 60%～90%,同时考虑 UPS 散热的空调能耗,按数据中心 PUE 为 2.0 来计算,UPS 供电环节电能损耗约为 13%。

(2)降低 PUE 措施。为了降低数据中心的 PUE 值,可以采用高压直流供电或交流直供的方式来部分或全部代替 UPS 供电的方式,来提高系统供电效率,降低 UPS 供电环节电能损耗。

①交流直供、UPS、蓄电池三种混合供电方式。交流直供、UPS、蓄电池三种混合供电方式由模块化 UPS、可热插拔 UPS 功率模块、交直流混合 PDU 输出配电单元、240/336 V 高压蓄电池组以及负载设备交流、直流混合 PSU 电源模块等主要部分组成。通信负载采用交、直流电源模块各一只(采用 240 V 蓄电池供电时,可以使用服务器原配的两个交流电源模块),通过硬件或软件设置为交流模块优先供电(通过交流 PSU 模块输出的直流电压略高于直流 PSU 模块输出的直流电压),直流模块热备份,实现安全高效供电。

与传统 UPS 供电方式相比交流直供、UPS、蓄电池三种混合供电方式有以下一些特点:

a. 运行效率高。传统塔式 UPS 采用 2N 供电结构,单台负载率不高于 40%,UPS 整机实际效率仅为 70%～90%。本系统中交流直供和蓄电池直接供电模式,不经过 UPS 双逆变,系统效率可提高至 99%。

b. 运行安全性高。传统的 UPS 通常采用 1+1 备份工作模式,一套 UPS 发生重大故障时,另一套 UPS 自动退服率达 90%。采用蓄电池高压直流直接为负载作保障供电,交流直供与 UPS 间切换以及 UPS 出现故障时,系统的可用性优于双总线 UPS。

c. 可维护性强。传统塔式 UPS 主电路和控制电路混装在一个机柜里,结构复杂,发生故障时必须由厂商人员现场处理,且在线增容十分困难。混合供电系统采用模块化 UPS,由能完成 UPS 基本功能的可拔插功能模块组成交流不停电供电系统,可实现在线更换维修，便于系统维护。

②高压直流供电。高压直流系统由整流屏、直流屏、电池巡检单元这 3 部分组成，实现整流滤波、均流输出等功能。如图 2-9 所示，在市电正常时，市电经过整流器变成直流电供给负载。在停电时，蓄电池放电，直接供给负载。

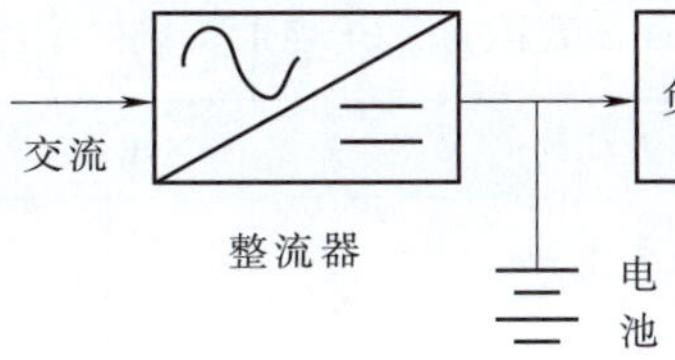

图 2-9　高压直流设备结构示意图

而传统的 UPS 供电系统如图 2-10 所示，由整流器、逆变器、蓄电池等组成。在市电正常时，市电经过整流器变换为直流电供给逆变器，同时给蓄电池充电，逆变器将直流电变换为 50 Hz 交流电供给负载。在停电时，蓄电池放电，通过逆变器变换成交流电，供给负载。高压直流设备在结构上与 UPS 的较大区别是少了逆变器环节。

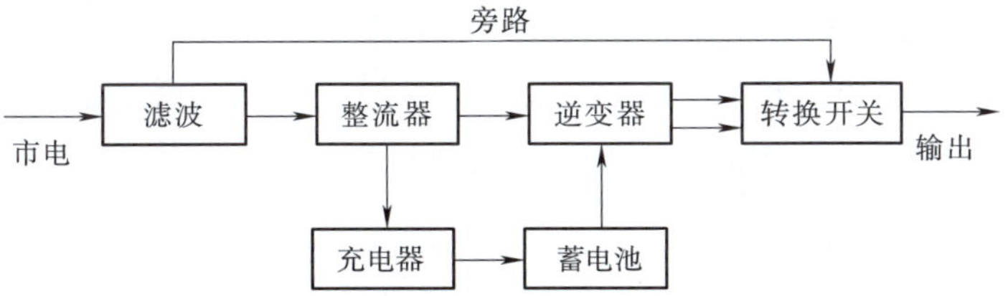

图 2-10　高压直流与交流 UPS 的对比

与传统 UPS 供电方式相比，高压直流供电(240 V)有着以下一些优点：

a. 电安全性、可靠性高。对于 UPS，作为后备电源的蓄电池并非直接排在负载上，而是经过逆变电路 DC/AC，因此对逆变电路 DC/AC 的要求很高。后备电源的不可靠供电是造成传统 UPS 供电系统不断复杂化、设备堆积、结构臃肿、成本攀升、效率低下的主要原因。同时，UPS 并机控制需要电压、频率、相位三者同时满足，也使得控制电路复杂化。从设备的结构和技术上来看，高压直流与 UPS 的比较总结见表 2-7。

表 2-7　高压直流与 UPS 可靠性比较

项目	UPS	高压直流	结论
结构	整流器、逆变器、静态开关	整流器	高压直流电路简单、环节少、可靠性高
后备电池	经过逆变器才能供电	直接供电	高压直流可靠性高
并联方式	交流并机需要电压、频率、相位都同步才能并机	电压相同就能并机	高压直流系统管控电路简单、并机方便、可靠性高、便于带电割接。
维护扩容	需要切换旁路带电操作	在线式整流模块热插拔	高压直流系统更快更安全

b. 更高的电能转换效率。高压直流与 UPS 都是为了保障 IT 用电设备的不间断供电。作为新技术的高压直流系统与传统的 UPS 系统相比,电路环节减少了,因此电能损耗也应较少。从能耗方面看,以某数据中心的 UPS 与高压直流设备为例,计算其输入输出功率,效率计算结果见表 2-8。

表 2-8 高压直流与 UPS 电能转换效率比较

供电方式	输入/kV·A	输出/kV·A	效率/kV·A
UPS(4U1)	144.14	120.39	83.52%
UPS(4U2)	142.96	121.84	85.22%
高压直流 28 系统	60.35	58.97	97.71%
高压直流 29 系统	88.07	83.54	94.86%

综合统计 5 套 12 台 UPS 和 74 套高压直流设备,在目前负载情况下,UPS 的平均效率为 85%,高压直流设备为 95%。可见,高压直流系统的效率比 UPS 的效率要高,能有效减少能源损耗。

效率的提高意味着设备发热量也减少了,因此也使得空调的负荷降低,减少了制冷用电。同时,采用高压直流电压给 IT 设备供电,则 IT 设备内部的整流器相当于直通,大大地降低了能源损耗,也提高了利用率。因此高压直流设备的节能性不仅仅体现在能源效率上。

3. 暖通专业

对于数据中心,暖通专业主要负责机房的制冷,维持主机房及配套机电设备机房的环境温度、湿度。

(1)影响 PUE 因素。

①制冷方式的选择。数据中心机房安装有大量的服务器、存储设备、交换机、路由器等对环境温湿度、洁净度要求较高的精密设备,对环境要求较高而且这些设备在运行同时也会产生大量的热量,需要及时地排放出去。目前,机房主流的制冷方式为专用机房空调制冷。这一方式能够将机房内的温湿度进行高稳定度和高精度的控制。

但是,由于数据中心机房全年不停地运转,常年都是满负荷工作。由于考虑隔热、隔湿及清净度要求,数据中心机房基本上是全封闭的,机房建筑结构的保温性也很好。因此在冬季,即使室外问题已经很低,数据中心机房还是需要供冷。为满足要求,机房内的空调机必须全年运行这样就造成数据中心机房能耗巨大。为了解决这些问题就需要使用更为合理的制冷方式。

②冷热风道的组织。在大型数据中心里,计算机密度大,总冷负荷大,余热量大,发热源集中,因此需要有合理的气流组织的分配和分布,有效地将机房内的余热消除,保证计算机设备对环境温湿度、洁净度、送风速度的需要。但是,当制冷设备提供的冷空气和电子设备所产生的热空气同时存在于机房内时,冷热空气发生混杂,使室内温度变得不均匀从而导致

制冷效率的降低。

(2)降低 PUE 措施。

①绿色冷却技术的使用。绿色冷却模式是一种在室外湿球温度比较低时,通过相应的技术方法将室外冷源引入建造物内将热量带走,以达到降温的目的。利用大自然提供的“免费”冷源,降低数据中心空调设备的使用耗能,已成为构建绿色数据中心的关键技术之一。在绿色冷却模式下,空调压缩机功能全部或部分被旁通所取代,从而消除或减少了压缩机的能耗,压缩机主要是在室外温度高于数据中心温度时用来将数据中心里的热量排到室外。

目前绿色冷却技术一般有以下几种模式:

a. 直接采用新风模式。新风节能冷却模式,又称直接通风,当室外空气条件在设定值范围内时,利用风机和百叶从室外经过过滤器抽取一定数量的冷风与一定量的回风混合后送入数据中心。

百叶和风阀可以控制排到室外的热风与新风的比例,以保持环境设定温度。这种类型的节能冷却模式也可以结合蒸发辅助一起使用,这样室外空气在进入数据中心前先穿过潮湿的网状介质或高压细水喷雾。需要注意的是,这种类型的节能冷却模式在结合蒸发辅助使用时会增加数据中心的湿度。

b. 空气换热器模式。采用空气换热器作为冷却模式,又称为间接通风,当室外空气条件在设定值范围内时,利用室外空气间接为数据中心制冷。这种模式使用风机将室外冷风吹到一组冷却板或管上面,冷却板或管的另一侧是数据中心内的热空气,将数据中心内的空气与室外空气完全隔离。

c. 热轮换热器模式。采用热轮换热器作为节能冷却模式,当室外空气条件在设定值范围内时,利用风机将室外冷风吹入热轮换热器,以使数据中心各机房保持较为干燥的环境。

d. 板式换热器模式。采用板式换热器作为节能冷却模式,当室外空气条件在设定值范围内时,利用冷却水间接冷却数据中心的冷冻水。冷水机组的旁通阀可以根据冷却水的温度决定是否关闭。这种类型的节能冷却模式在热交换器与冷水机组串联连接时可以支持部分运行。这种类型的节能冷却模式也可以使用大型水体(比如湖泊)作为冷却水水源,但需经过过滤后才能使用,用后仍需排入湖泊等。

e. 干式冷却器(或带蒸发辅助的冷却器)模式。采用干式冷却器作为节能冷却模式,当室外空气条件在设定值范围内时,利用一种叫作干式冷却器的热交换器直接冷却数据中心内的冷水。泵将冷水(通常混有乙二醇)送入并穿过干式冷却器,再利用室外冷风冷却冷水,然后将冷却后的冷水送往机房精密空调。

f. 二级盘管模式。采用二级盘管作为节能冷却模式,直膨式(DX)水冷机房精密空调包含一个独立的二级冷水盘管,可在节能冷却模式下使用。当室外空气条件在设定值范围内时,泵将冷水送入并穿过干式冷却器,在这里利用室外冷风使冷水冷却,然后将冷却后的冷水送到机房精密空调的二级盘管。

②冷热风道的优化。数据中心机房冷热风道的优化主要可以分为冷热通道的部署与隔离、制冷系统送风的优化和数据中心内气流实时监测管理。

a. 冷热通道的部署与隔离。在设备的气流导向设计中，建议采用前面进风、后面出风方式，从而实现冷热通道的隔离。在应用冷热通道技术时，架空地板的高度尺寸应保证冷气流充分地通过架空地板风道；数据中心的开孔地板应布置在冷气流通道上；冷气流通道的宽度尺寸应满足使冷气流通过架空地板后保持理想的速度进入机架；天花吊顶的高度尺寸应保证热气流在服务器上方自然分层。

一些现有的实验与模拟证明，通过合理安排冷热通道的部署与隔离，可以有效地降低制冷系统 10%左右的能耗。

b. 制冷系统送风的优化。制冷系统中冷空气至 IT 设备之间的传输距离越短制冷效果越好。因此，制冷系统送风优化的实质是根据现场环境的不同对上送风与下送风两种通用送风模式进行智能化的选择。

c. 数据中心内气流实时监测管理。在数据中心构建智能化的气流实时监测管理系统，通过设置传感器对数据中心内的气流进行实时监测，并通过 CFD 模拟软件对机房内的气流进行实时模拟。通过监测和模拟结果，智能化地调整数据中心内各送风点的送风量、送风温度来优化数据中心内部的气流流通。

4. 房建专业

对于数据中心，房建专业所涉及的相关工作一般不会直接对数据中心的能耗产生影响，但是房建专业的一些因素会对数据中心机房的制冷效果、保温能力产生影响，从而间接地影响数据中心的整体能耗。

(1)影响 PUE 因素。

①建筑的体形系数。建筑物的体形系数是否得当对建筑内热量交换影响较大，从建筑热工设计的角度讲，建筑体形系数是建筑物与大气接触的外表面积与其所包围体积的比值，它反映了建筑物在体积一定的情况下，与室外进行热交换的面积大小。如果在建筑物各部分维护结构传热系数和窗墙面积比不变的情况下，体形系数越大散热就越多，也就是与外界的热交换量越多。外墙的传热面积取决于房屋的层高和周边长度。

②机房的装修规划。在机房的实际装修过程中，像机房房间的选择、窗墙面积比、防静电地板、吊顶的设计都会或多或少地影响到机房内部温度分布与空气流通的情况，从而影响数据中心机房内空调制冷的效率。不合理的机房装修会在很大程度上降低机房内的空调制冷效率，从而产生大量不必要的制冷能耗。

(2)降低 PUE 措施。

①优化建筑的体形系数。由于建筑体形系数对其散热有很大影响，所以在满足房屋使用净空高度的要求下，不应随意增加层高。建筑的平面在满足使用功能前提下，尽可能使体形不要太复杂，减少凹凸以减小体形系数，从而减少建筑物的热量损失，从而保证机房内的

温度的稳定,减少不必要的能量损耗。

②合理化机房装修规划。数据中心的机房在装修时,建议采用模块化的防静电活动地板和模块化的吊顶材料。这样当数据中心需要扩容时,可通过模块化的防静电活动地板、吊顶等进行模块化增长,并相应配置供配电线路、制冷系统和照明系统等。对机房的布线采用上走线方式,便于机房的施工。

在机房未使用部分和正使用部分,应使用隔断将两边隔开,防止使用中的机房冷气排放到未使用的机房部分,降低了制冷效果。当数据中心扩容时,可随空间的增加,移动隔断,隔开机房未使用部分和正使用部分。

当机房的上下楼层不是机房时,由于机房专用空调和一般楼宇中央空调在制冷时间和能力上的区别。机房和上下紧邻的楼层会产生明显温差。这样会损失大量的冷量。因此对机房的顶板下和楼地板上进行保温处理。

此外,在机房初建时还应尽量减少固定风阻,如地板下送风风阻。减小送风风阻的方法有增加高架地板高度,地板架高高度规范地板下线缆铺设工艺、保证机柜上部净高以及回风通路畅通,强弱电线槽采用与送风方向平行,这样可以尽量减少风阻,保证机房内空调制冷的效率。

5. 智能建筑专业

智能建筑专业设计的智能监控平台有助于运维阶段调整各专业设备运行参数,从而优化运行状态降低运营期间 PUE。因此这里我们主要关注智能建筑中环境和设备监控系统对数据中心 PUE 的影响。

(1)影响 PUE 因素。

①IT 设备的管理和监控。对于数据中心的 IT 设备尤其是核心部分服务器、存储设备和网络设备实现远程控制,对状态的实时监控和报警是非常重要的,同时对众多的服务器、系统部署、软件升级、补丁分发、远程控制也是非常重要的,通过远程、自动化实现这些功能对于降低数据中心 PUE 是很有帮助的。

②机房其他设备管理和监控。随着数据中心的发展和普及,IT 设备数量与日俱增,其配套的环境设备也日益增多,数据中心已成为各企业的重要组成部分。机房环境设备供配电、UPS、空调、消防、保安等必需时时刻刻为电子信息系统设备提供正常的运行环境。因为,一旦机房环境设备出现故障,就会影响计算机系统运行,造成数据或存储故障,当严重事故时甚至会造成机房内计算机设备损坏,业务运行瘫痪,对于铁路数据中心来说后果不堪设想。为了保证计算机系统安全可靠工作,就需要对机房里面环境设备及系统主机进行自动监视和有机管理。

机房环境集中监控内容主要包括供配电子系统、监控子系统、空调监控子系统、温湿度监控子系统、漏水检测子系统、消防监测、门禁及视频监控子系统等。

监控设备内容包括机房动力系统主要配电设备检测、UPS、精密空调、新风机、环境系统漏水系统、温湿度、照明等。

(2)降低 PUE 措施。

①IT 设备的充分管理和规划。对于 IT 设备尤其是其核心设备应当进行充分的管理和规划,由于这些 IT 设备一般都是由国际知名厂商所供应,所以厂家都会提供系统监控软件。建议应当在这基础上构建统一的大型系统管理平台,通过统一的物理机、虚拟机统一云管理平台,数据中心的管理人员可以任何时间里有针对性地管理某一台 IT 设备或某一台虚拟机。

对于 IT 设备中的核心服务器而言,只有监控室是不够的,对服务器应该进行全面生命周期的管理,需要进行资产管理、系统部署与升级、软件分发、远程控制、备份与恢复等各方面的管理也是非常重要的。

资产管理模块可以对所有的服务器进行及时、准确的统计,并能尽可能地了解到所有服务器的硬件配置信息及软件信息,及时地掌握资产状况,并提供资产评估,为将来的系统升级提供准确的依据。

软件分发模块可以对软件进行远程安装,节约软件部署时间,减轻管理负担,节约管理成本。并可支持软件分发计划,在指定时间进行软件分发和安装。

补丁管理模块可以对操作系统及应用软件的补丁进行管理和升级安装,从而增加系统的稳定性和安全性。可以支持基于策略和目标的补丁分发。

系统部署模块可以对大规模新服务器快速安装操作系统,并在服务器的系统宕机需要重新安装时快速进行系统安装,可以节约部署成本、提高管理水平。

由于数据中心将会有新增加的服务器,可以通过系统部署软件实现快速远程部署操作系统,通过软件分发模块实现远程安装应用软件,通过补丁管理模块实现当有新的补丁发布时,可以进行远程补丁安装。并通过资产管理模块对数据中心的设备进行资产管理,当服务器或存储已不需要时,可以清理或管理,以便减少能耗。

基于以上能力,利用虚拟机、物理机统一的云管平台,使运行中的服务器负载率始终高于某一设置的阈值,当负载率较低时进行虚拟机迁移,进一步减少运行设备数量,实现能耗最低。

②优化机房其他设备管理和监控。对于机房其他的相关设备(UPS、空调、配电等),需要根据实际情况实现实时性的智能化的统筹管理和规划,以保证数据中心内相关设备的最优化运营,以避免不必要的能耗浪费。

a. UPS 监控系统。UPS 监控子系统需要实现的功能是对于能耗进行监控,能够实时显示并知道哪些设备耗电量大,以便将来进行优化。对于模块化 UPS,当有新的 UPS 模块加入现有的 UPS 系统中,UPS 监控系统也应能立刻监测到,并对新模块进行监控。以避免扩展过程中不必要的能耗损失。

b. 空调监控系统。空调监控系统需要对数据中心的机房专用空调实施集中监测与精密控制。通过各种模拟软件对机房内的气流、温度变化进行实时模拟,实现机房温湿度的智能调控,从而减少不必要的电力能耗浪费。

c. 配电监控系统。配电监控的关键是要在监控的基础上实现监控数据和实际配电管理的实时联动,以一种动态化、智能化的方式对数据中心机房进行配电管理,降低机房内不必要的配电损耗,从而降低数据中心的 PUE。

第3章　建筑设计技术

建筑空间是承载数据中心使用功能的基础，为其中的人员和设备提供适宜的空间条件；其空间组织形式、技术策略应用对数据中心高效、顺畅运营产生重要影响。通过吸取成熟案例的经验，分析各技术决策产生的效果，可以优选不同环境条件和应用条件下的最佳技术策略。

3.1　建筑设计概述

数据中心的核心是IT设备，其建筑设计的主旨是如何更好地服务于IT及其他设备。根据数据中心类型、规模、设备需求等要求，建筑设计在空间组织形式、外围护结构、装修等方面均需要进行深入、精细的研究。设计时应根据总体需求，合理确定分期建设方案及各个功能区块的空间组织形式；根据IT、暖通、电力、通信等设备的能耗特点和空间需求，进行动态能耗分析，计算大型数据中心全年耗冷、耗热量，以确定外围护结构设计的最优方案；根据设备及缆线安全、稳定、高效运行的需要，确定主机房装修策略。

3.2　建筑关键设计技术

数据中心的空间组织、能耗分布、装修策略为建筑设计关键技术，通过技术实践和分析总结，对其影响因素进行评价。针对不同功能的设备进行分类研究，如暖通、电力、通信等设备，均有不同的能耗特点和空间需求；针对具体设备的具体需求，配置相应的空间形式，方可得到最大效益。

3.2.1　建筑空间组织研究

大型数据中心是信息时代兴起的建筑类型，是以数据主机房为核心的建筑或建筑群，往往包含主机房、辅助区、支持区、行政管理区等多个功能区块。本节主要研究大型数据中心多个功能区块的空间组织形式，探求各空间组织形式的适应性与优缺点。

3.2.1.1　空间组织原则

数据中心的主要功能是信息的收集与处理，其核心建筑是主机房，而辅助区、支持区、行政管理区为其提供相应的辅助支持功能。数据中心的建筑空间组织必须满足使用功能要求，且与使用功能的契合度越高，越能提高数据中心的稳定性、安全性和高效性。

正是由于数据中心建筑空间组织与使用功能的高契合性要求，大型数据中心建筑空间多采用同心环方式进行组织，圆心为主机房，空调机房、UPS 机房、变配电机房、制冷机房、柴发机房、通信机房、行政办公用房按照与主机房关系的密切程度，从平面和竖向两个维度环绕圆心进行布置如图 3-1 所示。

3.2.1.2　空间组织核心

虽然数据中心的空间组织形式多种多样，但基本都是围绕“基本模块”进行组合，“基本模块”就是数据中心的空间组织核心，一个“基本模块”就是数据中心空间组织的最小单元。

1.“基本模块”的构成

因为数据中心信息设备散热量极大，为保证散热效果，“基本模块”基本都采用“三明治”的布局方式，即中间布置主机房，两侧布置空调机房，如图 3-2 所示。主机房与空调机房两部分间设置隔墙，并采用送风、回风系统进行连接。

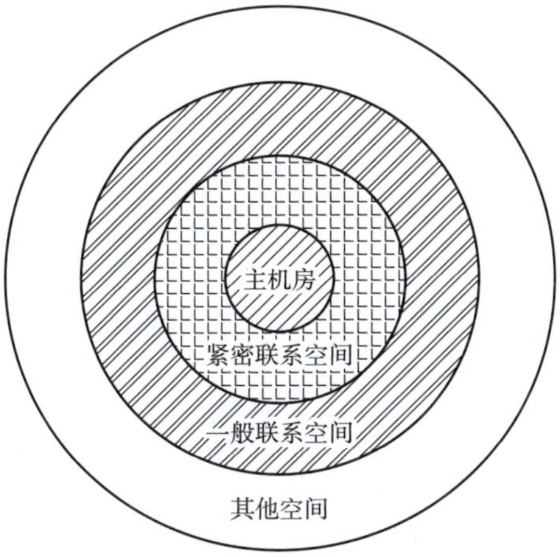

图 3-1　同心环布置方式示意

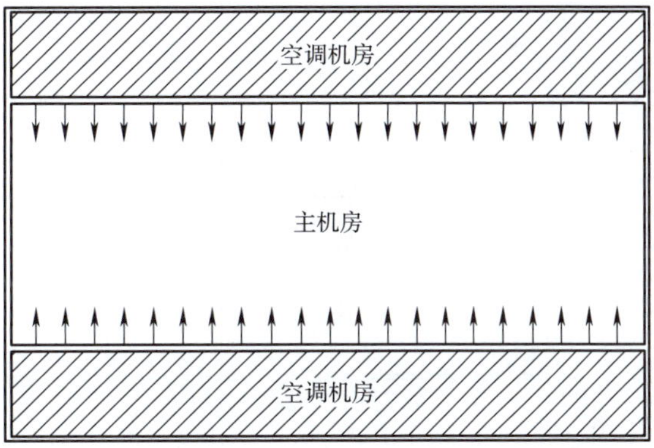

图 3-2　基本模块示意

2.“基本模块”的经济尺寸

一般而言单个“基本模块”越大，“基本模块”与其他辅助空间面积的比就越大，即“基本模块”的面积与经济性成正相关。但在现行规范限制下，“基本模块”的尺寸是无法无限扩大的，其面积及体积均要满足气体消防系统的要求。按照 GB 50370—2005《气体灭火系统设计规范》中 3.2.4 条的规定：“采用管网灭火系统时，一个防护区的面积不宜大于 800 m^2，且容积不宜大于 3 600 m^3。”大型数据中心层高一般在 4.5～6 m 之间，则其最经济的面积应为 600～800 m^2。

3."基本模块"的柱网布置

(1)主机房机柜布置方式。大型数据中心主机房基本都采用了"冷通道封闭系统"或"热通道封闭系统"进行散热，这就要求机柜必须成组、成对布置。

采用"冷通道封闭系统"时，机柜采用面对面的方式进行布置，两列机柜间形成冷通道，并用顶棚、通道门、机柜盲板等定制构件将通道封闭，以达到冷、热气流分离的效果。冷空气由空调机房通过静压箱送至冷通道下方，通过冷通道地面的通风地板送至机柜正面板，进入机柜后对 IT 设备进行降温，之后由机柜背面板排出热空气，热空气由吊顶或侧墙的回风口回到空调机房，形成闭环，如图 3-3 和图 3-4 所示。

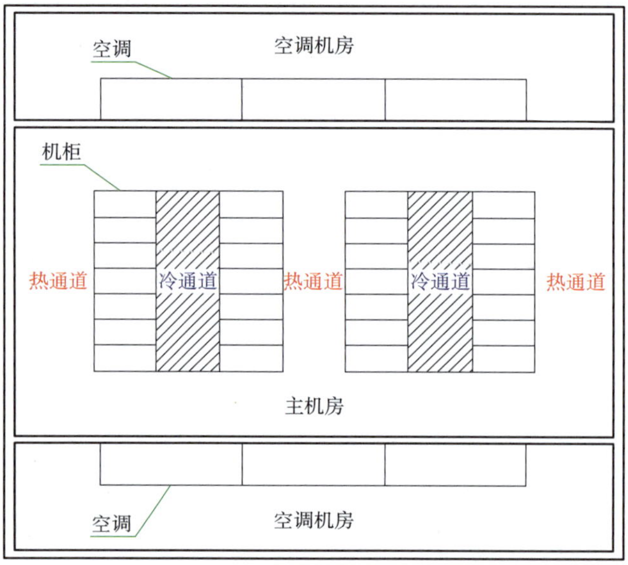

图 3-3　冷通道封闭系统平面示意

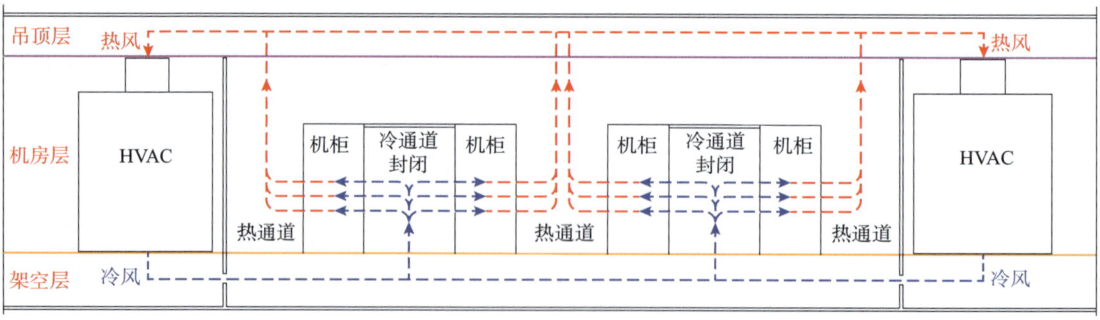

图 3-4　冷通道封闭剖面示意

采用“热通道封闭系统”时，机柜采用背对背的方式进行布置，两列机柜间形成热通道，并用顶棚、通道门、机柜盲板等定制构件将通道封闭，以达到冷、热气流分离的效果。冷空气由空调机房通过静压箱送至冷通道下方，通过冷通道地面的通风地板送至机柜背面板，进入机柜后对 IT 设备进行降温，之后由机柜背面板排出热空气，热空气由吊顶上的回风口回到空调机房，形成闭环，如图 3-5 和图 3-6 所示。

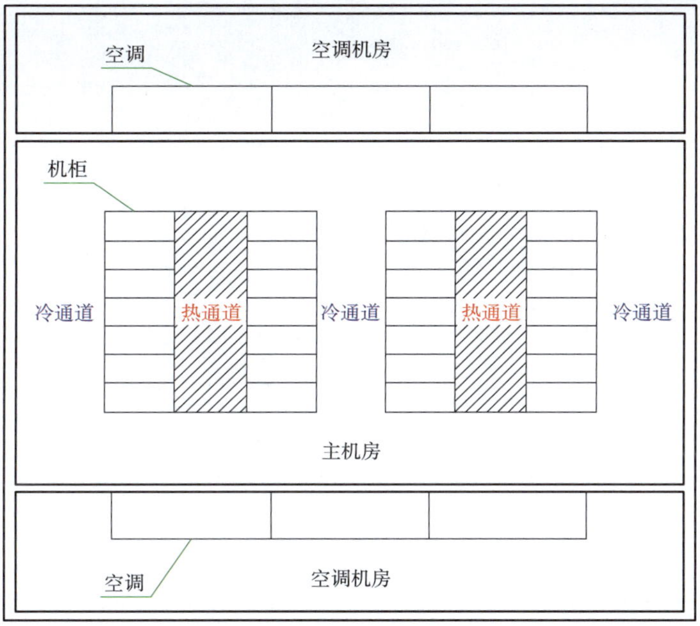

图 3-5　热通道封闭系统平面示意

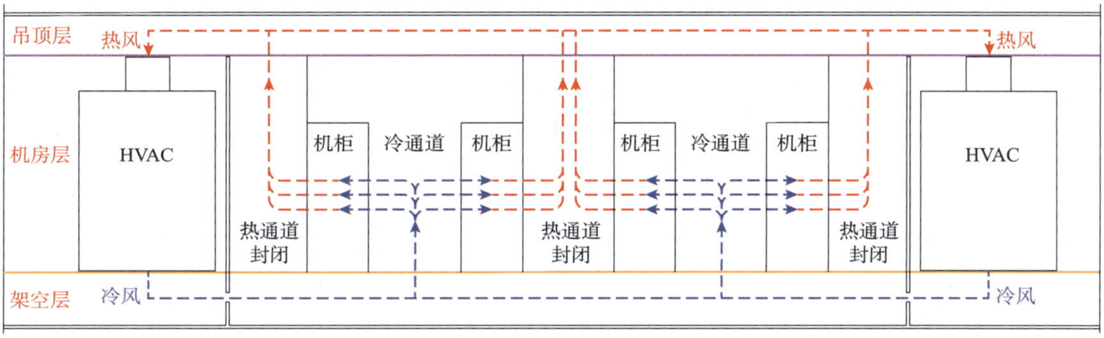

图 3-6　热通道封闭剖面示意

(2)“基本模块”柱网选择。主机房冷、热通道的布置方式，决定了“基本模块”柱网必须与之适应，在主机房面积无法扩大的情况下，提高机柜布置数量，进而提高经济性。

①横向柱网。与机柜列垂直的横向柱网，主要与机柜深度、冷通道宽度、热通道宽度有关。横向柱网布置要满足机柜成组布置的要求，不能侵入冷、热通道的布置，且应最大限度

提高机柜布置数量。

通过研究，横向柱网中的每一根柱子都布置在机柜列中，且柱网尺寸满足下面公式时，可以同时满足上述要求。

横向柱网＝机柜深度×4＋冷通道宽度×2＋热通道宽度×2，

即横向柱网＝$A\times4+B\times2+C\times2$，如图 3-7 所示。

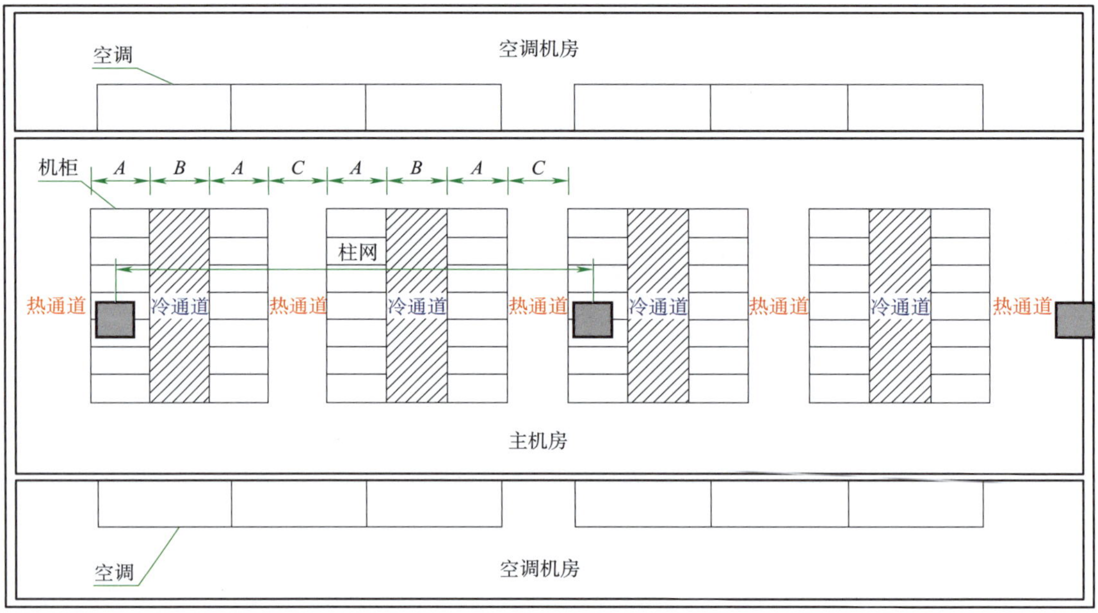

图 3-7　横向柱网布置示意

②径向柱网。与机柜列平行的径向柱网，主要与机柜列的长度、主机房通道宽度，空调机房宽度有关。径向柱网的布置较为灵活，7.5～9 m 的通常柱网尺寸均可满足主机房及空调机房的设备布置要求，但考虑到“基本模块”的扩展要求，建议按照如下公式选择柱网。

径向柱网＝通道 1 宽度＋机柜数×机柜宽度＋通道 2 宽度＋机房空调宽度，

即径向柱网＝$D+E+F+G$，如图 3-8 所示。

(3)“基本模块”柱网布置示例。给定条件如下：“基本模块”数量为 8 个(面积控制在 650 m^2 以下)，机柜深度(A)＝600 mm，冷通道宽度(B)＝1 200 mm，热通道宽度(C)＝1 200 mm，通道1 宽度(D)＝1 000 mm，机柜数×机柜宽度(E)＝600×20＝1 2000 mm，通道 2 宽度(E)＝1 000 mm，空调机房宽度(G)＝2 800 mm。

按照上述条件，横向柱网＝$A\times4+B\times2+C\times2$＝9 600(mm)，径向柱网＝$D+E+F+G$＝8 600(mm)。

示例中，单个“基本模块”的建筑面积为 611 m^2，主机房使用面积 434 m^2，容纳机柜数量为 234 个(含列头柜)，单个机柜占用主机房面积为 1.85 m^2。《数据中心设计规范》4.2.2 条中单个机柜占用主机房面积的指标为 2.0 m²/台～4.0 m²/台，示例中单个机柜面积指标已大大低于规范指标下限，经济性较常规布置大大提高。

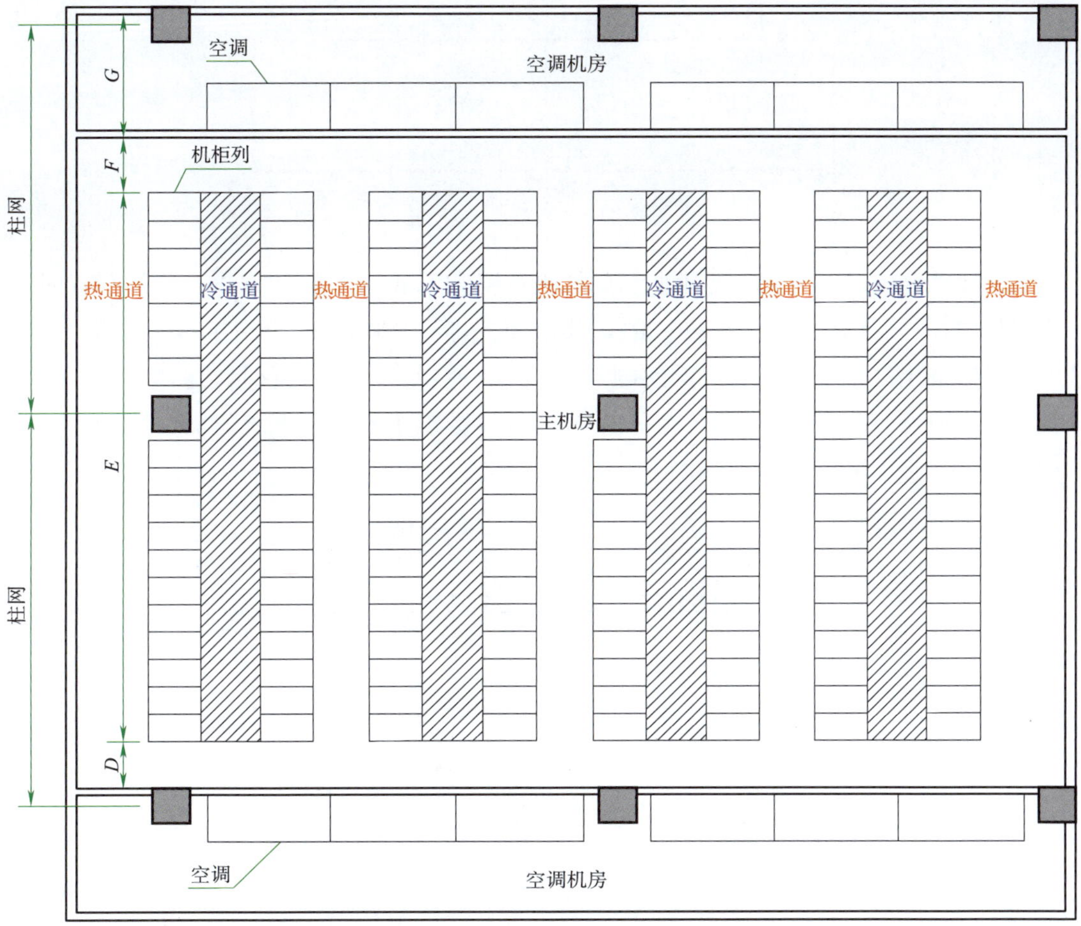

图 3-8　径向柱网布置示意

3.2.1.3　紧密联系空间

紧密联系空间主要指需要与主机房紧密联系，需要同层布置、甚至贴临布置的空间，主要包含空调机房、UPS 室、电池室、新风机房、排风机房、配电间、配线间等。

1. 空调机房

因“冷、热通道系统”的要求，空调机房需贴临主机房布置。

2. UPS 及电池室

大型数据中心的主机房一般均由 UPS(不间断电源系统)直接供电，按照靠近负荷的原则，UPS 室、电池室应紧靠主机房布置。

当仅设置一路电源时，UPS 及电池室宜采用单侧布置的方式，集中布置在主机房一侧，如图 3-9 所示。

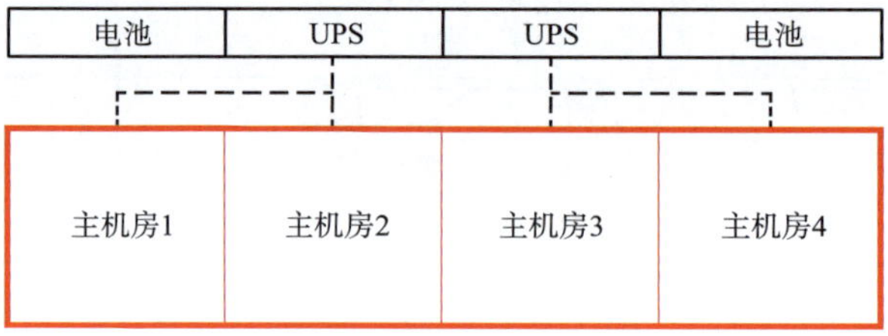

图 3-9 单侧布置示意一

当设置两路电源时，UPS 及电池室有单侧布置和双侧布置两种方式。单侧布置时，设备用房集中在一起，有利于设备集中走线、集中布置，但两路电源需分别接入主机房，此时在楼道中必然会出现主干线路交叉的问题，如图 3-10 所示。双侧布置时，两路电源可从两侧分别引入主机房，在物理径路上实现完全隔离，提高数据中心供电系统的安全性，如图 3-11 所示。

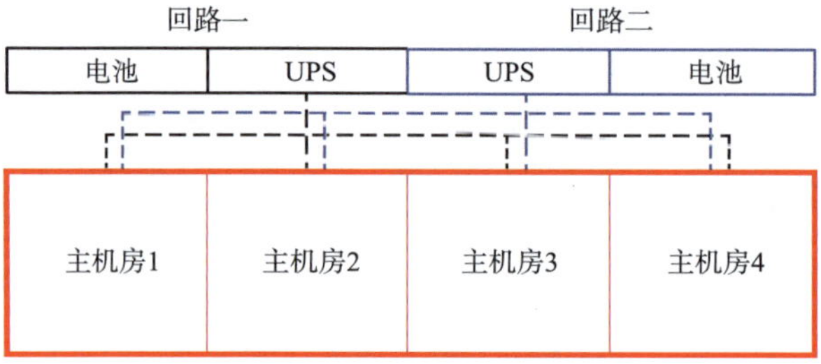

图 3-10 单侧布置示意二

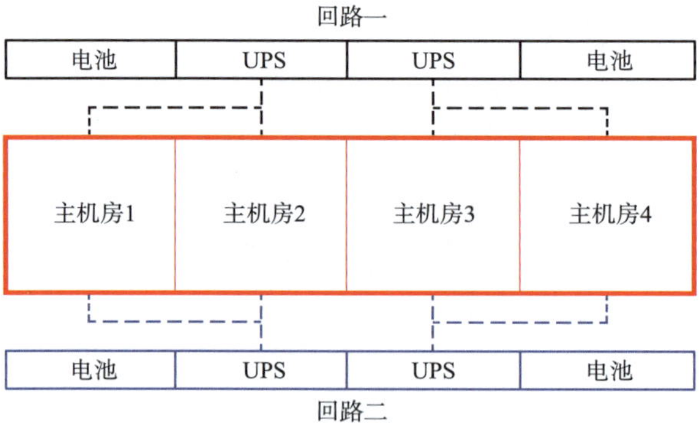

图 3-11 双侧布置示意

3. 其他同层布置房间

新风机房、排风机房、配电间、配线间可结合电力、制冷机房、疏散楼梯的位置进行布置，一般居于数据中心边角，如图 3-12 所示。

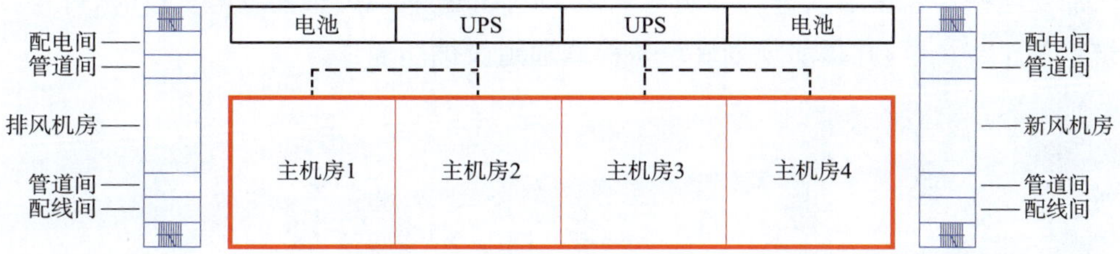

图 3-12 其他同层布置房间示意

3.2.1.4 一般联系空间

一般联系空间主要指为数据中心提供动力支持、安全保障的次要联系空间，一般不需要同层布置，主要包含变配电机房、柴油发电机房、冷冻机房、消防设施用房、行政办公用房等。

1. 变配电机房

变配电机房一般布置于数据中心首层，当采用两路电源时，宜与 UPS 及电源室上下对应，形成物理隔绝的独立径路，如图 3-13 所示。

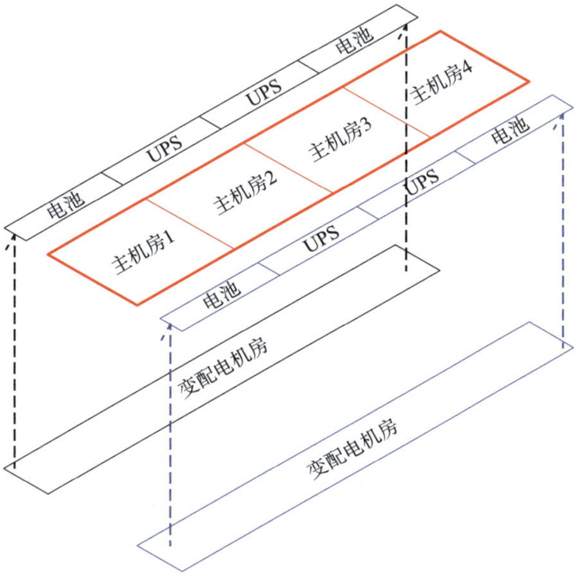

图 3-13 变配电机房布置示意

2. 冷冻机房

冷冻机房一般布置于数据中心首层，当采用 $2N$ 系统时，宜与空调机房上下对应，形成独立径路，如图 3-14 所示。

3. 柴油发电机房

柴油发电机在运行时噪音及震动极大，而且为了散热机房需要很大的进风、排风口，故一般柴油发电机房需单独成栋。在用地紧张、难于布置单独的柴油发电机楼时，可将其布置在建筑物首层或二层，并提前规划好设备检修通道及油路通道。

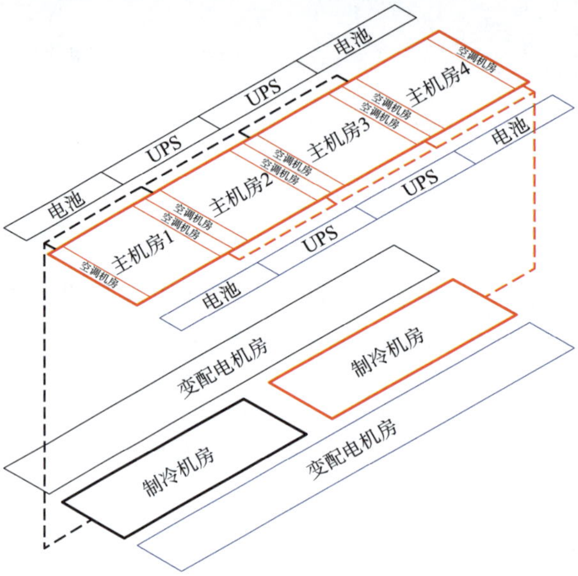

图 3-14 变配电机房布置示意

4. 行政办公及监测用房

行政办公及监测用房一般独立成栋，在用地紧张、难于单独布置时，可将其布置在建筑物低楼层。行政办公用房应处于限制区之前，便于对外联络与对内管理，如图 3-15 所示。

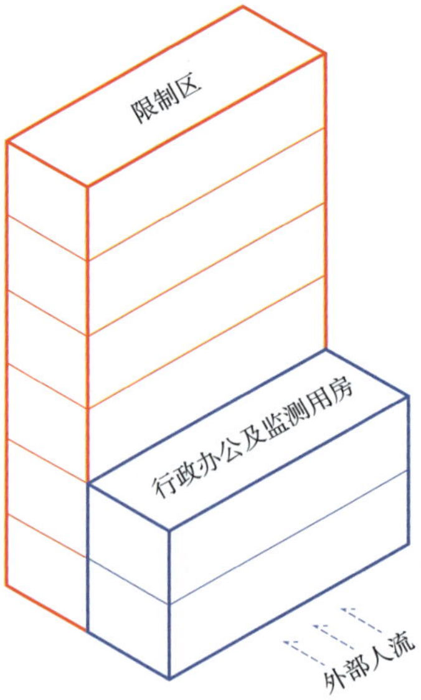

图 3-15 行政办公及监测用房布置示意

5. 货运、仓储用房

数据中心在整个生命周期内，其计算机设备往往分期投运，且更新换代频繁，这就要求在设计阶段充分考虑相关需求，合理规划运输通道、仓储空间，缩短设备从卸货进场到安装测试、最后运营投运的时间周期。

计算机设备的货运流线一般为：卸货平台→拆包间→仓储房间→主机房，如图 3-16 所示。

卸货平台应紧邻数据中心货运道路，宜设置高度可调节的活动平台，便于不同种类货车进行卸货作业；宜设置风雨棚，覆盖整个卸货平台并延伸至货车上方。

拆包间前部设置货物出入交接区，中部为装卸、拆包区，后部为上电测试区。拆包间应设置门禁与限制区进行隔离，进一步提高机房安全性。

数据中心每层宜设置设备仓储间，面积按照 10 m^2 每 100 个机柜考虑。仓储间应紧邻货运电梯及货运通道。

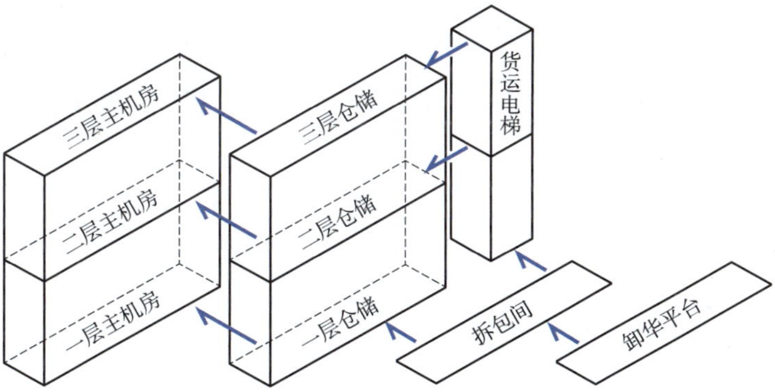

图 3-16　货运、仓储用房布置示意

3.2.1.5　其他空间

其他空间主要指布置在室外的功能空间，主要包括冷却塔、储油池及阻性负载测试间等设施。

1. 冷却塔

冷却塔可布置在室外场地内或建筑物屋顶，两种布置方式各有优劣。室外布置方式便于冷却塔的检修维护，但会占用较多的土地，且会对周边区域噪声干扰较大，适用于建设用地较为宽裕的情况。屋顶布置方式节省土地，对周边区域噪声干扰较小，但检修维护较为困难，适用于土地紧张的中心城区。

2. 储油池

柴油发电机楼需根据负载情况及备用电源时间布置相应规模的储油池。储油池宜布置在建设用地中较为隐蔽的位置，且应紧邻柴油发电机室。

3. 阻性负载测试间

柴油发电机需定期使用阻性负载设备进行测试，以满足数据中心的安全性要求。阻性负载测试间宜布置在建设用地中较为隐蔽的位置，且紧邻柴油发电机楼。

3.2.1.6 总体空间组织

大型数据中心的空间组织受到数据中心功能需求、建设用地规划条件、建设地点自然条件等多方面的影响，但总体而言，按照各功能区块的组合形式，一般可分为三种，集中式、分散式和混合式。

1. 集中式数据中心

集中式数据中心的各功能区块集中于同一栋建筑物中，这种类型的数据中心各功能区块联系紧密，但相互干扰较为严重，且扩展性较差。城市中心区的数据中心多采用集中布置方式。

由于用地限制，集中式数据中心往往需要向纵深发展，其空间组织是以竖向为核心的，低楼层主要布置变配电机房、冷冻机房、柴油发电机房、行政办公及监测用房等对外联系紧密的空间，高楼层主要布置“基本模块”及其他配电、配线、UPS 房屋，如图 3-17 所示。

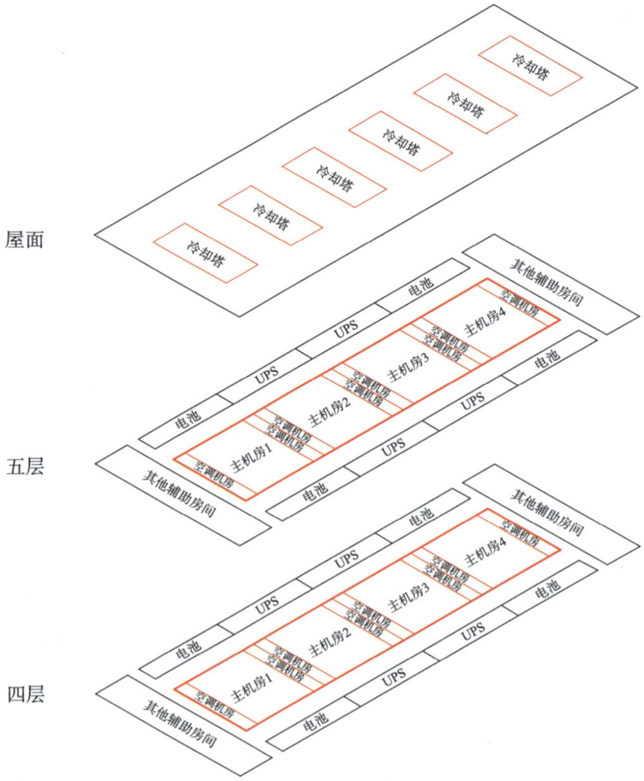

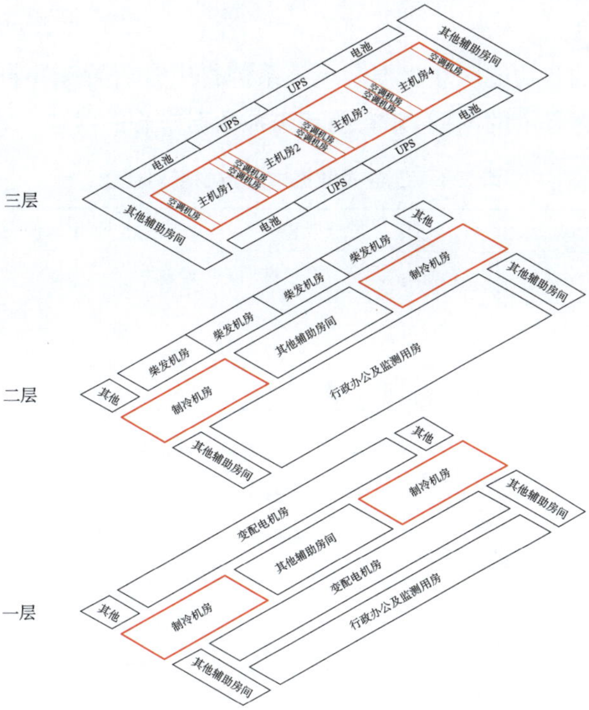

图 3-17　集中式数据中心布置示意

2. 分散式数据中心

分散式数据中心的各功能区块位于不同的建筑物中，这种类型的数据中心各功能区块保持相对独立，互不干扰，且扩展性最佳，但联系不够紧密，土地利用效率较低。城市远郊、工业园区的数据中心多采用分散布置方式，如图 3-18 所示。

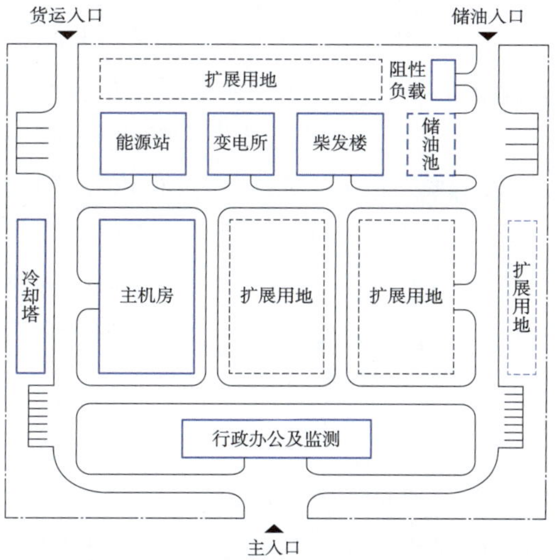

图 3-18　分散式数据中心布置示意

3. 混合式数据中心

混合式数据中心的各功能区块根据亲疏关系进行组合后置于不同的建筑物中，这种类型的数据中心根据组合程度的不同，兼有前述两种数据中心的优缺点，见表 3-1。

表 3-1　混合式数据中心集中度对照表

<table>
<tr><th>集中度</th><th>楼宇设置情况</th><th>包含功能</th><th>土地使用效率</th><th>各功能区干扰情况</th></tr>
<tr><td rowspan="2">高</td><td>楼宇 1</td><td>主机房、制冷机房、变配电所、办公及监测用房</td><td rowspan="2">高</td><td rowspan="2">高</td></tr>
<tr><td>楼宇 2</td><td>柴发楼</td></tr>
<tr><td rowspan="3">中</td><td>楼宇 1</td><td>主机房、制冷机房、变配电所</td><td rowspan="3">中</td><td rowspan="3">中</td></tr>
<tr><td>楼宇 2</td><td>柴发楼</td></tr>
<tr><td>楼宇 3</td><td>办公及监测用房</td></tr>
<tr><td rowspan="4">低</td><td>楼宇 1</td><td>主机房、变配电所</td><td rowspan="4">低</td><td rowspan="4">低</td></tr>
<tr><td>楼宇 2</td><td>制冷机房</td></tr>
<tr><td>楼宇 3</td><td>柴发楼</td></tr>
<tr><td>楼宇 4</td><td>办公及监测用房</td></tr>
</table>

3.2.2　建筑能耗研究

普通民用建筑的能耗主要在供热系统、空调系统和照明系统，其外围围护结构节能设计原则是在保证建筑室内温湿度环境、室内人员舒适度的前提下，提高建筑外围围护结构的“夏季隔热”与“冬季保温”能力，以降低建筑能耗水平。对于普通民用建筑而言，“夏季隔热”与“冬季保温”对外围围护结构的要求是趋于一致的，即传热系数越小对建筑节能越有利。

但大型数据中心不同于普通民用建筑，其能耗主要在 IT 系统和空调系统，因其 IT 系统发热量巨大，建筑外围护结构的节能设计原则就变成了如何帮助空调系统更好地维持机房室内温度，减少机房冷热负荷，进而达到降低建筑能耗水平的目的。在室外温度高于机房设定温度时，建筑外围护结构的热阻越高越好；在室外温度低于机房设定温度时，建筑外围护结构的热阻越有利于散热。大型数据中心建筑的“夏季隔热”与“冬季散热”对其外围围护结构的要求是背离的，再加上我国幅员辽阔、气候千差万别，这就要求在做建筑外围护结构设计的时候必须通过动态能耗分析，进行全年耗冷、耗热量计算，以确定外围护结构传热系数的最优值。

3.2.2.1　研究方法

建立数据中心模型，通过调整建筑位置、机房设定温度、建筑外围护结构传热系数等参数，找到建筑外围护结构设计的最优策略。数据中心 IT 机房的冷、热负荷一般占到整个建筑的 90%以上，对 IT 机房模拟已可以反映建筑能耗的整体情况，因此，为了简化模型，本次研究只建立 IT 机房的模型，暂时忽略暖通机房、电力机房等附属房间。

3.2.2.2　研究软件及主要设定

软件：HDY-SMAD 4.0 版

单个 IT 机房建筑空间尺寸：长 27 m、宽 21 m、层高 6 m

IT 设备安装功率：1 693 W/m^2

IT 机房设定温度：20 ℃，27 ℃

设备运行时间表：24 h×365 d

选取城市：M 市、Q 市、B 市、S 市、H 市、X 市、W 市、C 市、L 市、A 市

选取城市自然条件见表 3-2。

表 3-2　选取城市自然条件

地点	M 市	Q 市	B 市	S 市	H 市	X 市	W 市	C 市	L 市	A 市
经度	122.52	87.62	116.47	121.43	110.35	103.98	114.13	104.02	91.13	80.08
纬度	52.97	43.78	39.8	31.17	20.03	1.37	30.62	30.67	29.67	32.5
海拔/m	433	917.9	31.3	2.6	13.9	16	23.1	508	3 648.7	4278
平均气温/℃	−4.3	7	12.3	16.1	24.1	28	16.6	16.1	8	0.4

3.2.2.3　数据中心选址对建筑能耗的影响

建设数据中心首先要考虑的就是选址，建立 IT 机房模型后，通过调整建设地点纬度、经度、传热系数、机房温度等参数，定量地研究选址对建筑能耗的影响程度。

1. 初始设定

数据中心名称：数据中心 A

机房温度：27 ℃。

传热系数：0.92。

建筑规模：12 个模块，6 804 m^2。

建筑层数：3 层。

建筑高度：18 m。

2. 调整建设地点纬度、经度及海拔

调整建设地点纬度，则数据中心 A 在六座城市的建筑全年能耗如图 3-19 所示。从图 3-19 可以看出，随着纬度升高，建筑能耗逐渐降低，最北的 M 市较最南的 X 市降低了约 12%。

然后调整建设地点经度及海拔，则数据中心 A 在五座城市纬度相似的城市，其建筑全年能耗如图 3-20 所示。从图 3-20 我们可以看出以下两条规律：

(1)海拔高度相近的情况下(S 市、W 市、C 市)，经度变化对建筑能耗影响较小。

(2)经度相近的情况下，海拔高度对建筑能耗影响较大，海拔高度越高，建筑能耗越低。

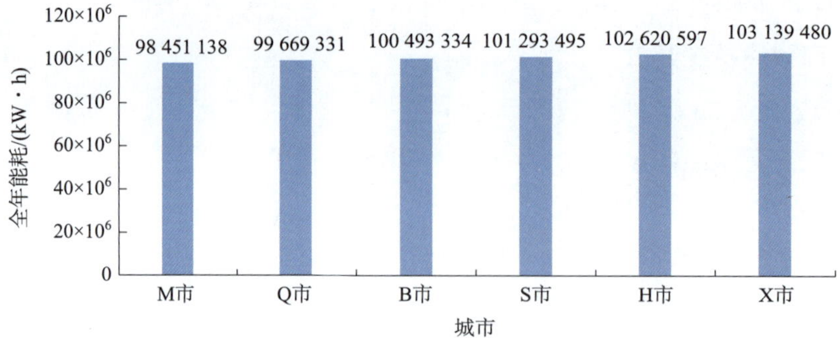

图 3-19　数据中心 A 全年能耗统计一（机房温度 27 ℃、传热系数 0.92、体型系数 0.14）

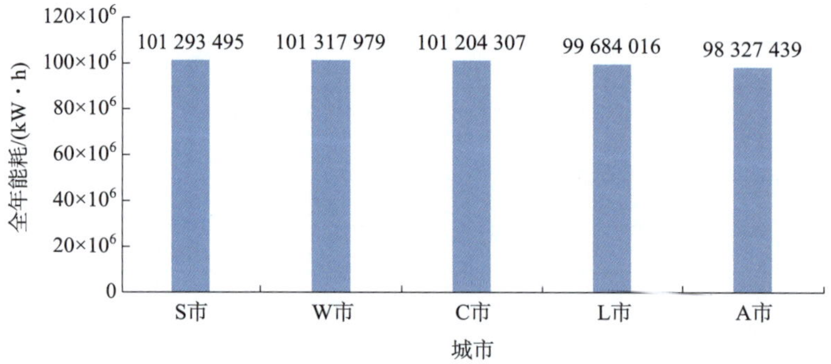

图 3-20　数据中心 A 全年能耗统计二（机房温度 27 ℃、传热系数 0.92、体型系数 0.14）

通过对以上数据进行重新分析，发现纬度、经度、海拔等因素本质上反映的是各地的自然气候差异，而各地的年平均气温则是最为显性的指标，年平均气温与建筑能耗的关系如图 3-21 所示。从图3-21 可以看出，数据中心的建筑能耗与建设地点的年平均温度直接相关，年平均气温越低，建筑能耗越低。所以为简化分析过程，之后的论证过程中年平均温度相近的城市仅分析代表性城市（仅保留 M 市、Q 市、B 市、S 市、H 市、X 市六座城市）。

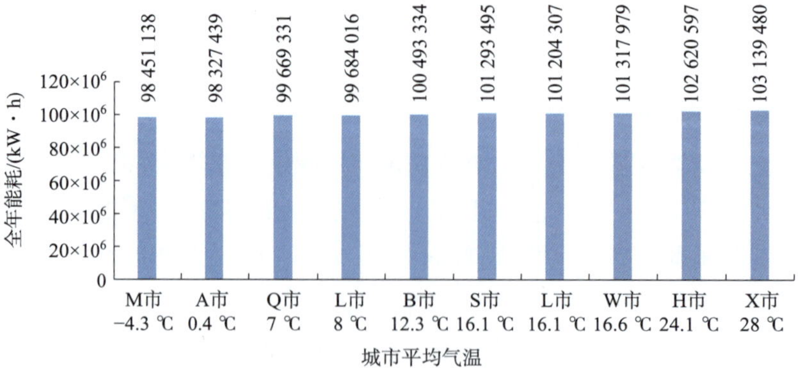

图 3-21　数据中心 A 全年能耗统计三（机房温度 27 ℃、传热系数 0.92、体型系数 0.14）

3. 调整保温层厚度

为了验证上述趋势，将保温层厚度调整为 80 mm，传热系数 0.49，则六座城市建筑全年能耗如图 3-22 所示。从图 3-22 可以看出，传热系数的变化并未改变“年平均气温越低，建筑能耗越低”的趋势。

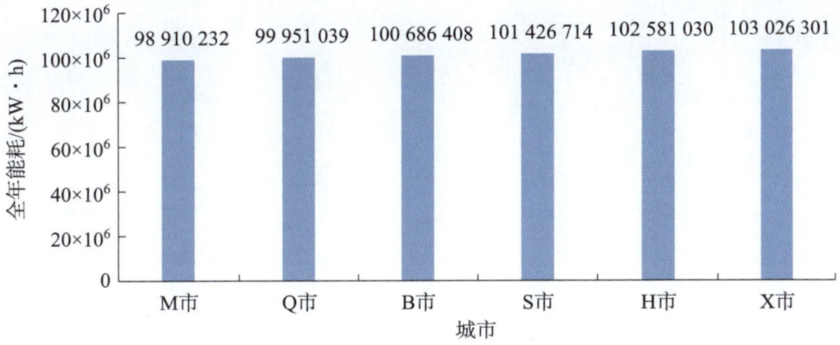

图 3-22　数据中心 A 全年能耗统计四(机房温度 27 ℃、传热系数 0.49、体型系数 0.14)

4. 调整机房设定温度

为进一步验证，将机房温度由 27 ℃调整为 20 ℃，则六座城市建筑全年能耗如图 3-23 所示。从图 3-23 可以看出，机房温度的变化并未改变“年平均气温越低，建筑能耗越低”的趋势。

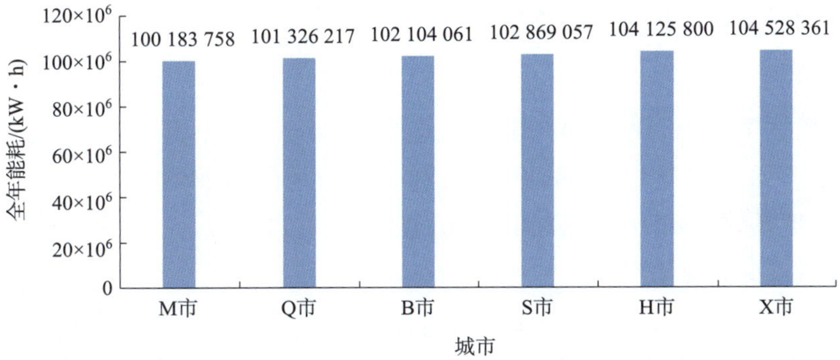

图 3-23　数据中心 A 全年能耗统计五(机房温度 20 ℃、传热系数 0.49、体型系数 0.14)

5. 调整机房规模

为进一步验证，将机房数量由 12 个调整为 1 个，将数据中心 A 全年能耗与单 IT 机房全年能耗×12 进行比较，比较结果如图 3-24 所示。从图 3-24 可以得出以下两条规律：

(1)机房规模的变化并未改变“年平均气温越低，建筑能耗越低”的趋势。

(2)图中蓝色代表拥有 12 个 IT 机房的数据中心的建筑能耗，橙色代表单 IT 机房的建筑能耗×12,两者差异随着年平均温度的增加而减小,但总体差异不大(小于5%),所以通过目前模型进行分析,进而推广到其他规模的数据中心是可行的。

这项对比从本质上来说,是改变了建筑物的体形系数,而体形系数对建筑能耗的影响会在后续章节进行研究论述。

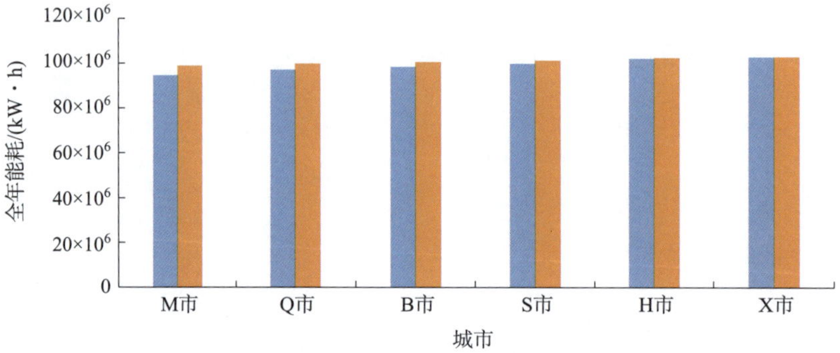

图 3-24　数据中心 A 全年能耗统计六(机房温度 27 ℃、传热系数 0.49)

通过上述研究,可见大型数据中心的建筑能耗与建设地点的年平均温度直接相关,年平均气温越低,建筑能耗越低。机房设定温度的高低、传热系数的大小、数据中心的规模均不会改变上述规律。

3.2.2.4　建筑体型系数对能耗的影响

对民用建筑而言,体形系数越小对节能越有利,但对于数据中心建筑,体形系数对建筑能耗的影响需通过动态能耗分析来确定。

1. 初始设定

假定四栋数据中心 A、B、C、D。数据中心 A 每层 4 个 IT 机房,共 3 层,体形系数为 0.14;数据中心 B 每层 2 个 IT 机房,共 6 层,体形系数为 0.15;数据中心 C 每层 1 个 IT 机房,共 12 层,体形系数为 0.18;数据中心 D 每层 12 个 IT 机房,共 1 层,体形系数为 0.22。各数据中心建筑概况详见表 3-3。

表 3-3　建筑概况一览表

名称	IT 机房数量	每层 IT 机房数量	建筑层数	占地面积/m^2	表面积/m^2	体积/m^2	体形系数
数据中心 A	12	4	3	2 304	5 760	41 472	0.14
数据中心 B	12	2	6	1 152	6 336	41 472	0.15
数据中心 C	12	1	12	576	7 488	41 472	0.18
数据中心 D	12	12	1	6 912	8 928	41 472	0.22

其他设定:机房温度设定为27 ℃,保温层厚度为40 mm,传热系数0.92。

2. 调整建设地点

首先调整建设地点,则数据中心A、B、C、D在六座城市建筑全年能耗如图3-25所示。从图3-25可以得出,年平均温度越高,体型系数对数据中心全年能耗的影响越小。

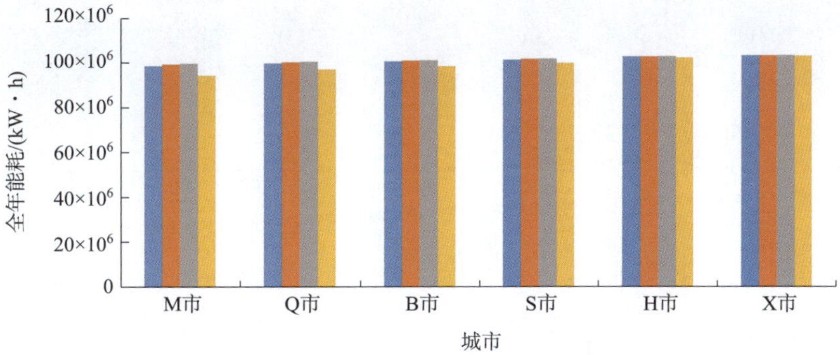

图3-25 不同数据中心A全年能耗统计一(机房温度27 ℃、传热系数0.92)

3. 调整保温层厚度

为了验证上述规律,将保温层厚度调整为80 mm,传热系数0.49,则数据中心A、B、C、D在六座城市建筑全年能耗如图3-26所示。从图3-26可以看出,保温层厚度的变化并未改变"年平均温度越高,体型系数对数据中心全年能耗的影响越小"的趋势。

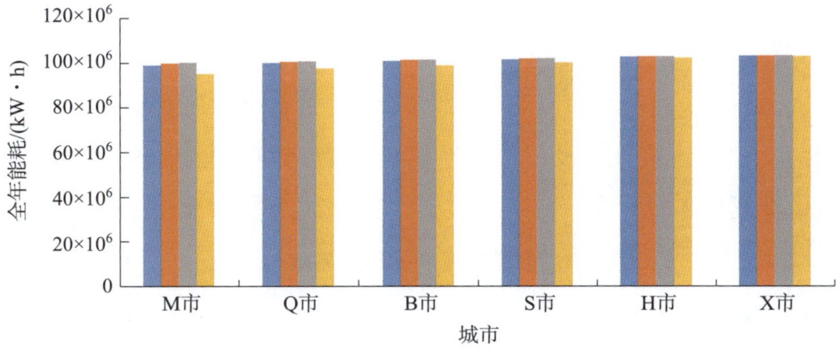

图3-26 不同数据中心全年能耗统计二(机房温度27 ℃、传热系数0.49)

4. 调整机房温度

为了验证上述趋势,将机房温度调整为20 ℃,保温层厚度为80 mm,传热系数0.49,则六座城市建筑全年能耗如图3-27所示。从图3-27可以得出:

(1)数据中心建于B市、S市时,体型系数的变化对全年能耗影响很小。

(2)以B市、S市为基点,年平均温度与基点差异越大,体型系数对全年能耗的影响越大。

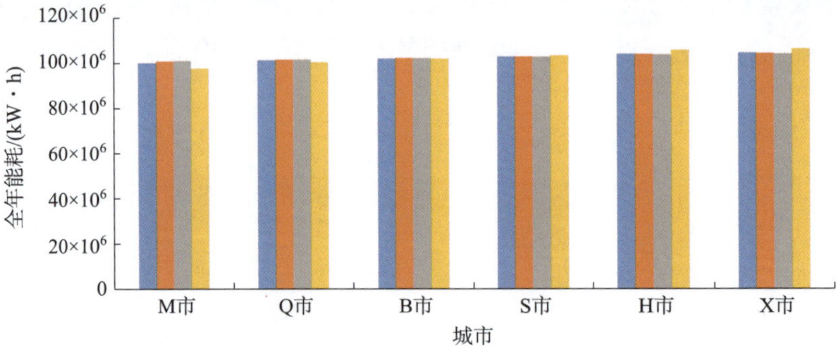

图3-27　不同数据中心全年能耗统计三(机房温度20 ℃、传热系数0.49)

对于大型数据中心,在正常机房设定温度下(27 ℃),年平均温度越高,体形系数对数据中心全年能耗的影响越小;在较低的机房设定温度下(20 ℃),年平均温度与基点(体形系数对全年能耗的无影响的地点)差异越大,体形系数对全年能耗的影响越大。

3.2.2.5　传热系数对能耗的影响

对民用建筑而言,传热系数是建筑节能的核心参数,且"夏季隔热"与"冬季保温"的要求是趋于一致的,即:传热系数越小对建筑节能越有利。但对于大型数据中心,其节能要求变成了"夏季隔热"与"冬季散热",这就要求必须通过动态能耗分析来确定传热系数对建筑能耗的影响。

1. 初始设定

数据中心A,包含12个IT机房(24 m×24 m),每层4个IT机房,共3层,体形系数0.14,机房温度27 ℃。建筑外墙及屋面构造均设定为钢筋混凝土+挤塑聚苯板,选定的保温层厚度及传热系数详见表3-4。

表3-4　保温层厚度及传热系数一览表

保温层厚度	传热系数
0 mm	7.740
20 mm	1.650
40 mm	0.920
80 mm	0.490
160 mm	0.250

2. 调整保温层厚度

调整保温层厚度，则数据中心 A 在六座城市的全年能耗如图 3-28 所示。从图 3-28 可以看出如下规律：

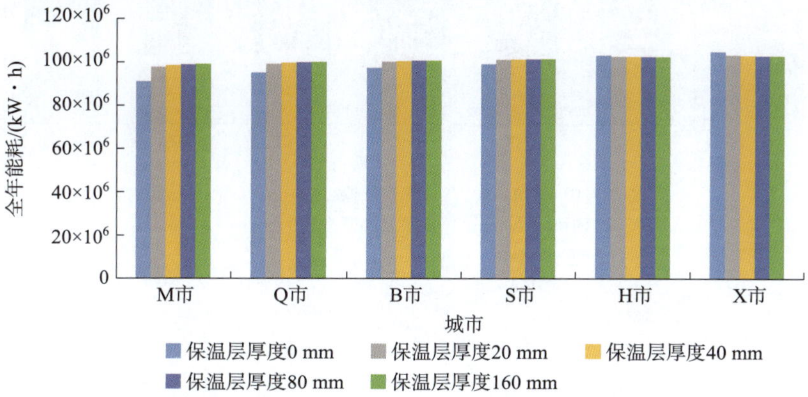

图 3-28　建筑全年能耗统计一(机房温度 27 ℃、体型系数 0.14)

(1)在 H 市，保温层变化对全年能耗无影响，故将 H 市作为基点。

(2)年平均温度高于基点(H 市)，保温层厚度越大(传热系数越低)，全年能耗越低。

(3)年平均温度低于基点(H 市)，保温层厚度越小(传热系数越低)，全年能耗越低。

(4)年平均温度与基点差距越大，保温层对全年能耗的影响越显著。保温层对建筑能耗的影响幅度见表 3-5。

表 3-5　保温层对建筑能耗的影响幅度一览表　　单位：kW · h

建设地点	能耗最低值	能耗最高值	差值	影响幅度
M 市	91 156 674	99 166 563	80 09 888	8.79%
Q 市	95 185 531	100 108 354	49 22 823	5.17%
B 市	97 418 075	100 794 262	3 376 187	3.47%
S 市	99 206 434	101 501 412	2 294 978	2.31%
H 市	102 559 291	103 274 178	714 887	0.70%
X 市	102 962 068	104 992 846	2 030 778	1.97%

3. 调整体型系数

引入数据中心 B(体形系数 0.15)、数据中心 C(体形系数 0.18)、数据中心 D(体形系数 0.22)对上述规律进行验证，则数据中心 B、C、D 在六座城市的全年能耗如图 3-29、图 3-30、图 3-31 所示。从图中可以看出，前述规律完全不变。

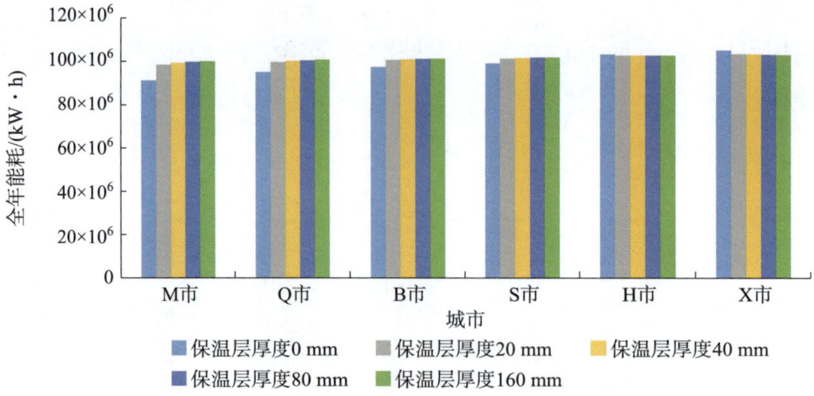

图 3-29　建筑全年能耗统计二(机房温度 27 ℃、体型系数 0.15)

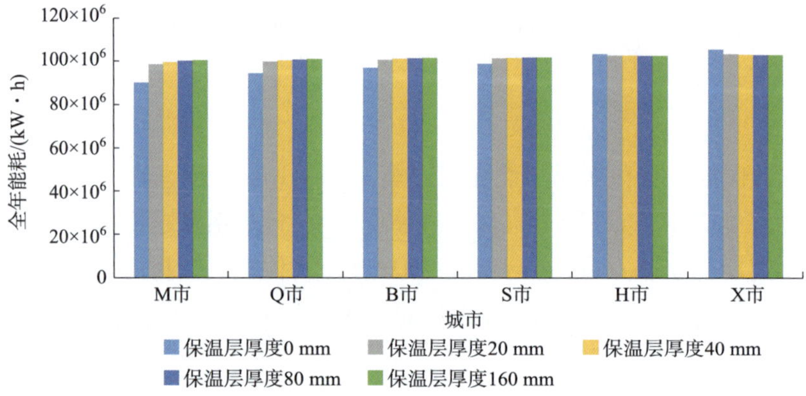

图 3-30　建筑全年能耗统计三(机房温度 27 ℃、体型系数 0.18)

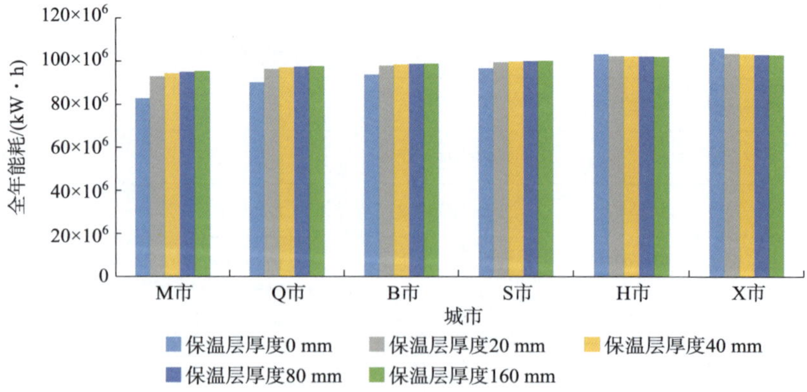

图 3-31　建筑全年能耗统计四(机房温度 27 ℃、体型系数 0.22)

4. 调整机房温度

将机房温度由 27 ℃调整为 20 ℃,则数据中心 A 在六座城市的全年能耗如图 3-32 所示。从图 3-32 可以看出，前述规律基本维持不变，但基准点由 H 市向北转移到了 S 市（B 市）。

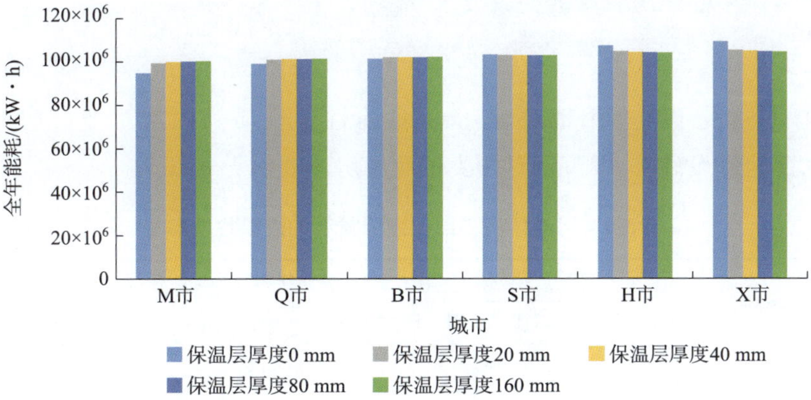

图 3-32　建筑全年能耗统计五（机房温度 20 ℃、体型系数 0.14）

数据中心建筑外围护结构的传热系数对于建筑能耗的影响存在以下四条规律：

（1）在给定条件下（机房温度、IT 机房规模），存在一个基准点，在基准点建设数据中心时，建筑外围护结构的传热系数对数据中心能耗无显著影响。

（2）年平均气温低于基准点时，保温层厚度越薄（传热系数越大），数据中心全年能耗越低。

（3）年平均气温高于基准点时，保温层厚度越厚（传热系数越小），数据中心全年能耗越低。

（4）年平均气温与基准点差异越大，传热系数对建筑能耗的影响越大。

3.2.2.6　对数据中心节能设计的指导意见

通过前述对于影响数据中心能耗的建筑选址、建筑体形系数、建筑传热系数等因素的论证，关于数据中心节能设计，给出如下建议：

（1）在其他相关条件许可的情况下，优先选择年平均气温低的城市作为建设地点，可大幅降低建筑能耗，降低电费开支。

（2）在建设地点确定后，应通过全年动态模拟，确定建设地点年平均气温与“基准点”的关系。若年平均气温低于“基准点”，在满足国家和地方节能规范的基础上，应尽量提高外围护结构的传热系数，降低热阻。若年平均气温高于“基准点”，在满足国家和地方节能规范的基础上，应对建筑能耗（电费）与建筑投资（外围护结构）进行综合比较后，尽量降低外围护结构的传热系数，提高热阻。

（3）在建设地点、外围围护结构传热系数确定后，应通过全年动态模拟，选择能耗最低的建筑体型系数。

3.2.3 主机房装修策略研究

3.2.3.1 对数据中心机房装修的相关要求

1. 防火要求

当数据中心建设于工业用地时，其火灾危险性和性质为丙类工业厂房，GB 50222—2017《建筑内部装修设计防火规范》对丙类工业厂房的要求见表 3-6。

表 3-6 丙类厂房各部位装修材料的燃烧性能等级

建筑规模	装修材料燃烧性能等级		
	顶　棚	墙　面	地　面
单、多层	A	B1	B2
高层	A	B1	B1
地下	A	A	A

当数据中心建设于商业用地时，其火灾危险性和性质为民用建筑，GB 50222—2017《建筑内部装修设计防火规范》对民用建筑中电子信息系统机房的要求见表 3-7。

表 3-7 电子信息系统机房各部位装修材料的燃烧性能等级

建筑规模	装修材料燃烧性能等级		
	顶　棚	墙　面	地　面
单、多层	A	A	B1
高层	A	A	B1
地下	A	A	B1

根据 GB 50222—2017《建筑内部装修设计防火规范》4.0.8 条，无窗房间内部装修材料的燃烧性能等级除 A 级外，应在上表基础上提高一级，鉴于数据中心主机房多无外窗，则无论工业用地还是商业用地，其顶棚、墙面及地面得装修材料燃烧性能等级均应达到 A 级。

2. 其他要求

(1)主机房室内装修，应选用气密性好、不起尘、易清洁、符合环保要求、在温度和湿度变化作用下变形小、具有表面静电耗散性能的材料，不得使用强吸湿性材料及未经表面改性处理的高分子绝缘材料作为面层。

(2)主机房内墙壁和顶棚的装修应满足使用功能要求，表面应平整、光滑、不起尘、避免眩光，并应减少凹凸面。

(3)主机房地面设计应满足使用功能要求，当铺设防静电活动地板时，活动地板的高度

应根据电缆布线和空调送风要求确定,并应符合下列规定:

①当活动地板下的空间只作为电缆布线使用时,地板高度不宜小于250 mm。活动地板下的地面和四壁装饰可采用水泥砂浆抹灰。地面材料应平整、耐磨。

②当活动地板下的空间既作为电缆布线,又作为空调静压箱时,地板高度不宜小于500 mm。活动地板下的地面和四壁装饰应采用不起尘、不易积灰、易于清洁的材料。楼板或地面应采取保温、防潮措施,一层地面垫层宜配筋,围护结构宜采取防结露措施。

(4)技术夹层的墙壁和顶棚表面应平整、光滑。当采用轻质构造顶棚做技术夹层时,宜设置检修通道或检修口。

(5)当主机房内设有用水设备时,应采取防止水漫溢和渗漏措施。

(6)门窗、墙壁、地(楼)面的构造和施工缝隙均应采取密闭措施。

(7)当主机房顶板采用碳纤维加固时,应采用聚合物砂浆内衬钢丝网对碳纤维进行保护。

3.2.3.2 数据中心主机房装修策略

数据中心主机房装修首先要考虑的因素是满足设备及缆线安全、稳定、高效运行的需要,在此前提下充分运用装饰材料的材质及机理,再配合联合吊架系统、照明系统共同营造独特的现代工业美感。

1. 综合布线方式

综合布线是数据中心建设中非常重要的一环,布线质量的高低对数据传输的安全性、可靠性、设备检修维护的便利性有非常大的影响。目前大型数据中心部分主要有“上走线”和“下走线”两种主要方式,根据数据线与电源线的布置方式,又可以细分为:数据线上走线、电源线上走线,数据线上走线、电源线下走线,数据线下走线、电源线上走线,数据线下走线、电源线下走线四种方式。

(1)数据线、电源线均走机柜上方。采用此种方式,检修维护便利、空调地板下送风干扰小,且能避免地板下漏水造成线路短路的风险,但因所有线缆均明露在外,对缆线敷设质量、强弱电防干扰布置要求较高。

(2)数据线走机柜上方、电源线走防静电地板下方。采用此种方式,可以避免强弱电相互干扰的问题,但存在数据线检修维护困难、影响空调系统地板下送风及地板下漏水造成线路短路的问题。

(3)数据线走防静电地板下方,电源线走机柜上方。采用此种方式,可以避免强弱电相互干扰的问题,且能避免地板下漏水造成线路短路的风险,但存在数据线检修维护困难及影响空调系统地板下送风的问题。

(4)数据线、电源线均走防静电地板下方。采用此种方式,线缆均藏于地板下方,布线较为灵活,机房整洁美观,但存在数据线检修维护困难、影响空调系统地板下送风及地板下漏水造成线路短路的问题。

由于生命周期内对线缆的管理、扩容、搬迁及避免免地板下积水安全隐患的需求，以及精细化布线工艺的逐步提高，目前大型数据中心多采用上走线方式进行部署。

2. 顶棚的装修策略

大型数据中心顶棚主要分为无吊顶系统和有吊顶系统两种。一般来说在建筑层高及建设资金紧张的情况下可采用无吊顶系统，在层高较高、资金充裕的情况下可采用有吊顶系统。但无论哪种系统，在合理规划、精细设计的前提下，均能达到理想、美观的装修效果，并为设备安全稳定运行创造良好条件。

(1)无吊顶系统。顶棚采用无机涂料喷黑处理，设置联合吊架体系(为配合机柜尺寸，多为 1.2 m×1.2 m 的规格)，所有线槽、缆线、灯具均固定在联合吊架上，如图 3-33 所示。采用无吊顶系统的机房，其设备检修维护便捷，扩展性能优异，节省工程投资，且能最大限度利用建筑层高。

图 3-33　联合吊架

(2)有吊顶系统。

①压型钢板吊顶。顶棚下设置联合吊架体系，并在主龙骨上方设置压型钢板吊顶，压型钢板、线槽、缆线、灯具均固定在联合吊架上，如图 3-34 所示。采用压型钢板吊顶的机房，其顶棚整洁美观，设备检修维护便捷，扩展性能优异，但顶棚封闭后难于观察到结构板的情况尤其是上层漏水情况，故压型钢板需设置坡度及导水槽，并将固定点均设置在波峰位置，避免漏水隐患。

图 3-34　压型钢板吊顶

②格栅吊顶。顶棚下设置铝格栅吊顶，线槽、缆线通过格栅间隙悬吊在顶棚上，如图 3-35 所示。采用格栅吊顶的机房，其顶棚整洁

美观，设备检修维护便捷，且虚实结合的顶棚设计可以起到抬高建筑层高的视觉效果，但由于线缆、线槽悬吊位置固定，其扩展性能较差。

图 3-35　格栅吊顶

③穿孔铝板吊顶。顶棚下设置穿孔铝板吊顶，线槽、缆线悬吊在顶棚上，如图 3-36 所示。采用穿孔铝板吊顶的机房，其顶棚整洁美观，设备检修维护便捷，吸声效果优异，但由于线缆、线槽悬吊位置固定，其扩展性能较差，且投资较高。

图 3-36　穿孔铝板吊顶

3. 墙面的装修策略

为满足 A 级耐火等级要求，主机房墙面主要采用无机涂料墙面、彩钢板墙面。

（1）无机涂料墙面。无机涂料墙面耐火性能好、价格低廉，但平整度、抗破损、抗污染能力较差，适用于等级不高、投资较为紧张的主机房，如图 3-37 所示。

（2）彩钢板墙面。彩钢板墙面多用于等级较高、投资较充裕的主机房，如图 3-38 所示，它拥有如下特点：

①表面平滑美观、不集尘、易保养、防潮、防霉、耐酸碱、防静电。

②机房彩钢板为标准化构件，可在工厂预制，施工工期短、施工现场干净、且可重复使用；

③耐火性能优异；

④耐撞击、抗变形能力强。

图 3-37　无机涂料墙面

图 3-38　彩钢板墙面

4. 地面的装修策略

主机房地面做法较为单一，一般为防静电活动地板地面，如图 3-39 所示。需满足如下要求：

①为满足 A 级耐火等级要求，需选用面层为金属、陶瓷或水泥的防静电地板；

②为满足冷、热通道地板下送风的要求，封闭通道内应采用防静电通风地板；

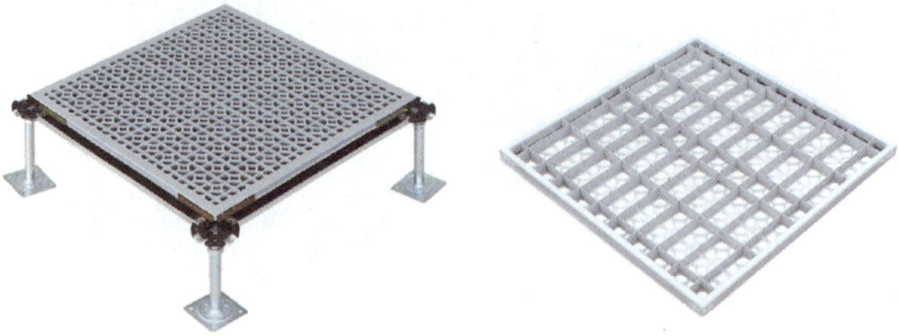

图 3-39　防静电通风地板

③为满足空调管线检修维护的要求，在管线阀门处应采用钢化玻璃地板，如图 3-40 所示。

图 3-40　钢化玻璃地板

3.3　建筑技术发展趋势

数据中心投入大、建设周期长、产生的经济效益和社会效益高，随着数据中心项目的广泛开展和深入研究，其选址、布局及关键建筑技术应进一步融合运用、协同发展，将数据中心建筑设计推向更高的层次。

3.3.1　选址发展趋势

在未来的数据中心建设实践中，应综合研判自然条件和基础设施条件对数据中心全寿命周期的影响，更为科学合理地进行选址。避免自然灾害产生的影响，同时确保数据中心所需的各项基础需求得到满足，在具备条件的情况下充分考虑异地备份。

1. 地质因素

在选择地势平坦地质良好的基本要求下，重点考虑地基承载力和地震设防要求，避让地质灾害高发地段。

2. 水文因素

主要考虑避让台风、海啸等灾害高发区域；避让低洼、潮湿、洪水高发地带；避让有毒有害物质释放源、电磁干扰区域。

3. 基础设施

除基本的场地需求外，重点关注电力供给和通信条件供给。

3.3.2　布局发展趋势

数据中心具体应用和规模多种多样，但其总体布局存在一定规律，应重点关注其安全性、可靠性和灵活性，适应社会发展需求。

1. 安全性

确定数据中心的基本安全等级，根据不同的安全等级，将其生产区、配套区、办公区进行分区设计，合理设置交通流线、设备安装流线、运维流线。

2. 可靠性

加强建筑设计与其他专业设计的协调性，促进整体顺畅运转，避免因自身系统矛盾产生的危害。如建筑设计过程中应充分考虑各系统的功能需求，为其提供良好的运转空间、服务流线、运维需求等。

3. 灵活性

充分考虑模块化设计，采用活动式或可装卸式的装修材料，机房单元设计充分考虑兼容性，以便后期根据需求变化相应调整布置。“房中房”式机房也是后续发展方向之一，即建立基本独立于主体结构的模块化整体机房，可在主体结构内部根据需求进行模块化组装。单独机房模块应具备较好的耐火性能和防水性能，同时具备坚固的独立结构。其基本单元可独立发挥功能，其机柜、冷(热)封闭通道、空调系统、供配电系统、智能监控系统、消防系统均可独立运行。

3.3.3 关键建筑技术发展趋势

数据中心关键建筑技术发展主要体现在 BIM 技术更加广泛和深入地应用以及绿色建筑技术的应用，从全寿命周期的角度提高效率、节约能源、提供更加便捷的使用功能。

1. BIM 技术

数据中心涉及众多专业间相互配合，传统二维设计方法难以满足高效精准的设计要求，同时也难以在运维过程中提供更多的数据支持。通过 BIM 技术在数据中心全寿命周期中更为广泛和深入的应用，可以在设计阶段提供优化设计支持，提高设计效率；在施工阶段提高施工效率，指导施工；在运维阶段提供可视化、智能化运维数据。

2. 绿色建筑技术

最大限度地保护环境、节约能源、减少污染，以较低的环境代价提供较多的数据处理能力是重要发展趋势。通过设置雨水收集器具和再利用设施，提高水资源利用率。建筑方案采取简约美观的造型，优先选择可再生材料，提高主材利用率。合理设置平面布局全面考虑人员使用需求，优先采用自然采光和自然通风，减少噪声干扰。

第 4 章　结构设计技术

高速铁路数据中心为铁路的发展和运行提供了有力的保障，因此其重要性不言而喻。结构设计是数据中心成型的物质基础，安全、适用、经济的结构设计可以为数据中心的建设、运营、维护提供有力的保障。

4.1　结构设计概述

数据中心一般具有设备荷载大，机房布置密集，抗震设防要求高等特点，因此对结构体系的选型提出了更高的要求。数据中心可根据自身工程特点采用抗震结构体系如框架结构体系、框架—剪力墙结构体系等，也可采用减隔震结构体系，业内根据不同需求有相应的结构体系设计或者研究的案例。

1. 某银行数据中心

某银行数据中心位于北京市，该建筑地下一层(局部设有夹层)，地上由 7 栋 3 层或 4 层独立建筑组成，各栋建筑之间局部采用钢桥连接。地上 1＃楼为动力楼，2＃楼 A 区为机房楼，2＃楼 B 区为指挥控制中心，其余为办公楼(图 4-1)。工程总建筑面积为 55 209.2 m^2，其中地上建筑面积为 35 209.2 m^2，地下建筑面积为20 000 m^2。

建筑结构安全等级：1＃楼、2＃楼 A 区、2＃楼 B 区为一级，其他为二级。建筑抗震设防类别：1＃楼、2＃楼 A 区、2＃楼 B 区为乙类，其他为丙类。抗震设防烈度为 8 度(0.2g)，场地类别为Ⅲ类，结构设计使用年限为 50 年。

结构体系：采用全现浇钢筋混凝土结构，1＃楼采用框架结构；2＃楼 A 区采用隔震技术的框架结构，隔震层设在基础与首层之间；2＃楼 B 区采用框架—剪力墙结构；2＃楼 C 区和 D 区为框架结构和剪力墙结构，各结构单体间在地面以上采用抗震缝分开。

地基基础：2＃楼 C 区和 D 区的剪力墙筒体采用桩基础，其他采用天然地基，基础采用梁板式筏板基础。

设计特点：2＃楼 A 区为数据中心机房楼，隔震层设置在首层板与基础底板之间，如图 4-2、图 4-3 所示，采用铅芯橡胶隔震支座组成隔震层，每个框架柱下设置 1 个隔震支座。

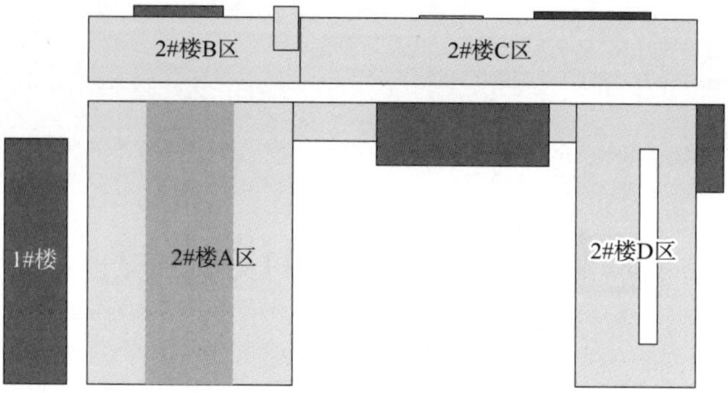

图 4-1　某银行数据中心结构分区

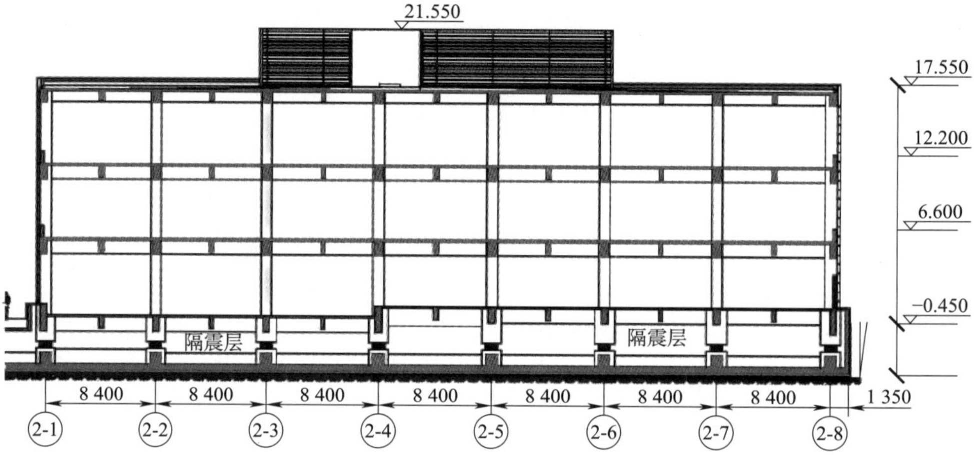

图 4-2　数据中心机房楼剖面图

（注：图中标高单位 m，标注单位 mm）

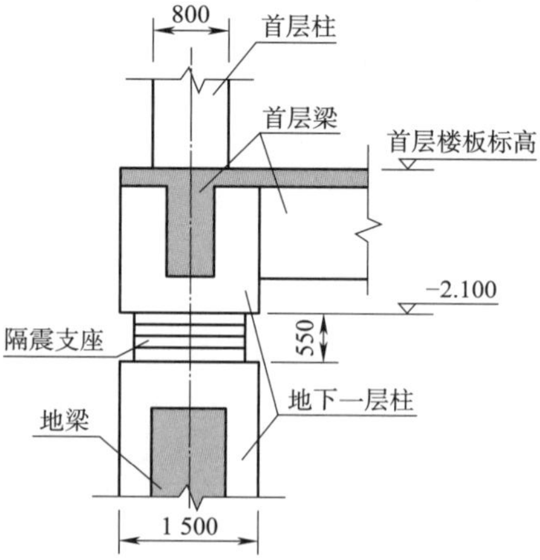

图 4-3　数据中心机房楼隔震支座节点

（注：图中标高单位 m，标注单位 mm）

2. 某健康医疗大数据中心

某健康医疗大数据中心位于福州，距离海岸线直线距离约 3.5 km，总用地面积 40 036 m^2，总建筑面积 110 000 m^2。其中地上建筑面积 80 000 m^2，分别为 3 栋数据机房楼、一栋研发楼，并配置 ECC 控制室；地下建筑面积 30 000 m^2，分别为机房楼配套设备用房、研发楼配套设备用房及车库。

主体结构的设计使用年限为 50 年，场地地震基本烈度为 7 度(0.10g)，设计地震分组为第三组，建筑场地类别为Ⅲ类，场地特征周期为 0.65 s，结构阻尼比为 0.05，基础设计等级为乙级，建筑抗震设防类别为：机房楼为乙类；其余各建筑单体及地下室为丙类。

数据机房楼的地下 2 层为冷冻站、发电机房等设备用房。地上 6 层为数据主机房和相关电器空调等设备用房，层高为 5.5 m，建筑总高度为 35 m，采用框架—剪力墙结构，如图 4-4 所示。

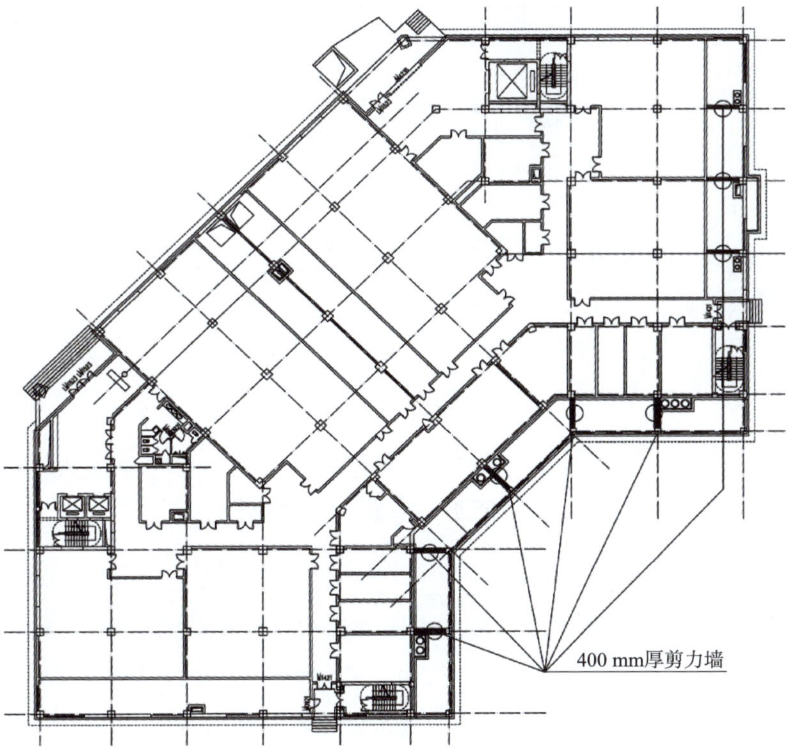

图 4-4　数据机房楼框架—剪力墙平面布置

3. 某高烈度区数据中心

某数据中心工程位于 Y 市，为一栋单体建筑，建筑面积 11 000 m^2，总建筑高度 23.1 m，地上 4 层，一层层高 6.8 m，二、三层层高 5.3 m，四层层高 4.8 m，机房内降板800 mm，主要轴网 8.7 m×8.4(8.1) m，外轮廓尺寸 61.0 m×42.7 m。结构类型选用钢筋混凝土框架结构，基础为预应力管桩加承台基础，承台标高－1.8 m（相对于正负 0.00 m），数据中心剖面如图 4-5 所示。

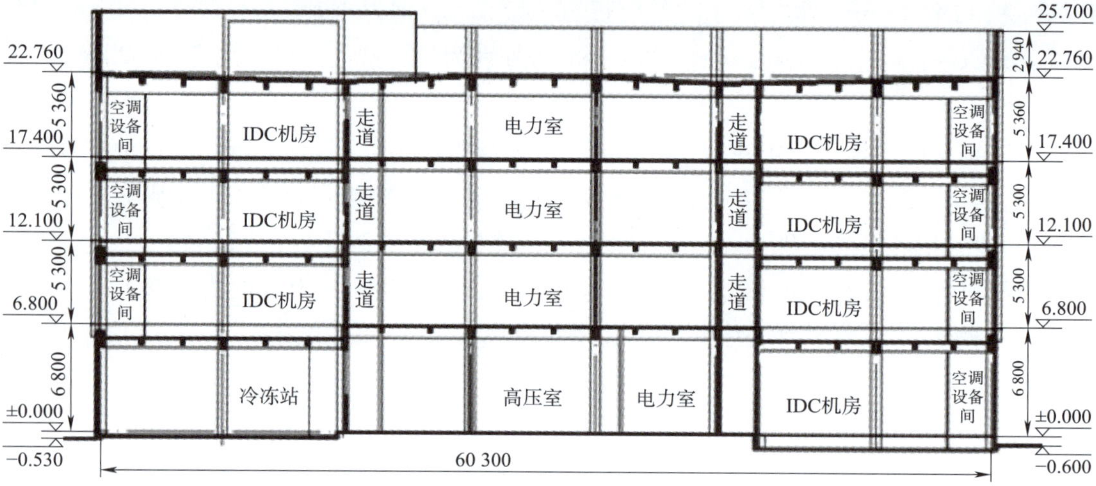

图 4-5　数据中心剖面

（注：图中标高单位 m，标注单位 mm）

建筑场地基本设防烈度为 8 度，设计地震分组为第三组，设计加速度为 0.20*g*，本建筑场地类为Ⅲ类，场地特征周期 0.65 s，本场地土可不考虑地震液化和软土震陷影响。根据 GB 50223—2008《建筑抗震设防分类标准》，该工程 IDC 机房为重点设防类（乙类），结构安全等级为一级，按基本设防烈度 8 度（0.20*g*）进行抗震计算，按基本设防烈度 9 度采取抗震措施，框架结构抗震等级为一级。

4.2　结构关键设计技术

高速铁路数据中心结构关键设计技术主要体现在设计参数的选取、结构体系的选型、基础选型。由于数据中心设备荷载大的特点，为了满足设备运输以及运营期间沉降控制的要求，数据中心所在场区以及设备所在地面的地基处理选择也是结构关键设计技术之一。

4.2.1　数据中心结构设计参数

4.2.1.1　结构设计特点

高速铁路数据中心通用设计参数为：结构安全等级为一级，设防类别为重点设防类，结构设计使用年限 50 年，对于有特殊需求的结构耐久性使用年限可以提高至 100 年，基础设计等级不低于乙级。

对于数据中心这类型建筑，机房的布置密度往往较高，设备荷载相对较大，调研有关的信息中心，大部分楼板设备荷载为 12 kN/m²，局部达到 16.5 kN/ m²，楼顶大量布置冷却塔，设备荷载达到 7.8 kN/ m²，大量的设备荷载增加了结构自重，加大了结构设计难度。同时由于信息机房较多，各种专业的管线数量较多，这些管线的荷载不容忽视，因此建议结构设计时应该详细了解每个区域的建筑功能，各种荷载应施加准确，建议增加管线荷载布置图，以便后期时与专业核对，避免发生遗漏。数据中心的结构设计特点如下：

(1)结构重要性高。

(2)设备荷载大而且繁杂。

(3)专业配合紧密。

4.2.1.2　信息机房活荷载组合值系数研究

根据 GB 50174—2017《数据中心设计规范》中附录 1 对于数据中心的要求，主机房的活荷载组合值系数、频遇值系数、准永久值系数均较常规建筑较高，这是由数据中心设备荷载的特性决定的，需要引起注意，其他设备房间符合相关条件的也应参照执行。主机房等设备房间活荷载较大，因此重力荷载代表值系数的选取是地震作用计算的关键因素之一，需要对主机房等的荷载特性进行分析，如是否具有静荷载特点，机柜具体占地面积等等，并深刻理解重力荷载代表值系数的意义以及等效均布荷载确定的原则，然后综合确定。

4.2.2　结构体系

4.2.2.1　不同结构体系概述

对于建筑物来说，结构是建筑物的骨骼，承受各种荷载，是建筑物赖以存在的关键所在，合理地选择结构体系关系到整个建筑物的安全性、适用性以及经济性等。因此本小节主要着重介绍不同的结构体系。

常见的抗震结构体系大致可以分为框架结构体系、剪力墙结构体系、框架—剪力墙结构体系、板柱—剪力墙结构体系和筒体结构体系等。

1. 框架结构体系

框架结构的主要结构单元为梁和柱，梁单元和柱单元组成一榀框架，结构的所有荷载都由若干榀框架承担的结构体系称之为框架结构。框架梁可以采用钢筋混凝土梁、钢梁以及型钢混凝土梁，框架柱可以采用钢筋混凝土柱、钢柱、型钢混凝土柱以及钢管混凝土柱。框架结构的房屋墙体为填充墙，不承受荷载，一般可以采用加气混凝土砌块、空心砌块、混凝土多孔砖等，墙体应选用轻质材料，以便减小对结构抗震的不利影响。框架结构只能在自身的平面内抵抗水平力，因此需要在两个方向设置框架，用来抵抗各个方向的水平力，框架结构的梁柱节点作为关键构件，必须要有相应的延性，梁端要能有效地传递弯矩。框架结构侧向刚度对结构的安全性有着重要意义，加大两个方向的侧向刚度常常是框架结构设计中的关键。结构应该具有较多的冗余度，避免局部的破坏造成整个结构的连续倒塌，因此我国规范中规定甲乙类建筑以及高度大于 24 m 的丙类建筑不允许采用单跨框架，对于高度小于 24 m 的丙类建筑不宜采用单跨框架。同时对于框架结构来说，不应采用部分由框架承重，部分由砌体承重的混合承重形式，避免两者变形不协调，容易造成震害。框架结构在水平力作用下，水平位移呈剪切型，即自下而上层间位移减少，随着层数和高度的增加，底部各层梁、柱内力显著增加，构件的截面尺寸和钢筋用量也会明显增加。

（1）框架结构优点。

①空间分隔灵活，自重轻，能够比较灵活地配合建筑平面布置，特别是有利于需要加大开敞空间的建筑。

②框架结构的梁柱尺寸易于标准化，模板可重复利用，同时也便于采用装配式结构，缩短施工工期。

③框架结构经常采用现浇结构，结构的整体刚度较好，对于梁柱节点处各种建筑造型需求也方便处理。

（2）框架的缺点。

①由于框架结构在水平力作用下剪切型变形的特点，不太适用层数较高、荷载较大的建筑，当其层数多、高度大时，结构底部各层的梁柱为了满足变形和刚度需要，截面尺寸会显著增加，这时就对建筑空间的平面布置带来困难，甚至影响建筑使用功能，同时梁柱截面尺寸以及钢筋含量的增加对控制造价也是一个不小的挑战。

②框架的梁柱节点域应力集中比较显著，在地震作用下容易造成破坏。

2. 剪力墙结构体系

剪力墙结构为用钢筋混凝土墙承受竖向荷载和抵抗水平力的结构，剪力墙结构也称之为抗震墙结构。剪力墙主要抵抗墙体平面内的竖向力和水平力，因此要在建筑平面的两个主轴方向分别布置剪力墙，抵抗各自的水平力，两个主轴方向的剪力墙应合理布置，力求两个方向的侧向刚度接近。相比较于框架结构，剪力墙结构的整体性更好，侧向刚度大，因此抗震性能要比框架结构好。

剪力墙结构在水平力作用下，水平变形呈弯曲型，其变形自下而上逐渐增大。剪力墙布置宜贯通房屋全高，连续布置，尽量避免高度突变，剪力墙开洞口时宜上下对齐，成对布置；当墙体的长度较长时，可以在墙体上开设洞口，将长墙分为较短的墙段，一般墙体长度不大于 8 m，墙体的高宽比大于 3。剪力墙结构的开间一般为 3～8 m，适用于住宅和旅馆等建筑。但建筑常常需要在底部形成较大的开敞空间，因此可以将首层或者底部若干层抽掉部分墙体，这部分墙体不能连续贯通落地，支承在转换层转换梁上，形成框支剪力墙结构。对于框支剪力墙结构形式，上部剪力墙到下部转化为框架，结构的侧向刚度突变，形成软弱层和薄弱层，在地震作用下，转换层及以下结构层间变形大，有可能引起严重破坏。因此剪力墙不允许全部转换，只可以采用部分框支剪力墙结构，同时部分框支剪力墙结构的底部较大空间不应该较多，落地的剪力墙的间距也不应较大。需要指出的是，剪力墙结构在布置时，应该减小形成短肢剪力墙，短肢剪力墙是指墙体厚度不大于300 mm、墙体的截面长度与厚度之比大于4但不大于8的剪力墙，这种短肢剪力墙的受力性能不如普通墙体，设计时应尽量减少。

(1)剪力墙结构的优点。

①承载力和侧向刚度好。

②建筑房间布置可以不露出梁柱，整齐美观。

③可以实现高度较高的复杂建筑造型。

(2)剪力墙的缺点。

①剪力墙的间距不能太大，平面布置不灵活，对于一些建筑功能的大开敞空间不好实现。

②墙体布置的局限性造成了使用功能的局限性，因此剪力墙结构多用于住宅或者旅馆公寓等，尤其适用于小开间的住宅。

③采用钢筋混凝土墙体，结构自重大。

3. 框架—剪力墙结构体系

框架—剪力墙结构是由框架和剪力墙共同抵抗竖向力和水平力的结构体系，它是一种双重抗侧力体系，框架和剪力墙共同抵抗风荷载和地震作用。在水平力的作用下，框架和剪力墙的位移曲线分别呈剪切型和弯曲型，由于楼(屋)盖的作用，两者位移协调。在结构底部，框架结构的水平位移减小；在结构的上部剪力墙的水平位移减小，水平位移呈弯剪型，层间位移沿建筑高度比较均匀。在框架—剪力墙结构中，剪力墙较大的侧向刚度使得它分担了大部分的水平剪力，对于减少框架梁柱的截面尺寸十分有利，改善了框架的受力状况。框架—剪力墙结构很好地综合了框架结构剪切变形和剪力墙结构弯曲型变形，受力性能较好。

框架—剪力墙结构的布置比较灵活，框架和剪力墙可以分开布置，也可在同一轴线上连续布置。既有框架结构延性好、布置灵活的特点，也有剪力墙结构刚度大、承载力大的特点。结合框架—剪力墙的这种结构特点，剪力墙的布置较为关键。剪力墙布置太少的话，发挥不了框架—剪力墙结构特点，因此在规定水平力作用下，底层剪力墙承担的倾覆力矩应该大于结构总倾覆力矩的50%，否则这种结构形式称之为少墙框架。同时剪力墙的布置也不应该较多，较多的话容易影响建筑功能使用，而且对投资也会增加。

4. 板柱—剪力墙结构体系

板柱—剪力墙结构是指在板柱结构中设置部分剪力墙的结构体系。板柱结构由无梁楼盖和柱组成的结构，但这种结构体系往往在地震作用下，板—柱连接节点容易发生破坏，楼板易发生剪切破坏，因此会将部分区域做成剪力墙，形成板柱—剪力墙结构体系。这种结构体系具有施工方便，楼板高度小，可以提供较大的使用空间等优点，但是在地震作用下，这种结构体系抗震性能小相对较差。

5. 筒体结构体系

筒体结构主要包括框筒、筒中筒和束筒等。框筒由布置在建筑周边的密柱深梁框架组成，框筒结构的材料利用效率要比框架结构高，侧向刚度、抗扭刚度大，承载力高，适用于高层建筑。筒中筒结构是将框筒作为外筒，将楼梯间和管道竖井等集中在建筑平面中部形成内筒。在水平力作用下，筒中筒结构的内外筒协同工作，外筒变形呈剪切型，内筒变形呈弯曲型。筒中筒的结构体系适用高度要比框筒更高。需要指出的是，筒体结构常常用于复杂的超高层建筑。

4.2.2.2 数据中心体结构选型建议

建筑物选用何种结构体系，常常需要考虑以下因素：

(1)要考虑功能使用要求，建筑物的整体功能定位是什么，是否需要大开敞空间，不同的建筑物使用性质决定了不同的结构体系，例如框架结构可以提供较大的使用空间，剪力墙结构则适用于小开间的平面布置，因此建筑物的功能定位往往决定了大方向。

(2)要考虑结构的抗震要求，不同的结构体系，抗震性能不同，要结合建筑物的抗震设防类别、建筑物所在区的地震烈度、场地类别等综合考虑。

(3)要考虑结构的经济性，在满足建筑使用要求的前提下，应该精心设计，选择最优的结构抗侧力体系，节省材料用量。

(4)要考虑施工的可行性。

一个建筑物结构体系的选择往往需要综合考虑以上各种因素，基于各种外部条件，选择适合这个建筑物的结构体系。

对于高速铁路数据中心来说，性能等级往往较高，高级别的数据中心机电设备布置密度高，平面体量巨大，上下楼层间墙体往往是不贯通的，造成抗震墙等竖向构件布置困难。同时数据中心设备荷载大，楼顶常常布置大量冷却塔，结构自重较大，尤其是高烈度地区的结构设计带来了一定难度。基于数据中心的特点，以安全可靠、经济适用、技术先进为原则进行结构体系选型分析。

1. 采用框架结构体系

上面说到框架结构体系具有空间布置灵活的特点，可以形成较大开敞空间，对于数据中心这种需要大空间的建筑比较适合，在建筑功能上框架结构是适用的，但是考虑框架结构抗侧力刚度较差，数据中心荷载比较大，梁柱的截面尺寸不会太小，特别是框架柱比较大的话，往往会影响设备的布置。需要指出的是数据中心机柜的布置一般都是按照模数布置的，抗侧力构件尺寸的加大势必影响设备机柜的布置，从而影响机房的规模要求，因此对于数据中心来说特别是高烈度地区的数据中心，不建议采用框架结构体系。

2. 采用剪力墙结构体系

数据中心机房的机柜规模较大，往往需要加大的开敞空间，而剪力墙结构体系中墙体布置受限，不适用于这种大开间的建筑物，因此从机房的使用功能上讲，数据中心也不适合采用剪力墙结构体系。

3. 采用框架—剪力墙结构体系

基于数据中心机房大空间的要求和结构抗震性能上的综合考虑，可以采用框架—剪力墙结构，但是受限于机柜，抗震墙布置也较为困难，可以在数据中心个别房间中布置剪力墙，在机房中减少剪力墙布置，相比较于框架结构可以有效减少柱截面尺寸，但是由于个别房间墙体的存在限制了后期房间布局调整的灵活性。

4. 采用隔震结构体系

上面说的三种结构体系从宏观上讲都是抗震结构体系，现讨论采用隔震结构体系的可行性。隔震是一种在工程结构中设置隔震层以延长结构自振周期、阻隔地震能量的传递、减少结构地震反应、避免或减轻结构地震损伤破坏的结构减震技术。传统的抗震结构体系侧重地震发生时保障人的生命安全，而对室内设备、装修等的保障有所欠缺；而隔震结构体系在地震发生时，上部结构基本上随隔震支座变形发生整体平动，室内舒适度得到提高，降低了机电设备中断使用或发生破坏造成的损失。我国实行以预防为主的防震减灾方针，建筑物采用隔震技术后，安全性得到提高、地震破坏减轻、有效避免人员伤亡和经济损失。

隔震是通过设置柔性支座、延长结构自振周期避免发生共振来减小地震反应。隔震的本质作用就是使结构和部件与可能引起破坏的地震地面运动或支座运动分离开来，阻隔地震波向上部结构传播。

传统结构的抗震设计中，地震力和能量从地面直接传递给结构，抗震设计考虑的问题是通过增加结构刚度、强度达到抵抗这种地震作用的能力，保证在小震作用下，机构不发生破坏，在大震作用下，控制塑形破坏区域发生在特定的位置，如框架结构的塑性铰区域在接近梁柱节点的梁内，通过塑性铰的塑形变形和结构延性耗散地震能量，保证结构整体稳定性。

隔震设计的目的是减小传递到结构上的地震力和能量，通过在基础和基础上部结构之间设置隔震层来达到“隔离”地震的目的。隔震层在水平方向具有很大的柔性，水平刚度远小于上部结构的层间水平刚度，增大了结构的自振周期，使其远离与场地发生共振的频率段，地震作用产生的变形主要集中在隔震层，从传统结构的“放大晃动型”变为隔震结构的“整体平动型”，从激烈的、由上到下的晃动变为只作长周期的、缓慢的、整体水平平动，从有较大的层间变位变为只有很小的层间变位，因而上部结构在强地震中仍处于弹性状态。当隔震层的位移过大时，可通过设置阻尼元件耗损地震输入的能量，控制隔震层位移在允许范围内。

基于隔震结构体系特点，考虑数据中心为重点设防类建筑，如采用框架结构，抗侧能力较差，且构件截面大影响功能布局，很难满足规范对结构最大层间位移角限值的要求。如采用剪力墙结构，虽然抗侧能力较好，但是由于本工程功能布局等特点会给剪力墙布置造成很多困难和挑战；剪力墙的布置会影响平面布局和功能使用，限定了房间分割，空间布置不灵活，后期可调整的空间小；同时由于剪力墙自重大，对基础要求较高，不均匀沉降的控制要求高。

基于上述原因，数据中心采用基础隔震技术进行结构选型比选分析，隔震设计通过延长建筑物自振周期、增加附加阻尼，从而大大减小了地震作用。通过隔震设计，上部结构可为纯框架，可实现建筑内部的空间开敞和布置灵活，能够满足使用功能要求，并体现建筑效果。且地震过程中能够保证使用功能不中断，满足数据中心的重要建筑物的定位。

综合以上所述，数据中心推荐采用框架—剪力墙结构体系或者隔震结构体系，对于这两种结构体系如何选择，需要综合考虑造价投资、所在地区地震烈度、数据中心规模等，在层数较少的建筑中，隔震结构增加了隔震层和隔震支座、增加了基础的荷载，虽然上部结构抗震等级降低、截面变小，但是由于层数较少，总体投资不一定具有优势。

4.2.3　基础选型

4.2.3.1　地基基础概述

地基基础设计是建筑物设计中的一个重要组成部分，设计地基基础时要考虑场地的工程地质条件和水文地质条件，同时也要结合建筑物的施工要求、上部结构特点以及施工条件等因素。基础可分为天然地基和人工地基。直接建造在未经加固的土层上的叫作天然地基，若天然地基土层软弱，事先要进过人工加固，再修建基础称之为人工地基。

天然地基又分为浅基础和深基础。

1. 浅基础

一般来说，基础埋深不超过 3～5 m 的称为浅基础，进行浅基础设计时首先要清楚拟建场地的地质情况，对于岩土勘察报告要进行全面的分析和研究，基础设计时除了要满足基础本身的强度和稳定性外，还要考虑地基的强度、稳定性以及变形必须在允许范围内。即基础要满足承载能力极限状态和正常使用极限状态下的相关规定。常见的浅基础包括柱下独立基础、墙下条基、筏板基础、箱形基础等。基础的形式是多种多样的，基础的类型与上部荷载大小、地质条件、上部结构形式等因素有关。

2. 深基础

(1)桩基础。天然地基中的浅基础造价低，施工简易，设计中往往优先选用。但当上部结构荷载较大、持力层埋深较大、填土质量不可控时，一般考虑采用桩基础，把建筑物支承在桩基上，荷载通过桩传到持力层上，从而保证建筑物满足承载力和变形的要求。桩基础由桩和承台两部分组成，建筑物的荷载通过承台分配给一根或多根桩，桩(群)再把荷载传给地基，按承台与地面相对位置的不同，分为低承台和高承台桩基，一般房屋建筑中常用低承台桩基。

桩可按不同方面分类，分类的目的是直观地反映其特点，以便根据位置、地形、地质条件、上部结构类型等选用适当的桩型。按荷载传递方式分为端承桩、摩擦桩；按制桩材料分为混凝土桩、钢筋混凝土桩、钢桩、组合材料桩等；按制作方法分为预制桩和灌注桩；按桩径分为小直径、普通、大直径桩。应用较为广泛的主要有预制桩和钻孔灌注桩。

预制桩断面主要有方形和圆形两种。实心截面的方桩具有制模浇注方便、质量易保证的优点，其截面一般为 250～550 mm。限于运输能力和起吊能力，目前工厂预制桩长不超过 13.5 m。桩长不够时，需在沉桩过程中接长。但截面过大时自重大、用钢量大，故当边长大于 450 mm 时，可做成空心桩。还可采用离心旋转法制成预应力管桩，目前管桩常用的直径为 400～550 mm，每节 8 m 或 10 m。

与预制桩相比，应用更多的是钻孔灌注桩。根据不同的土质，可采用不同的钻、挖工具，常用的有螺旋钻机、冲击钻机等。对于持力层起伏较大的地区，与预制桩相比更为适用，但施工质量要求更高。

单桩承载力的确定分为理论计算和试验确定。单桩竖向极限承载力标准值应通过单桩静载荷试验确定。单桩竖向抗压静载荷试验应采用慢速维持荷载法。原则上，无论甲、乙、丙类桩，桩的承载力确定均是要按此条规定执行，进行非工程桩的试桩。

设计在施工图设计阶段，要按照国标和地标的经验参数法进行估算单桩承载力的预估算值，进行桩基础的预设计。等待现场非工程桩的试桩数据提交给设计单位后，要进行桩基础的核算优化。桩预估算值与现场试桩值接近，则基础设计可不做调整；桩预估算值与现场试桩值出入比较大时，则要进行补桩或优化设计的工作。这部分工作内容，以前一般是甲类桩、乙类桩有的内容，以及一些地质比较复杂、新桩型新工艺等情况才有的工作内容。现在按照通用规范，全部桩基础工程均要求这部分内容。

桩基础主要的设计步骤如下：

①收集设计资料。包括建筑物的类型、荷载、工程地质勘察资料、施工技术设备等情况，并尽量了解当地使用桩基的经验以供参考。

②选择持力层，确定桩的类型、断面、桩长，初步确定承台高程。根据地勘资料，结合建筑物荷载、上部结构等条件，选择桩端持力层，应尽可能使桩支撑在坚实的土层上。根据当地施工条件、打桩设备及环境限制（噪音、震动）等因素，确定桩的类型。

③确定单桩竖向承载力设计值进行平面布置。

④桩基础验算和承台的设计与计算。除单桩基础可不设承台外，一般桩基础均要设置承台。承台应具有足够的强度和刚度，联结群桩，并把上部荷载传递到桩上。

（2）墩基础。墩是一类短而粗的深基础，墩基础在外形和工作方式上与桩尤其是钻孔灌注桩很相似，因而墩与桩的定义界限并不明确。一般来说桩长小于 6 m 的按墩基础设计，大于 6 m 的按桩基础计算，桩长虽然大于 6 m，但 $L/D<3$，也按墩基础设计。由于墩基础的断面尺寸较大而相对墩身较短，而且体积巨大，故一般情况下不能采用预制桩那样打入或压入法做成，而只能采用灌注或者砌筑方式形成。墩的尺寸一般可达到 0.8～2.0 m，适应性越来越广。墩要比单桩能够承担较大的荷载。在适当的条件下，采用墩基础来代替群桩基础承担建筑物荷载，不但可避免采用群桩基础等其他深基础较复杂的设计与施工方法，并且可以节省基础占地面积。由于墩具有体形大、承载力高的特点，使得墩常以单墩顶单柱的方式工作，承担较大的风险，故而对于墩基础设计、施工、检测也要求更高。墩基础与桩基础相比，主要区别在于：桩是一种长细的地下结构物，而墩的断面尺寸一般较大，长细比则较小；墩不能以打入或压入法施工；墩往往单独承担荷载，且其承载力比桩高得多；相应的单墩的质量要求较高，一旦出现事故，造成严重危害。墩的荷载分担与传递机理与桩有所不同。墩基础不但有较高的竖向承载力，也可承担较大的水平荷载，扩底墩还可抵抗很大的上拔力。

4.2.3.2 基础选型建议

数据中心结构安全等级为一级，基础设计等级为乙级，为重点设防类建筑，同时上部荷载大，对沉降控制严格，因此建议采用桩基础。对于是否选择预制桩还是灌注桩，这要结合拟建建筑的地质条件、地震烈度、施工工期等综合考虑。

(1)从施工可行性角度考虑。预制桩主要分为预应力混凝土空心管桩和预制钢筋混凝土实心方桩。预制桩具有的单位面积承载力较高，打入桩的施工工序较灌注桩简单，工效高等特点。预制桩为挤土桩，具有挤土效应。桩间距过小在压桩施工过程中会出现压桩困难、压桩不到位、施工时易引起周围地面隆起，有时还会引起已就位邻桩上浮等工程问题。钻孔灌注桩应用范围广泛，与预制桩相比能建造比预制桩的直径大得多的桩，施工噪声和震动要小；在各种地基上均可使用等特点。

(2)从发挥作用上考虑。预制桩对于较厚的粉砂层穿越比较困难，因此对于拟建场具有粉砂层较厚的地质条件时，预制桩的桩长不会太长，在满足上部荷载的条件下，预制桩的数量要明显多于钻孔灌注桩，而钻孔灌注桩桩长打入深度可以较长，对沉降控制更为有利，同时较多的预制桩在施工过程中难免会有压桩困难的现象，大量的预制桩会造成明显的挤土效应，导致预制桩施工困难。为解决挤土效应，会加长工期，反而丧失了预制桩节约工期的优点。

综合以上，选择灌注桩还是预制桩应结合工程的具体地质情况和工程特点来确定，不能执着于一种桩型上。

4.2.4 地基处理

数据中心的设备基础较多，同时这些设备基础对于沉降的要求控制比较严格，如何保证这些设备基础的稳定性也是十分重要的。特别是对于拟建场地地质条件不好的情况，设备基础下的处理要综合考虑经济、适用性等特点。

4.2.4.1　地基处理形式概述

对于基础下的土质进行地基处理常常有以下几种形式：

1. 密实法

密实法包括碾压法、动力夯实法、排水固接法等。数据中心占地规模较大的时候，也可采用冲击碾压法，冲击碾压原理是用拖车牵引非圆形的碾压轮来输送能量，不仅能像普通振动压路机一样产生压实能，还能产生巨大的冲击能。冲击式压路机将低频大振幅冲击力作用于地基表面，在连续周期性作用下，产生强烈的冲击波传向深层土体，对路基地基进行冲击碾压，进而提高土体的密实度和承载力。相比于传统的压实机械，冲击碾压具有压实效率高、处理厚度大、费用低的特点。冲击碾压效果和土质的含水率有着直接的关系，根据《公路冲击碾压应用技术指南》，土体适宜冲击碾压的含水率应在 $w_{op}-4 \sim w_{op}+4$ 范围内（w_{op} 代表土的最优含水率），在此范围内冲击碾压的效果最好。

2. 水泥搅拌桩法

水泥土搅拌桩是一种良好的软弱地基处理方式，其充分利用原状土的承载力，在建筑工程中有着广泛的应用。

水泥土搅拌桩是指通过特制的深层搅拌机，沿深度方向将软土与固化剂进行强制搅拌，从而土体和固化剂发生物理化学反应，形成具有一定整体性和一定强度的水泥土加固体，沿深度方向形成的该加固体称为水泥土搅拌桩，作为一种常用的软弱地基处理方式，其适用于处理包括淤泥、淤泥质土、粉土、泥炭土等饱和黏土。水泥土搅拌桩之所以有着广泛的应用，其自身存在着一定的优点：水泥土搅拌桩成桩工艺施工工期短，成本低，在施工中产生的噪声较小，对相邻建筑物影响小，具有良好的综合效益和社会效益；水泥土搅拌桩的机械生产厂家较多，各种类型的搅拌设备适合不同地质条件和工程用途。水泥土搅拌桩的理论研究还不够深入，设计方法上还需要进一步深入，从而取得完整的变形场和应力场数据，加强对桩土应力比和组合水泥土理论的研究，完善水泥土搅拌桩的沉降计算。

搅拌机械的性能和施工监控系统需要进行严格的监控，如成桩质量缺乏监控装置，堵土断桩现象需要人工监视等；因此对施工管理的要求较高，其施工工艺和质量检测手段需要进一步提高。

水泥土搅拌桩的核心是利用水泥土作为固化剂，通过搅拌设备将软土和水泥强制搅拌，利用水泥和软土之间产生的化学物理反应，使软土硬结成具有水稳定性、整体性和一定强度的水泥土地基加固方法。虽然其成桩工艺简单，但核心问题是水泥土搅拌桩的加固效果检测和评价落后于工程实践，水泥土搅拌桩不同于刚性的混凝土桩，也不同于柔性的砂石桩，其半刚半柔的特点，不能完全套用柔性桩和刚性桩的检测方法。因此可以说检测手段已经成为制约水泥土搅拌桩发展的一个重要因素。

3. 预应力管桩法

预应力管桩作为一种新型的预制混凝土桩，是现代混凝土制品工艺水平及整个混凝土技术进步的重要标志。预应力管桩常被分成两类，一类为先张法预应力管桩，一类为后张法预应力管桩。其中，前一类实际是一种空心式筒体细长的混凝土预制构件，由离心成型法与先张法预应力工艺混合制成，可分为钢套箍、圆筒形桩身及端头板等三部分。

预应力管桩主要是采用先张预应力，将一些需要承载的压力转移到地基受力杆件上面，提升地基的承压抗压能力。预应力管桩在工程中具有使用范围广、工效高、工期短和污染小的特点，适应环境的能力较强。

预应力管桩在节能环保方面取得较好效果，其工业化和程序化都得到较好的筛选、管理，制造工艺先进，质量检验完善，与现场制造的管桩相比较标准性更强。管桩在进行施工过程中容易控制，施工进度较快，管桩运输吊桩方便，接桩快捷，可以根据实际情况进行不同控桩的选择，便于技术施工管理。同时在成桩之后不需要进行后期养护，可以缩短工期，对于施工进度提升较大。

综合来说预应力管桩适用面广，强度高，抗弯、抗裂性能好，采用工厂化标准生产，质量稳定，性能可靠，施工周期短，噪音小，无振动，无污染，施工工艺成熟，成桩质量可靠，检测直观；预应力管桩也存在一定的缺点，预应力管桩对运输和临时堆放的要求高，对地下水和土的防腐性要求高，同时预应力管桩穿过较厚的粉土或砂土层时沉桩困难。

4.2.4.2　地基处理方式建议

数据中心设备荷载较大，沉降控制严格，针对设备区域的地基处理建议从以下几个方面综合考虑。

从施工周期上看，冲击碾压需要土体的含水量在一个适宜的范围内，因此需要大量的时间来进行晾晒，冲击碾压的时间成本明显大于水泥土搅拌桩和预应力管桩，水泥土搅拌桩和预应力管桩时间成本大体相当。

从工程效果上看，若土体的含水率高，冲击碾压达不到压实度要求，出现了橡皮土的现象，水泥土搅拌桩工程检测手段受限，没有一个合理的检测手段来评价地基处理后的复合地基；预应力管桩采用工厂化生产，质量能保证，其作为刚性桩，工程质量可控，质量检测简单。

从理论研究方面，预应力管桩理论研究完善，设计计算结果可靠，水泥土搅拌桩应力场等问题需要进一步研究完善，从而完善检测手段。

从经济成本上看，冲击碾压的费用低，预应力管桩和水泥土搅拌桩的费用较高，但是不能仅仅从单一的工程费用来考虑，需要考虑后期的工程实际效果，如果处理效果不好，很可能会发生二次处理的费用。对于本工程土体含水率高，采用冲击碾压很难达到压实效果，后期二次处理概率大。水泥土搅拌桩受检测手段影响较大，需要正确评价处理后的复合地基，也存在后期处理质量不佳、二次处理的可能性。预应力管桩检测手段成熟，质量可控，二次处理可能性很小。因此采用预应力管桩在经济上具有一定优势。

采用地基处理的形式，应充分考虑工程的时间成本、经济成本、施工成本、理论检测手段、地质条件等。

冲击碾压适合施工周期长的工程，而且工程的地质土含水率在一个最优范围内，有充分时间晾晒，如果能满足这些条件冲击碾压是一个相对经济性的地基处理形式。

水泥土搅拌桩适合于工程沉降控制相对不是十分严格的工程，应结合各自的工程特点选择合适的检测方法。

预应力管桩质量能保证，施工周期短，检测手段简单，但不适用于比较厚的黏土和粉砂土层，应结合地勘，合理确定桩长。

4.2.5　其他关键技术

对于数据中心来说，采用框架—剪力墙结构体系是相对适用的，但是不同于一般的建筑物，数据中心机房要求开敞空间大，剪力墙的布置常常受限于机柜，因此合理布置剪力墙也是采用框架—剪力墙结构体系成功的关键。总体来说剪力墙的通用布置原则如下：

(1)剪力墙的布置宜使结构各个主轴方向的侧向刚度接近。

(2)剪力墙宜对称布置，减少水平方向的扭转。

(3)在建筑物周边、电梯间、楼梯间以及竖向荷载较大的地方布置。

(4)剪力墙尽可能布置成L型、T型等。

(5)剪力墙的布置间距不宜过大。

除了上述的通用布置原则，数据中心墙体布置要充分考虑建筑使用功能，尽可能布置在一些设备、电力等对开敞空间要求不大的房间，尽量减少在机房内布置，如果避免不了在机房内布置墙体，也应结合机柜设置情况来考虑，做到同时满足结构安全和专业使用要求。

4.3　结构技术发展趋势

数据中心结构技术发展趋势主要集中在数据中心结构体系和结构材料上，结构体系主要是高烈度地区消能减震及隔震技术的应用，结构材料主要是高性能混凝土和钢材的应用。

住建部2014年发布《关于房屋建筑工程推广应用减隔震技术的若干意见(暂行)》(建质〔2014〕25号)明确指出，鼓励重点设防类、特殊设防类建筑和位于抗震设防烈度8度(含8度)以上地震高烈度的建筑采用减隔震技术。《云南省隔震减震建筑工程促进规定》(云南省人民政府令第202号)第三条第(二)款规定：抗震设防烈度8度以上区域内单体建筑面积1 000平方米以上的重点设防类、特殊设防类建筑工程应采用隔震减震技术。此外，甘肃、新疆等地均出台了鼓励或强制部分符合条件的建筑工程采用减隔震技术。

近年来，隔震相关的规范、规程不断完善，形成了《建筑抗震设计规范》《建筑隔震橡胶支座》《叠层橡胶支座技术规程》《建筑结构隔震构造详图》《建筑隔震工程施工及验收规范》等一系列设计、施工规范规程。中国建筑的隔震技术已经进入到标准化、规范化的阶段。隔震支座的生产和制作也已经达到较高水平。

随着数据中心建设中绿色、环保、节能更多地被提及，结构材料也由普通混凝土、普通钢筋、碳素钢和低合金高强钢慢慢地向高性能混凝土、高性能钢材过渡。高性能混凝土、高强钢筋、高性能钢材能有效地提高材料利用效率，节约社会资源，有利于结构抗震。

4.3.1 结构体系发展趋势

目前主流的结构抗震设计对策仍然是采用延性结构体系，通过增大构件截面尺寸、增强配筋，依靠主体结构自身的抗震性能消耗地震能量，以此来实现规范规定的“小震不坏，中震可修，大震不倒”的设防要求，这是被动消极的“硬抗”。这将会导致此结构产生两种不利后果：结构主要构件截面过大、配筋过多，材料花费过多导致造价提高；结构构件截面、配筋增大后，结构刚度将大幅度增加，结构在地震中吸收的能量也将大幅度增加，而这些能量主要由构件的塑性变形来耗散，导致结构在罕遇地震中会产生严重的损坏。

数据中心有着机电设备布置密度高、平面体量巨大、设备荷载大等特点，结构体系的发展趋势主要朝着消能减震及隔震技术方向发展，采用调整结构动力特性“以柔克刚”的新手段，地震发生时隔震层把上部结构与下部结构隔离开，使能量输入有所改变，带有阻尼的隔震层的大变形可以消耗大量能量。地震波输入上部结构后使得上部结构只做微小平动，使建筑物本身以及内部人员得到保护，具有安全、简单、经济、适应性广等明显优点。

1. 消能减震技术

结构消能减震体系是把结构的某些非承重构件设计为消能杆件，或在结构物的某些部位装设阻尼器，以消耗上部结构的振动能力，达到抗震设防的要求。消能减震技术的核心在于阻尼器的应用，以摩擦阻尼器为例，这种阻尼器本身虽只具有理想弹塑性的特点，但可以通过与主体结构串、并联使用，获得具有接近双线性滞回特性的阻尼耗能效果。摩擦阻尼器（图 4-6）本身虽无自复位能力，但是可以依靠结构本身的刚度复位，其主要问题是单一不变的锁紧力有时不能满足不同强度地震的消能要求，因此在此基础上开发了多种适用不同场景的阻尼器。

此外，常用的阻尼器还有软钢和合金阻尼器、铅阻尼器、黏弹性阻尼器、黏滞阻尼器、调谐质量阻尼器（TMD）、调谐液动阻尼器（TLD）等。

2. 隔震技术

隔震是一种在工程结构中设置隔震层以延长结构自振周期、阻隔地震能量的传递、减少结构地震反应、避免或减轻结构地震损伤破坏的结构减震技术。在地震发生时，上部结构基本上随隔震支座变形发生整体平动，室内舒适度得到提高，降低了机电设备中断使用或发生破坏造成的损失。

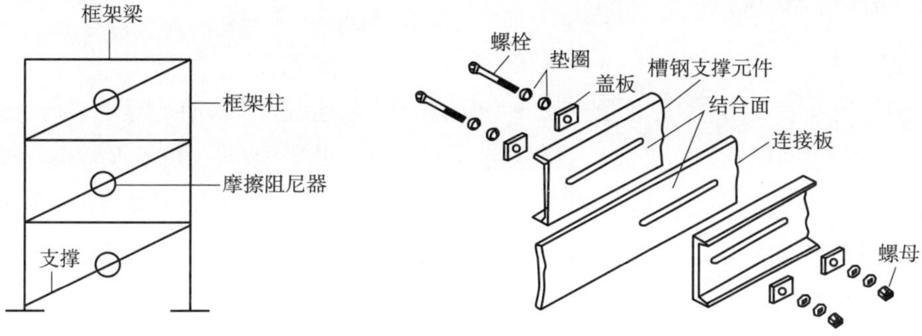

图 4-6　简单摩擦阻尼器

隔震可分基础隔震和层间隔震。基础隔震是在结构与基础间设置隔震垫，适用于主体结构体系比较规则的建筑，而对一些不规则或特殊形式的结构，如大底盘或大平台多塔楼竖向不规则、底部框架—抗震墙砌体结构、既有建筑的加层或者抗震加固等，基础隔震显得适用性不强，而层间隔震则可以很好地解决这一问题。

采用基础隔震技术，借助基础顶或地下室布置隔震层及隔震支座，以地下室顶板、零层板作为隔震层，并作为上部结构的嵌固端，如图 4-7 所示。

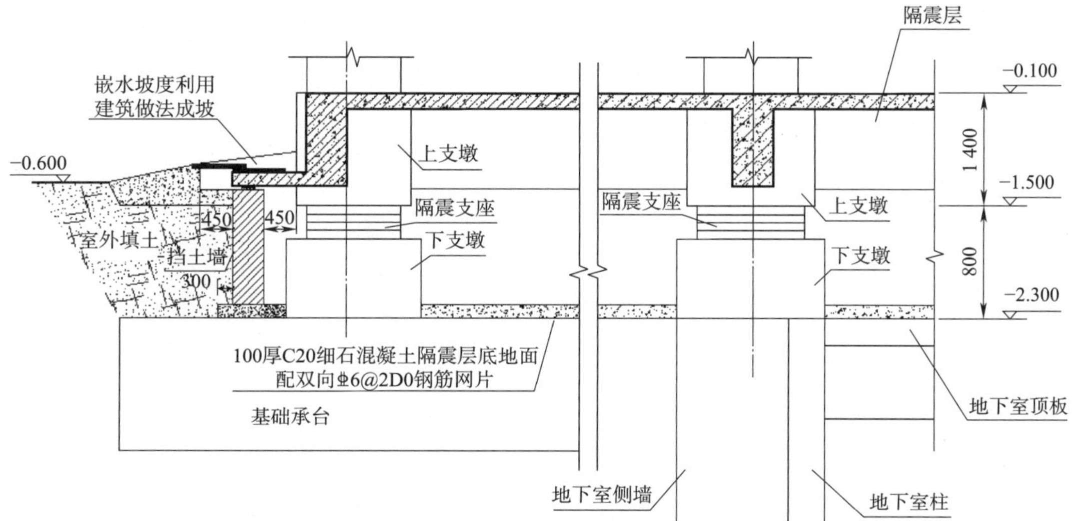

图 4-7　隔震层示意

（注：图中标高单位为 m，其他单位为 mm）

4.3.2 结构材料发展趋势

结构材料朝着高性能、高强度、高韧性发展也是数据中心发展方向之一，主要包括高性能混凝土、高性能钢材、高强度钢筋。

1. 高性能混凝土

高性能混凝土有利于提高混凝土质量、有利于提高建筑品质、有利于节约资源和能源、有利于环保和促进可持续发展，包括高强混凝土技术、再生混凝土技术及高韧性混凝土技术。在数据中心中主要采用高强混凝土，高强混凝土具有强度高、负荷能力大、资源和能源消耗少以及耐久性优异等特点，目前我国的结构设计规范中允许使用的混凝土强度等级为C80，采用高强混凝土可以有效地节约数据中心建设的资源。

2. 高性能钢材

我国结构钢主要分为碳素结构钢和高强度低合金钢。目前数据中心建设中主要采用的是Q235和Q355等普通钢材，极少数构件会采用Q345GJ钢，但对Q460及以上的钢材的应用几乎没有。在数据中心中应用高强结构钢能够减少钢材用量，从而大幅度减少冶炼钢材消耗的铁矿石资源。在减少焊接材料和防锈、防火等各种涂层厚度的同时，也能够减少对其他可再生能源的消耗，同时减少资源开采时对生态环境的破坏。

3. 高强度钢筋

HRB500级钢筋是用于混凝土结构的热轧带肋钢筋，具有强度高、延性好的特点，性价比明显高于目前使用的HRB400级钢筋。500 MPa高强钢筋的推广应用是大势所趋，是我国混凝土结构的发展方向，是钢铁行业节能减排、绿色发展的重要手段之一。

第 5 章　电力系统设计技术

随着数字化时代的到来，数据中心扮演着支撑各行业运营的重要角色。数据中心存储和处理着海量的数据，并提供稳定可靠的服务，因此对持续的电力供应有着极高的依赖性，一旦发生停电，将导致数据丢失、服务中断，造成巨大经济损失，甚至会对社会生活造成严重影响。本章对数据中心电力供配电系统基础知识进行回顾性简介，进而对数据中心配套电力供配电关键设计技术展开研究，最后对电力系统配套技术发展趋势进行分析预测，意在通过本章研究为铁路数据中心电力供配电系统设计提供设计思路。

5.1　电力设计概述

数据中心电力设计即供配电系统，是为机房内所有需要动力电源的设备提供稳定、可靠的动力电源支持的系统，是数据中心日常运维的重大工作内容之一。在数据中心，供配电系统相当于一个人的“心脏和血管”，负责把能量输送到系统的每一台设备。这里提到说的“数据中心供配电系统”是从电源线路进入用户起，经过高低压供配电设备到负载止的整个电路系统，主要包括市电引入、高压变配电系统、不间断电源系统、信息机房配电系统、备用电源系统、低压动力照明配线系统、防雷接地系统及供配电系统各节点的电力监控系统等。本节将对数据中心供配电系统各部分功能进行介绍。

5.1.1　外电源引入

作为电能用户的数据中心，属于构成电力系统的重要组成部分之一，我国电网构成主要可分为“发、输、变、配、用”五个环节，其中“用”即用户，将市电稳定、安全地引入数据中心项目被视为一个关键的系统性节点，下面将从电能的产生直到用户进线处对数据中心外部电网构成进行概念性描述，如图 5-1 所示。

5.1.1.1　发电

发电是指利用发电动力装置将水能、石化燃料(煤、油、天然气)的热能、核能以及太阳能、风能、地热能、海洋能等转换为电能的生产过程，用以供应国民经济各部门与人民生活之需。

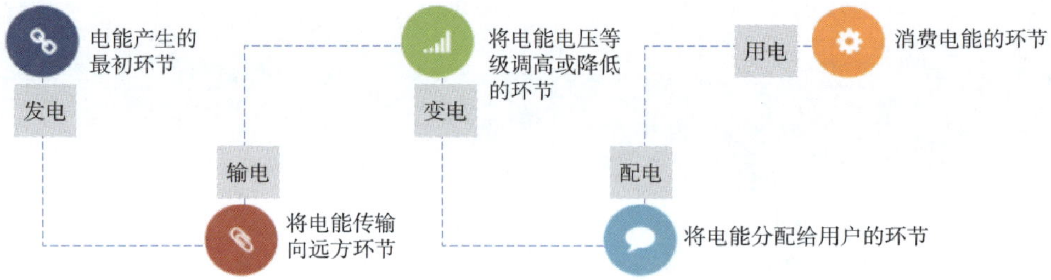

图 5-1　电网概述

5.1.1.2　输电

输电即电能的传输。它和变电、配电、用电一起构成电力系统的整体功能。通过输电，把相距远的(可达数千米)发电厂和负荷中心联系起来，使电能的开发和利用超越地域的限制。和其他能源的传输(如输煤、输油等)相比，输电的损耗小、效益高、灵活方便、易于调控、环境污染少，还可以将不同地点的发电厂连接起来，实行峰谷调节。输电是电能利用优越性的重要体现，在现代化社会中，它是重要的能源动脉。

按照输送电流的性质，输电分为交流输电和直流输电。19 世纪 80 年代首先成功地实现了直流输电，但由于直流输电的电压在当时技术条件下难于继续提高，以致输电能力和效益受到限制。19 世纪末，直流输电逐步为交流输电所代替。交流输电的成功，迎来了 20 世纪电气化社会的新时代。目前广泛应用三相交流输电，频率为 50 Hz(或 60 Hz)。20 世纪 60 年代以来直流输电有了新发展，与交流输电相配合，组成交直流混合的电力系统。

一般地说，输送电能容量越大，线路采用的电压等级就越高。采用超高压输电，可有效地减少线损，降低线路单位造价，少占耕地，使线路走廊得到充分利用，减小输电线路上的电能损耗及线路阻抗压降，其原理是：根据公式 $P=U\cdot I$，在功率不变的前提下，增大电压可以减小电流，从而减小输电线路的热损耗。

5.1.1.3　变电

变电即为电力系统中通过一定设备将电压由低等级转变为高等级(升压)或由高等级转变为低等级(降压)的过程，发电机的额定电压一般为 15～20 kV 以下。我国常用的输电电压等级有 765 kV、500 kV、220～110 kV、35～60 kV 等，配电电压等级有 35～60 kV、3～10 kV 等；用电部门的用电器具有额定电压为 3～15 kV 的高压用电设备和 110 V、220 V、380 V 等低压用电设备，想要把各不同电压联接起来形成一个整体就需要通过变电。电力系统中，发电厂将天然的一次能源转变成电能，向远方的电力用户送电，为了减小输电线路上的电能损耗及线路阻抗压降，需要将电压升高。为了满足电力用户安全需要，又要将电压降低，并分配给各个用户。

5.1.1.4　配电

配电是指在电力网中起电能分配作用的网络。通常是指电力系统中二次降压变压器低压侧直接或降压后用户供电的网络,它是电力系统中直接与用户相连并向用户分配电能的环节。

配电系统由配电变电所(通常是将电网的输电电压降为配电电压)、高压配电线路(即1 kV以上电压)、配电变压器、低压配电线路(1 kV以下电压)以及相应的控制保护设备组成。

数据中心外电源线路工程通常指自市政区域变配电站馈处开关至数据中心高压系统进线开关间的电力线路,根据各地方电网公司规定的不同,产权可属于用户亦或可属于电网公司,当产权属于用户时,通常是由项目建设单位出资实施。

对于数据中心项目而言,根据数据中心项目容量及所在地的不同,外电引入线路电压等级一般为6 kV、10 kV、35 kV,个别地区采用20 kV供电线路。按照供电线路的线缆形式的不同,外电源线路可分为全电缆线缆、全架空线路及电缆架空混合线路。

5.1.2　高压变配电系统

数据中心高低压配电系统通常指从电源线路入户后经一系列的分配、变压、再分配的方式将中高压的市电(6 kV、10 kV、35 kV)转换为可供用户侧的0.4 kV/0.22 kV用电设备使用的电源的一系列设备构成的系统,通常包括配电所及变电站。

5.1.2.1　配电所

配电所又称配电室,在国家标准里面,配电所的定义是:所内只有起开闭和分配电能作用的高压配电装置,母线上无主变压器。内部安装有开关、互感器、电容器以及相关的保护测量装置。

由于上文已经对数据中心外部电网中的配电网络进行了描述,本节内容中的配电所特指数据中心项目内部自建的配电所。根据项目用电容量的不同及地方外电源条件的不同,数据中心配电所一般为6 kV、10 kV、35 kV配电所。

5.1.2.2　变电站

变电站是改变电压的场所。为了把发电厂发出来的电能输送到较远的地方,必须把电压升高,变为高压电,到用户附近再按需要把电压降低,这种升降电压的工作靠变电站来完成。变电站的主要设备是开关和变压器,按规模大小不同,称为变电所、配电室等。

数据中心变电所作为用户自建变电所,其主要作用在于将外部电源的中高压的(6 kV、10 kV、35 kV)转换为可供用末端动力照明设备使用的0.4 kV/0.22 kV低压电,其内部设备主要包括变压器及低压(0.4 kV/0.22 kV)开关柜及相关的保护测量装置。

5.1.3　不间断电源系统

不间断电源(uninterruptible power system,UPS)是一种含有储能装置,以逆变器为主要组成部分的恒压恒频的不间断电源，主要用于给单台计算机、计算机网络系统或其他电力电子设备提供不间断的电力供应。当市电输入正常时，UPS将市电稳压后供应给负载使用，此时的UPS就是一台交流市电稳压器，同时它还向机内电池充电；当市电中断（事故停电）时，UPS立即将机内电池的电能，通过逆变转换的方法向负载继续供应220 V交流电，使负载维持正常工作并保护负载软、硬件不受损坏。UPS设备通常对电压过高或过低都提供保护。

UPS电源系统由五部分组成：主路、旁路、电池等电源输入电路；进行AC/DC变换的整流器（REC）；进行DC/AC变换的逆变器（INV）；逆变和旁路输出切换电路；储能电池。

UPS系统的稳压功能通常是由整流器完成的，整流器件采用可控硅或高频开关整流器，本身具有可根据外电的变化控制输出幅度的功能，从而当外电发生变化时（该变化应满足系统要求），输出幅度基本不变的整流电压。

UPS的净化功能由储能电池来完成，由于整流器对瞬时脉冲干扰不能消除，整流后的电压仍存在干扰脉冲。储能电池除可存储直流电能的功能外，对整流器来说就像接了一只大容量电容器，其等效电容量的大小与储能电池容量大小成正比。由于电容两端的电压是不能突变的，即利用了电容器对脉冲的平滑特性消除了脉冲干扰，起到了净化功能，也称对干扰的屏蔽。

UPS频率的稳定则由变换器来完成，频率稳定度取决于变换器振荡频率的稳定程度。为方便UPS电源系统的日常操作与维护，设计了系统工作开关，主机自检故障后的自动旁路开关，检修旁路开关等开关控制。

5.1.4 数据中心主机房配电系统

本数据中心按现行国家标准GB 50174—2017《数据中心设计规范》和GB/T 50980—2014《电力调度通信中心工程设计规范》的要求建设，采用A、B双路系统进行供电，如图5-2所示。数据中心末端配电的范围指从UPS输出配电柜输出端引出至机柜PDU插座端，供电对象为机柜承载的IT设备和服务器。传统数据中心机柜端配电采用配电列头柜加电缆的配电方式，同时每个机柜配置两条PDU插座，通过电缆从电力列头柜取电。

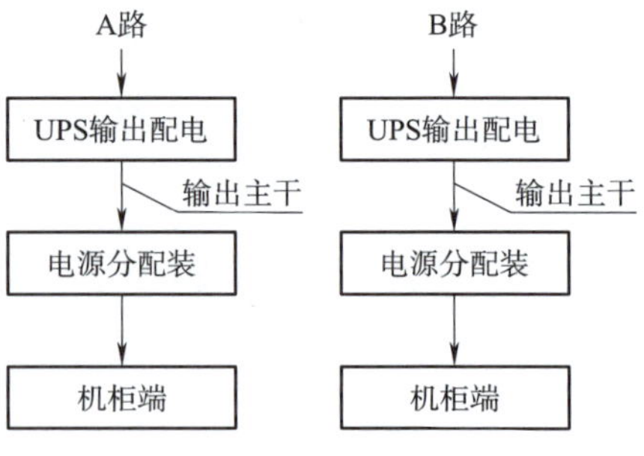

图5-2 数据中心低压信息主机房配电系统拓扑图

一般有两种方案：

(1)每个列头柜同时配置A和B两路主输入开关及对应馈线开关，每个机柜从1个列头柜取电，如图5-3所示。

(2)每个列头柜配置A或B两路主输入开关及对应馈线开关，每个机柜从2个列头柜取电,如图 5-4 所示。

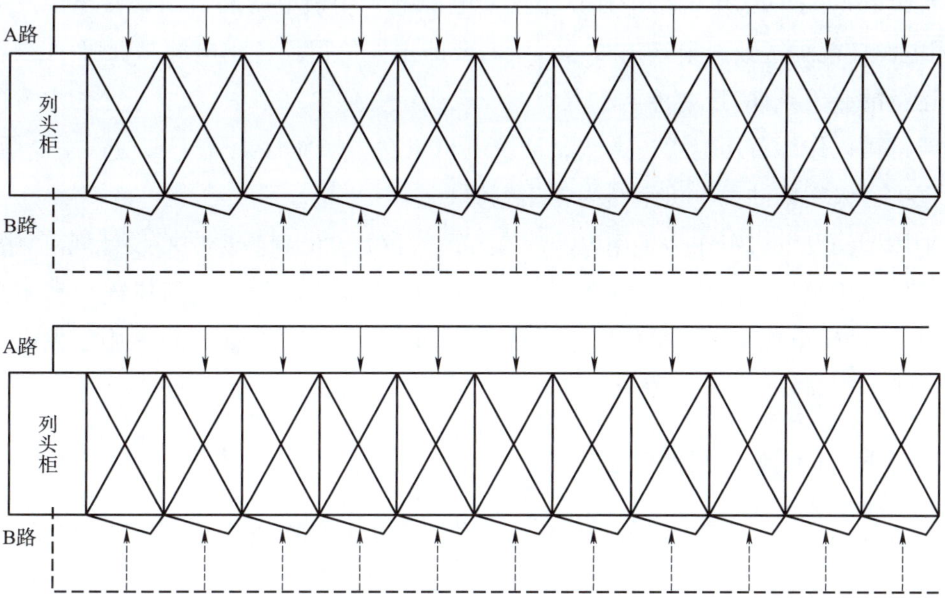

图 5-3 单列头柜供电模式

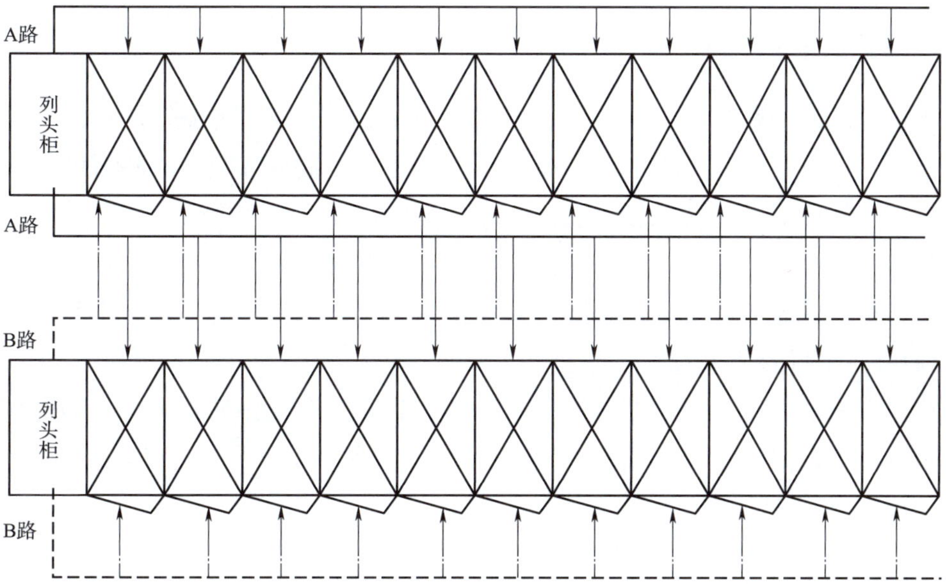

图 5-4 双列头柜供电模式

5.1.5 备用电源系统

关于数据中心备用电源在 GB 50174—2017《数据中心设计规范》第 8.1.12 条规定:A

级数据中心应由双重电源供电，并应设置备用电源。备用电源宜采用独立于正常电源的柴油发电机组，也可采用供电网络中独立于正常电源的专用馈电线路。当正常电源发生故障时，备用电源应能承担数据中心正常运行所需要的用电负荷。备用电源是保障A级数据中心正常运行的必要条件，独立于正常电源的发电机组和供电网络中，独立于正常电源的专用馈电线路都可以作为备用电源。由于柴油发电机组在可操作性上优于其他备用电源，故大部分数据中心采用柴油发电机组作为备用电源。

当采用柴油发电机组作为备用电源时在GB 50174—2017《数据中心设计规范》中规定：后备柴油发电机组的性能等级不应低于G3级；A级数据中心发电机组应连续和不限时运行，发电机组的输出功率应满足数据中心最大平均负荷的需要。B级数据中心发电机组的输出功率可按限时500 h运行功率选择。

5.1.6 低压动力照明配线系统

指机房辅助供配电系统，为保证计算机设备正常运行的机房设备（如空调设备、动力设备、照明设备、测试设备等）提供动力电源支持的低压供配电系统。此处为自变电所0.4 kV馈出开关下口至除IT设备之外用电设备、照明灯具的低压配电系统，通常是由低压配电箱（柜）及低压电力线缆构成的低压配电网络。

5.1.7 防雷、接地系统

建筑物防雷是为使建（构）筑物防雷设计因地制宜地采取防雷措施，防止或减少雷击建（构）筑物所发生的人身伤亡和文物、财产损失，以及雷击电磁脉冲引发的电气和电子系统损坏或错误运行，做到安全可靠、技术先进、经济合理的系统。

接地是一种通过电缆和低电阻线将瞬时放电直接传输到地面的过程或方法。可以更简单地定义它——直接向地球共享电荷称为接地。接地有助于保护设备和电源系统免受故障和电气损坏，主要目的是在电气系统过载时减少负载。

数据中心项目的接地系统包括防雷接地、强电系统及弱电系统接地。可采用建筑物共用接地系统，作为各类强弱电设备的工作接地、安全保护接地及等电位联结的共用接地装置。

5.1.8 电力监控系统

数据中心供配电系统作为一套保持数据中心供电的复杂的系统，其中包含很多重要的系统节点，电力系统的稳定运行对数据中心的数据安全至关重要。然而作为一套设备众多的复杂系统，难免出现疏漏或故障。为了对电力系统中各节点的电力参量及运行状态进行监视、控制，实时了解电力系统的健康状态，电力辅助监控系统应运而生。电力监控系统是指：通过执行规定功能来实现某一给定目标的一些相互关联单元的组合，电力监控系统是利用先进的计算机技术、现代电子技术、通信技术和信息处理技术等实现对变电站二次设备的功能进行重新组合、优化设计，对电力系统设备的运行情况执行监视、测量。

系统可分为三层结构，即现场设备层、网络通信层和平台管理层。目的在于实现对数据中心高低压配电系统、UPS 系统、备用电源系统、信息机房低压配电系统精密以及其他重要设备进行监视、测量、记录、报警等功能，实时掌握供电系统运行状况和可能存在的隐患，快速排除故障，提高数据中心供电可靠性。

5.2　电力关键设计技术

国内外数据中心等级划分及供电需求有所不同，国内是按重要性程度进行分级，不同级别采取不同技术标准的供电方式。本节从国内数据中心电力设计的供配电系统相关规范要求出发，对高速铁路数据中心不间断电源供电方案、备用电源系统方案、不间断电源与柴油发电机组的匹配性研究、供配电系统整体节能策略展开详细讨论，以优化保障数据中心“心脏和血管”的稳定可靠运行。

5.2.1　供配电系统设计要求

5.2.1.1　国内数据中心的分级

GB 50174—2017《数据中心设计规范》中将数据中心分为 A、B、C 三级。

A 级的主要标准为：电子信息系统运行中断将造成重大的经济损失；电子信息系统运行中断将造成公共场所秩序严重混乱。

A 级数据中心举例：金融行业、国家气象台、国家级信息中心、重要的军事部门、交通指挥调度中心、广播电台、电视台、应急指挥中心、邮政、电信等行业的数据中心及企业认为重要的数据中心。

B 级的主要标准为：电子信息系统运行中断将造成较大的经济损失；电子信息系统运行中断将造成公共场所秩序混乱。

B 级数据中心举例：科研院所；高等院校；博物馆、档案馆、会展中心；政府办公楼等的数据中心。

不属于 A 级或 B 级的数据中心为 C 级。

5.2.1.2　国内数据中心的供电需求

不同级别数据中心的供电需求归纳见表 5-1，表中 N 为满足系统基本需求的组件、单元、模块或路径数量。

表 5-1　不同级别数据中心的供电需求

项　　目	技术要求			备　　注
	A 级	B 级	C 级	
供电电源	应由双重电源供电	宜由双重电源供电	两回线路供电	
供电网络中独立于正常电源的专用馈电线路	可作为备用电源			
变压器	$2N$	$N+1$	N	A 级也可采用其他避免单点故障的系统配置
后备柴油发电机系统	$(N+X)$冗余$(X=1,2,\cdots,N)$	$N+1$ 当供电电源只有一路时需设置后备柴油发电系统	不间断电源系统的供电时间满足信息存储要求时，可不设置柴油发电机	
后备柴油发电机的基本容量	应包括不间断电源系统的基本容量、空调和制冷设备的基本容量			
柴油发电机燃料存储量	满足 12 h 用油			1. 当外部供油时间有保障时，燃料存储量仅需大于外部供油时间； 2. 应防止柴油微生物滋生
不间断电源系统配置	$2N$ 或 $M(N+1)$ $(M=2,3,4,\cdots)$	$N+1$	N	$N\leqslant 4$
	一路$(N+1)$UPS 和一路市电供电			满足《数据中心设计规范》3.2.2 条要求时
	可以 $2N$，也可以$(N+1)$			满足《数据中心设计规范》3.2.3 条要求时
不间断电源系统自动转换旁路	需要			
不间断电源系统手动维修旁路	需要			
不间断电源系统电池最少备用时间	15 min(柴油发电机作为后备电源时)	7 min(柴油发电机作为后备电源时)	根据实际需要确定	
空调系统配电	双路电源(其中至少一路为应急电源)，末端切换。采用放射式配电系统	双路电源，末端切换。采用放射式配电系统	采用放射式配电系统	
变配电所物理隔离	容错配置的变配电设备应分别布置在不同的物理隔间内			

国内数据中心是按重要性程度进行分级，不同级别采取不同技术标准的供电方式，根据GB 50174—2017《数据中心设计规范》，数据中心划分为 A、B、C 三级。设计时应根据数据中心的使用性质、数据丢失或网络中断在经济和社会上造成的损失或影响程度确定所属级别。

5.2.1.3　国外数据中心的分级及供电需求

ANSI/TIA-942-2005《数据中心通信基础设施标准》是美国通信工业学会（TIA）TR-42.2 委员分会制定、由美国国家标准学会（ANSI）和美国通信工业协会（TIA）颁布的数据中心通信基础设施标准，是一部以数据中心为对象的技术规范，为现代数据中心设计提出了新的设计理念、系统架构与技术标准，成为当今商业建筑建设过程中通用的遵循标准之一。该标准规范了数据中心机房场地、供电、冷却、安防、地面承载、接地、电气保护以及其他工程和建筑上需要满足的条件，并依据可用性级别把机房设施功能分为四级。同时根据可用性要求，提出了基础设施（供电、空调制冷以及其他的相关系统）的可用性等级指标。

该标准包含四个等级，适用于多个级别的可用性和安全性的数据中心基础设施。级别越高，提供的可用性和安全性就越高。这个标准的四个等级的详尽技术标准见表 5-2。

表 5-2　不同等级机房的供电标准

描　述	等级Ⅰ	等级Ⅱ	等级Ⅲ	等级Ⅳ
电源引入数量	1	1	1 主+1 备	2 主
有效接入	单路	单路	双路（600 V 或较高）	双路（600 V 或较高从不同的变电站）
系统要求同时维护	无	无	有	有
电脑及通信设备的电源线	单线 100% 承载供电	双线每根 100%承载供电	双线每根 100%承载供电	双线每根 100%承载供电
所有电气设备的标记系统，由第三方检验室认证	有	有	有	有
单点故障	分区电力和机械设备系统一个以上单点故障	分区电力和机械设备系统一个以上单点故障	分区电力和机械设备系统无单点故障	分区电力和机械设备系统无单点故障
临界负荷系统转换器	自动转换开关（ATS）开关切断故障回路，转换至备用回路	自动转换开关（ATS）开关切断故障回路，转换至备用回路	自动转换开关（ATS）开关切断故障回路，转换至备用回路	自动转换开关（ATS）开关切断故障回路，转换至备用回路
场地接地开关设备	无	无	固定的空气开关或固定的塑壳断路器。机械互锁的断路器。任何分区系统的开关可以在负载不断电的情况下切断，转到维修旁路	固定的空气开关或固定的塑壳断路器。机械互锁的断路器。任何分区系统的开关可以在负载不断电的情况下切断，转到维修旁路

续上表

描　述	等级Ⅰ	等级Ⅱ	等级Ⅲ	等级Ⅳ
发电机按 UPS 的安装容量选择	有	有	有	有
发电机燃料容量(满负载)	8 h(如果 UPS 有 8 min 后备时间,则不需发电机)	24 h	72 h	96 h
UPS 冗余	N	$N+1$	$N+1$	$2N$
UPS 拓扑结构	单模块或并联无冗余模块	并联冗余模块或分布式的冗余模块	并联冗余模块或分布式的冗余模块或分块的冗余模块	并联冗余模块或分布式的冗余模块或分块的冗余模块
UPS 维修旁路	旁路电源来自同一个 UPS 模块	旁路电源来自同一个 UPS 模块	旁路电源来自同一个 UPS 模块	旁路电源来自一个循环 UPS 系统,此系统的电源来自使用 UPS 系统的不同总线
UPS 电压水平	电压 120/208 V, 1 440 kVA 以下和 480 V, 1 440 kVA 以上负载	电压 120/208 V, 1 440 kVA 以下和 480 V, 1 440 kVA 以上负载	电压 120/208 V, 1 440 kVA 以下和 480 V, 1 440 kVA 以上负载	电压 120/208 V, 1 440 kVA 以下和 480 V, 1 440 kVA 以上负载
PDUS 供给所有计算机	否	否	是	是
PDU 内安装 K-因数变压器	有,如安装了消除谐波的变压器则不需要	有,如安装了消除谐波的变压器则不需要	有,如安装了消除谐波的变压器则不需要	有,如安装了消除谐波的变压器则不需要
负载同步跟踪器	无	无	有	有
冗余组件(UPS)	静态 UPS 设计	静态或旋转 UPS 设计,旋转 M-Gset 变换器	静态或旋转 UPS 设计,静态变换器	静态、旋转或混合 UPS 设计
用于计算机或电信设备的配电柜上的 UPS	无	有	有	有

国外随着数据中心技术的发展和对基础设施要求的提高,供电系统的规划设计者通常把Ⅲ和Ⅳ级作为供电系统规划设计和安装的最终要求和指南。

等级Ⅲ数据中心的基础设施可概括为具备“同时可维修性”。

针对供电系统,等级Ⅲ考虑到了任何有计划的供电系统活动安排,而不应使 IT 设备硬件系统运行中断。有计划的活动安排包括预防性和程序性的维护修理、零部件更换、新设备的增加(扩容)或调整部件的容量、部件和系统的测试等。该要求意味着供电系统要配置两条独立的线路,在进行维修或者在一条线路上测试时,另一条线路要保证有足够的容量维持系统正常运行。但是无计划的活动,例如供电系统的设备在运行中或者自然的情况下发生故障,仍然会造成数据中心的运行中断。等级Ⅲ由多条有效的电力线路组成,但是只有一条路正常运行,有多余的备用组成部分,所以可在系统正常运行的情况下进行有计划的工作安排,具有可同时维修功能。

等级Ⅳ对基础设施的要求可概括为具备“故障容错”功能。

针对供电系统，等级Ⅳ考虑到了任何有计划的供电系统活动安排，都要保证系统关键负载不中断运行。在系统结构上需要同时有两路在线运行，供电系统应该是两个独立的 UPS 系统冗余。关键负载的最大负荷不应超过每一个系统最大输出容量的 90%。等级Ⅳ要求全部 IT 设备硬件有故障容错的双电源输入。严格的故障容错能力使数据中心具有维持无计划故障或者运行错误时，不发生机房供电中断的能力。

数据中心场地基础设施的分类等级及可用性指标，对数据中心场地基础设施的设计、施工、检测、评估有着重要的意义，也是现代数据中心供电系统规划建设的重要准则，是衡量供电系统是否达到相应建设水准的重要依据。

根据标准等级Ⅳ要求，现代数据中心的供电系统的典型架构如图 5-5 所示。

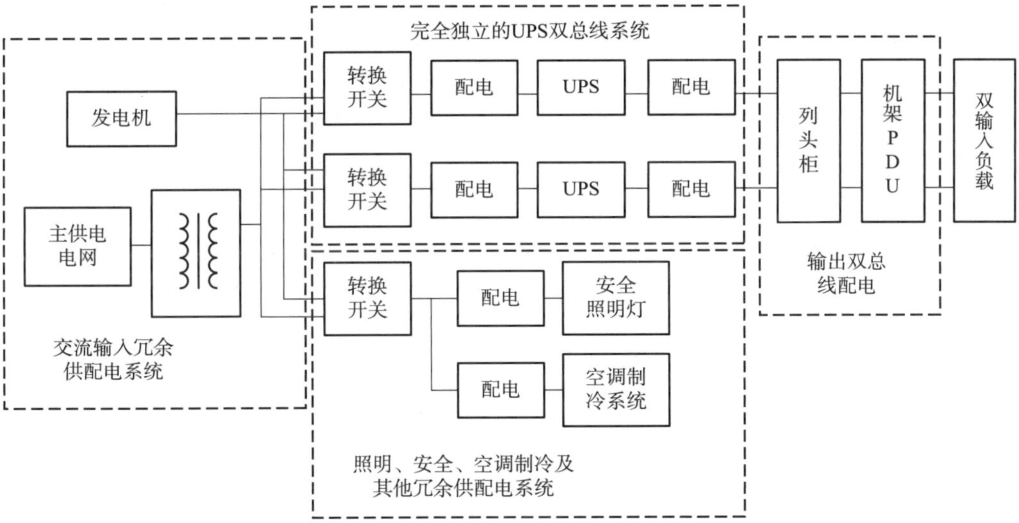

图 5-5　国外Ⅳ级数据中心的供电架构

图 5-5 是典型的符合“等级Ⅳ”的现代数据中心供电系统架构示意图。严格的故障容错能力使数据中心具有维持有计划运行维护和无计划故障或者运行错误时不发生机房过程中断的能力。

交流输入配置了两路能源——主供电电网和完全独立的备用电网或柴油发电机，且配电线路也是冗余的。在主供电电网故障时，柴油发电机有 10～15 s 的启动时间，转换开关也有百毫秒级的转换时间，但在后级 UPS 支撑下，不会对关键负载设备产生影响。

UPS 系统是完全独立的双总线系统，两个系统中的所有设备包括输入转换开关都是相互隔离和冗余的。

UPS 输出配电也是冗余的，通过两条相互隔离和冗余的线路向双输入负载供电。

机房照明、安全、空调制冷及其他设备的供电也实现了冗余容错功能。

在实际的供电系统的规划设计中，由于数据中心的性质、规模、外部条件等因素的不同，特别是用户和设计者在观念和倾向性方面的差别，所采用的供电方案和配置细节方面会有较多的区别。

5.2.1.4 国内外数据中心的供电需求对比

由上文对比看出，国内 A 级数据中心与国外（美国）Ⅳ级数据中心技术标准相当，国内 B 级与国外（美国）Ⅲ级相当。通过对比主要技术标准，如电源、变压器、UPS 冗余及柴油机配置等标准，见表 5-3。

表 5-3 国内外大型数据中心主要参数对比

项 目	国 内		国 外	
	A 级	B 级	等级Ⅳ	等级Ⅲ
电源引入	应双重电源	宜双重电源	2 主	1 主+1 备
变压器配置	$2N$	$N+1$	无要求	无要求
UPS 冗余	$2N$ 或 $M(N+1)$（$M=2,3,4,\cdots$）	$N+1$	$2N$	$N+1$
柴油发电系统配置	$(N+X)$冗余（$X=1\sim N$）；12 h 用油	$N+1$	发电机按 UPS 的安装容量选择，96 h 用油	发电机按 UPS 的安装容量选择，72 h 用油

5.2.2 数据中心不间断电源供电方案分析

调度所 UPS 应用中，通常有以下四种供电方式：单机供电方案；热备份供电方案；并机供电方案；双母线（$2N$）或三母线（$3N$）供电方案。

5.2.2.1 单机供电方案

单机供电方案就是单台 UPS 电源输出直接承担 100% 负载的 UPS 供电系统，这是 UPS 供电方案中结构最简单的一种。

优点是结构简单、经济性好，系统仅由一台 UPS 主机和电池系统组成；缺点是不能解决由于 UPS 自身故障所带来的负载断电问题，供电可靠性较低。一般仅使用于小型网络、单独服务器、办公区等重要程度较低的场合。对于大型调度所（数据中心），用电量动辄 1 000 kW 以上，采用单机供电方案无法满足负载需求。

5.2.2.2 热备份供电方案

热备份供电方案是由两台或多台 UPS 通过一定的拓扑结构联接在一起，实现主、备机切换工作的 UPS 冗余供电系统，该系统在 UPS 系统正常时，由主机承担 100% 的负载，备机始终空载备用——即热备份；当主机故障退出工作时，有间断地（通常为小于 5 ms）切换到备机工作，由备机承担 100% 的负载。其英文表述为 the hot standby redundant configuration of UPS。

与单机相比，热备份供电方案的优点是可以解决由于 UPS 自身故障所引发的供电中断问题；缺点是至少需要增加一台 UPS，主、备机的切换有一定的供电间隙。热备份技术是一种简单的技术，在并机系统技术成熟以前，它被广泛地应用于各个领域来提高单机 UPS 的可靠性。

从当前的应用范围看，热备份供电方案主要可分为串联热备份、借助于静态转换开关(static transfer switch，STS)的并联热备份（又称“隔离冗余”）两种方案。

1. 串联热备份

串联热备份系统就是将备机 UPS 的输出端串接到主机 UPS 旁路输入端构成的冗余供电系统，如图 5-6 所示。在正常运行时，主机承担 100％的负载供电，备机的负载为零；在主机故障时，主机自动切换到旁路工作，由备机的逆变器通过主机的旁路向负载供电；如果备机的逆变器再次出现故障，切换到市电通过备机、主机旁路向负载供电。

方案主要优点：与单机相比，多了一重主机逆变器故障时的供电保障；除了两台 UPS 以外，不需要其他额外的设备；两台 UPS 除了电源线的连接外不需要其他信号的连接，相互之间没有控制，可以实现不同品牌、不同系列、不同功率 UPS 的串联备份。但要注意，不同功率 UPS 串联时，要确保功率小的 UPS 系统也能够完全承担负载的功率需求。

方案主要缺点：主机故障时如果其旁路也故障，将导致输出中断，具有“备份级”单点瓶颈故障；主备机老化状态不一致，从机电池寿命降低；切换瞬间，备机将承受全部负载突加的冲击；当负载有短路故障时，从机逆变器容易损坏。目前也可以通过人工定期设置主备机的状态来尽量弥补主备机老化状态不一致的现象。

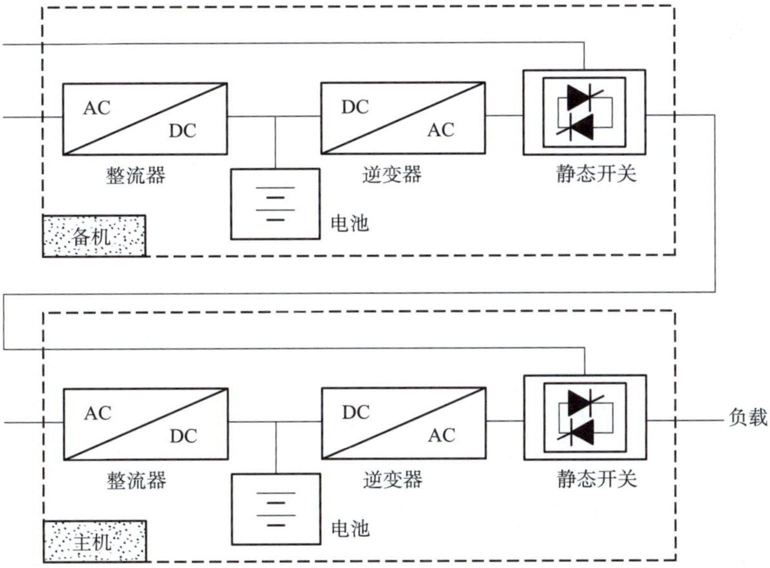

图 5-6 串联热备份方案

2. 借助于 STS 的并联热备份（又称“隔离冗余”）

在正常运行时，主机承担 100％的负载供电，从机的负载为零；在主机故障时，主机切断输出并退出运行，备机的逆变器输出承担 100%的负载供电；主、备机 UPS 的连接与切换是通过外部的静态转换开关——STS 设备来实现，切换有小于 5 ms 的切换间隙等，每台 UPS 还需要具有状态及同步跟踪通信部件，如图 5-7 所示。

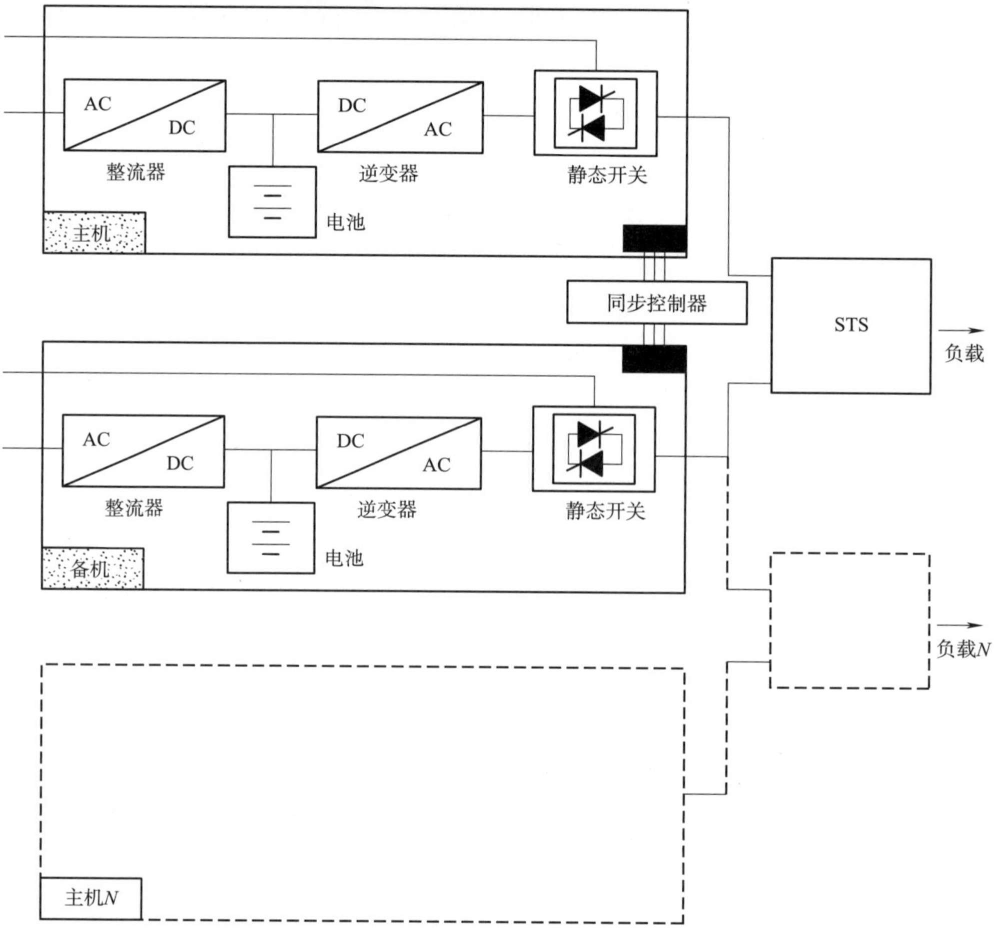

图 5-7　借助 STS 的并机热备份方案

静态切换开关(static transfer switch，STS)是实现二选一的自动电源切换装置。它能够自动或手动地将负载以很短的时间从一路电源(第 1 路电源)切换到另一路电源(第 2 路电源)以及返回切换。

正常工作状态下，负载由主电源供电。在主电源发生故障时，STS 将负载自动切换到备用电源。STS 采用先断后通(break before make)的快速切换方式，实现 IT 负载在两个供电电源之间不中断运行的切换。通常单相工作且容量小于 32 A 以下的 STS 产品典型切换时间为 6～12 ms，一般可以安装在标准机柜之内。而容量较大(通常 32 A 以上)且三相工作的 STS 产品典型切换时间小于 5 ms，一般是独立柜体安装。典型大容量 STS 原理如图 5-8 所示。

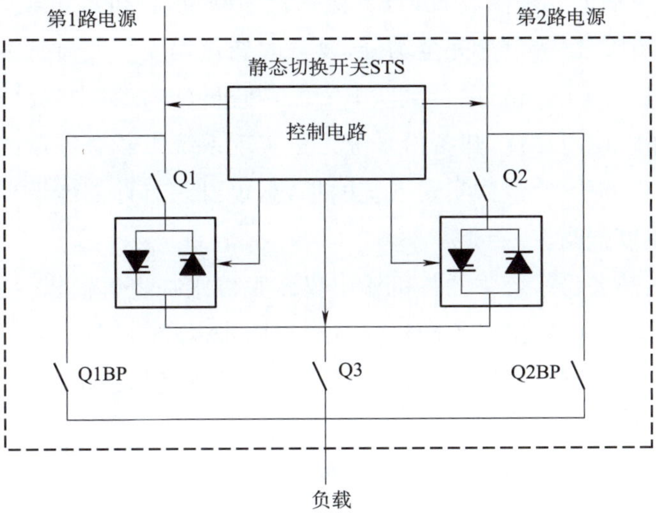

图 5-8 典型大容量 STS 原理

要保证主机故障时的快速切换，主、备机之间还需要外加同步控制器来实现输出的同步控制。同步控制器的作用是用来保证两套 UPS 系统输出电压波形的同步，以实现 STS 能在小于 5 ms 的间断内实现切换。同步控制器的工作方式为：同步控制器可以允许将两套 UPS 中的任意一套设定为主系统（master），另一套自动成为从系统（non-master）；同步控制器同时持续监视两套 UPS 系统输出母线上的频率及相位，一旦发现它们超出同步跟踪范围（例如 0.1 Hz 或 10°，该参数可调）时，同步控制器将主系统输出母线的频率与相位信号传递给从系统作为跟踪参考源，使从系统始终保持与主系统输出母线的同步。

对于双电源负载，由于其输入端的两个电源模块是变换后的直流并机，因此不存在同步问题，使用同步控制器没有意义。但是，单电源/三电源负载为了确保在两路电源切换时不发生掉电的情况，就须采用 STS 及同步控制器。

与串联热备份和并机热备份相比，这一方案的优点是可以实现“一备机，多主机”的热备份；缺点是主、备机的供电与切换都是通过 STS 来实现的，增加了单点瓶颈故障。

5.2.2.3 并机供电方案

并机供电方案是由两台或多台同品牌、同型号、同功率的 UPS，在输出端并联连接在一起而构成的 UPS 冗余供电系统。通过并机通信及控制功能，该系统在正常情况下，所有 UPS 输出实现严格的锁相同步（同电压、同频率、同相位），各台 UPS 的逆变器均分负载；当其中一台 UPS 故障时，该台 UPS 从并联系统中自动脱机，剩下的 UPS 继续保持锁相同步并重新均分全部负载。

与热备份供电方案相比，并机供电方案具有下列技术优势：根据负载对可靠性的不同要求，可以实现 $N+1$（N 台工作，一台冗余）或者 $M+N$ （M 台工作，N 台冗余）的冗余配置，可以实现更高和更灵活的冗余度配置；热备份系统中的主、备机的负载率为100%和空载，并机供电方案中所有UPS的负荷完全均分，设备的老化程度与寿命基本一致；热备份系统中的主、备机切换具有小于5 ms的负载供电间断，并机供电方案中的故障脱机对负载供电是无间断的，提高了供电可靠性；热备份系统无法实现系统带载总容量的扩展，并机供电方案可以通过增加并机UPS的台数实现系统的扩容，也可以有计划地退出并机的UPS进行维护，可维护性大幅度提高。

方案的缺点是：热备份系统中的备机输出仅需脱机跟踪主机输出，技术实现简单，而并机供电方案中所有UPS的输出必须严格保持锁相同步，技术复杂度大幅度提高；其次还需要增加并机控制部件等额外部件；第三，并机板、通信线故障和并机信号可能受到外部干扰等，可能导致并机系统故障。

并机供电方案根据并联UPS的装配结构和维护方式，分为直接并机供电方案和模块化并机方案。

1. 直接并机方案

直接并机方案指的是两台或多台独立的UPS直接联接构成的UPS并机供电系统，系统中的每台UPS是最小的并机单位，自行安装在机房地面上。通常每台UPS的容量较大，组成的系统容量可高达数千kVA。

直接并机方案又可细分为分散静态旁路和集中静态旁路两种细分方案，分散静态旁路供电方案如图5-9所示，集中静态旁路供电方案如图5-10所示。

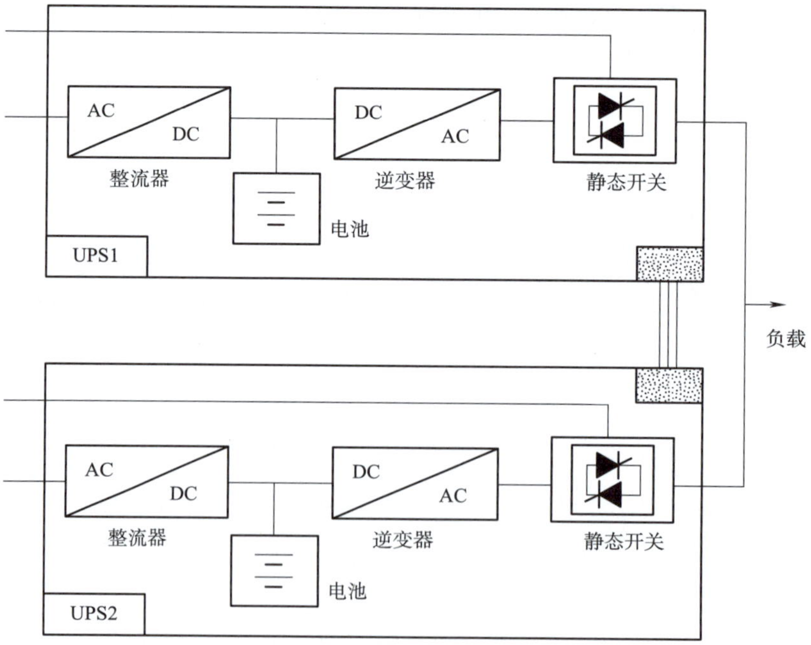

图5-9 分散静态旁路供电方案

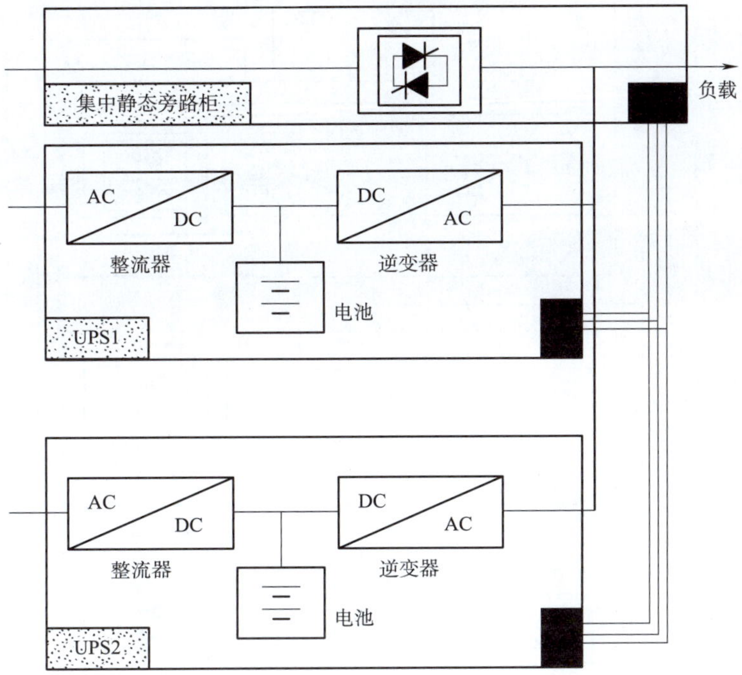

图 5-10　集中静态旁路供电方案

2. 模块化并机联供电方案

模块化并机方案是将两个或多个模块化的可并联 UPS 功率模块(包含整流、逆变、旁路)、充电模块、监控模块、电池模块等安装在标准的机柜内,通过内部并机母线排将输入、输出端分别连在一起的 UPS 并机供电系统。每个模块通常可进行热插拔维护,机柜内还可集成配电模块等。该系统中,每个 UPS 模块是机柜内部最小装配单位,而机柜是外部最小装配单位。

与直接并机一样,UPS 模块并联方案也有分散静态旁路和集中静态旁路并联之分。

直接并机与模块化并机各有技术优势:同等容量的冗余系统,直接并机的 UPS 数量较少,可靠性更高,价格也更便宜,但工程量较大,主要应用在系统容量较大的场合;模块化并机,可以进行热插拔扩容与维护,维护简单便利,还可与机房 IT 机柜融为一体,系统整齐美观,较多应用在中小规模的场地。

典型模块化并机 UPS 供电方案如图 5-11 所示。

5.2.2.4　双母线或三母线供电方案

尽管前面介绍的热备份供电方案和并机供电方案可以提高 UPS 自身故障时的供电可靠性,但是随着数据中心负载规模的扩大和重要性的不断提高,这种单系统供电方案存在的固有故障风险,如输出母线或支路短路、开关跳闸、保险烧毁、UPS 冗余并机或热备份系统宕机等极端故障情况,仍然威胁着数据中心重要负载的供电安全。

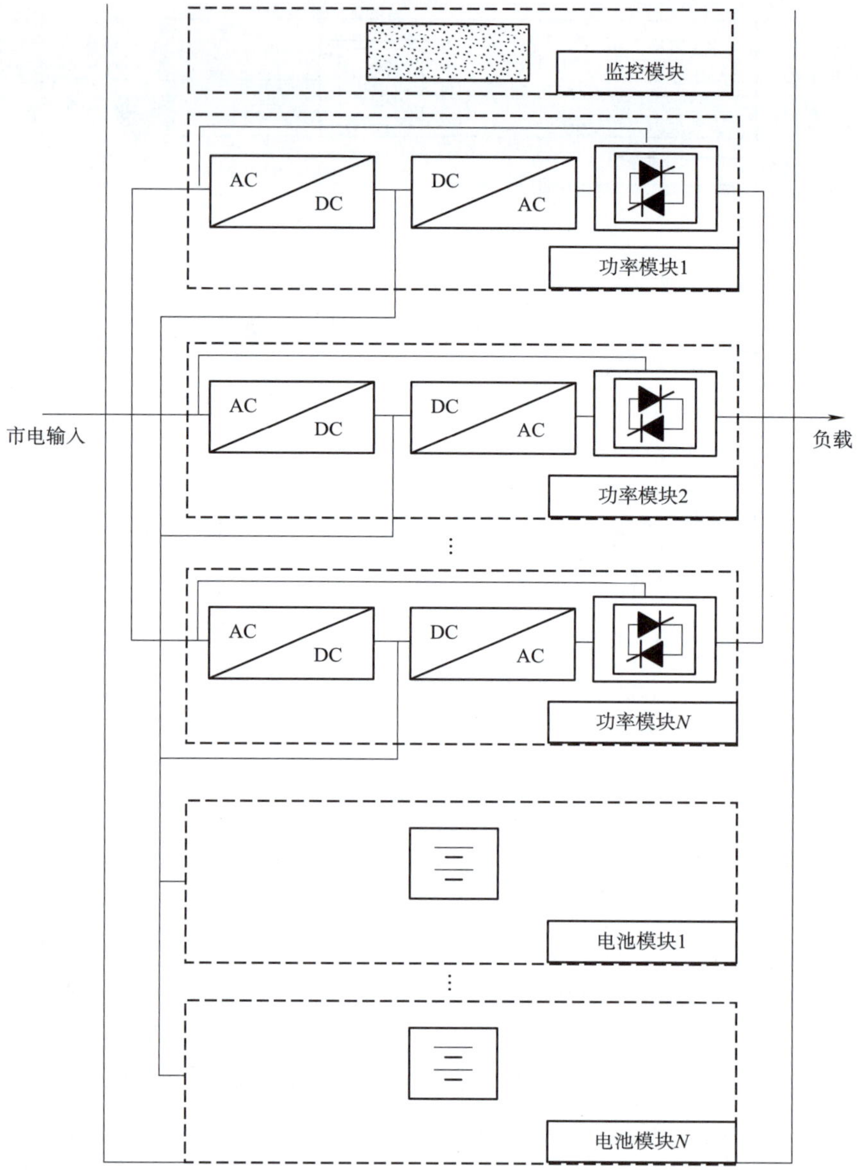

图 5-11　模块化并机 UPS 供电方案

1. 双母线供电方案

为保证机房 UPS 供电系统的可靠性，以两套独立的 UPS 系统构成的 $2N$ 或 $2(N+1)$ 系统开始在大中型数据中心中得到了规模化的应用，这就是业界经常称之为双总线或者双母线的供电系统。

与单机、热备份和并机等单系统供电方案相比，双母线供电方案的优点是显而易见的，它可以在一条母线完全故障或检修的情况下，无间断地继续保证双电源负载的正常供电，在提高供电可靠性和"容错"等级的同时，为在线维护、在线扩容、在线改造与升级带来了极大的便利。缺点是需要两套 UPS 系统，电源系统的投资成本成倍增加。

双母线供电方案由两套独立工作的 UPS 系统、同步控制器、静态切换开关、输入、输出配电屏组成，如图 5-12 所示。

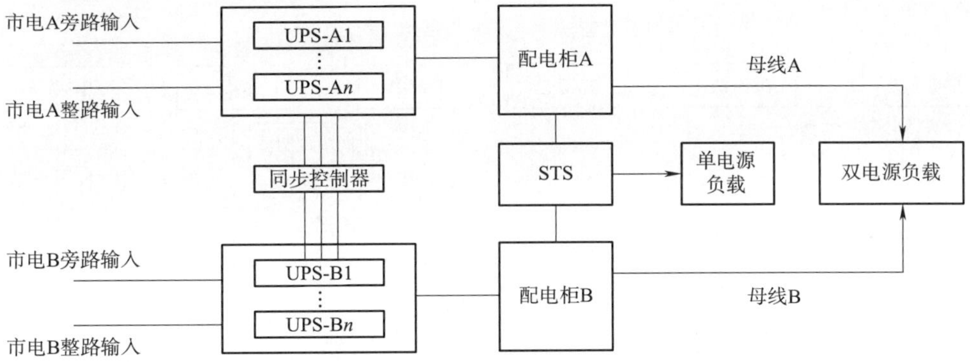

（a）带同步控制的双母线供电方案

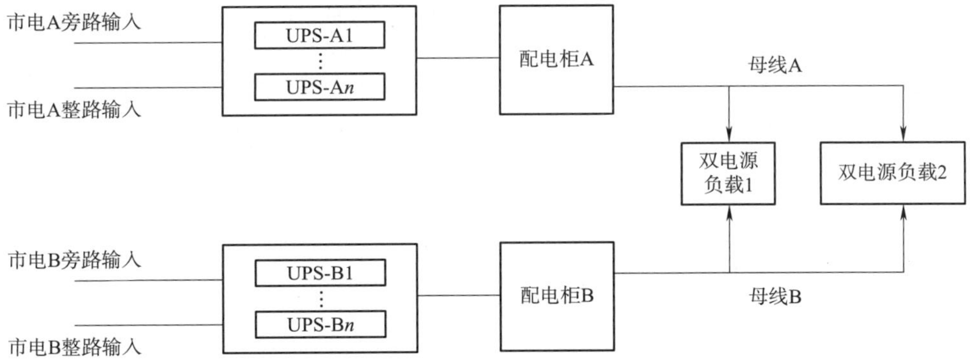

（b）不带同步控制的双母线供电方案

图 5-12　双母线供电方案

该方案的工作原理如下：系统正常时，所有的双电源负载或三电源负载中的两个输入，通过列头柜直接接入两套 UPS 系统的输出母线，由两套 UPS 系统均分承担所有的负载，这里双电源负载的主用供电设定为母线 A 或 B 取决于用户的人工设定，设定的原则是使两套 UPS 供电系统的负载率尽可能相等；单电源负载则通过 STS 接入两套 UPS 系统的输出母线，STS 主用供电源的设定方式与原则与双电源负载相同。因此，系统正常时，两套母线系统应该各自带 50%的负载。当 $2N$ 或 $2(N+1)$系统中的任意一台 UPS 故障时，负载依然维持初始的双母线供电系统不变，但是当其中一条母线系统出现断电事故时或需要维护检修时，双电源负载将由余下的一条母线供电，不受影响地继续正常工作，而单电源负载则会通过 STS 切换到余下正常的输出母线上继续工作。

若是负载均为双电源负载，或者另有技术手段确保两套 UPS 系统的输出母线同步，则同步控制器和 STS 均为可选器件。

2. 三母线供电方案

三母线系统是双母线供电系统的一种变异形式，其同步关联和无同步关联的三母线供电 方案如图 5-13 所示。

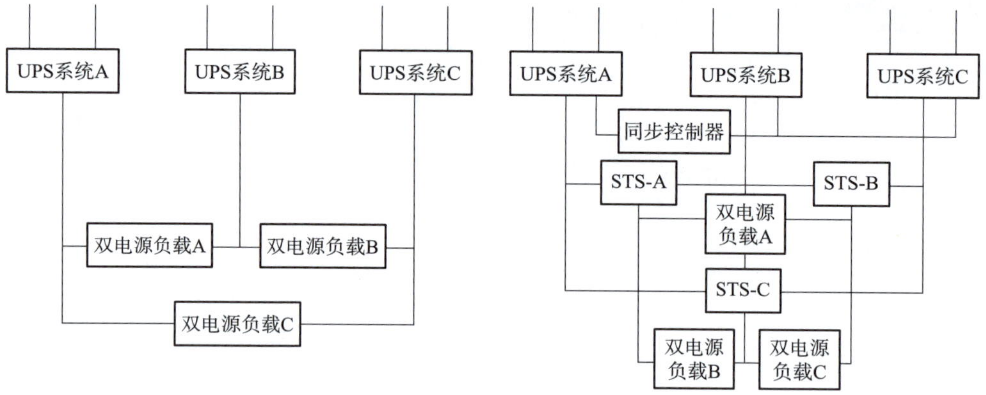

图 5-13 三母线供电方案

三母线系统基本继承了双母线系统的特点，且可以使单条母线最大安全带载率由双总线系统的 50%提升至 66%，但也使供电系统、负载分配等变得更加复杂，经济性降低。

5.2.3 备用电源系统方案

5.2.3.1 柴油发电机组及独立外电源线路方案选择

1. 设计规范要求及解读

关于数据中心备用电源，GB 50174—2017《数据中心设计规范》第 8.1.12 条规定：A 级数据中心应由双重电源供电，并应设置备用电源。备用电源宜采用独立于正常电源的柴油发电机组，也可采用供电网络中独立于正常电源的专用馈电线路。当正常电源发生故障时。备用电源应能承担数据中心正常运行所需要的用电负荷。B 级数据中心宜由双重电源供电，当只有一路电源时，应设置柴油发电机组作为备用电源。备用电源是保障 A 级数据中心正常运行的必要条件，独立于正常电源的发电机组和供电网络中独立于正常电源的专用馈电线路都可以作为备用电源。

经向 GB 50174—2017《数据中心设计规范》规范的编制人员咨询，“备用电源可采用供电网络中独立于正常电源的专用馈电线路”规定的初衷是考虑某些企业有自建的电厂或某些地域电网比较发达，供电质量比较可靠，附近有独立于正常电源的专用馈电线路。如果国家标准对后备电源仅规定柴油发电机一种形式，将造成即使具有上述条件也不能利用的工程浪费。

2. 方案的确定

在设计阶段，对于备用电源方案的选择，应从功能使用、可实施性、占地面积、备用电源供电能力、建设周期投资及运营维护等多方面进行技术比选进而确定备用电源方案，下面以中国铁路主数据中心为例，论述备用电源的选择过程。

(1)柴油发电机组作为备用电源方案。方案研究按照信息机房设备、机房空调、应急照明和消防等设备全负荷容量的配置柴油发电机系统的容量，每组柴油发电机系统按照 $N+1$ 标准进行配置。

为减少柴油发电机的震动和噪音对信息楼运行的影响，应单独设置一座动力搂。考虑到供电的可靠性和稳定性，并与信息楼每座 10 kV 配电所的供电容量和供电范围保持的一致性，采用分组柴油发电机并机模式。

(2)专用馈电线路作为备用电源方案。中国铁路主数据中心选址在武清高村科技产业园区，该区域无有别于前述正式电源的电厂，且无第三电源的供电线路。

根据中国铁路主数据中心周边铁路电源和地方电源的情况，分别对能否利用京津城际铁路电源、地方电源建设专用馈电线路的方案进行分析。

①京津城际铁路电源专用馈电线路接引方案。中国铁路主数据中心与京津城际永乐站直线距离约 4 km，与武清站直线距离约 32 km。永乐站和武清站均既有一座双电源 10 kV 配电所，由地方电网分别接引两路 10 kV 电源，除为本站供电外，同时馈出 4 路(上下行方向各 2 路)电力贯通线为区间设备设施供电。永乐站 10 kV 配电所目前安装容量约为 3 500 kVA，武清站 10 kV 配电所目前安装容量约为 2 000 kVA。具体位置关系如图 5-14 所示。

图 5-14　中国铁路主数据中心与京津城际铁路相对位置

中国铁路主数据中心与永乐站直线距离约 4 km，电力线路需躲避不宜敷设区域，一般不具有全线直线敷设条件，故暂按 5 km 电力线路估算。2020 年备用电源需求为 15 000 kW，需采用 300 mm^2 的大截面铜芯电缆，输送 5 km 后的电压损失约为 10.2%，已超过 7%的允许值（即使按 4 km 计可达 8.2%，也超标）。实际上，上述计算还没有考虑地方变电站至永乐站铁路配电所的电源线路上产生的电压降（该段线路还要叠加上既有负荷），就已经不满足要求了。所以，由永乐站接引专用馈电线路是不可行的。

由距离 4 km 的永乐站铁路配电所接引专用馈电线路已不可行，由距离 32 km 的武清站 10 kV 配电所的接引方案更不可行。

因此，京津城际永乐站和武清站的既有 10 kV 配电所均不具备为中国铁路主数据中心提供备用电源的条件。

②由地方变电站接引专用馈电线路自建变电站方案。由于中国铁路主数据中心“独立于正常电源的专用馈电线路”不能由规划提供正常双重电源的 110 kV 变电站接引，且本项目备用负荷容量较大，需要在中国铁路主数据中心院内再自建一座 110/10 kV 变电站，容量为 50 MVA，以满足 2025 年备用用电负荷的需求，其 110 kV 电源线路需要由 220 kV 变电站接引；为了保证供该路电源“独立于正常电源的专用馈电线路”，其 110 kV 电源线路不能由园区规划新建的 110 kV 变电站的上级 220 kV 大孟庄变电站接引，需要从其他 220 kV 变电站接引；目前，武清高村科技产业园区周边有武清 220 kV 变电站和石各庄 220 kV 变电站，直线距离分别为 30 km 和 47 km，而且园区内 2020 年前无新建 220 kV 变电站的规划。具体位置关系详如图 5-15 所示。

图 5-15　中国铁路主数据中心周边 220 kV 变电站分布

根据调查，武清 220 kV 变电站尚有富裕容量，但是武清电力公司的整体电网规划尚不稳定，武清 220 kV 变电站能否提供备用容量还具有不确定性。

现暂假定武清 220 kV 变电站具备为数据中心提供备用电源的能力进行估算。在中国铁路主数据中心院内新建一座 110/10 kV 室内变电所，容量为 1×50 MVA，其 110 kV 电源由武清 220 kV 变电站接引，110 kV 线路根据城市规划、地形等环境因素采用电力电缆或架空线路，估算总费用至少为 4 亿元。

③自建变电站方案运营及维护成本分析。在项目建设期天津市范围内尚无此种专用备用电源供电系统的方案。若电力公司能够批复，为了保证备用电源能及时投入，备用电源的 110 kV 变电站还应保持热备运行，每个月需缴纳基本电费约 100 万元(无论是否实际用电，均按设备安装容量收取的电费，一般 20 元/kVA 月)。

由于备用电源的 110 kV 电源线路较长，备用电源的 110/10 kV 变电站长期处于热备状态，因此需要对线路和变电站进行定时巡检和维护，费用约为每个月 20 万元。

④外部因素分析。电源线路的接引方案需要天津市电力公司和土地规划部门等相关部门的批准，协调难度较大；110 kV 变电站建设周期较长，无法在规划时间内建成。征地拆迁及补偿的费用不可控，征地拆迁难度较大。综上所述，此方案受外部条件影响非常大，不可控因素较多，建设周期长。

⑤区域电网供电可靠性。整个园区周边的 220 kV 变电站均属于同一区域地方电网，容易同时受到区域电网的影响，无法实现真正意义上的独立。当区域电力系统自身故障或遇到不可抗拒因素(地震、自然灾害)等情况下，可能会出现区域电网整体停电，即采用专用馈电线路作为备用电源也会出现停电的可能性。

(3)各方案优缺点分析。根据该工程项目所在区域的电网的情况，针对以上两个方案的优缺点具体详见表 5-4。

表 5-4　方案优缺点对比

序号	备用电源方案	功能使用	可实施性	占地面积	备用电源供电能力	建设周期	投资	运营维护
1	柴油发电机组	满足《数据中心设计规范》中的相关规定	基本上不受外界条件影响，方案稳定成熟具有较高的可实施性	由于柴油发电机组需要设置室外油管，考虑相关规范要求，场地需要较大	受储油罐的容量限制，目前是按照连续 12 个小时的运行标准配置	建设周期较短，可控	费用低	运营维护较为方便，费用较低
2	专用馈线	满足《数据中心设计规范》中的相关规定	受外部条件影响非常大，不可控因素较多，可实施性较差	可以做成全室内变电所占地面积较小	没有时间限制，供电能力强	建设周期较长，不可控，	费用高	110 kV 线路距离较长，运营维护不便，费用较高

(4)比选结论。基于以上几方面的综合对比分析,柴油发电机组备用电源方案作为相对独立于市政电网的备用电源系统,其供电安全可靠性较高,且不受地方供电政策和外供电源的影响;若项目所在地外电源条件一般或项目周期建设较为紧张时,宜采用柴油发电机组作为数据中心工程备用电源。

5.2.3.2 柴油发电机组方案设计

由于柴油发电机组在可操作性上优于其他备用电源,故大部分数据中心采用柴油发电机组作为备用电源。当采用柴油发电机组作为备用电源时,GB 50174—2017《数据中心设计规范》规定:后备柴油发电机组的性能等级不应低于 G3 级。A 级数据中心发电机组应连续和不限时运行,发电机组的输出功率应满足数据中心最大平均负荷的需要。B 级数据中心发电机组的输出功率可按限时 500 h 运行功率选择。

1. 对柴油发电机组的性能选择

在国家标准 GB/T 2820.1—2009《往复式内燃机驱动的交流发电机组　第 1 部分:用途、定额和性能》中将发电机组的性能分为 G1、G2、G3、G4 ,共 4 种性能等级。

G1 级:连接的负载只规定基本电压和频率参数,适用于照明和简单的电气负载。

G2 级:电压特性与电网类似,当负载发生变化时,允许暂时的电压和频率的偏差。适用于照明、水泵、风机等。

G3 级:连接的设备对发电机组的电压、频率和波形有严格要求。适用于电信负载和晶闸管控制的设备。

G4 级:连接的设备对发电机组的电压、频率和波形有特别严格要求。适用于数据处理设备和计算机系统。

由于数据中心对发电机组的输出频率、电压和波形有严格要求,故要求发电机组的性能等级不应低于 G3 级。G3 级要求柴油发电机组突加 50%负载时,频率降小于 7%,电压降小于 15%。实际运行时,数据中心的柴油发电机组往往突加 100%负载. 因此选择柴油发电机组的标准应高于 G3 级。数据中心发电机组的性能要求如图 5-16 所示。

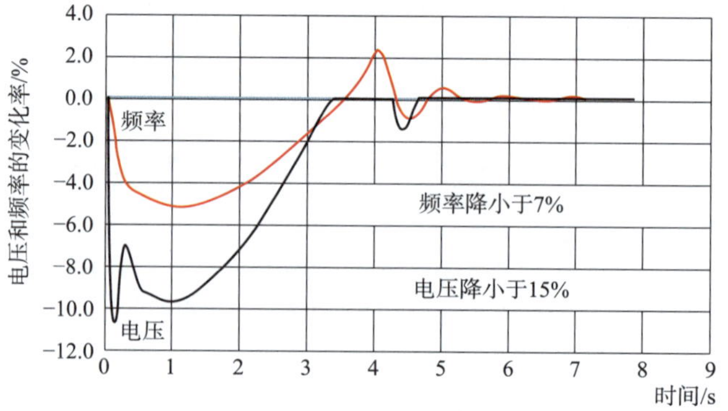

图 5-16　数据中心柴油发电机组性能要求

2. 对柴油发电机组的功率选择

在国家标准 GB/T 2820.1—2009《往复式内燃机驱动的交流发电机组　第 1 部分：用途、定额和性能》中将发电机组的输出功率分为四种：持续功率（COP）、基本功率（PRP）、限时运行功率（LTP）和应急备用功率（ESP）。

COP（持续功率）：无运行时间限制，为恒定负载持续供电的最大功率。

PRP（基本功率）：无运行时间限制，为可变负载持续供电的最大功率。

LTP（限时运行功率）：为恒定负载供电，年运行时间<500 h。

ESP（应急备用功率）：为可变负载供电，年运行小时数<200 h。

表 5-5 是柴油发电机四种功率的对比，任何一台柴油发电机都可以标定为 4 种功率中的一种，但由于各生产厂家对四种功率的标定值有差异，国家没有统一的测试机构。故不能明确 4 种功率的差值，只能定性四种功率之间的关系。

表 5-5　柴油发电机四种功率对比

功率种类	持续功率 COP	基本功率 PRP	限时运行功率 LTP	应急备用功率 ESP
运行方式	为恒定负载持续供电	为可变负载持续供电	为恒定负载限时供电	为可变负载限时供电
平均功率	100%COP	≤70%PRP	≤100%LTP	≤70%ESP
运行时间	不受限制	不受限制	≤500 h/a	≤200 h/a
大修周期	20 000 h	15 000 h	8 000 h	4 000 h
俗称	主用功率		备用功率	

四种功率间的关系如图 5-17 所示。

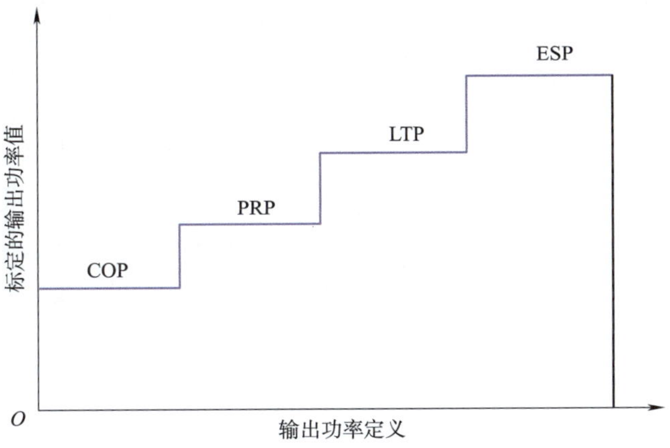

图 5-17　四种功率间的关系

从图 5-17 可以看出，COP 标定的输出功率值最低，ESP 标定的输出功率值最高。举例来说，对于同一台柴油发电机，铭牌可以标注 COP=1 000 kW，也可以标注 PRP=1 300 kW、LTP=1 400 kW、ESP=1 500 kW。因此，A 级数据中心要求柴油发电机组的输出功率选择

COP 功率，或选择 70%的 PRP 功率。

3. 容性负载对柴油发电机组的影响

经过调研发现数据中心的负载特性与其他类建筑有很大区别。民用建筑、工业建筑的负载特性基本上都是“感性”的，主要以“线圈”类设备(如电动机)为主，功率因数是滞后的。电子信息设备属于非线性设备，除产生大量谐波外，其特性为“容性”，当市电直接为电子信息设备供电时，数据中心的负载特性就呈现出“容性”。世界上所有的柴油发电机生产厂商，都是以功率因数 0.8(滞后)的感性负载生产柴油发电机，柴油发电机带感性负载时，可以有良好的输出表现。但当柴油发电机带容性(功率因数超前)负载时，由于谐振等问题. 柴油发电机的输出将受到很大影响，当容性负载太强，功率因数超前太多时(如超前超过 0.95)，将导致柴油发电机失速宕机。因此，GB 50174—2017《数据中心设计规范》第 3.2.3 条规定：柴油发电机系统应能够承受容性负载的影响。

图 5-18 是柴油发电机组在“感性”和“容性”负载下的输出特性。从图中可以看出，功率因数在 0.95～0.8 区间内，柴油发电机都可以按额定功率输出。

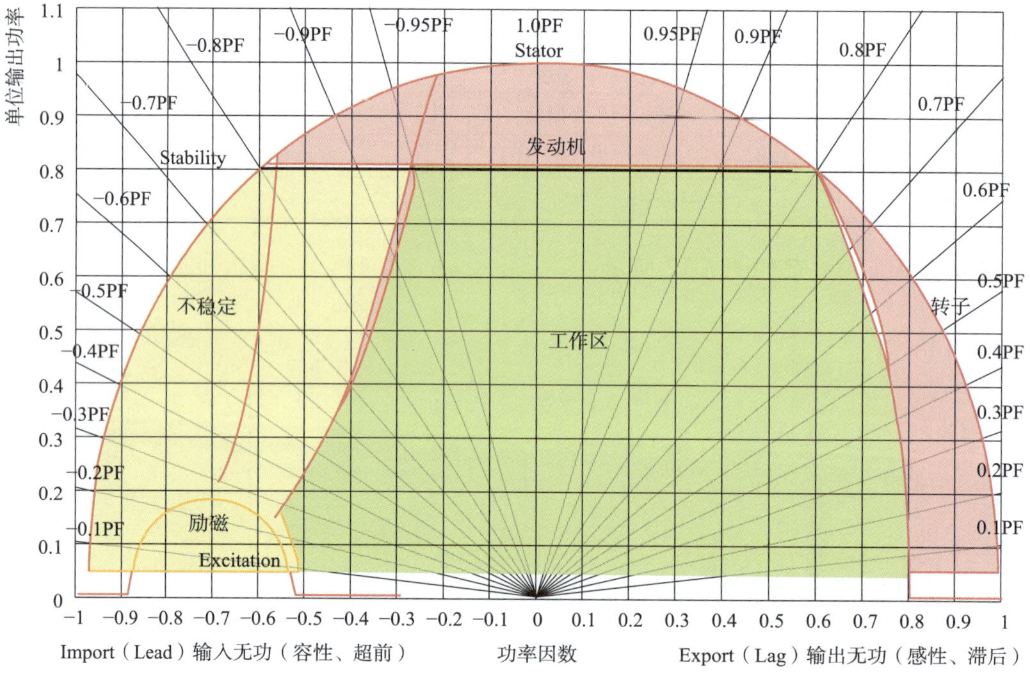

图 5-18　柴油发电机在“感性”和“容性”负荷下的输出特性

当功率因数小于 0.8(滞后)时，柴油发电机输出减少，但可以正常工作；当功率因数大于 0.95(超前)时，柴油发电机的输出将急速下降，可能出现宕机。

根据负载特性. 数据中心使用的柴油发电机组，其性能等级不应低于 G3 级。A 级数据中心发电机组应连续和不限时运行，输出功率应满足数据中心最大平均负荷的需要，可选择持续功率(COP),也可选择 70%的基本功率(PRP)。

确定发电机组的输出功率时,还应考虑容性负载及谐波对发电机组的影响。

4. 柴油发电机电压的选择

在选择备用柴油发电机组的电压等级时,需考虑发电机系统及其配电系统的经济性、主母线的额定电流和短路电流、线路输送压降及损耗等因素。10 kV 高压柴油发电机组额定输出的线电压是 0.4 kV 低压柴油发电机组额定输出 400 V 线电压的 15～25 倍,而国内大部分低压配电柜主母线最大额定电流控制在 6 300 A 以内,决定了高低压柴油发电机组的差异性。高压与低压柴油发电机组的差异性主要体现在 13 个方面,见表 5-6,10 kV 高压柴油发电机组及 0.4 kV 低压柴油发电机组的供电示意如图 5-19、图 5-20 所示。

表 5-6　10 kV 高压柴油发电机组于 0.4 kV 低压柴油发电机组对比

序号	特　点	低压机组	高压机组
1	接入方式	低压侧(0.4 kV)	高压侧
2	容量及并机	单机容量在 10～3 000 kW,可多台机组并联运行,但并机容量受输出配电柜容量的限制	单机容量 1 000～3 000 kW,可多台机组并联运行
3	输送距离	适用于短距离输电,就近供电	可长距离输电,供电范围大
4	损耗	输出低电压、大电流,在输配电中线路损耗较大	输出电压高、电流小,在输配电中线路损耗较小
5	非线性负载对机组的影响	对非线性负载的适应能力差	对非线性负载的适应能力强
6	安装场地选择	该设备只能安装在靠近电力负荷中心的位置	可以安装在机房外面,能解决多台发电机组共用时产生的剧烈振动问题,远离电力负荷中心区域
7	操作维护	操作使用较为简单,对操作使用人员要求较低	操作使用较为复杂,对操作使用人员要求较高,必须具有相应的高压操作证
8	配置	配置较为简单	配置较为复杂,尤其在发电机及输出配电柜方面
9	安全	安全性能较高,技术较成熟,且技术门槛较低	安全性能较高,技术较成熟,但技术门槛较高
10	成本	设备初期投资较少,维护成本较低,低容量、短距离具有较大优势,高容量、长距离使用时成本将远远高于高压机组	设备初期投资较大,维护成本较低,对于大容量、长距离输配电具有明显优势,配套投资费用较低
11	启动方式	通过 ATS 切换开关常开/常闭节点信号,启动各低压配电系统对应的柴油发电机组	通过全自动并机控制系统和末端负荷实际容量需求,灵活调控各台机组的启动
12	机组运行效率	全启动运行,无法保证各台机组在高效率段运行	能根据负荷总容量合理分配机组启动台数,保证各台机组在高效率段运行
13	发展趋势	小功率段保持传统市场,大功率段有被高压系统替代的趋势	采用高压系统为当前趋势,需求逐渐增大

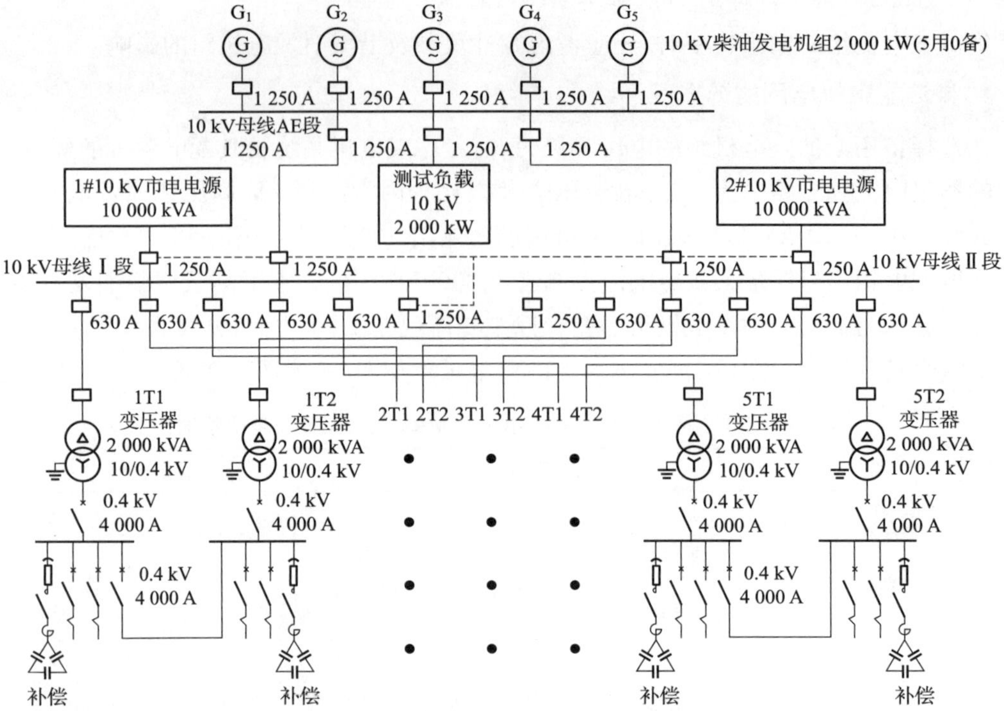

图 5-19　采用高压柴发的供电系统示意

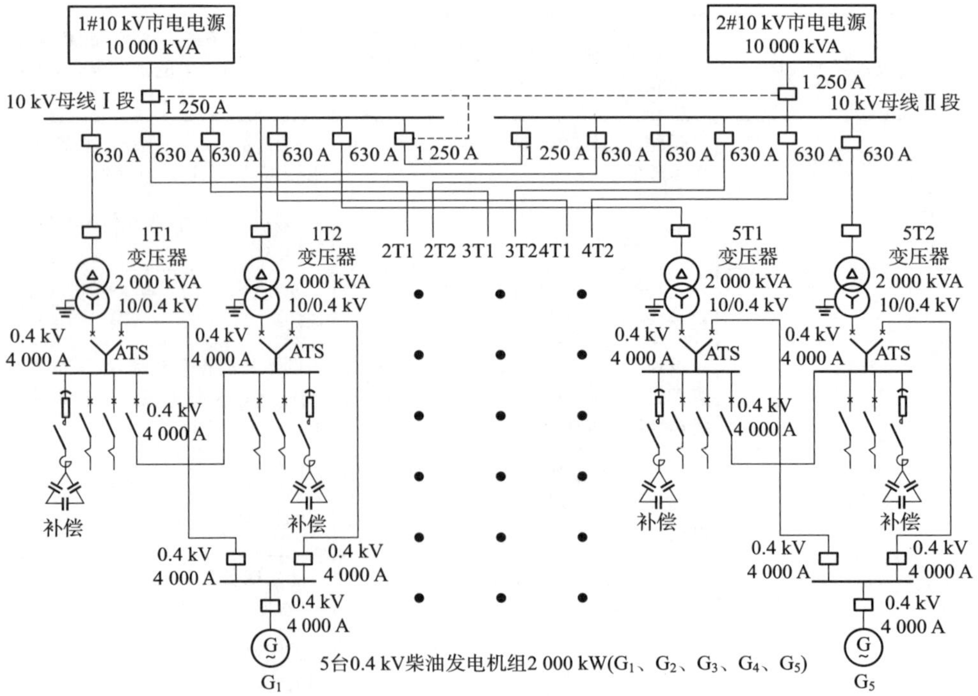

图 5-20　采用低压柴发的供电系统示意

经过上文的分析不难得出以下结论，即高压柴油发电机组具备输电线路损耗较小、供电距离较远、抗谐波能力较强、可并机数量较高及供电效率更高等优点，可适用于容量要求较大和送电距离较远的大型或超大型绿色数据中心建设。

5.2.4　不间断电源与柴油发电机组的匹配性研究

发电机是把机械能转换为交流电能的转换设备。当前，性能优良的柴油发电机是一个功能完善、功率容量范围大、对环境和场地条件要求低、安装使用方便的小型发电设备，使用相对广泛，输出容量从几千伏安到几兆伏安。柴油发电机组主要由发动机、发电机和控制系统三部分组成。其中与现代柴油发电机组配套的同步交流发电机由于性能及结构的特点，普遍采用自励恒压形式，通常选用自激式同步交流发电机和 PMG（永磁式）激励式同步交流发电机。发电机组的主要性能参数应满足以下需求。

电压调整率：当负载功率因数（滞后）、负载空载至满载变化、从冷机到满机及转速下跌等情况下，电压调整率可以控制在±1%以内；

频率调整率：负载从 0～100%范围内，频率稳定不变；

随机频率波动：负载从 0～100%范围内，随机频率波动率最大值为±5%；

电压波形：电路开路（空载），最大总波形畸变、三相平衡负载最大总波形畸变为 5%。

5.2.4.1　发电机组接入 UPS 系统存在的问题

当数据中心机房采用“市电—发电机—UPS 并机系统”组成的供电系统。通常前级供电系统的容量应该在满足后级用电设备的容量基础上保留 10%～20%裕量。UPS 系统前级所需柴油发电机组的容量，实际上需要考虑的就是 UPS 输出满载、UPS 系统效率、UPS 对电池组的充电功率（油机启动前 UPS 启动电池放电，需补充能量）、UPS 的输入功率因数等。

举例来说，100 kV・A 的 UPS，满载输出 80 kW，效率假设取 93%，充电功率为 UPS 额定容量的 15%～25%，输入功率因数 0.8，则所需柴油发电机组的容量为：80 kW×1.1（充电功率 10%）÷93%（效率）÷0.8（功率因数）×1.2（裕量）=141.9 kV・A，可选择 150 kV・A 左右的柴油发电机组。但实际上，这并不能保证停电后柴油发电机组能够顺利启动并向 UPS 供电。同时由于大型数据中心机房供电系统中的发电机负载还包括机房专用空调、应急照明、消防电梯等，这些负载启动或运行时都会对发电机引起振荡和干扰。当组成“市电—发电机—UPS”供电系统时，尽管发电机的负载量在它的额定输出容量范围内，市电中断后，在发电机投入运行过程中却经常发现工作不稳定，产生多种使发电机—UPS 系统不能正常工作的现象，具体表现为：

（1）负载反馈的波动电压，造成发电机的输出电压稳定度很差，常出现发电机组输出电压振荡。UPS 整流器允许的输入电压范围一般在±15%或更宽，发电机的输出电压不稳定相对来说影响较小。

(2)UPS 整流器的输入谐波造成多个过零点。

(3)发电机的频率(转速)振荡:一般情况下,频率振荡比电压、电流振荡范围小,但影响比较大,导致 UPS 处于频繁切换及非正常工作状态。频率振荡一般在±5%以内,发电机组由于负载有规律的忽大忽小,造成其工作也忽强忽弱,机组振动加剧,加速机械磨损,甚至机件严重损坏。频率振荡最明显特征之一是柴油机工作噪声有规律地忽大忽小,因此必须引起高度重视。

(4)UPS 工作不正常:空调压缩机等电动机负载启动的瞬间会导致发电机发生±5 Hz 的频率漂移,造成 UPS 频繁切换,当频率、电压振荡变化超出 UPS 输入工作范围时,UPS 由蓄电池供电,而发电机在无 UPS 负载时恢复正常,随即 UPS 又自动投入以至交错进行。

频率漂移会对 UPS 正常运行产生两方面影响:

①不能旁路。在旁路电源的频率和电压处于允许的范围内,UPS 的逆变器输出跟踪旁路电源,逆变电源与旁路电源锁相、同步。当旁路电源由发电机提供时,频率会发生快速地变化,当频率变化超出预先设定的极限值时,逆变器频率变化就跟不上旁路电源的频率变化。这时静态旁路开关将禁止切换到旁路(在这种情况下切换,有可能造成逆变器过流、短路)。在这种旁路电源频率无法跟踪的状况下,UPS 只会发出警示性告警,逆变器仍继续提供电源给负载。

②电池寿命缩短。前面提到瞬间的大负载波动可能导致发电机频率产生±5 Hz 的漂移,这将导致 SCR(可控硅)整流器的驱动信号与输入交流电失去同步,造成整流器关闭。在整流器重新启动进入正常工作期间,UPS 转为电池供电,如此过分地放电循环,将明显缩短电池寿命,更严重的情形会将电池能量全部放光,中断电源输出。

5.2.4.2 发电机运行不稳定的原因分析

在"市电—发电机—UPS"供电系统中,由于 UPS 电路结构决定了其输入非线性的特性,最典型的是传统双变换式 UPS,由于其输入端 AC/DC 变换器是整流滤波电路,它的输入电流是脉动电流,不仅输入功率因数低,还包括大量的高次谐波电流(30%~40%),而低输入功率因数和谐波电流都会通过发电机定子线圈的感性内阻,由于发电机组定子线圈内阻大于电力变压器的短路阻抗,因此发电机更易受到非线性负载的影响,即在同样的负载电流波形失真度(THDI)情况下,其电压波形失真度(THDU)大于变压器;同时 UPS 的谐波电流使发电机损耗明显增大(磁滞损耗正比于电流频率,涡流损耗正比于电流频率的平方,以及导线的电流趋肤效应),并使得发电机的输出电压波形失真度明显增大,严重影响发电机的正常工作。

另外,负载的阶跃变化、UPS 前端的滤波器提供的容性电流都是造成发电机组不能正常工作的主要原因。

例如某机房配置的发电机与双变换式 UPS 并机系统,测量发现发电机带载时负荷率达到 70%、UPS 输入端电流波形失真度%、发电机负载功率因数为容性超前时,发电机带载时

UPS 会有“旁路电源相位超限，系统降级运行，旁路不可用”等警示性报警信息，同时发电机无功功率显示数据变化较大。

5.2.4.3　发电机组与 UPS 的匹配

要改善发电机与 UPS 设备之间的匹配问题，在尽量选择性能优良发电机的同时，应把主要精力放在改善 UPS 的输入特性和改善两者之间的连接方式上。

1. 不同的功率输出对柴油发电机组的影响

根据 UPS 容量，一般配套发电机组的容量为 UPS 容量的 2 倍。而事实上，UPS 一般工作在 30%～50%额定容量，而对发电机组来说，其发出的功率可能为额定容量的 30%左右。这样不但造成发电机组的容量不能充分利用，增加了设备的投资，造成了“大马拉小车”的现象，而且使发电机组更容易产生故障，增加了维护量，降低了发电机组的工作可靠性，其原因是：

(1)根据柴油机的特性，如果在小负荷下长期工作，气缸内温度较低，正常进入气缸内的润滑油不能完全燃烧，而燃油也不能充分燃烧，造成活塞环处、喷油嘴处积炭严重，气缸磨损加剧，因而使上述部位加速故障的产生，使柴油机工作性能下降，排气冒黑烟。

(2)柴油机处于 30%额定负载以下，经济性变差。综合各种因素，发电机组要求负载必须在 60%以上额定负载的情况下工作，对柴油机较为有利。

2. 现代同步交流发电机的励磁方式的不同对负载的影响也不同

实际上 UPS 与发电机的功率比可在 1∶(1～2.5)之间配套，其关键是要考虑发电机组中现代同步交流发电机的励磁方式。当采用自激式同步交流发电机，其 UPS 功率与发电机组功率之比至少应为 1∶(2～2.5)，但仍不能排除发电机组不受 UPS 的影响，当采用永磁式发电机时，功率比可取 1∶1，即可保证发电机组正常工作。

3. 发电机组与 UPS 的选型问题

(1)尽可能选择内阻小的发电机组。

(2)发电机组的稳压励磁调节等尽可能采用不受 UPS 输入谐波电流影响的类型，比如采用 PMG(永磁发电机)激励式。

(3)应选择电流波形失真度较小、功率因数较高的 UPS，即使增加成本，其费效比也远远高于增加油机的容量。和油机匹配最好，按照业界通用的 UPS 整流技术，运行最稳定的整流技术依次是：IGBT 整流(有源功率因数校正)、12 脉冲整流＋11 次谐波滤波器、有源滤波器＋无源滤波器＋相控整流、6 脉冲整流＋5 次谐波滤波器、6 脉冲整流器等。

(4)要求 UPS 应具备高速宽频的整流控制电路以及旁路琐相频率范围和逆变器同步速率现场可调功能。

(5)UPS 应具有斜坡启动功能，保证整流器在发电机上逐渐启动，启动过程应持续大约 10 s；当市电恢复时，整流器应可以通过一个辅助开关逐渐斜坡停止，从而避免干扰其他负载,防止发电机飞车。

(6)UPS 还应具有延时启动的功能,防止所有负载在发电机上同时启动,造成发电机过载,延迟时间为 0～255 s。

(7)UPS 应具有发电机运行时的第二级充电限流,防止由于发电机出力不足,而电池组却需要很大充电电流的矛盾,第二级充电限流应为 0～C10 可调。

综上所述,发电机与 UPS 配合的关键,主要取决于发电机输出阻抗和 UPS 的输入电流失真度。在发电机组与 UPS 的配套中,其功率比完全可以做到 1 : 1,而在发电机组的选型上,不但要考虑到功率配套适宜,更应了解发电机的励磁形式,以便能适应 UPS(非线性负载)而正常工作。

调度所(大型数据中心)机房考虑到市电中断时,发电机所带负载包括 UPS(计算机类设备)、空调、应急电源、消防电梯等设备,对发电机启动干扰较大,一般建议发电机配备容量至少应满足所有负载总功率要求,并留有 30%～40%的余量。

5.2.4.4 发电机组的使用和维护

为确保发电机组的安全运行,日常运行维护和快速的故障排除至关重要。发电机组的不同,维护、检修内容、步骤、方法有所区别,一般应按照发电机组保养要求和本单位制定的维护计划进行。主要包括:

(1)定期检查项目:定期测量发电机电池组的电压及内阻情况,并进行记录;定期检查空气过滤器、冷却液液位、驱动皮带、排烟系统、燃油液位、机油液位、各种控制器以及工作环境等情况。

(2)须按照发电机组保养要求及时更换机油、三滤、启动电池及冷却液。

(3)定期由供应商对发电机组进行检测并出具报告。

(4)定期(至少一个季度)进行发电机组空载、带载测试。

柴油发电机组出现的故障,应该保持头脑冷静,有步骤有目的地进行检查与分析,切不可手忙脚乱盲目检查,胡乱拆卸,应根据故障的异常征兆、迹象、响声、出现时机、变化规律来寻找故障产生部位,首先从原理与结构层面进行细致的分析推理,作出正确判断来寻找产生故障原因。查找故障的步骤应从简到繁,由表及里,按系统部位分段进行。

对于由"市电—发电机—UPS"组成的供电系统,发电机组本身的故障一般都由厂家、供应商专业技术人员完成,对于实际带载中出现的一些系统性问题,除专业人员排除机器本身故障外,还应考虑其他原因,例如发电机输出电压过高或过低时应检查负载状况,是否由负载不平衡引起;发电机工作频率不稳定时应检查是否负载过大。

5.2.5 数据中心供电系统的节能策略

数据中心供电系统的节能策略,主要包括三个方面,选择节能的供电设备,规划简洁的供配电系统、选择节能的运行模式。

5.2.5.1　选择节能的供电设备

选择节能的供电设备必须实施“三优先”:优先选择节能的设备;优先选择低排放的设备;优先选择符合循环经济理念的设备。

选择 UPS 产品时,经过调研可以得出以下结论:

(1)采用 400 kV·A 工频机型 UPS 产品时,占地面积约 43 m^2,而采用 600 kV·A 高频机型 UPS 的占地面积约 23 m^2,高频机型 UPS 节约 20 m^2。

(2)采用 400 kV·A 工频机型 UPS 产品时的总质量大于 50 t,而采用 600 kV·A 高频机型 UPS 的总质量还不足 15 t。

(3)采用 600 kV·A 高频机型 UPS 比采用 400 kV·A 工频机型 UPS 每年节电 250 万 kW·h。

因此,只有选择高频机型 UPS 才能满足上述“三优先”要求,同样是 100 kV·A 的容量,高频机型比工频机型每年节约用电 5 万 kW·h。

5.2.5.2　规划简洁的供配电系统

有了节能的供电设备,如果没有很好的规划设备连接和配置也得不到好的节能效果。尤其是有的用户认为可靠性是用钱堆起来的,甚至认为设备越多可靠性越高。实际上设备越多增加的串联环节就越多,相应地可靠性也越低,如图 5-21 所示。

说它臃肿是因为这本来应该是一个很节能的供电系统,两台高频机型 UPS 冗余并联后给负载供电,简单明了,可不仅设计者给 UPS 后面串联了大功率变压器,又串入了两台大容量 STS,致使效率至少损失了 4%～5%,不但投资增加很多,占地面积也很大。

为什么会这样规划呢? 原因是设计者机械地理解了美国的 C4 标准,认为只有做成所谓的双总线系统才可靠,这就陷入了用过多设备堆积可靠性的误区。实际上图 5-21 的每一路供电路径上多了两个故障点:变压器和 STS,这使可靠性大幅下降。

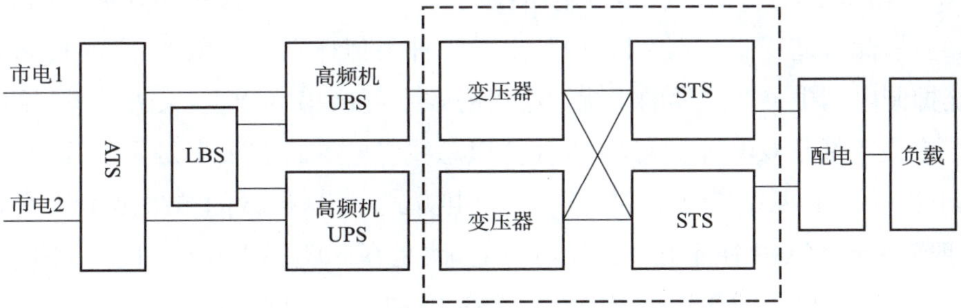

图 5-21　高频机型 UPS 供电的“臃肿”系统

如果改用图 5-22 方案,采用双机组双总线 2(1+1)结构模式,减少了两台变压器和两台大型 STS,可靠性提高且能耗降低。

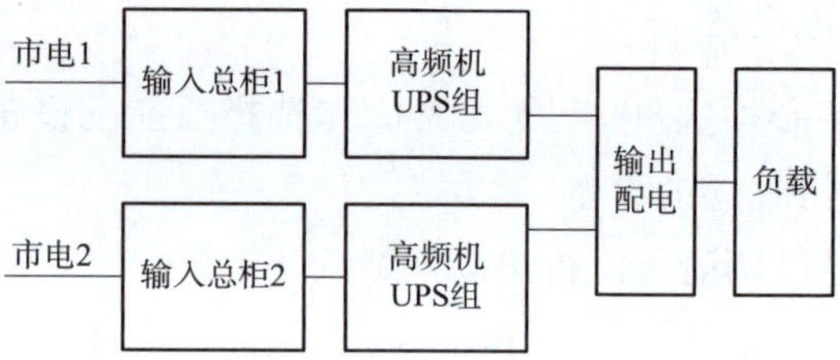

图 5-22　双总线 2(1+1)结构模式

5.2.5.3　选择节能的运行模式

有了节能的产品还设计了简洁的供配电系统，如果再规划出节能的运行模式，以这样步步为营、步步节能的供配电方式就可得出很好的节能效果。图 5-23 所示为一个 500 kV·A 的负载用双总线供电的例子。这里再用 2 台 550 kV·A 的模块化 UPS，每台 550 kV·A 的模块化 UPS 机壳中有两台 275 kV·A 的模块化 UPS，从而提高效率，在正常供电时就可以令其中一台 275 kV·A 的 UPS 休眠，形成 2+1 工作模式。而且随着负载的减小还可以工作转换成 1+1 模式。

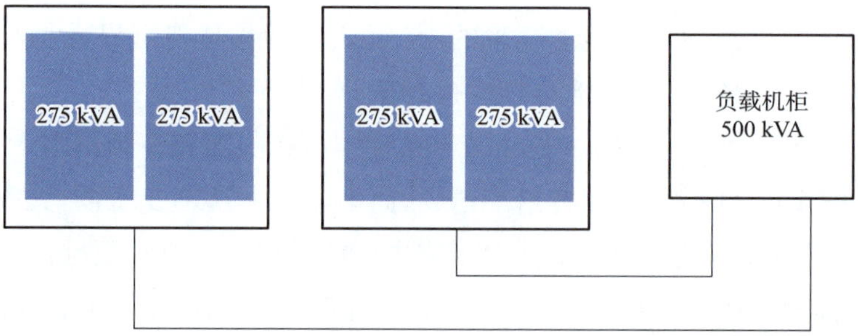

图 5-23　UPS 节能化运行模式

图 5-24 的节能运行方式是在电网电压稳定时在指定范围接通旁路开关。和 ECO 工作方式不同的是，此时逆变器并不关机，而是出于一种类似休眠等待状态，它的功能类似于无功补偿，能抑制电网中突变之类的干扰。这时的效率可达 97%以上，又进一步节约了能量。

多数 IT 设备都是双电源供电，所以往往双总线供电方式有很多是采用两套单机供电。在此情况下大都采用两台 UPS 各供 50%的配电方式，可这样做的结果是不能使效率达到最高。一般效率最高点往往不在 100%功率上，而是在 80%～100%之间。如果两台 UPS 均分负载，那么各自的负载量均小于 50%，效率就更低了。这就可以改变供电的分配方式。比如令上图中的 UPS1 全额供电，而令 UPS2 休眠，但状态处于热备份状态。而 UPS1 此时几乎处于效率的最高点。

同时，也有人会提出若 UPS1 过载时 UPS2 接续不上的问题。在这种情况下首先在选择 UPS 容量时，一般都选择 UPS 的容量大于额定负载量，所以一般不会过载；此外，可以设定 UPS2 在 UPS1 带载量超过 90％时苏醒，只需简单设置。况且 UPS2 是休眠而不是关机，是在热备份，所以投入工作很快。另外，任何一台 UPS 都有过载到 125％额定负载可坚持 10 min 和过载到 150％坚持 30 s 的能力，这一点为 UPS2 的投入运行提供了更多的时间。

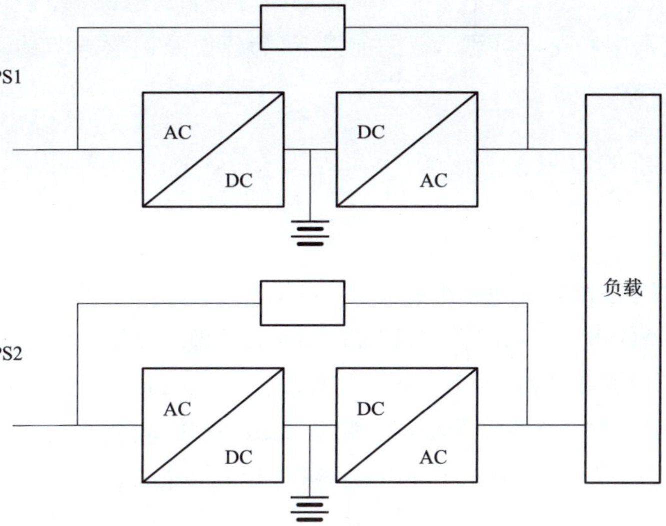

图 5-24 UPS 节能运行方式

总之，数据中心的节能是一项系统工程，需要从设备选型、设计方案、运行模式全过程把控，才能达到理想的效果。

5.3 配套电力系统技术发展趋势

当今的数据中心项目作为“耗能大户”，如何提高能源的利用效率似乎成为数据中心建设者们的一项“永恒的课题”。随着我国“碳达峰，碳中和”时间节点的确认，更是将数据中心的绿色节能设计和国家命运联系到了一起。同时，传统数据中心配电系统存在系统复杂、占地面积大、故障定位难等问题，简化供电架构，减少占地面积，缩短施工周期是数据中心项目设计面临的难题，是数据中心配电系统未来的研究重点主要是妥善地处理上述问题。

5.3.1 供电电能来源的发展趋势

随着数据中心规模的不断加大，算力不断加强，其电力消耗也在不断增长。巨大的用电容量给数据中心的建设和运营以及电网的运营都带来了巨大的压力。传统的数据中项目，其所用的电能基本都来源于电网中的发电站，目前国内发电站大都为火力发电站，水力资源及风力资源丰富的地区，多采用水电及风电作为发电形式，无论上述的哪一种能源形式，都要经历多个升压、降压、输电的环节方可到达用户端,客观上造成了能源在传输过程中的浪费。结合数据中心项目屋面面积较大特点,在建筑屋面自建分布式光伏发电将成为未来数据中心项目的一大趋势,自建的分布式光伏发电装置虽不如外接市电稳定,但仍可为运维办公区域和公共区域照明、空调等不重要负荷提供相对可靠的电源,从全生命周期的维度上来看,可以在保证数据中心安全可靠运行的前提下,为建设及运营方节约不少的电费,同时也符合我国的节能策略。

5.3.2 配电系统的发展趋势

1. 智能化

智能电力监控系统配合配电系统关键节点的监控子系统(如变配电所及 UPS 设备房建动力环境监控系统,智能电力巡检机器人,智能防雷及在线监测系统)等,进而实现对电力系统各个节点的状态进行可视化监控,为用户提供电力系统健康运行指南及决策建议,对配电系统各设备进行全生命周期管理,在保障数据中心配电系统高可靠运行的同时,大幅度提高配电系统的运维效率,节约运维人力资源,使得配电系统智能化成为未来数据中心发展的一大趋势。

2. 预制模块化

预制化是一种预先设计、组装、集成和测试的物理基础设施系统,可作为标准化"即插即用式"模块。预制化可以实现数据中心建设的"去工程化",缩短大型数据中心建设周期,降低前期高昂成本投入和可能发生的施工延期风险,实现数据中心的快速灵活部署。

配电系统的预制化可以有多种形式。以外观特征区分可分为集装箱式和底座安装式。集装箱式通常安装在室外,可作为集装箱式数据中心配套的电力系统,底座安装式直接安装在机房地面。目前,国内数据中心建筑以土建结构为主,配电模块的预制化以机房内安装为主流。按照电力系统预制化程度不同,底座安装式一般又可分为两种。一种为一体化配电模块,即将各配电环节单列设备统一预制在底座上,可满足消防通道要求,但需要对建筑结构特殊处理才能满足现场吊装要求,应用场景不具有通用性。另一种为拼装式配电模块,即低压侧各配电环节通过预制电力母排连接,现场进行组装式拼装,将传统配电环节中的中压配电、变压器、低压配电和 HVDC 集成到一起,减少配电环节,一方面节省了占地面积,提升机房利用率,另一方面可以实现快速部署,缩短施工周期。

3. 锂电池化

锂电池能量体积密度约 200～300 W/L,能量重量密度 100～150 W·h/kg,为铅酸电池的 2～3 倍,具备高可靠、使用寿命长、占地面积小、运维简单等优点。与此同时,锂电池的循环寿命高于铅酸电池,100%DOD 的循环寿命 3 000 多次,可以利用这一特性实现波谷储能,波峰放电,从而有效降低数据中心的能耗成本支出。此外,随着边缘数据中心的需求扩大,采用锂电池代替铅酸电池是解决占地面积大、对机房承重高的有效解决方案。

第6章 暖通系统设计技术

随着我国云计算和大数据的快速发展，IT设备集成度越来越高，其散热量越来越大，由于数据中心全年每天24小时不间断运行，其高能耗已成为社会关注的焦点。《工业和信息化部关于加强"十三五"信息通信业节能减排工作的指导意见》提出了数据中心节能减排的重要目标：新建大型、超大型数据中心的电源使用效率（PUE）达到1.4以下，节能措施的比例应大幅提升。这些都给数据中心行业的绿色发展提出了更高要求，建设更加节能的绿色数据中心符合绿色可持续的发展理念。

PUE是国际上比较通行的数据中心电力使用效率的衡量指标之一，其数值为数据中心内所有用电设备消耗的总电能与所有电子信息设备消耗的总电能之比。其中信息系统能耗是主体，对总体能耗影响大，PUE影响小；电力系统及其他能耗在非信息系统能耗以外占比较小；空调系统能耗约占40%～60%，是优化降低PUE的主要方向。

6.1 暖通设计概述

数据中心暖通系统重点在于为电子信息系统设备维持温度、湿度等运行环境参数，保证信息系统设备可靠散热实现稳定运行，重点从数据中心主机房的冷却方案、冷源系统的选择、自然冷却技术应用、空调水管路系统等方面进行技术选型及工程设计。

6.1.1 数据机房冷却方案

6.1.1.1 房间级冷却

在房间级冷却方案中，机房空调与整个机房相对应，该制冷方案是针对整个机房环境设计的。在设计规划中，针对不同的数据机房对气流组织的设计往往有很大的区别。对于面积较小的数据机房，数据机柜并不是很多，有时机柜会任意摆放，气流组织系统就不会刻意地去规划设计——即不采用风管、出风口等遏制气流的冷却方案。该方案虽然结构简单，但存在很大的缺陷，空调送出的冷气流并没有完全被机柜所利用，会有一部分冷气流绕过机柜直接返回机房空调，这部分短路循环的冷气流没有被机柜所利用，空调制冷量未能完全地利用，造成冷量浪费。而对于面积较大、结构较复杂的数据中心，可利用高架地板格栅出风将冷气流送到密闭的冷通道内，再分配给每个机柜——即气流遏制的冷却方案。该制冷方案目的很明确，即通过气流遏制的方法引导冷气流使之完全用于 IT 设备的冷却，此种方案不存在冷气流短路循环会直接返回机房空调的现象，冷却效率大大提升，但是由于机房面积大、管路长，冷气流在输送的过程中会有所损耗。如图 6-1 所示。

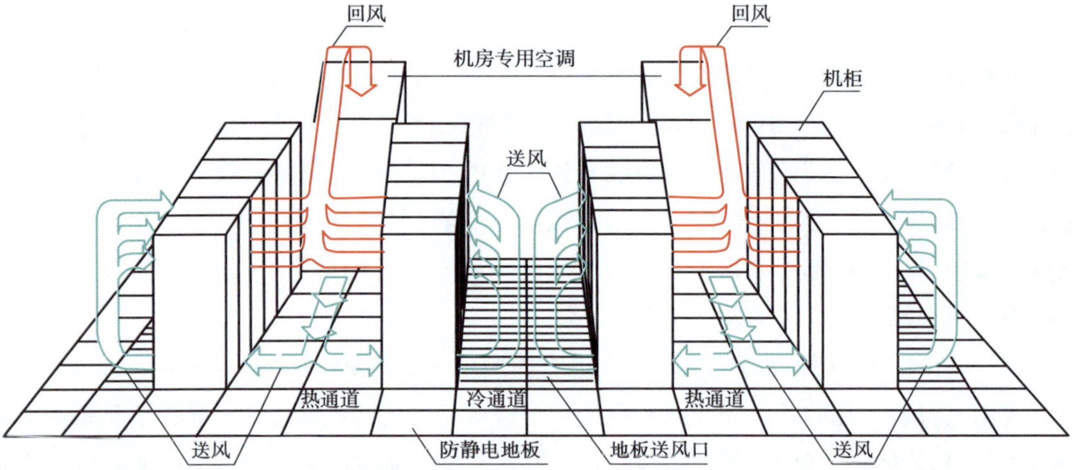

注：图中机柜采用面对面、背对背的布置方式，由机房专用空调送出的冷风，经地板送风口送出，从机柜正面进入，对机柜内各部件进行冷却，再从机柜背面吹出后，回到机房专用空调。

图 6-1　房间级冷却方案

房间级冷却方案在设计的过程中会受到机房形状、室内高度、机柜布局、空调位置等因素的影响。因此，可能需要利用 CFD 数值仿真技术对设计方案进行设计计算，从而满足对特定数据机房的性能要求。此外，诸如 IT 设备移动、增加及变更等也可能破坏原气流场，因此需要进一步对机房气流组织进行分析和测试。

6.1.1.2　行级冷却

在行级制冷方案中，机房空调与机柜列相对应，该制冷方案是针对机柜列而设计的。与房间级制冷方案相比，该制冷方案送风距离更短，另外气流更方便规划。空调的制冷量不存在浪费的现象，均能得到利用，并且适用于高发热功率、高发热密度的机房。由于行级制冷空调送风路径短，因而相对于房间级制冷系统可以降低空调风扇的能耗，对于 IT 设备发热功率不是很高的数据机房，风机能耗可能会高于 IT 设备功耗，因此行级制冷方案具有很大的节能潜力。行级制冷方案可以根据机柜列进行冗余布置，比如 $N+1$ 或者 $N+2$ 冗余布置。行级制冷方案不需要架高地板，不仅节约了建造成本，而且节约了机房空间，可以将机房设在没有足够净高的建筑物内。如图 6-2 所示。

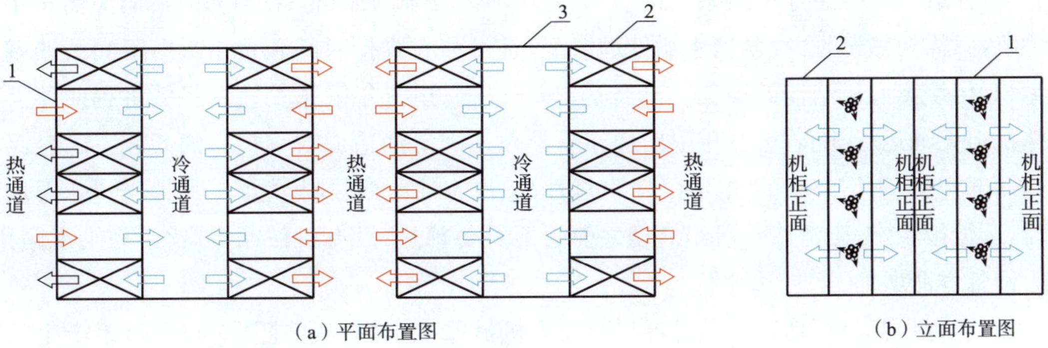

（a）平面布置图　　（b）立面布置图

注：1.机柜采用冷通道和热通道，并封闭冷通道的布局。
2.机房采用机房专用行间空调机组，空调机组安装在机柜行间。
3.机柜采用面对面、背对背的布置方式，由机房专用行间空调送出冷风至冷通道，从机柜正面进入，对机柜内各部件进行冷却，再从机柜背面吹出，经热通道回至机房专用行间空调。
4.可根据实际情况考虑是否设置防静电架空地板。

序号	名称	型号及规格
1	机房专用行间空调	由具体工程设计确认
2	机柜	由具体工程设计确认
3	封闭冷通道	由具体工程设计确认

图 6-2　行级冷却方案

6.1.1.3　机柜级冷却

在机柜级冷却方案中，机房空调与单个机柜相对应，是针对单个机柜的冷却而设计的。空调机组直接安装在机柜上部、背部以及内部等其他位置。与房间级或行级制冷方案相比，机柜级制冷方案具有最短的送风路径，送风目的更明确，冷气流的输送不会受到机房空间大小、机柜位置改变等因素的影响。空调机组的全部额定制冷量均服务于 IT 设备，并且能够应对高负载率的机柜。与行级制冷方案类似，除具有冷却高密度机柜的能力之外，机柜级制冷架构还具有其他的独特优势。比如送风距离更短、风机能耗更低、可以针对目标机柜的实际需求确定制冷量和冗余度等。

6.1.2　冷源系统

6.1.2.1　冷水机组集中制冷

制冷机组是制冷系统的核心设备，离心式制冷压缩机适用于单机大冷量的产品。根据离心式制冷压缩机驱动方式，分为磁悬浮轴承驱动和传统轴承机械驱动两种形式。

1. 磁悬浮轴承驱动

磁悬浮轴承是一种利用磁场使转子悬浮起来，从而在旋转时不会产生机械接触，不会产生机械摩擦，不再需要机械轴承以及机械轴承所必需的润滑系统。在制冷压缩机中使用磁悬浮轴承，所有因为润滑油而带来的问题就不再存在了，初期投资较高，优点如下：

（1）节能高效。机组在部分负荷运行条件下，峰值效率 COP 高达 20，全年 IPLV 可达 12 左右。按空调系统全年运行统计，比传统冷水机组节电率高达 40%以上。日常维护费用低且可持续性高:磁悬浮机组系统运动部件少,不需复杂的油路系统,可靠性高,无需每年清洗主机,只需要做蒸发、冷凝器水垢处理清洗,且可节省维护时间和费用。由于润滑油残留及累积,传统离心机组能效损失至高将达 20%以上,运行年限越长效率降低将越明显。磁悬浮机组无油运行,随着运行年限增加亦不会存在润滑油造成效率损失的问题。磁悬浮机组运动部件少:不需复杂的油路系统,可靠性高;没有油压差限制,尤其是冷凝器进水温度降低时,运行很稳定;磁浮冷水机组启动之前的不需要预热;没有机械摩擦,比常规轴承耐用,使得设备寿命增加。

(2)运行噪音与振动低。磁悬浮机组没有机械摩擦,具有气垫阻隔震动,机组产生的噪音和振动极低,压缩机噪音低于 75 dB。高效无摩擦损耗:没有机械轴承和齿轮,没有机械摩擦损失,没有润滑油循环,纯制冷剂压缩循环,无需润滑油的加热或冷却,与传统的离心式轴承的摩擦损失相比,磁悬浮轴承的摩擦损失很小。启动电流小:常规机组的配用电机大,在启动的瞬间会产生的高冲击电流,一般达到 300～1 500 A,波及电网的稳定,因此在电网设计时必须要考虑防护措施。而磁悬浮机组的启动过程利用压缩机变频软启动的方式,使启动电流低至 2 A,因此启动电流小。机组没有普通压缩机所必需的油压差:尤其是在春、秋、外界环温很低的情况下,磁悬浮机组运行更加稳定,而普通机组需要将冷凝器进水温度保持在 20 ℃以上;磁悬浮启动之前不要预热。

2. 传统轴承机械驱动

采用传统轴承机械驱动变频冷水机组:传统机械轴承通过齿轮传动,需要润滑油系统来实现机械轴和齿轮的润滑和冷却,包括油冷却器、油泵、油过滤器等组成。因为润滑油而带来很多问题。

机组在部分负荷和过渡季,COP 变化不大,全年 IPLV 只有 10 以下,传统离心机轴承部件多,需润滑油路系统,仅设单台压缩机,可靠性没有磁悬浮高,需要经常清洗维保,运维工作量大。启动电流达到 500～600 A,而且启动时间达到 10 分钟左右,运行噪音和振动高,运行有机械摩擦,造价低,初投资少。传统离心机的使用寿命在 10 年左右,耗电和运维费用高,运行费用高。

6.1.2.2 风冷分体空调制冷

风冷制冷方式的主要组成就是风冷室内机、风冷室外冷凝器,其路由为独立的冷媒管路连接,从物理连接的角度看(不考虑主备机切换、能效管理等逻辑控制与连接),系统完全独立,任意机组路由的故障不会影响其他机组,因此从系统的角度看,没有任何影响系统运行的单点故障。如图 6-3 所示。

风冷制冷方式单机系统的能效比较高,从冷却的角度看,主要能耗产生于压缩机、室内风机、风冷室外冷凝器。此方式能效比稳定,目前业界常用的风冷方式能效比约为 2.5～3.0,初投资最小,运行费用很高,可以分期实施。

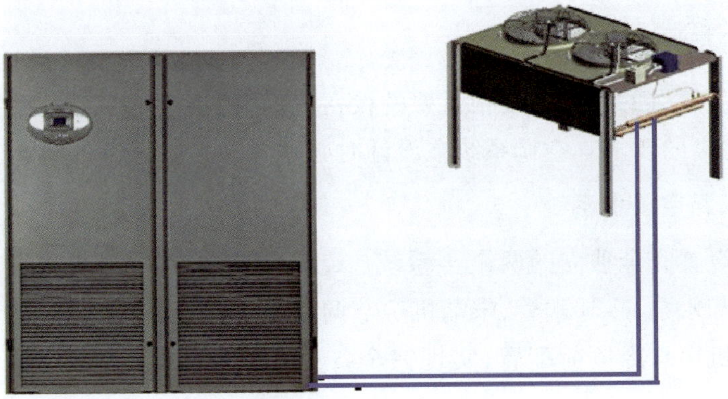

图 6-3　风冷机房空调系统

风冷制冷方式的问题存在于风冷室外冷凝器占地要求较大。机房专用空调需要设置室外机布置平台。风冷室内机组机房面积减少 10%～20%。室外机众多,噪声控制难度大。

风冷制冷方式系统简单,无共用管路等,无漏水隐患,故障类型明确,机组之间互无影响,维护要求低,对维护人员的要求也较低,仅需要少量的维护人员。

6.1.3　自然冷却概念

6.1.3.1　自然冷却的定义

在气象条件允许的情况下,利用室外空气的冷量,而不需要机械制冷的冷却过程。其节能作用主要包括:通过缩短压缩机的运行时间,不仅减少空调系统耗电,降低 PUE,而且延长压缩机的使用寿命和降低运行费用。

6.1.3.2　自然冷却的类别

空气侧自然冷却:在气象条件允许的情况下,利用室外空气对载冷空气进行冷却,而不需要机械制冷的冷却过程。可细分为直接空气侧自然冷却(室外冷空气直接进入设备房间,进行热质交换后排至室外)和间接空气侧自然冷却(循环风与室外空气进行换热,不进行质交换,室外空气不进入电子设备房间)。

水侧自然冷却:在气象条件允许的情况下,利用室外空气对载冷流体(冷水)进行冷却,而不需要机械制冷的冷却过程,属于间接自然冷却,室外空气不进入电子设备所在区域。

6.1.3.3　允许水侧自然冷却的气象条件

随着室外气象条件的变化,当室外最高湿球温度连续 2 d 可满足对载冷流体(冷水)进行冷却时,就可以停止机械制冷进行自然冷却。室外最高湿球温度需要根据项目采用的设计冷水供水温度、冷却塔逼近度、是否设置板式换热器、系统运行方式等条件确定。

6.1.4 空调水管路系统

数据中心机房放置的服务器是很重要的设备,这对数据中心机房专用空调系统的安全性、可靠性提出更高的要求。空调系统在设计时必须考虑必要的设备和管道的备份冗余。

6.1.4.1 双供双回空调水系统

空调水系统设置完全独立的两个子系统(A、B系统)。其中冷水机组、冷冻水泵、冷冻水管、冷却塔、冷却水泵、冷却水管、末端机房空调完全独立,每个子系统的设计容量按照整个数据中心设备机房总冷负荷配置,实现完全备份。正常运行时,A、B系统同时工作。其原理如图6-4所示。

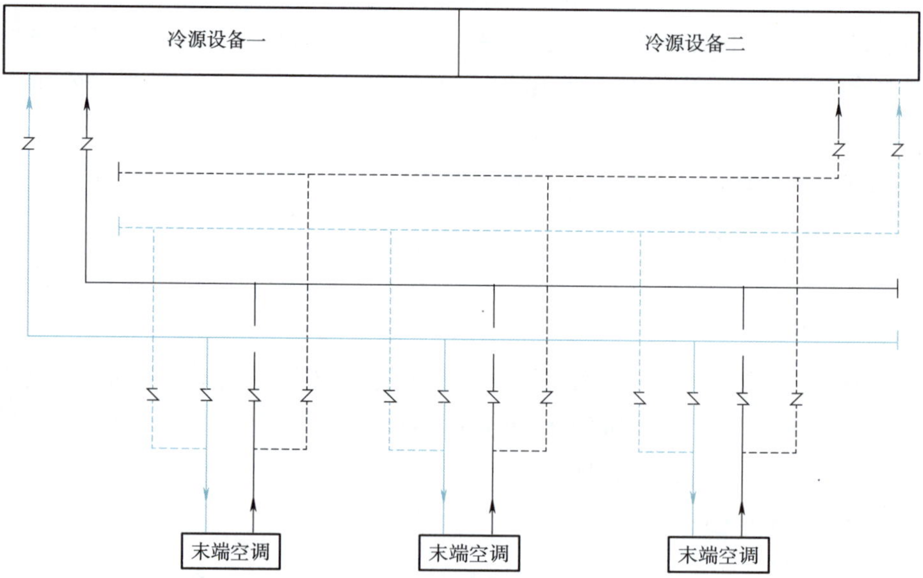

图6-4 双供双回空调水系统

1. 系统方案优点

系统方案成熟,应用较多。A、B系统完全独立,互相备份,A、B系统不需要切换,运行维护比较简单,管道比较简单,末端机组仅接入一个子系统。当一台冷水机组、冷水泵、冷却塔或冷却水泵出现故障时,系统在不进行任何操作的情况下,还能够提供整个机房所需的冷负荷。

2. 系统方案缺点

数据中心水系统要求安全稳定运行,对供水条件要求较高,要求具备两路市政供水,并设置备用储水装置。

3. 系统分析

该系统由室内冷冻水机房空调、冷冻水供回水管路、冷冻水水泵、冷冻水机组、冷却水塔、冷却水供回水管路、冷却水泵等部分组成。可靠性：本空调水系统设置完全独立的两个子系统（容错型 A、B 系统）。其中冷水机组、冷冻水泵、冷冻水管、冷却塔、冷却水泵、冷却水管完全独立，末端空调机组分别接入 A、B 系统。系统采用 $N+N$ 备份，确保一支管路和设备发生故障，整个系统正常提供冷冻水。对建筑面积的要求：大型数据中心冷冻水主机一般设计在一层或地下一层，按 $N+N$ 备份，并考虑配电、泵、控制装置、水处理装置、管路，占地面积增加。

6.1.4.2　环状空调水系统

通过设备和管道的冗余设置使得空调系统满足在线可维护要求，但是非计划的活动或操作失误，仍将导致数据中心运行中断。其原理如图 6-5 所示。

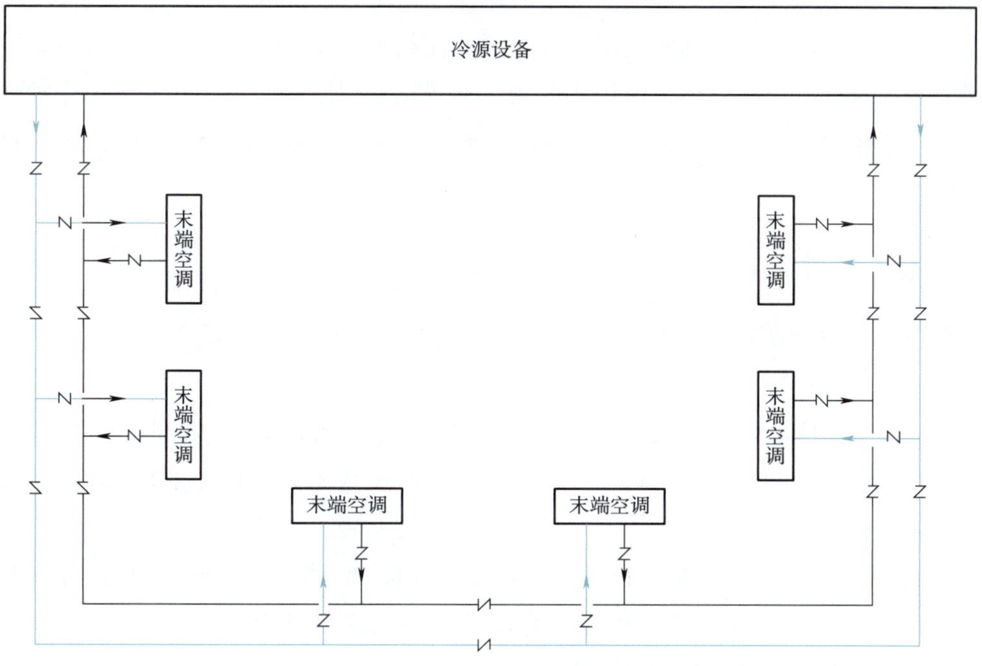

图 6-5　环状空调水系统

1. 系统优点

初期投资比双供双回空调水系统少。

2. 系统方案缺点

当一支回路关键节点故障时，系统可能无法满足整个机房所需的冷负荷，冗余度低于双供双回方案。

3. 系统分析

该系统由室内冷冻水机房空调、冷冻水供回水管路、冷冻水水泵、冷冻水机组、冷却水塔、冷却水供回水管路、冷却水泵等部分组成。可靠性：环状管网阀门多，控制逻辑复杂，可靠性低。对建筑面积的要求：大型数据中心冷冻水主机一般设计在一层或地下一层，按 $N+X$ 备份，并考虑配电、泵、控制装置、水处理装置、管路，占地面积比双供双回系统减少。

6.2 暖通系统关键设计技术

数据中心的信息设备发热量大而且全年均有持续需求，这就要求机房空调系统需全年供冷不间断运行，能耗巨大，其快速发展与其高能耗的特点也被业内高度关注，因此建造低能耗、高能效、安全可靠的数据中心意义重大。数据中心的主要能耗包括信息系统能耗、空调系统能耗、电力系统能耗，其中空调系统能耗占比约为 40%，采用合理的安全节能措施挖掘其节能潜力对数据中心整体节能作用巨大。本节以单层面积为 10 000 m^2，单个数据机房面积 790 m^2 的模型为例，对空调系统关键设计进行分析。主要包括空调系统、工艺通风、气消后通风系统。

6.2.1 主要原则

对于国铁集团级别的大型数据中心，暖通系统的设计标准应不低于国标 A 级标准，满足安全可靠性、绿色节能、POD 模块化设计原则。

(1)安全可靠性设计原则。数据中心信息系统安全稳定性运行要求高(7×24 小时不间断运行)的特点，制冷系统设计采用 $N+N$ 容错设计，具备不间断供冷的能力，保证信息系统安全可靠运行。

(2)绿色节能设计原则。因空调系统用电量占比高，空调系统设计实现自然冷却、变频设备、高效先进的制冷技术及冷热通道隔离方式，最大化延长节能模式的运营时间，实现绿色、环保、节能，有效降低数据中心的 PUE 值。

(3)POD 模块化设计原则。按照可分期实施，暖通专业采用可分期实施的设备设施按分期实施、不可分期实施的一次实施的原则，即：工艺配套的空调主机、机房空调末端、新风系统、冷冻冷却水管网、气体消防等比照信息系统设备部署年度配套实施，采用 POD 交付模式，节约初期投资提高运营效率。

6.2.2 设计参数

根据相关专业设备技术要求进行整理，对照规范要求，确定室内设计参数见表 6-1。

表 6-1　室内设计参数

区域名称	温度/℃	露点温度和相对湿度要求	最小新风量
IT 机房(冷通道送风温度)	20	相对湿度小于 60%,露点温度宜为 5.5~15 ℃,不得结露;停机时环境温度宜为 5~45 ℃,相对湿度宜为 8%~80%,露点温度不大于 27 ℃	保持正压 5~10 Pa
IT 机房(热通道)	32	相对湿度小于 60%,露点温度宜为 5.5~15 ℃,不得结露;停机时环境温度宜为 5~45 ℃,相对湿度宜为 8%~80%,露点温度不大于 27 ℃	保持正压 5~10 Pa
测试机房	18~28	35%~75%	保持正压 5~10 Pa
控制室	18~28	35%~75%	40 m^3/(人·h)
电信接入间	18~28	35%~75%	保持正压 0~5 Pa
UPS 间	18~28	35%~75%	保持正压 0~5 Pa
电池间	20~30	不得结露	保持负压 −5~0 Pa
变电所	≤40	—	—
通信机房	18~28	35%~75%	保持正压 0~5 Pa

6.2.3　冷热源系统

6.2.3.1　关键设备及房间布局

关键设施设备房间、蓄冷罐设备间、加压泵房、冷却水蓄水池等设备间设在地下一层，制冷机房设在一层，冷却塔设在屋顶。

6.2.3.2　系统冷源设置

数据中心采用集中式冷冻水空调，设备及管路采用 $N+N$ 独立双供双回容错系统；采用水冷离心式制冷机组(变频机组)，冷冻水温度采用 12 ℃/18 ℃，工艺关键设施冷热源系统主要设备集中于一层。

6.2.3.3　自然冷却模式

利用过渡季节或冬季室外气象条件满足要求时，冷冻水通过阀门管道切换进入板式换热器，减少制冷机组开启时间、降低能源消耗。冷冻水制备分为二种模式，即采用机械电制冷模式、完全自然冷却模式，二种工况切换由自控系统实现。当室外温度降低，冷却塔 50%工况下运行提供的冷水温度达到 12 ℃时(这时室外湿球温度为 5 ℃，干球温度为 9 ℃，相对湿度 50%)，系统进入完全自然冷却状态，当一组免费冷却水系统运行稳定后，切换另一组精密空调制冷系统至自然冷却模式运行，最后 A 路和 B 路均进入自然冷却模式，A 路和 B 路的冷水机组关闭。为保证系统节能运行，冷却塔风机、水泵等均配套变频控制。

6.2.3.4　市政断电后不间断供冷系统

冷冻水泵、末端水冷机房空调，冷冻水系统电动阀门均为 1 路 UPS+1 路市政供电，保证连续供冷系统可靠运行；蓄冷罐＋管道系统水容量容积满足系统满负荷连续运行 15 min，平时蓄冷罐处于蓄冷状态，充满 12 ℃的冷冻水。当市电断电，电力系统转入柴发供电，在制冷水系统恢复正常运转之前，UPS 供电，冷冻水泵和末端机房空调连续运转，蓄冷罐处于放冷状态，提供末端精密机房空调冷冻水，保证连续供冷。

6.2.3.5　市政断水后不间断补水系统

设有冷却水补水池，由室外市政环状给水管引入，当市政给水出现故障时，水池容积满足系统满负荷连续运转 12 h；冷却水补水设置两套变频供水系统，设在不同的加压泵房内，互为备用。

6.2.4　正压新风系统

6.2.4.1　新风机组冷源

新风机组采用热泵型分体式直膨机组，压缩冷凝室外机设在屋面，设置两套新风机组，当一套机组维护时，剩余机组承担 70%以上的负荷。

6.2.4.2　新风气流组织

为了保证数据机房内的正压要求，设新风系统，新风量按正压值 5～10 Pa 计算。信息机房新风支管上设置电动防火风阀，平时常开，发生火灾时，根据火灾自动报警系统信号自动关闭。变频新风机组内部设置空气处理装置，保证新风质量满足要求。

新风系统实现信息机房和 UPS 电气机房正压，使渗入的灰尘和微粒减到最低的水平，同时控制室内湿度，防止静电和凝结水聚集，保证机房空调不产生冷凝水。夏季新风经表冷到室内露点温度 13 ℃送入室内回风处，冬季新风经加热盘管加热至 14 ℃后送入室内回风处，与机房空调机组回风混合后，再送入室内，湿度由安装在空调机房的湿膜加湿器控制。新风系统末端采用电动两通阀装置，通过信息机房与走道压差来控制调节电动两通风阀开启和关闭，满足信息机房 5～10 Pa 正压的要求。

6.2.5　数据机房内机房空调系统

6.2.5.1　机房空调设置原则

机房空调设置初中效过滤器；由于机房空调机为 $N+N$ 设置，为了实现其中一组内部及组间的群控，有多机群控功能。机组配置的控制器具备避免竞争运行功能，避免同一机房内多台空调机同时运行在不同的运行状态，协同实现最优制冷效果，达到节能的目的。

6.2.5.2　机房空调控制逻辑

每台机房空调带有独立的控制器，能独立控制并具有通信接口能接入集中控制系统，实现与空调运行关系密切的环境和设备监控，其主要参数包括环境状态参数：含尘浓度、温度、相对湿度、压力差、漏水运行状态、空调设备运行状态、滤网压差；机房空调状态参数：开关、制冷、冷冻水进出口温度等；报警参数：漏水报警、温度、相对湿度、传感器故障。

6.2.5.3　机房空调运维逻辑

全年、全天 24 h 运行，机房按 $N+N$ 设置机房空调机，平时 2 组系统均按 50%容量开启，热备状态既可以满足使用需求，也可以当一组系统中的某机组发生故障或遇检修关闭，控制系统能自动调整另一组机房空调系统加大容量，以确保数据机房内设备的正常运行。

6.2.5.4　漏水保护

精密空调机房、数据机房间、直接置于数据机房内精密机组周围均应设置拦水坝和漏水检测，以防止漏水影响机组运行，一旦发生漏水现象，应立即关闭机组进回水侧的水阀以保护数据机组。

6.2.6　空调水管路系统

6.2.6.1　冷冻水系统

空调冷冻水采用独立双供双回 $N+N$ 系统，系统管道立管异程布置，主要分支采用同程布置。为保证数据中心的安全性和提高机房的利用率，在信息主机房两侧设置空调间，A/B 路冷冻水供回干管分别布置在数据中心信息主机房两侧独立的空调间内，互为备用，当一套管路系统发生故障时，关断其阀门，进行检修维护，由另一套管路系统维持正常运行，保证主机房安全运行；UPS、电池室、电力配电室等房间按 A/B 路设置。

冷冻水侧采用双管制一次泵变流量系统，冷冻水泵均为变频水泵，在机房空调末端设置电动调节阀，可根据负荷调节冷水量，实现变流量系统的控制；在末端进主机房主要分支处设置压差平衡阀，用于控制管路压差平衡，可动态平衡环路的水力变化。

6.2.6.2　冷却水系统

采用闭式冷却塔；制冷运行时，经冷水机组升温后将冷却水送至冷却塔进行冷却；水温下降后，经水处理器、冷却水泵加压后再返回冷水机组；自然冷却时，关闭冷水机组，通过板式换热器实现冷冻水和冷却水换热。

6.2.6.3　补水定压系统

冷冻水系统和冷却水系统，设置软化水装置、软化水箱，自动补水定压装置定压；自动补水定压装置、软化水装置，软水箱均设置于制冷机房内；补水点设置在循环泵前；冷却塔补水系统采用自来水补水，补水点设置在冷却塔集水盘。

6.2.6.4　加湿系统

在数据机房两侧的空调间设置机房专用湿膜加湿器，在冬季及过渡季进行加湿，由送风湿度敏感元件控制加湿器的加湿量，以满足信息机房的室内湿度需求。

6.2.7 通风系统

6.2.7.1 UPS 电池间排风

UPS 电池间会产生氢气，设平时排风维持室内 5～10 Pa 负压、事故排风 12 次/h 及气体消防作用后的清空排风 5 次/h。事故排风与清空排风共用系统；事故排风时，开启有氢气泄漏的电池室的上排风口，关闭下排风口；气体消防清空排风时，开启电池室的下排风口，关闭上排风口。排风系统风机采用防爆型，并设置备用风机；钢瓶间设平时排风，常年运行。

6.2.7.2 气消后排风

设有气体灭火的房间设气体消防作用后的清空排风系统，换气次数 5 次/h，每个机房的排风支管上设有电动防火风阀或电动密闭阀，平时关闭，与火警中心连锁。气体灭火后，打开对应房间的电动防火风阀或电动密闭阀，联动排烟风机，清空机房内消防气体及废气，架空地板上下各设置一个风口；无架空地板的房间的排风口采用单层百叶风口，风口距地面 300 mm，机房新风支管上设有电动防火风阀，平时常开，当机房发生火灾，气体灭火时关闭。

6.3 暖通系统技术发展趋势

国外对于数据中心空调系统的节能方案研究，有大量的研究文献与报告，综合性方案研究，传统冷热通道封闭，水系统运行温度提高，常见的自然冷源利用方案，都是常见的研究方向，这些关键技术在前文已经采用；目前热管技术、余热回收技术等方面也有相关研究文献；而 BIM 技术、CFD 技术、服务器液冷等新技术用于空调节能研究，也在这几年开始陆续发展。

6.3.1 CFD 技术机房冷却模拟

机房气流组织受诸多因素的影响，很难归纳出一套适用性强的设计和评价方法，大部分数据中心在设计阶段对送回风系统进行不同程度的冗余配置，根据实际运行情况调整风量和送风参数，以保证最不利位置的机架得到足够的冷却，但气流组织通常会偏离设计工况，容易造成过度冷却和过量送风。由机房内空调系统大风量送风的特性，传统的集中式送回风冷却方式下，难以解决冷热空气混合、冷量分配不均、过度除湿和重复加湿等问题。如果要从根本上解决这些问题，势必要改变现有的冷却方式，采用新的排热流程。目前国内外学者对机房气流组织的研究大都利用模拟分析结合实验验证的方法来设计送回风方式、送风参数、冷热通道和设备布局，以优化气流组织，改善机房热环境。

CFD 借助理论分析和计算，对机房设备布局、冷热通道尺寸、送回风形式、孔板气流流动特性、送风参数和热环境进行分析、评价和优化，改善机房热环境，提高冷却效率，并指导工程实践。机房设备布局包括服务器机柜等设备、机房空调、送回风通道以及风口之间的位置关系，通过对不同要素的定量分析，找到设备布局对机房热环境的作用规律和关键影响因素。

6.3.2 新型制冷设备

随着数据中心的发展，全国各地均出台限制 PUE 值的政策，制冷系统与设备也在不断迭代更新。

6.3.2.1 相变制冷系统

风冷氟泵系统在数据中心领域已有较广应用。当室外环境温度低于设定点时，风冷型空调系统会利用氟泵代替压缩机进行制冷，从而达到更好的节能效果。近些年随着技术的不断更新迭代，在氟泵空调技术的基础上，一些公司糅合蒸发冷凝技术、磁(气)悬浮无油技术、自然冷却技术和动力热管技术，研发出相变制冷系统产品，整个生命周期均能高效运行。相变自然冷却系统，源侧根据换热方式不同分为风冷型、水冷型和蒸发冷型，端侧根据末端形式不同分为房级机房空调、风墙末端、行间末端和背板末端，源侧和端侧可实现自由排列组合。产品具备模块化、集约化的特点，不受场地限制，有较强适应性。

6.3.2.2 间接蒸发冷系统

目前金融行业逐步尝试使用间接蒸发冷系统满足数据中心整体能耗指标监管。利用空气—空气换热器实现室内空气与室外空气的换热，同时可以通过喷淋蒸发降低室外湿球温度。当空气换热无法满足制冷量需求时，设备开启机械制冷。相比较传统水冷系统减少了换热环节，进一步提高换热效率。间接蒸发冷系统具有室内无末端设备，能够广泛应用于自然条件优越地区等特点。

6.3.3 降低 PUE 的节能管理技术

数据中心的节能管理是一项系统工程，需要综合考虑节能措施对安全、投资、建设、运维模式带来的影响，因此，数据中心的节能必然是贯穿全生命周期的管理过程，在每一个阶段都需要确定目标，评审具体方案措施，把控成效。同时，数据中心节能管理涉及建筑、结构、消防、智能化、供配电、暖通等多个专业，需要各部门通力配合，如果一个数据中心能取得良好的节能效果，必然是跨专业协作的结果。为了实现暖通系统最优节能效果，其他专业也需要在设计阶段采用大量节能配合措施：建筑专业优化房屋的体型系数、构造措施，保证机房内的温度的稳定减少能量损耗；信息专业合理采用冷/热通道封闭方式隔离冷热气流，使冷气直接送到冷通道内为设备机柜制冷，提高机房空调的制冷效率；电力专业设置电力能源管理与能耗分析系统，实时监控暖通设备能耗特性；智能建筑专业设置建筑设备监控系统对暖通系统及环境进行实时监控，根据实际情况进行实时性、智能化的统筹管理和规划实现节能控制。

第 7 章　消防系统设计技术

数据中心是集中放置服务器、存储器等计算机设备并提供运行环境的建筑或建筑群，一般包括主机房、辅助区、支持区和行政管理区等。主机房是数据中心的核心区域，其余设备和设施均为主机房可靠运行提供服务保障。数据中心的评价指标很多，如能量使用效率(PUE)、基础设施效率(DCiE)等，但显然安全稳定运行时间才是数据中心最重要的评价指标，而火灾导致的断网和中断运行将不仅带来直接的经济损失，还将带来巨大的间接经济损失，所以，数据中心的消防系统特别重要。

7.1　消防设计概述

数据中心消防主要包含消火栓灭火系统、水喷淋灭火系统、水喷雾灭火系统、气体灭火系统、灭火器系统、超细干粉自动灭火装置、防火隔断等手段，在数据中心的消防设计中就是根据火灾风险、设备房屋需求等因素，合理选择灭火措施并开展设计。

7.1.1　消火栓灭火系统

消火栓灭火系统是最常用的灭火系统，由蓄水池、水泵、室内消火栓等主要设备构成，这些设备的电气控制包括水池的水位控制、消防用水和加压水泵的启动。在每个消火栓内设置消防按钮，灭火时用小锤击碎按钮上的玻璃小窗，按钮不受压而复位，从而通过控制电路报警，用水枪喷水灭火。

7.1.2　水喷淋灭火系统

水喷淋灭火系统由开式或闭式喷头、传动装置、管网、报警阀等组成。发生火灾时，水喷头遇高温自爆(一般是摄氏 68 ℃～70 ℃)通过安装在支管管路上的水流指示器动作并反馈给火灾报警控制系统，控制器来控制启动喷淋泵，并设有手动启动装置。该系统是一种发生火灾时能自动打开喷头灭火且并同时发出火灾报警信号的灭火设施，据统计扑灭初期火灾成功率在 97%以上。

7.1.3　水喷雾灭火系统

水喷雾灭火系统是指由水源、供水设备、管道、雨淋阀组、过滤器和水雾喷头等组成的系统，其灭火机理是当水以细小的雾状水滴喷射到正在燃烧的物质表面时，产生表面冷却、窒息、乳化和稀释的综合效应，实现灭火，适用范围包括固体火灾、闪点高于 60 ℃的可燃液体火灾（如燃油锅炉、发电机油箱、输油管道火灾等）、电气火灾（水喷雾系统的离心雾化喷头喷出的水雾具有良好的电气绝缘性，因此水喷雾系统可以用于扑灭油浸式电力变压器、电缆隧道、电缆沟、电缆井、电缆夹层等电气火灾）。

7.1.4　气体灭火系统

气体灭火系统是灭火剂以气体或液体状态存贮于压力容器内，灭火时以气体（包括蒸汽、气雾）状态喷射作为灭火介质的灭火系统。气体灭火系统已广泛应用于机房、配电房、档案室、环保清洗设备、工业除尘过滤设备等重点防护区。气体灭火系统根据灭火剂类型的不同而分为很多种，包括 IG541 混合气体灭火系统、高压二氧化碳灭火系统、热气溶胶灭火系统。

7.1.5　灭火器系统

常用灭火器分为四类：干粉灭火器、泡沫灭火器、二氧化碳灭火器和推车式干粉灭火器。不同的灭火器有不同的效果。干粉灭火器：这类灭火器是居民用得比较多的，消防栓都会有这类灭火器，适合用在易燃、可燃液体和易燃、可燃气体造成的火灾中。泡沫灭火器：这类灭火器的特点就能够喷射出大量泡沫，适合用在木材、纤维、橡胶等固体可燃物燃烧引起的火灾中。二氧化碳灭火器：这类灭火器的灭火效果十分强劲，适合用于大面积的灭火工作。推车式干粉灭火器：这类灭火器移动较方便，操作很简单，灭火效果十分强大，主要适合用在扑灭易燃液体、可燃气体和电器设备等引起的大面积火灾。

7.1.6　超细干粉自动灭火装置

超细干粉自动灭火装置包括悬挂式灭火装置、柜式灭火装置、管网灭火系统、车用灭火装置、森林灭火装置等系列产品。超细干粉灭火装置是在总结扑灭各类火灾的经验基础上，克服了类似灭火装置的缺陷，综合应用现代火灾探测、控制的先进技术而开发的消防设备。该灭火装置用氮气作为驱动体，超细干粉为被驱动体，既可采用全淹没灭火，也可采用局部保护应用灭火。

7.1.7　防火隔断

通风和空调系统中的管道，在穿越隔墙、楼板及防火分区处的缝隙采用防火封堵材料封堵。通风、空调风管穿越防火分区处，穿越通风、空调机房的房间隔墙和楼板处，穿越重要的或火灾危险性大的房间隔墙和楼板处，穿越防火分隔处的变形缝两侧均设置防火阀。位于墙、楼板两侧的防火阀、排烟防火阀之间的风管外壁采取防火保护措施。

7.2 消防关键设计技术

数据中心具有集中部署、体量巨大、建设等级高等特点，对安全可靠、绿色节能、智能运营等方面的要求非常高，除空调系统外，消防系统是保证机柜安全稳定运行，保护人民群众财产安全的必要条件，本节以单层面积为 10 000 m^2，数据主机房面积 790 m^2 的模型进行消防系统关键设计技术分析。室内给排水消防设计主要包括消防用水量设计、室内消火栓给水系统、自动喷水灭火系统、气体灭火系统、建筑灭火器、超细干粉自动灭火系统，防排烟系统、空调通风系统防火措施。

7.2.1 消火栓灭火系统设计

7.2.1.1 消火栓系统原则设计

根据用地性质确定地块属于工业用地还是公建用地；根据建筑面积、高度及火灾危险性，确认数据中心建筑性质，属于多层或高层丙类厂房，多层民建或一、二类高层公建。此问题常被消防部门提出整改。建议在消防设计前应先明确建筑性质，对未确定用地性质的政府划拨或出让用地，建议先按最严格条件(高层丙类厂房)进行设计，消防水池按 3 h 用水考虑，后期无论定性是工业厂房还是公建，消防水池都能满足需求。

因此本方案按丙类厂房设置消火栓灭火系统，同时使用水枪数量 4 支，室内消火栓充实水柱 13 m，计算用水量为 20 L/s，火灾延续时间按 3 h 计算。消防泵房内设 2 台消防泵，单台水泵流量为 20 L/s。消火栓系统为环状管网，并保证两股充实水柱可达到室内任何一点。消火栓箱内设消防软管卷盘，软管管径为 DN25，长度为 25 m；消火栓栓口直径为 65 mm，喷嘴口径为 19 mm，水带长度为 25 m。在室外设置消防水泵接合器，单套流量为 15 L/S。消火栓原理如图 7-1 所示。

7.2.1.2 消火栓系统控制要求

联动控制：消防水泵由水泵出水管上设置的低压压力开关直接自动启动室内消火栓水泵；高位消防水箱出水管上的流量开关只报警不启泵；各消火栓箱内配置消防按钮，有火警时按下按钮，消火栓按钮的动作信号传至消防控制中心，由消防联动控制器联动控制启动消火栓加压泵。

手动控制：消火栓泵的启、停，可在消防控制室及消防泵房内手动控制。消防水泵不应

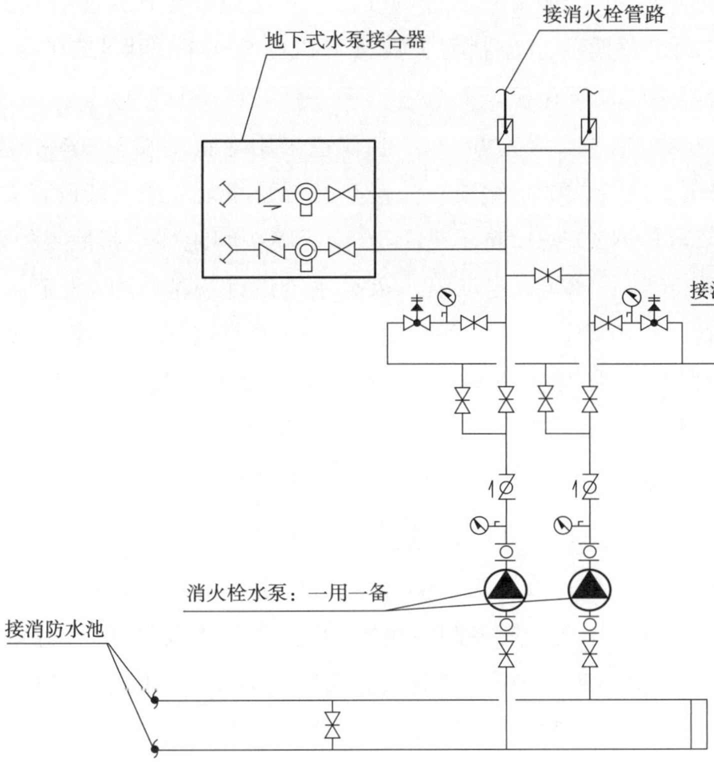

图 7-1　消火栓原理

设置自动停泵的控制功能，停泵应由具有管理权限的工作人员根据火灾扑救情况确定。消防水泵控制柜在平时应使消防水泵处于自动启泵状态；消防水泵控制柜应设置机械应急启泵功能，并应保证在控制柜内的控制线路发生故障由有管理权限的人员在紧急时启动消防水泵。机械应急启动时，应确保消防水泵在报警后 5 min 内正常工作。

消防控制柜或控制盘应设置专用线路连接的手动直接启泵按钮；消防控制柜或控制盘应能显示消防水泵和稳压泵的运行状态；消防控制柜或控制盘应能显示消防水池、高位消防水箱等水源的高水位、低水位报警信号，以及正常水位；就地也可以显示；消防控制柜应具有自动巡检功能。

7.2.2　水喷淋灭火系统设计

7.2.2.1　水喷淋系统原则设计

除变电所及各电气设备用房、楼梯间及其他设置气消系统的房间，以及不宜采用自动喷水系统灭火的配电、配线间以外的其他房屋、区域均设喷淋系统。设置预作用自动喷水灭火系统，均按中危险 1 级设计自动喷水灭火系统，喷水强度 6 L/min・m^2，作用面积 160 m^2；系统计算消防用水量 40 L/S，喷头最小工作压力为 0.05 MPa，火灾延续时间为 1 h，消防泵房内设 2 台消防泵,互为备用,单台水泵流量为 40 L/s。一层设置预作用报警阀组 2 组,水力警铃引到公共走廊 。每个报警阀组控制喷头数量不超过 800 个。供水动压大于 0.4 MPa 的配水管上水流指示器前加减压孔板。

喷头采用玻璃球喷头,喷头温级为 68 ℃。会议室采用隐蔽型喷头,非采暖区域设置的预作用下垂型喷头采用专用干式下垂型喷头。镂空吊顶处和无吊顶区域设直立型喷头。喷头备用量为总数的 1%,每种喷头备用量不少于 10 个。喷头间距如与其他工种发生矛盾时,喷头的布置应满足 GB 50084—2001《自动喷水灭火系统设计规范》中的规定。当遇到跨度超过 1.2 m 风管时,在其下方增设喷头。每个防火分区(或每层)的水平管上设信号阀与水流指示器,每个报警阀组控制的最不利点喷头处设末端试水装置,最不利点喷头处均设 DN25 的试水阀。水喷淋原理如图 7-2 所示。

7.2.2.2 水喷淋系统控制要求

火灾时,湿式系统喷头感温自动开启,水流驱动水流指示器动作,信号反馈至消防控制中心控制设备,同时相对应的湿式报警阀动作、由经过延迟器的水力推动敲响水力警铃;预作用系统在火灾时,探测器作用向报警控制器报警,开启预作用报警阀,并开启放气阀。在压力开关报警输出信号至消防控制中心,自动或手动启动喷水泵,也可在泵房内就地控制。其运行情况反映在消防控制中心和消防泵房的控制盘上。水泵启动后便不能自动停止,消防结束后手动停泵。在喷头未动作前若消防中心确认是误报警,手动停泵。水流指示器、电信号阀、报警阀动作均向消防控制中心发出声光信号。屋顶喷淋稳压泵由稳压罐连接管道上的电接点压力表控制。

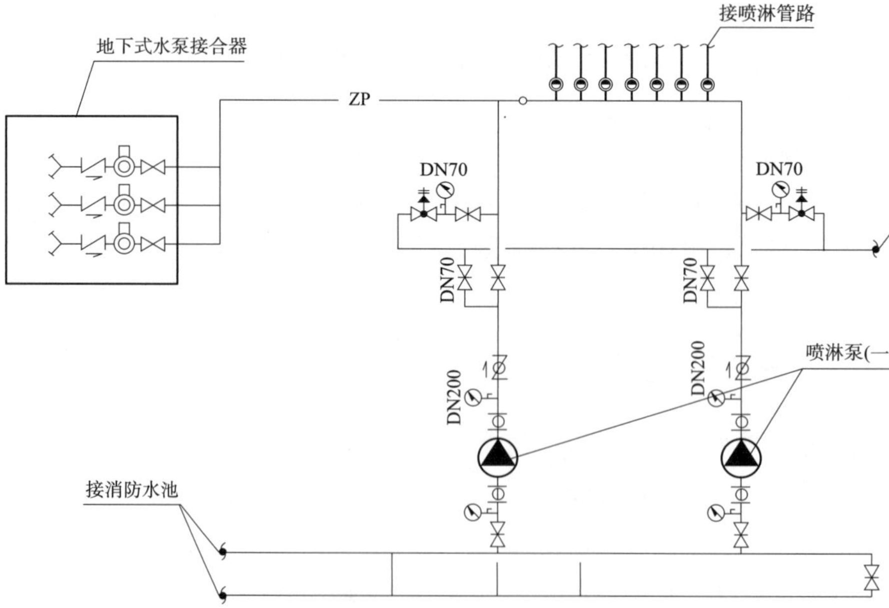

图 7-2 水喷淋灭火原理

7.2.3　气体灭火系统设计

7.2.3.1　气体灭火系统原则设计

变配电用房、通信机房、信息主机房、UPS 间等采用有管网 IG541 气体灭火系统。采用全淹没灭火方式设计，设计喷放时间限于 1 min 内（且大于 48 s）。假定所有保护区域内，通常情况下的正常温度约为 20 ℃，可能出现的最低温度约为 16 ℃、极端最高温度约为 32 ℃。IG541 气体灭火系统的最小设计灭火浓度为 37.5%（16 ℃时）最大设计灭火浓度为 42.8%（32 ℃时），灭火时间限于 1 min 内。环境温度：有空调的防护区 16～32 ℃，无空调防护区 0～36 ℃，气瓶室 0～36 ℃；相对湿度：0～95%；海拔高度：0 m；供电电压范围：220 V±10%（一级消防负荷）。气体灭火原理如图 7-3 所示。

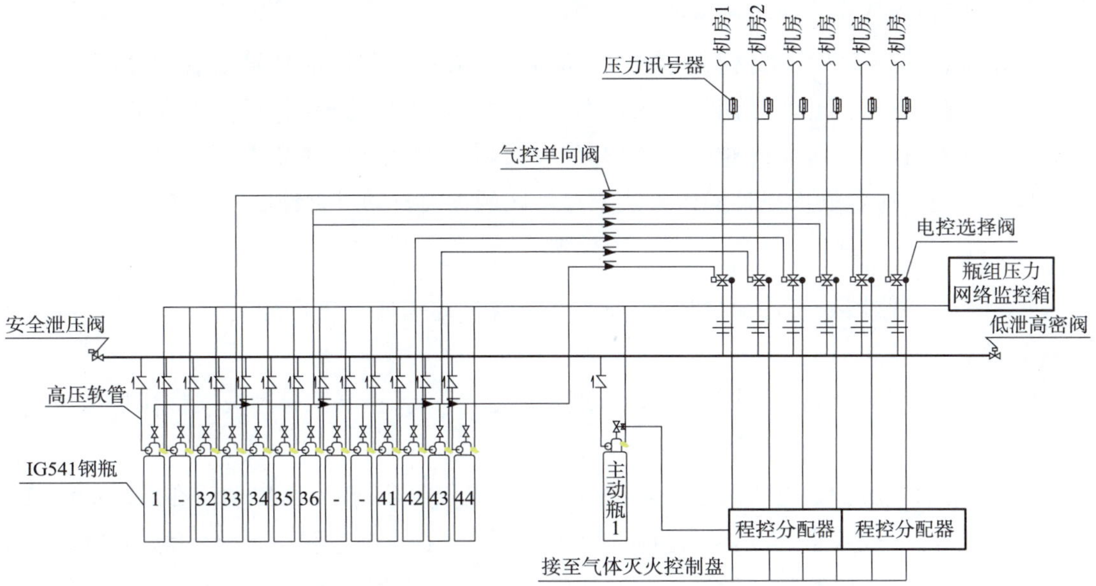

图 7-3　气体灭火原理

7.2.3.2　气体灭火系统原理

IG541 气体对扑灭 A、B、C 类火灾是一种有效的灭火剂，该灭火剂由三种自然存在于大气中的惰性气体组成，分别为 52%的氮气、40%的氩气和 8%的二氧化碳。当 IG541 气体按规定的设计灭火浓度喷放于需要的区域中时，可以在 1 min 之内将区域内的氧浓度迅速降至 12.5%，使其不能维持燃烧而达到灭火的目的。同时，在低氧气的环境中，IG541 气体中的二氧化碳对人体平衡需氧量具有重要作用；当二氧化碳浓度增加到空气总体积的 2%到 5%时，能引起人体深呼吸，从而加速血液循环；当氧气浓度低于 12%时，人体仍有足够的氧气进行呼吸。至于其中的氩气，还具有加强 IG541 气体在保护区域中的流动性，进一步提高灭火效率的作用。

7.2.3.3 气体灭火系统对防护区要求

储存装置宜设在专用储瓶间内；储瓶间宜靠近防护区，并应符合建筑物耐火等级不低于二级的有关规定及有关压力容器存放的规定；应有直接通向室外或疏散走道的出口，设有可关闭的甲级防火门，储瓶间的门应向外开启；储瓶间内应设应急照明，并宜设消防专用电话；储瓶间应有良好的通风条件，地下储瓶间应设机械排风装置；钢瓶间承重要求根据钢瓶间实际排布并满足结构专业荷载计算要求。

防护区应为独立的封闭的空间；防护区围护结构及门窗的耐火极限均不宜低于 0.5 h，吊顶的耐火极限不宜低于 0.25 h，围护结构承受内压的允许压强不宜低于 1 200 Pa；防护区的门应向疏散方向开启，并能自行关闭，用于疏散的门必须能从防护区内打开；各防护区应配备专用的空气呼吸器或氧气呼吸器。

7.2.3.4 气体灭火系统对控制要求

本系统启动方式为启动钢瓶的电磁启动器接收火灾控制器信号直接启动，启动瓶释放启动气体，启动气体打开所需储气瓶的容器阀和对应防护区选择阀，释放灭火剂，经对应防护区的选择阀，使灭火剂流向对应的防护区。IG541 气体灭火系统要求同时具有自动操作、手动操作和机械应急操作三种操作方式。保护区域火灾自动报警控制系统满足规范要求。

1. 自动操作方式

气体灭火控制器处于自动控制状态时，系统将自动完成火灾探测、报警、联动控制及灭火整个过程。

第一步：防护区内的单一探测回路探测到火灾信号后，控制器启动设在该保护区域内的报警装置，同时向 FAS 系统提供火灾预报警信号。

第二步：同一防护区内的两个回路都探测到火灾信号后，控制器启动设在该防护区域外的声光报警器，并进入延时状态（延时时间 0～30 s）。在延时过程中，气体灭火控制器关闭空调、风机、防火阀、门等联动设施。此时如发现是系统误动作，或确有火灾发生但仅使用手提式灭火器和其他移动式灭火设备即可扑灭火灾，可按下设在保护区域门外的紧急启/停按钮（必须持久按下，直至系统复位），可以使系统暂时停止释放药剂。如需继续开启 IG541 气体灭火系统，则只需松开紧急停止开关即可。

第三步：0～30 s 延时结束时，电磁启动器接收火灾控制器信号直接启动，启动瓶释放启动气体，启动气体打开所需储气瓶的容器阀和对应防护区选择阀，释放灭火剂，经对应防护区的选择阀，使灭火剂流向对应的防护区。压力开关将信号传 FAS 系统和控制器（释放指示灯及压力开关回路），由控制器启动防护区外的放气指示灯。防护区域门外的声光报警器在灭火期间将一直工作，警告所有人员不能进入保护区域，直至确认火灾已经扑灭。

2. 手动操作方式

气体灭火控制器处于电气手动控制状态时，发生火灾后（人员判断），人员应迅速撤离防护区，在确认防护区已无人员后，按下防护区外的紧急启/停按钮，系统将不经过延时直接由控制器输出有源信号至分配器，电磁启动器接收火灾控制器信号直接启动，启动瓶释放启动气体，启动气体打开所需储气瓶的容器阀和对应防护区选择阀，释放灭火剂，经对应防护区的选择阀，使灭火剂流向对应的防护区。压力开关将信号反馈至控制器，由控制器启动防护区外的放气指示灯。防护区域门外的声光报警器在灭火期间将一直工作，警告所有人员不能进入保护区域，直至确认火灾已经扑灭。在释放 IG541 气体灭火系统同时，控制器关闭空调、风机、防火阀、门窗等联动设施。

3. 机械应急操作方式

机械应急操作实际上是机械方式的操作，只有当发生特殊情况时，如控制器、探测器、自动控制、电气手动控制失效时，才需采用应急操作。当需要手动启动时，先通过电磁铁，手动开启相应防护区的电控选择阀，然后手动开启主动瓶，进行气体释放，对应的钢瓶会随后开启，详细过程见自动操作方式第三步。

7.2.4　灭火器系统设计

配电用房、通信机房、信息机房、UPS 间等按 E 类火灾、严重危险级配置推车式 CO_2 灭火器，每具灭火器的最小配置灭火级别为 89 B，保护距离 18 m；其他部位按 A 类火灾、中危险级配置手提式磷酸铵盐灭火器，保护距离 20 m；每处消火栓组合柜内均设有 2 具手提式磷酸铵盐干粉灭火器。其余单独设置的灭火器，其放置方式应符合《建筑灭火器配置设计规范》中相关规定的要求。

7.2.5　干粉灭火系统设计

配线间采用超细干粉无管网灭火系统，为局部应用系统。可采用感温元件启动、热引发启动及电引发启动三种方式。每个防护区内设预制灭火装置若干套，每个防护区或保护对象所用预制灭火装置超过 2 套时，应同时启动，其动作响应时间差不得大于 2 s。

7.2.6　防火隔断设计

排烟风机入口总管上设置排烟防火阀，当烟气温度超过 280 ℃时能自动关闭，且与排烟风机联锁。通风和空调系统中的管道，在穿越隔墙、楼板及防火分区处的缝隙采用防火封堵材料封堵。通风、空调风管穿越防火分区处，穿越通风、空调机房的房间隔墙和楼板处，穿越重要的或火灾危险性大的房间隔墙和楼板处，穿越防火分隔处的变形缝两侧均设置防火阀。位于墙、楼板两侧的防火阀、排烟防火阀之间的风管外壁采取防火保护措施。风管管材及其保温材料均采用不燃材料，空调冷媒管保温采用难燃型保温材料。

7.3　消防系统技术发展趋势

数据中心建筑规模不断扩大，功能布局越来越复杂，数据中心消防问题也越来越严峻，一旦出现火灾，不仅造成巨大经济损失，还会造成通信、金融、信息存储等领域瘫痪及数据损失，对人民日常生活带来严重影响。因此，数据中心采用有效的灭火系统尤为重要。

7.3.1　不断总结优化既有技术

数据中心消防灭火系统设计是一个庞大的系统工程，数据中心布置有大量不同功能的房间，包括主机房、辅助区、支持区和行政管理区等；需不断总结及积累规划设计、工程建设、运行管理经验，在满足规范要求的前提下，不断优化现有室内消火栓系统、自动喷水灭火系统、气体灭火系统、建筑灭火器、超细干粉自动灭火系统方案，设置更加合理、科学的消防灭火系统。

7.3.2　不断消化吸收新技术

随着社会科学技术快速发展和技术规范的更新，适当引入新的消防技术，例如脉冲灭火技术，火探管等技术应用，使数据中心消防灭火系统更加全面，功能进一步完善。

脉冲灭火装置由灭火剂供给装置、启动原件、热敏线、消防电源及显示盘组成，是一种高效的灭火技术，遇火瞬间启动，通常灭火时间小于 1 s，在局部区域形成全淹没状态，实现快速响应、早期抑制、高效灭火。

火探管灭火装置由火探管（温度传感器）、灭火剂供给装置、控制装置组成，是一种自动灭火装置，当火焰产生时会产生热辐射，辐射热会被火探管感应到，快速触发灭火装置灭火。

第8章　智能建筑系统设计技术

数据中心需要对大量的机电设备进行统一管理，并采用技防的手段实现安全防护，就需要通过数据中心的智能建筑实现。本章对高速铁路数据中心智能建筑系统设计技术进行介绍，重点包含数据中心智能安防系统、建筑设备监控系统、火灾自动报警系统等关键设计技术，并进一步介绍了数据中心智能建筑系统的发展趋势。

8.1　智能建筑设计概述

智能建筑系统是为建筑物提供智能化功能的系统，本节从智能建筑基本概念、智能建筑设计原则、智能建筑架构规划、智能建筑系统配置、数据中心智能建筑要求等方面进行介绍，为读者提供智能建筑系统的基础概念，并介绍数据中心对智能建筑系统的需求。

8.1.1　智能建筑基本概念

在信息科技发展的推动下，以建筑物为载体，以数字化、网络化等信息化应用为显著技术特征的建筑智能化系统工程，集架构、系统、应用、管理及其优化组合，有效提升了各类智能化信息的综合应用功能；建筑物逐步形成以人、建筑、环境互为协调的整合体，从而构成具有感知、传输、记忆、推理、判断和决策的物类化生命体综合效应的智慧能力；人们对工作和生活环境的建筑物具有安全、高效、便利、生态及可持续发展的现代功能需求，智能建筑更贴切地适应并满足这些需求。

8.1.2　智能建筑设计原则

1. 绿色环保

以节约资源、保护环境为主题的绿色建筑是国家对建筑工程建设要求的基本导向。智能建筑工程设计应以建设绿色建筑为目标，做到功能实用、技术适时、安全高效、运营规范和经济合理。

2. 适应需求

智能建筑通过智能化技术与建筑技术的融合，有效提升建筑综合性能的同时，应遵循以应用功能为依据、运营规范为目标、技术适时为前提、经济合理为基础的智能化系统工程建设技术路线。

3. 提升技术功效

智能建筑工程设计应增强建筑物的科技功能和提升智能化系统的技术功效，具有适用性、开放性、可维护性和扩展性。建筑智能化系统工程设计应注重以智能化的科技功能与智能化系统工程的综合技术功效互为对应，以科学、务实的技术理念指导工程设计，提升智能化系统工程技术的发展前景和拓展智能化系统的应用空间。

8.1.3 智能建筑架构规划

智能化系统工程的架构规划是开展建筑智能化系统工程整体技术行为的顶层设计。智能建筑建设已经进入了信息化、智能化、数字化的发展时期，智能化系统工程正在形成网络化、服务化、配套化的发展形态，并逐步向泛在化、协同化的智能功效方向演进。

因此，在进行架构规划时应把握信息化体系建设的基本规律，以科学的顶层设计方式，梳理建筑智能化系统工程信息化体系的理论与实践等系列问题，以建筑的应用功能为起点，“由顶向下”并基于建筑物理形态和信息交互主线融合的整体设计，架构规划应符合下列规定：

(1)满足建筑物的智能化、信息化应用需求；

(2)支持各智能化系统的信息关联和功能汇聚；

(3)顺应智能化系统工程技术的可持续发展；

(4)适应智能化系统综合技术功效的不断完善；

(5)综合体建筑的智能化系统工程应适应多功能类别组合建筑物态的形式，并应满足综合体建筑整体实施业务运营及管理模式的信息化应用需求。

智能化传递的全过程涵盖了智能化信息的采集和汇聚、分析和处理、交互和共享。智能化系统工程的架构规划分项按设施架构整体层次化的结构形式，分别包括基础设施、信息服务设施及信息化应用设施分项。与基础设施层相对应，基础设施为公共环境设施和机房设施，主要包括信息通信基础设施、建筑设备管理设施、公共安全设施、机房环境设施和机房管理设施等；与信息服务层相对应，信息服务设施为应用信息服务设施的信息应用支撑设施部分，主要包括语音应用支撑设施、数据应用支撑设施和多媒体应用支撑设施等；与信息化应用设施层相对应，信息化应用设施为应用信息服务设施的应用设施部分，主要包括公共应用设施、管理应用设施、业务应用设施、智能信息集成设施等。

智能化系统工程设施架构如图 8-1 所示。

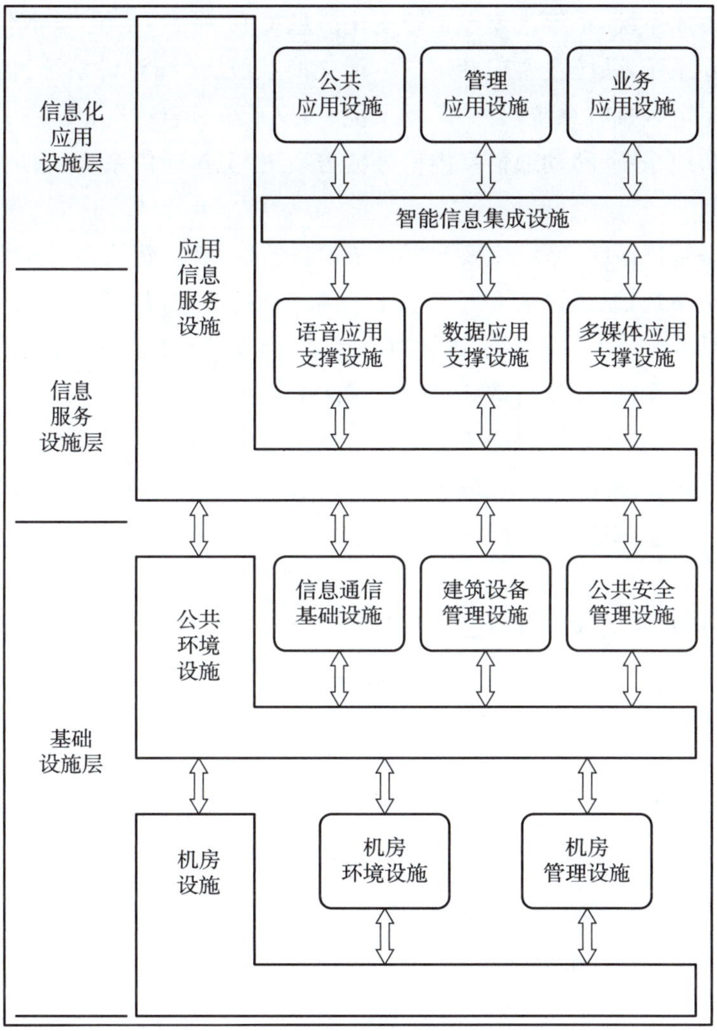

图 8-1　智能化系统工程设施架构

8.1.4　智能建筑系统配置

智能化系统工程的系统配置应以设计等级和架构规划为依据，形成以智能化系统工程应用为工程设计主导目标的各智能化系统的分项配置及整体构建，与信息设施架构相对应，智能化系统工程的系统配置分项以信息化应用系统、智能化集成系统、信息设施系统、建筑设备管理系统、公共安全系统、机房工程为系统技术专业划分方式和设施建设模式进行展开，具体如下：

(1)信息化应用系统，系统主要包括公共服务系统、智能卡系统、物业管理系统、信息设施运行管理系统、信息安全管理系统、通用业务系统、专业业务系统、满足相关应用功能的其他信息化应用系统等；

(2)智能化集成系统，系统主要包括智能化信息集成(平台)系统、集成信息应用系统；

(3)信息设施系统，系统主要包括用户电话交换系统、无线对讲系统、信息网络系统、有线电视系统、卫星电视接收系统、公共广播系统、会议系统、信息导引及发布系统、时钟系统、信息接入系统、布线系统、移动通信室内信号覆盖系统、卫星通信系统、满足需要的其他信息设施系统等；

(4)建筑设备管理系统，系统主要包括建筑设备监控系统、建筑能效监管系统等；

(5)公共安全系统，系统主要包括火灾自动报警系统、入侵报警系统、视频安防监控系统、出入口控制系统、电子巡查系统、访客对讲系统、停车库(场)管理系统、安全防范综合管理(平台)、应急响应系统、其他特殊要求的技术防范系统等；

(6)机房工程，智能化系统机房工程主要包括信息接入机房、有线电视前端机房、信息设施系统总配线机房、智能化总控室、信息网络机房、用户电话交换机房、消防控制室、智能化设备间(弱电间)、应急响应中心、机房安全系统、机房综合管理系统、其他所需的智能化设备机房等。

与信息设施架构相对应，智能化系统工程的系统配置分项展开详见表 8-1。

表 8-1 智能化系统配置分项

<table>
<tr><td rowspan="9">信息化应用设施</td><td rowspan="18">应用信息服务设施</td><td rowspan="2">公共应用设施</td><td rowspan="7">信息化应用系统</td><td>公共服务系统</td></tr>
<tr><td>智能卡应用系统</td></tr>
<tr><td rowspan="3">管理应用设施</td><td>物业管理系统</td></tr>
<tr><td>信息设施运行管理系统</td></tr>
<tr><td>信息安全管理系统</td></tr>
<tr><td rowspan="2">业务应用设施</td><td>通用业务系统</td></tr>
<tr><td>专业业务系统</td></tr>
<tr><td rowspan="2">智能信息集成设施</td><td rowspan="2">智能化集成系统</td><td>智能化信息集成(平台)系统</td></tr>
<tr><td>集成信息应用系统</td></tr>
<tr><td rowspan="9">信息服务设施</td><td rowspan="2">语音应用支撑设施</td><td rowspan="9">信息设施系统</td><td>用户电话交换系统</td></tr>
<tr><td>无线对讲系统</td></tr>
<tr><td>数据应用支撑设施</td><td>信息网络系统</td></tr>
<tr><td rowspan="6">多媒体应用支撑设施</td><td>有线电视系统</td></tr>
<tr><td>卫星电视接收系统</td></tr>
<tr><td>公共广播系统</td></tr>
<tr><td>会议系统</td></tr>
<tr><td>信息引导及发布系统</td></tr>
<tr><td>时钟系统</td></tr>
</table>

续上表

基础设施	公共环境设施	信息通信基础设施	信息设施系统	信息接入系统
				布线系统
				移动通信室内信号覆盖系统
				卫星通信系统
		建筑设备管理系统	建筑设备管理系统	建筑设备监控系统
				建筑能效监管系统
		公共安全管理设施	公共安全系统	火灾自动报警系统
				入侵报警系统
				视频安防监控系统
				出入口控制系统
				电子巡查系统
				访客对讲系统
				停车库(场)管理系统
				安全防范综合管理(平台)系统
				应急响应系统
	机房设施	机房环境设施	机房工程	信息接入机房
				有线电视前端机房
				信息设施系统总配线机房
				智能化总控室
				信息网络机房
				用户电话交换机房
				消防监控室
				智能化设备间(弱电间)
				应急响应中心
		机房管理设施		机房安全系统
				机房综合管理系统

8.1.5　数据中心智能建筑要求

数据中心智能建筑系统的设置主要依据 GB 50174—2017《数据中心设计规范》中的相关规定，主要包括环境和设备监控系统、安全防范系统、火灾自动报警系统、数据中心基础设施管理等智能化系统。数据中心各系统的设计根据机房的等级，按照表 8-2 中的技术要求实施。

表 8-2 数据中心智能建筑系统技术要求

项目	技术要求			备　注
	A 级	B 级	C 级	
环境和设备监控系统				
空气质量	应检测粒子浓度		—	离线定期检查
空气质量	应检测温度、露点、压差		宜检测温度、露点	在线检测或通过数据接口将参数接入机房环境和设备监控系统中
漏水检测报警	应装设漏水感应器			
强制排水设备	应检测设备的运行状态			
集中空调和新风系统、动力系统	应检测设备运行状态、滤网压差			
机房专用空调	应检测状态参数：开关、制冷、加热、加湿、除湿、水阀开度、水流量 应检测报警参数：温度、相对湿度、传感器故障、压缩机压力、加湿器水位、风量			
供配电系统	应检测开关状态、电流、电压、有功功率、功率因数、谐波含量、电子信息设备用电量、数据中心用电量、电能利用效率		宜根据需要选择	
不间断电源系统	应检测输入和输出功率、电压、频率、电流、功率因数、负荷率；电池输入电压、电流、容量；同步/不同步状态、不间断电源系统/旁路供电状态、市电故障、不间断电源系统故障		宜根据需要选择	
电池	应检测监控每一个蓄电池的电压、内阻、故障和环境温度	应检测监控每一组蓄电池的电压、故障和环境温度	—	
柴油发电机系统	应检测油箱(罐)油位、柴油机转速、输出功率、频率、电压、功率因数		—	
主机集中控制和管理	应采用带外管理或 KVM 切换系统		—	
安全防范系统				
安全出口	应设置推杆锁和视频监视，并应与总控中心连锁报警		应设置推杆锁	—
总控中心	应设置出入控制(识读设备采用读卡器)和视频监视		应设置推杆锁	—
安防设备间	应设置出入控制(识读设备采用读卡器)	应设置入侵探测器	应设置机械锁	
主机房出入口	应设置出入控制(识读设备采用读卡器)或人体生物特征识别、视频监视	应设置出入控制(识读设备采用读卡器)和视频监视	应设置机械锁和入侵探测器	—
主机房内	应设置视频监视		—	—
建筑物周围和停车场	应设置视频监视		—	适用于独立建筑的机房

铁路数据中心智能建筑系统和核心功能主要包含智能安防、建筑设备监控、火灾自动报警系统三部分内容。智能建筑的三大系统保障数据中心基础设施的安全、可靠运行，其中智能安防是数据中心安全防护的保障，建筑设备监控是数据中心机电设备可靠运行的保障，火灾自动报警是数据中心防火减灾的保障。按照铁路数据中心的特点和需求，定制化的研究具有特色的符合运维习惯的数据中心智能建筑系统方案，对于保障数据中心安全可靠运行具有重要意义。

8.2　智能建筑系统关键设计技术

数据中心对智能建筑系统的核心诉求是支撑电子信息系统设备的安全、持续运行。其中，包含视频监控、出入口控制、周界防范的智能安防系统可以最大程度上为数据中心安全防范提供技术支撑手段，对机电设备进行统一管控的建筑设备监控系统在远程统一管理之上更是可靠性监控、节能管理的基础，火灾自动报警系统则可以规避、减轻火灾对数据中心的损害，均是对数据中心起到关键作用的智能建筑系统组成部分。

8.2.1　数据中心智能安防系统设计技术

数据中心智能安防系统包含视频监控系统、出入口控制系统、周界防范系统。从数据中心安防需求角度出发，结合设备安防等级高、值守人员数量少、具备事件反溯能力的特点需求，构建适用于数据中心的智能化、一体化、全面化安防系统技术方案。

8.2.1.1　智能安防平台设计方案

铁路中心承载了国铁集团级信息系统及全路的数据备份，其重要性非常高。但数据中心规模庞大，完全靠人员进行巡检无法实现可靠的安全防护，需要提高安防平台的智能化水平，通过智能化手段及早发现问题、联动确认复核、降低误报率，从实际上提高数据中心的安全性。

1. 智能安防平台整体架构

数据中心智能安防平台是一套具备先进性、集成化、数字化、智能化的集成平台，包含视频监控、出入口控制、周界防范等多个子系统，在统一平台下实现多子系统的统一管理与互联互动，对外提供统一的显示、告警、联动及人机交互界面，提高数据中心安保人员的易用性和管理效率。

智能安防平台整体架构如图 8-2 所示。

智能安防平台采用先进、集成、安全、可靠的技术，同时考虑数据中心使用过程中对安防功能需求的变化，整个平台应是一个具备开放性、可扩展性的标准化平台。

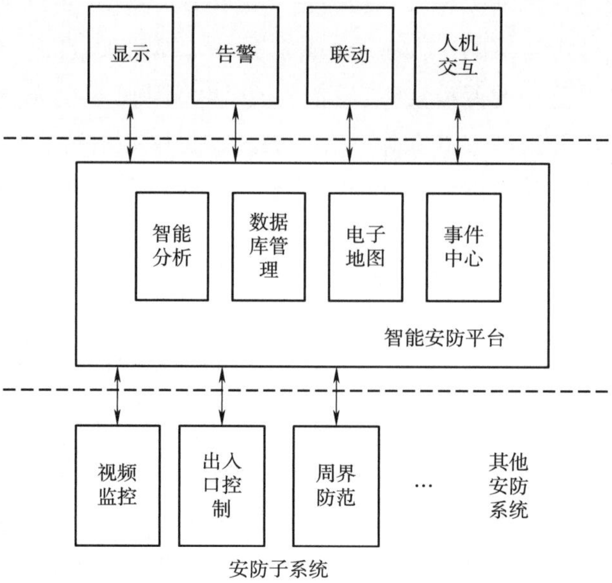

图 8-2　智能安防平台整体架构

(1)智能安防平台设计原则。

先进性:采用先进的存储、管理技术,适当的网络组合,使其发挥最佳的集成效果。

集成性:标准接口满足各系统之间的联动或系统集成需要,符合国际标准或国际流行标准。

安全性:多级安全防范措施,包括加密传输、身份认证等多种方法组合防护,根据不同的需要进行不同的安全等级设计,最大程度地保护整个安防系统的自身安全。

可靠性:重点保证系统设备的适用性与方案的可靠性,使其长期地发挥其功效。

可扩展性:系统需兼顾目前的安全防范需求和今后较长时期的安全防范技术发展需要,即要确保系统具有良好的可扩展性。

实用性:安全防范是系统建设的目的,如果脱离开实际使用目的而只是简单堆砌一些安全防范技术,那无异于空中楼阁。安全防范系统设计的实用性建立在对用户需求的仔细理解基础上,为用户解决实际问题或者需求。

标准化:系统采用统一的系统标准和通信协议,使整个系统的各个子系统间能互联互控,充分发挥整个系统的功效。

(2)智能安防平台级功能。

①平台级安防应用功能。平台级安防应用功能为智能安防集成系统提供基础的框架支持和集中管理,对组织、区域信息进行统一管理,对信息进行统一管理和配置,对用户和用户权限进行统一管理,使各子系统模块之间达到资源共享、协作联动和统一调度。

②数据库管理。通过对数据库的统一管理,保证系统资源的数据独立、高度共享、使用

方便、运行可靠、可修改性和可扩充性以及能充分描述数据间的内在联系，并严格按照安全策略(包括系统安全策略、数据库安全策略、用户安全策略)对数据库执行相应的操作。

③电子地图。利用电子地图配置与控制各子系统资源，在二维或三维界面展示这些资源的地理位置、细节图以及相应的报警信息等综合业务。

④事件中心。事件中心提供综合安防管理平台中各子系统的事件配置、分发、上报、联动等功能，并支持批量事件规则与联动，将各个子系统的事件灵活管理，协同运作完成整个智能安防平台的功能。

⑤智能分析。智能安防平台实现视频监控、出入口控制、周界防范系统的联动与智能分析功能。

2. 智能安防功能分析

智能安防平台的功能主要按照以下几个方面进行讨论，包含视频监控系统、出入口控制系统自身的智能化需求；视频监控与周界防范系统、视频监控与出入口控制协同实现的智能化需求；智能安防平台综合视频监控、出入口控制、周界防范统一实现的智能化需求。

(1)视频监控智能分析功能。

①越界/区域入侵侦测功能。越界侦测指侦测视频中是否有目标跨越设置的警戒线。区域入侵指侦测视频中是否有目标入侵设置的警戒区域，目标以任何方式出现在规则区域内都可以，如图 8-3 所示。

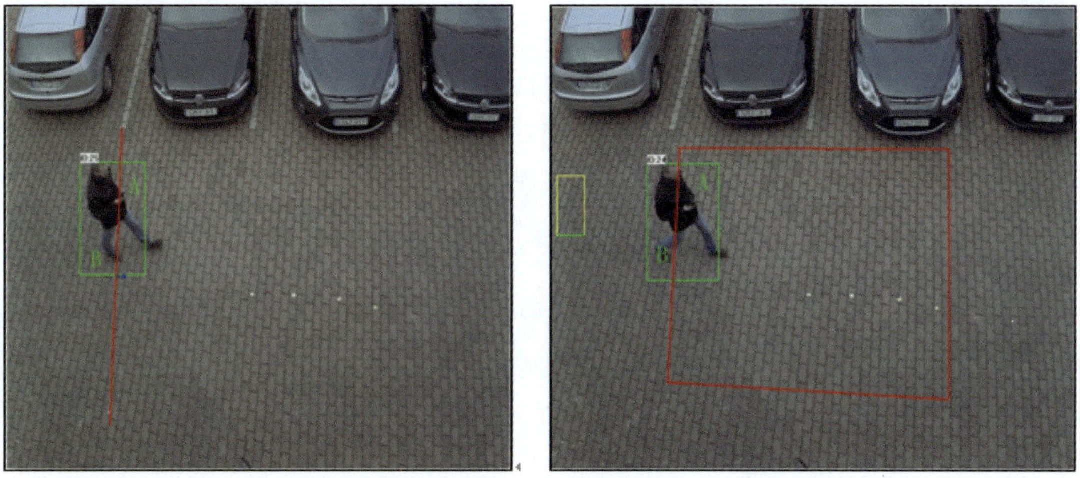

图 8-3　越界/区域入侵侦测功能示意

视频监控系统对视频做实时检测，一旦侦测到目标入侵用户设置的警戒线/区域，系统自动产生报警。一般场景包括园区周界、建筑物出入口、重点机房出入口等。

结合现场实际情况，由于树木、动物等产生的误报较多，一般实际应用中多采用深度学习算法在判定入侵的目标为人/车目标后再发出报警信号的方式来降低误报率。

②人体特征识别功能。对视频监控系统获取图片中的人体进行结构化属性分析和建模。属性包括:性别、年龄段、上衣颜色、是否戴眼镜、是否背包、是否骑车。

属性分析让非结构化的视频录像变得更有价值,可直接通过属性去检索报警人员目标。人体建模是通过算法对目标人体图生成一条二进制模型数据,模型数据可进行模型之间的比对,可用于人体图片的以人搜人。按模型检索和按属性检索可大大提高人体目标的查询效率。

通过视频监控系统联动不同区域、位置的摄像机,可以对数据中心中人员流动情况进行自动识别,从而对可疑行为进行提前预警、事后追溯,或对计划运维行为的实际执行情况进行复核。

③人脸识别功能。人脸识别是基于人的脸部特征信息进行身份识别的一种生物识别技术。用摄像机或摄像头采集含有人脸的图像或视频流,并自动在图像中检测和跟踪人脸,进而对检测到的人脸进行脸部识别的一系列相关技术。

通过人脸识别,可以判断进入数据中心的人员是否有授权,从而判断是否为数据中心认可的工作人员,可以用于园区出入考勤、门禁联动等。

(2)出入口智能管理功能。采用一卡通的出入口管理模式,对园区大门、建筑物出入口、速通门、电梯等采用统一管理、记录和关联,可以显示一个人员在数据中心内的行进路线。

在主要出入口的速通门处考虑采用人脸识别功能,以提高常驻运维人员的迅速便捷通行。

(3)周界防范与视频监控联动。红外对射、震动光纤、电子围栏等周界防范措施均存在误报的可能。同时,在周界防范设备发出告警信号后,如果缺少核实现场情况的措施,人员到现场检查时侵入者往往已经移动,难以回溯发生的具体事件。

通过将周界防范与视频监控联动,可以实现以下功能:

①周界防范报警与视频监控入侵分析相结合,视频监控利用越界/区域入侵侦测功能作为报警复核,降低误报率。

②周界防范报警后视频监控系统弹窗,将告警点位对应的视频画面展示在屏幕上,供值班人员即刻了解现场情况,同时对事件内容对应画面进行记录存储,便于回溯。

③视频监控系统对入侵人员进行全过程追踪定位,为值班人员提供精确信息。

(4)出入口控制与视频监控联动。将出入口控制系统动作、认证信息与视频监控系统联动,实现对每一个出入口进、出人员行为进行记录。同时,针对非法刷卡、恶意破坏等行为可以由视频监控系统发出弹窗,直接推送给值班人员。

(5)智能安防分析功能。通过智能安防平台将视频监控、出入口控制、周界防范几项重要的安全防范系统整合起来,利用智能分析的手段提高数据中心的整体安全性水平,体现在:

①入侵人员的全过程追踪。传统安防系统若有入侵人员,需要安保人员现场核查、调取

摄像机画面等手段，经过这些流程入侵人员已经移动至其他地方，甚至已经破坏后离开。

智能安防平台掌握了入侵信息，与出入口、视频信息结合，利用智能分析人体特征的方式追踪入侵者轨迹，可以实时定位入侵者的位置，并且在视频监控中显示其行为，可以有效调动安保人员执行任务，避免数据中心的损伤。

②运维过程管控。数据中心内难以避免设备更换、维修、调整，就需要于运维人员进入数据中心。其中，运维人员可能包含有外部厂商人员，对于他们的管理需要进行适当的强化。

通过智能化的安防平台，可以通过规划运维人员的行进线路，利用出入口控制系统确保其行进线路的门开启，锁闭非行进方向的门；并通过视频监控进行实时监视。可以极大程度上降低数据中心管理人员的工作量。

3. 智能安防系统间接口分析

（1）智能安防系统内部接口。视频监控系统、出入口控制系统与周界防范系统通过统一智能安防平台实现数据互联互通，利用同一套电子地图、数据库、事件中心及智能分析平台，实现各类智能安防功能。

（2）与火灾自动报警系统接口。视频监控系统、出入口控制系统与火灾自动报警系统设置接口。当火灾发生的情况下，火灾自动报警系统将火灾发生位置的信息传递给视频监控系统，视频监控系统立即弹窗展示相关监控画面，从而及早进行火灾情况的复核。

同时，当确认火灾发生的情况，需要由火警信息联动出入口控制系统，为逃生救援提供安全通道，将门禁、速通门等系统锁闭的门全部打开。

（3）与各类专业监控系统接口。以建筑设备监控系统、电力监控系统为例，当系统发生故障或检修时，将信息传递给视频监控系统，可以实现远程复核及监控管理；将检修需求发送给出入口控制系统，可以提供最优通道路径，从而快速为相关人员进行权限分配，提高应急响应效率。

8.2.1.2　视频监控系统设计方案

根据视频监控系统技术发展现状，数据中心设置全数字化视频监控系统，采用云存储、POE 供电、视频分析等新技术，为数据中心各类运维人员提供统一、可靠的监控能力。

数据中心对视频监控系统最重要的需求就是覆盖程度，一方面满足数据中心安防高等级的要求，另一方面满足运维人员远程及时发现问题、故障或事件的远程复核及事后原因分析等运维需求。

因此，数据中心内视频监控系统面临的主要问题包含以下几点：

（1）摄像机布点密度大，数量多，对系统的能力要求高；

（2）视频监控系统需预留接口，与其他运维监控系统设置接口以满足智能运维需求；

（3）视频监控自身的智能分析功能，完善安防能力。

针对以上几点，本次研究重点讨论视频监控系统的摄像机选型、视频存储、智能分析等内容。

1. 视频监控系统总体架构

视频监控系统总体架构如图 8-4 所示。

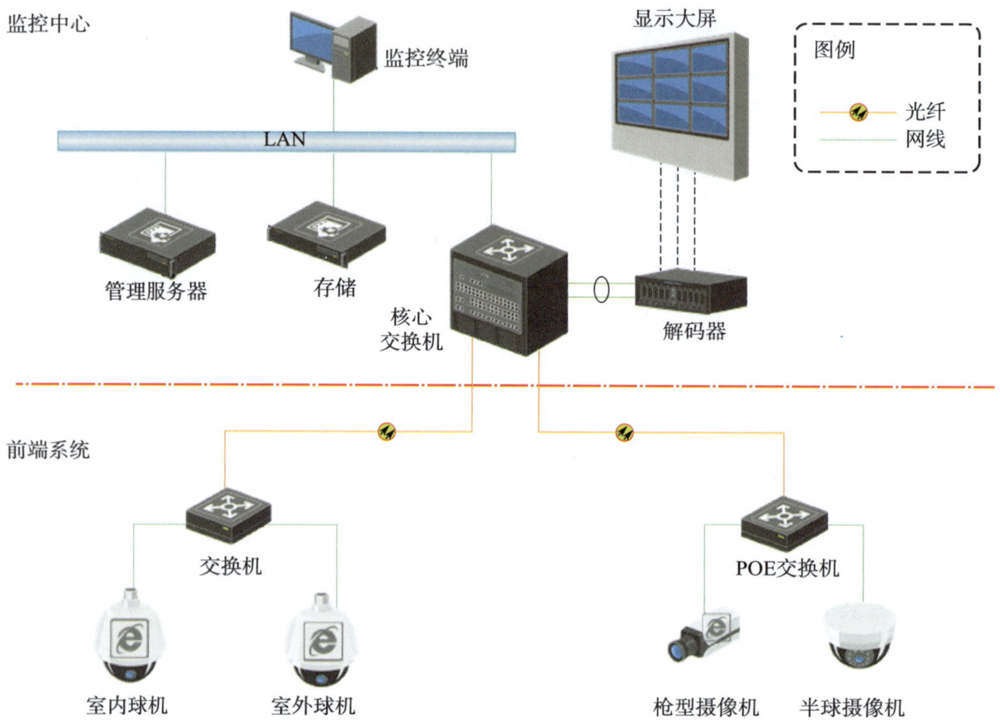

图 8-4　视频监控系统总体架构

前端主要由各类摄像机、接入交换机组成，根据系统规模在网络汇聚节点设置汇聚交换机；在视频监控系统机房设置核心交换机，并配置视频存储设备、各类服务器设备(一般根据系统特点包含存储服务器、分转发服务器、智能分析服务器等)等后台设备，根据不同厂商后台设备具体选型会有所区别；在监控中心(总控中心、安防控制室及相关专业监控机房等)设置监控终端、显示大屏等显示设备。

安防控制室内设置的视频监控拼接墙的示意如图 8-5 所示。

2. 视频监控摄像机选型

(1)视频监控摄像机选型原则。根据数据中心的安防需求，在数据中心建筑物及园区设置 IP 摄像机，均采用 1 080 P 彩色高清摄像机。

(2)视频监控摄像机设置及类型。

①摄像机类型。枪机：固定筒型摄像机或固定枪型摄像机，可以根据场景需求配置广角

图 8-5　安防控制室内设置的视频监控拼接墙

或长焦镜头，安装方式多种多样，可在室内、室外安装，一般采用结合侧墙、立杆或吊装，适用于各类场合。枪机为固定式摄像机，除镜头变焦功能外摄像机自身监视角度不可调整。典型枪机外形如图 8-6 所示。

半球摄像机：固定式摄像机，自带防护罩和安装支架，常采用吸顶安装模式，小巧美观，多用于有人员的室内场所。半球摄像机为固定式摄像机，除镜头变焦功能外摄像机自身监视角度不可调整。典型半球摄像机外形如图 8-7 所示。

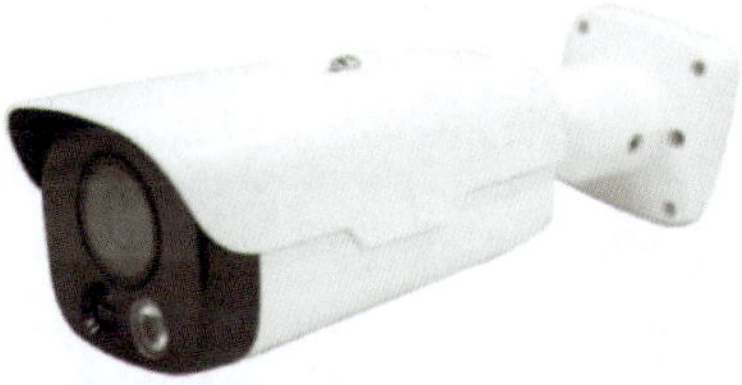

图 8-6　枪机样例

图 8-7　半球摄像机样例

智能球机：智能球机内设置云台，可以控制摄像机上下左右旋转，一般智能球机内摄像机多采用大范围变焦镜头，可以满足广角到长焦的灵活变化需求。智能球机安装方式多样，可在室内、室外安装，一般采用结合侧墙、立杆或吊装。典型智能球机外形如图 8-8 所示。

②摄像机设置原则。信息主机房模块内，对每一个热通道、机房主次走道、出入口处设置固定枪式摄像机进行监视，同时在封闭的冷通道内设置固定半球摄像机进行监视。针对每一个热通道、机房主次走道、冷通道的监视均采用双机对设的方式实现视频监控全覆盖。

UPS 室、电池室、电力变配电所、冷冻机房、专用空调机房、ECC 机房等辅助机电设备房间设置室内固定枪式摄像机。ECC 大厅内设置室内固定枪式摄像机。建筑物内走廊处、其他专业监控房屋内设置半球摄像机。

园区周界设置室外智能球机实现园区周界视频监控全覆盖，具备视频分析功能，可实现周界入侵分析及报警功能。园区室外主干道路、出入口处，在关键位置设置室外固定枪式摄像机或室外智能球机，实现园区的视频监控覆盖。室外摄像机结合建筑外墙或立杆安装。园区室外安装智能球机样例如图 8-9 所示。

图 8-8 智能球机样例

（3）视频监控系统供电及网络布线。建筑物内枪机、半球摄像机采用 POE 供电方式，在信息机房、通信机房、各配线间内设置视频监控系统 POE 交换机，满足附近摄像机的接入需求。

智能球机、园区范围内的室外枪机采用 UPS 交流供电方式。其中，紧密结合建筑物周边设置的室外球机采用电口摄像机，就近接入电口接入交换机；在园区室外设置的室外枪机、室外球机采用具备光口的摄像机，统一通过光缆接入建筑物内设置的光口接入层网络交换机。

图 8-9 园区室外安装的智能球机

3. 视频监控系统存储方案

小型视频监控系统采用 NVR、DVR 的方式实现存储，针对数据中心项目中摄像机数量众多的情况要采用大容量大并发量的存储系统，因此对 IP-SAN、视频流直存、云存储等视频存储方案进行对比分析。

（1）IP-SAN 存储技术。IP-SAN 存储技术设置存储服务器及 SAN 磁盘阵列。将实时视频流接入视频存储服务器，当每台视频服务器接入摄像机路数达到满配后，新增摄像机的信息将写入下一台视频存储服务器。同时，按存储时间要求，在磁盘阵列分配固定空间，满足实时视频流的写入。IP-SAN 存储采用 RAID 5 保护机制。

IP-SAN 存储技术成熟稳定，缺点是扩容不灵活。当扩大存储容量时，除了对摄像机信息重新配置外，还需对既有磁盘阵列格式化，重新做 RAID 组的数据分配及保护。另外，SAN 存储磁盘阵列控制器的并发输入输出带宽在大规模并发读写情况下可能会存在瓶颈。

IP-SAN 存储示意如图 8-10 所示。

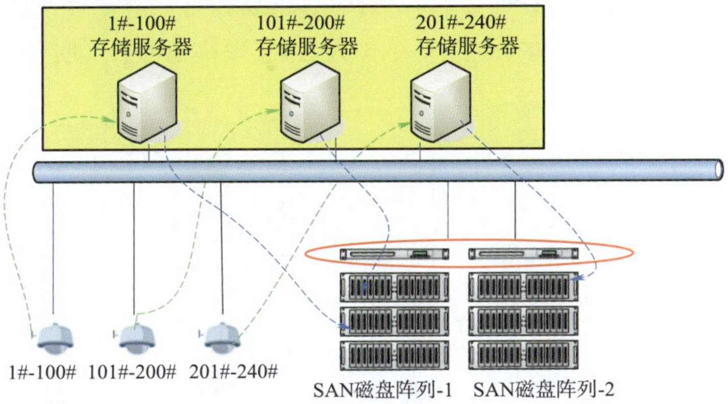

图 8-10　IP-SAN 存储方案示意图

(2)视频流直存技术。视频流直存技术是把录像软件和播放软件嵌入到存储设备中，视频图像由 DVR 或 IPC 通过流媒体协议直接写入存储，降低了客户使用成本，也提高了性能和可靠性。

视频流直存技术的物理拓扑结构如图 8-11 所示。

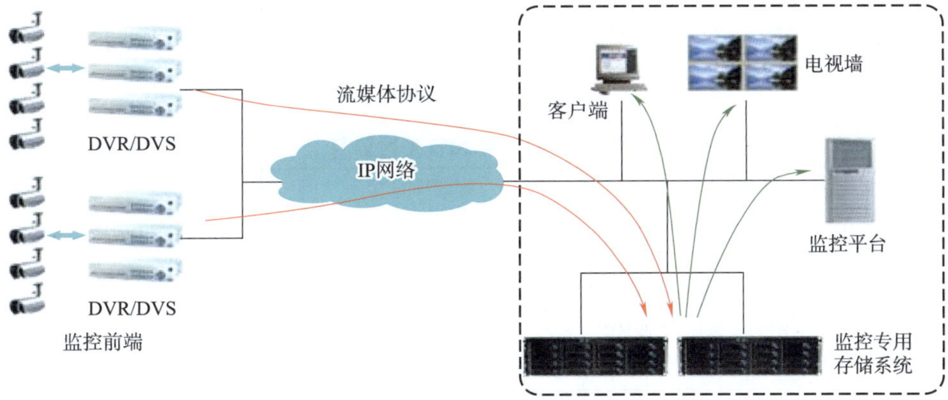

图 8-11　视频流直存方案示意

这种通过流媒体协议写入存储的架构模式，可以使存储有更多的灵活性，可以做更多的工作,比如视频切割、文件压缩、文件加密等,同时使得视频点播变得更加简单快捷。

(3)云存储技术。云存储是一组由网络设备、存储设备、服务器、应用软件、公用访问接口、接入网和客户端程序等多个部分组成的复杂系统。各部分以存储设备为核心,通过应用软件来对外提供数据存储和业务访问服务。

相对于传统的存储与独立服务器的方式,云存储具备以下特点:

可扩展性:云存储空间允许在线动态的调整,并按需使用。

灾难恢复:云存储具备分布式的特性,单台设备故障可避免存储数据丢失。

负载平衡:云存储通过动态分配可减轻链接数据负载。

节省成本:云存储无需众多的专业 IT 维护人员,实现快速部署、便捷运维。

云存储示意如图 8-12 所示。

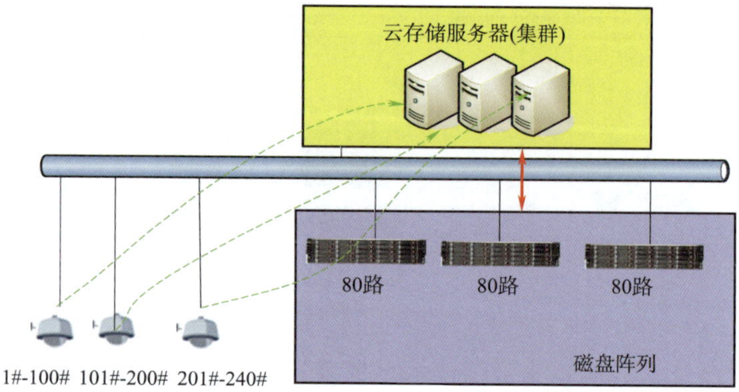

图 8-12　云存储方案示意

视频监控系统利用云存储需要视频监控厂商的软件支持。同时,大部分厂商针对视频监控系统的特点提出了专用视频云存储系统,更加贴合视频监控系统的应用。

(4)存储方案比较。对 IP-SAN、视频流直存、云存储几种存储方案进行比较,详见表 8-3。

表 8-3　视频存储方案比较表

存储方式	IP-SAN	视频流直存	云存储
优势	技术成熟	部署简单易扩展	分布式存储易扩展,具备高可用性
劣势	扩容不灵活,存储控制器存在带宽瓶颈	非集中存储,存储设备间相对独立,大规模系统进行智能分析难度较大	成本较高,需要与视频监控软件相匹配

由于数据中心中采用智能安防平台进行管控,对视频监控系统的数据处理需求较大,建议采用相对集中的存储系统保证平台性能;IP-SAN、视频流直存的方式均存在单点故障,若设备发生故障会导致部分存储内容丢失。结合目前数据中心视频监控系统规模,考虑到主

机房分期启用的实际情况，建议数据中心视频监控系统采用便于扩展、具备高可用性的云存储方案。

(5)存储容量计算。不论采用哪种视频存储方案，均需要对视频存储系统的容量进行核算。影响视频监控系统存储容量的因素包含视频流带宽、摄像机数量、存储天数等。

存储设备有效容量计算公式为：

$$T=N\times(S\div8)\times24\times3\ 600\times D\div(1\ 024\times1\ 024)$$

式中，T 为存储容量，单位为 TB；N 为摄像机个数；S 为速率，单位为 Mbit/s；D 为存储天数。

在以上计算的同时，进一步考虑 RAID、多副本、纠删码等存储备份保护措施的影响，计算最终存储设备的裸容量。

算例：

研究考虑 750 路摄像机的接入能力，按照 H. 265 编码 1 080 P 视频流的速率为 4 Mbit/s，存储天数按照 15 天进行计算，按照 RAID5 模式进行数据保护则有效存储容量：

$$T=750\times(4\div8)\times24\times3\ 600\times15\div(1\ 024\times1\ 024)=463$$

考虑按照 RAID5 进行保护的影响需要考虑 1. 4 倍的空间，则磁盘阵列的裸容量：

$$T=463\times1.4=650$$

8. 2. 1. 3　出入口控制系统设计方案

在数据中心内分层级、使用功能不同，分别采用了车辆出入口控制、速通门、门禁、电梯控制等手段，对人员流动进行管理。各系统采用统一的认证平台，通过数据互联、控制器合理选型等手段，采用一卡通的方式将各类系统及验证方式结合到一起，实现了安防人员的统一管理。

1. 出入口控制系统总体架构

出入口控制系统总体架构如图 8-13 所示。

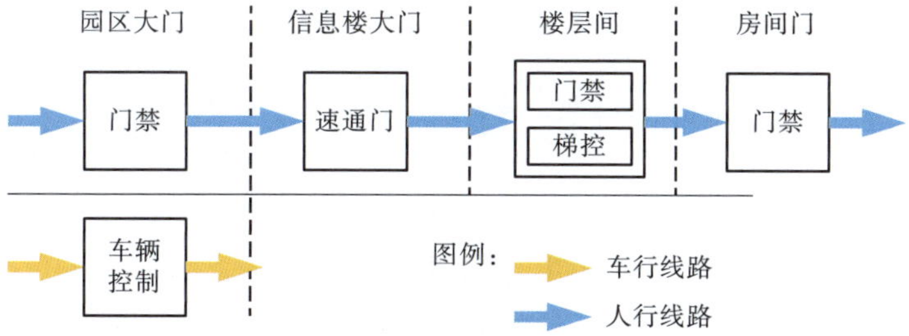

图 8-13　出入口控制系统总体架构

在数据中心园区自园区大门处至房间，分四层设置出入口控制方式。

园区大门：针对车辆设置车辆出入口控制系统，仅允许授权车辆通过；设置门禁系统对人员出入进行控制。

信息楼大门：在数据中心主机房建筑物门厅设置速通门，工作人员通过安检后可经速通门快速进入数据中心内。

楼层间：在楼梯间设置门禁，电梯内设置梯控系统，仅允许授权人员达到对应楼层。

房间门：房间门设置门禁。

2. 车辆出入口控制系统

车辆出入口控制系统实现对进出园区的车辆管理，针对近、远距离采用刷卡、车牌识别等方式，为提高通行速度，本次研究针对车辆出入采用车牌识别的方式进行管理。

(1)车牌识别系统。车牌识别系统由前端子系统、传输子系统、中心子系统组成，实现对车辆的 24 h 全天候监控覆盖，记录所有通行车辆，自动抓拍、记录、传输、处理，同时系统还能完成车牌与车主信息管理等功能。

车牌识别系统构成如图 8-14 所示。

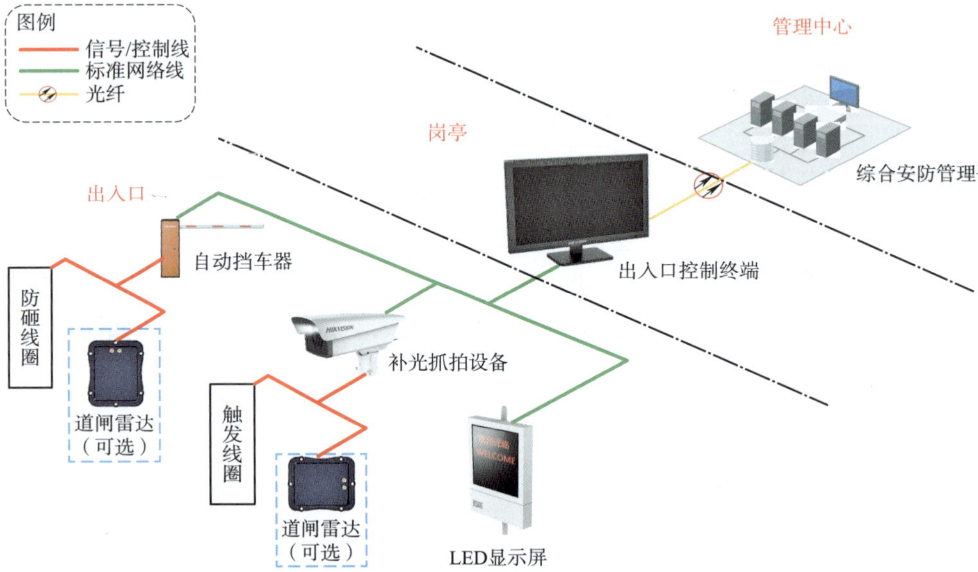

图 8-14　车牌识别系统构成

前端子系统：负责完成前端数据的采集、分析、处理、存储与上传，负责车辆进出控制，主要由电动挡车器模块、车牌识别模块等相关模块组件构成。

传输子系统：负责完成数据、图片、视频的传输与交换。其中前端主要由交换机、光纤收发器等组成；中心网络主要由接入层交换机以及核心交换机组成。

中心子系统：平台完成数据信息的接入、比对、记录、分析与共享。

(2)阻车器。数据中心设计规范中提出 A 级数据中心不宜建在公共停车库的正上方，这是一条从安全角度考虑的要求，并且说明当只能将数据中心建在停车库的正上方时，应对停车库采取防撞防爆措施。这些要求的提出是由于车辆对数据中心建筑的损毁能力是非常致命的，很可能会导致信息系统停机造成危害。

考虑到铁路数据中心的重要性，若车辆强行侵入对数据中心进行破坏将造成严重后果。而设置的车辆出入口控制系统仅实现车辆授权判断，一般采用车辆挡杆、栅栏等方式进行阻挡，无法制止车辆强行侵入。因此在常规车辆出入口控制基础上在园区大门处增设阻车器。

典型阻车器外形如图 8-15 所示。

图 8-15　阻车器照片

通过在重要数据中心园区出入口处设置阻车器，在非允许进入情况下对进入车辆进行物理隔挡，可以在常规判断车辆是否授权通行的基础上进一步防止车辆恶意强行侵入数据中心，提高安全等级。

3. 速通门

在数据中心设置信息系统主机房的信息楼门厅处设置速通门，实现对出入人员的统一管理和记录。

速通门采用了先进的人脸识别技术，将人脸录入后速通门的摄像头可直接识别来访人员，若符合系统允许通过的要求则来访人员可以直接通行，较传统刷卡的方法提高了效率；针对部分未录入人脸信息的人员，可以采用传统刷卡方式进入，提供更高的灵活性。

具备人脸识别及刷卡两种认证方式的智能速通门如图 8-16 所示。

4. 门禁

门禁系统是保证授权人自由出入、限制未授权人进入未获授权区域、对强行闯入的行为进行报警，从而保证门禁控制区域的安全的重要出入口控制系统。

门禁系统主要由识别卡、前端设备（读卡器、门磁、电锁、门禁控制器等）、传输设备、系统管理服务器、管理控制工作站、制卡设备（制卡数码照相机、卡证打印机、制卡工作站）及相关应用软件组成。

本次研究在建筑物及园区出入口、楼梯间、主要设备机房、ECC 大厅等处设置出入口控制装置，实现对园区进出、建筑物楼层移动、重要房间进出人员的出入管理和控制。

图 8-16　具备人脸识别及刷卡两种认证方式的智能速通门

考虑到门禁系统已经非常成熟，本次主要对门禁系统的验证手段、出入口管理方式进行研究。

(1)验证手段。

①键盘输入：输入密码进行验证。

②接触式卡验证：如磁卡、接触式 IC 卡、条码卡等。

③感应卡验证：非接触式 IC 卡。

④生物识别：指纹、掌纹、虹膜、面容等。

键盘输入的方式知道密码即可授权进出，安全性较差；接触式卡及感应卡验证类似，需要人员持卡，不同的卡写入不同信息便于管理及区域授权等功能的实现，但也存在非本人持卡的风险；生物识别方式比较安全，需要确保本人方可进入，需要考虑的是存在劫持授权人员的风险。

根据《数据中心设计规范》，A 级数据中心应在主机房设置出入控制设备，采用读卡器或人体生物特征识别。结合安防行业案例及数据中心行业案例，可以在常规区域采用读卡器的方式实现验证，关键区域采用读卡器结合生物识别两种方式的方法进行验证。

由于几种模式规范中并没有特别强制要求，门禁管理的验证手段主要由业主的需求确定。同时，应考虑整体安防系统的需求应统一园区内的识别手段，避免不同系统采用不同的验证模式。

(2)出入管理方式。出入管理方式主要指单向控制、双向控制两种模式。

①单向控制：即进入方向需要验证，出门方向通过出门按钮即可直接解除门禁。

②双向控制：即进门、出门均需要进行验证。

单向控制的优势在于成本较低，人员通行方便快捷；双向控制的优势在于管理能力强，不仅仅是对出门人员的行为进行了管理，避免混入数据中心的人任意逃窜，同时对进入、出门的人员、时间等信息均可以准确记录。

同样的，两种出入管理方式在数据中心领域均没有规范的强制要求，主要由业主的需求确定。

结合安防项目的常规做法及数据中心安防整体特点，建议在建筑物楼梯间、主机房采用双向控制，其余场所采用单向控制，原因如下：

楼梯间若采用单向控制仅对进入楼层进行管理，会发生人员误入其他楼层，并且无法返回楼梯间的情况。在楼梯间设置双向控制，可以有效避免无关人员在楼层间流窜，且避免发生误入其他楼层的情况。

主机房采用双向控制主要是为了提升管理水平。数据中心最重要的就是在其中运行的电子信息系统设备，有必要时刻记录具体进出机房的人员、时间，形成对运维人员的闭环管理，并且增强数据中心的事件回溯能力。

5. 电梯控制

电梯控制指的是人员进入电梯后，通过刷卡等方式进行身份判别后，电梯可以进入授权楼层。其中，电梯自身设置了控制系统，实现电梯控制的方案有以下几种：

(1)门禁控制器与电梯控制器对接：即电梯采用自身控制器，具体进入某层的按键是否生效由门禁控制给出，二者通过通信接口互联。

(2)门禁控制器替代电梯控制器：由门禁控制器直接控制电梯的执行机构，全部控制由门禁系统控制执行。

(3)将门禁读卡器嵌入电梯控制器中：该方案利用门禁系统读卡器替代电梯控制器的读卡设备，可以实现统一卡务管理，但需要对电梯内容进行二次授权。

考虑到电梯出厂一般都要进行检验，若改动电梯控制系统可能造成安全风险；同时，数据中心内应采用同一套识别系统，实现统一授权。结合以上方案，建议采用门禁控制器与电梯控制器对接的方式实现电梯控制。

8.2.1.4　周界防范系统方案研究

数据中心园区周界应实现人员非法入侵告警功能，以提高数据中心安全性。本节主要对集中周界防范探测方案进行对比，选择适用于数据中心场合的技术方案。经过分析周界防范技术，对比数据中心调研成果中主要采用的几种周界防范手段，针对红外对射、脉冲电子围栏、振动电缆、振动光纤几种方式进行研究。

1. 红外对射探测

(1)技术原理。红外对射探测设备的发射端发射红外线至接收端构成防护区，当有入侵者试图穿越此防护区时会切断或遮挡红外线，接收端接受红外线异常的情况下就会触发报警主机报警。

红外对射周界防范系统原理如图 8-17 所示。

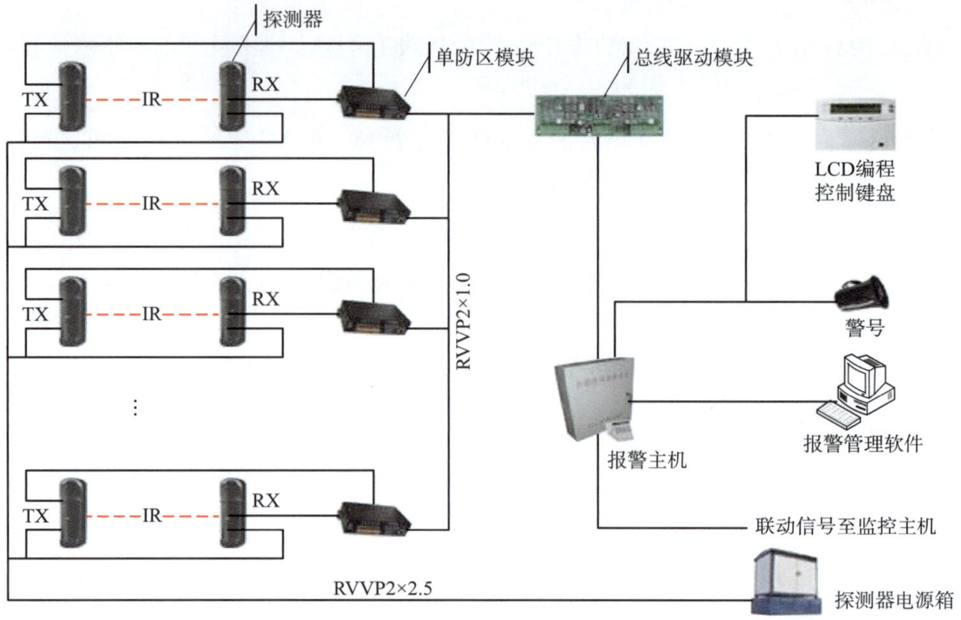

图 8-17　红外对射周界防范系统原理

(2)性能分析。红外对射探测技术的优点是工程造价较低、安装简便、隐蔽性好;缺点是难以在不规则周界环境内设置,需要定期维护,调校对射点,无法分辨入侵物的大小及种类,易被飞鸟、小动物、树叶等物体触发误报警。

(3)可靠性分析。红外对射探测技术自身误报率较低,但易受外界影响引发误报。红外对射探测器为了避免小鸟飞过、落叶飘过等引发误报警,一方面将探测器分为两光束、三光束、四光束等多种类型,另一方面需对报警触发时间进行合理设定。

2. 脉冲电子围栏探测

(1)技术原理。脉冲电子围栏主要由脉冲主机和前端围栏两部分组成。脉冲主机产生的高压脉冲信号经过围栏电子线(合金线)组成回路后,以高于限定报警电压的电压值回到脉冲主机,为正常状态,若脉冲主机不能收到返回的高压信号,或者返回的脉冲信号低于限定报警值,则脉冲主机报警并将报警信号给监控中心。

脉冲电子围栏通过入侵者碰触电网引起高压放电触发报警,将报警探测和入侵阻止功能融为一身,具有较强的威慑能力,适宜在实体围墙和栅栏上进行安装。

脉冲电子围栏周界防范系统原理如图 8-18 所示。

(2)性能分析。脉冲电子围栏探测技术的优点是具有一定威慑警示作用,属于主动防御型周界报警系统,并且误报率极低;缺点是在主机的能量控制上,虽然采取脉冲式电压即高电压、低能量,不会致人伤亡,但是其安装、使用规程严苛,操作不当便会产生危险,有可能会导致入侵者受伤导致纠纷。

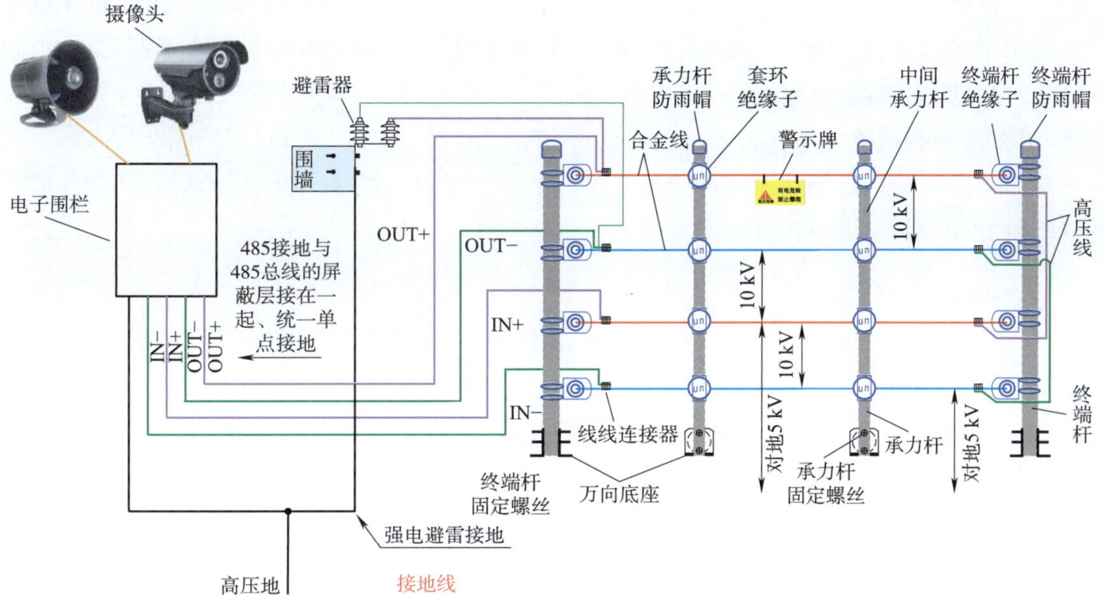

图 8-18　脉冲电子围栏周界防范系统原理

电子围栏前端由多根金属导线组成，常给人以看守所及监狱电网的感觉，外观不够美观，与周围环境不够协调，还有高压脉冲会产生无线信号干扰。

（3）可靠性分析。脉冲电子围栏探测技术误报率较低，在风雪情况下可能导致误报。

3. 振动电缆探测

（1）技术原理。振动电缆探测设备主要由信号处理器、感应电缆、控制主机、网卡等组成。振动电缆探测设备通过检测电缆的振动，将振动信号转换成为电信号，并发送给信号处理器进行识别及判断。入侵者在剪切、攀爬或拉扯物理围栏的过程中，会使安装在其上的感应电缆发生微小的弯曲或振动，信号处理器通过数字信号处理技术能够对这种变化进行识别、探测及定位。

振动电缆周界防范系统原理如图 8-19 所示。

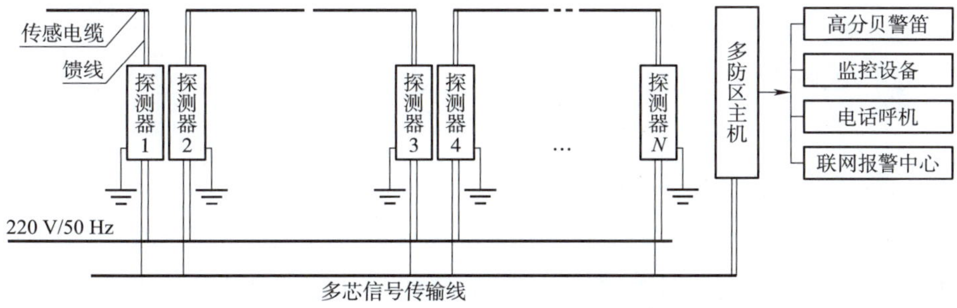

图 8-19　振动电缆周界防范系统原理

(2)性能分析。振动电缆探测技术的优点是可将入侵信号和其他环境干扰信号加以区别,误报率较低,线缆式结构不受地形、转角、曲折等限制,适用于各种有金属围栏的场所;缺点是传感介质为电缆,抗腐蚀性较差,不抗雷击,对防雷要求较高,易受电磁干扰,共缆传输时一旦发生断裂则整个系统失效,对物理围栏的质量和结构要求较高,维护成本较高。

(3)可靠性分析。振动电缆探测技术通过数字信号处理技术,将入侵信号和其他环境干扰信号加以区别,误报率较低。

4. 振动光纤探测

(1)技术原理。振动光缆是一种基于光缆传感技术的周界入侵探测系统,包括中央控制系统和外围探测光缆。

振动光纤探测设备主要由处理设备、感应光纤、传输光纤等组成。以光时域反射技术和光纤干涉技术为基础,当入侵者攀爬、翻越所产生的压力振动传递到感应光纤时,引起光线中纤芯发生形变,导致纤芯长度和折射率发生变化,从而使感应光纤中光的相位发生变化,产生干涉信号。通过高速信号采集与数据处理技术,准确地定位发生扰动的位置,并给出实时的报警信息。

振动光纤周界防范系统原理如图 8-20 所示。

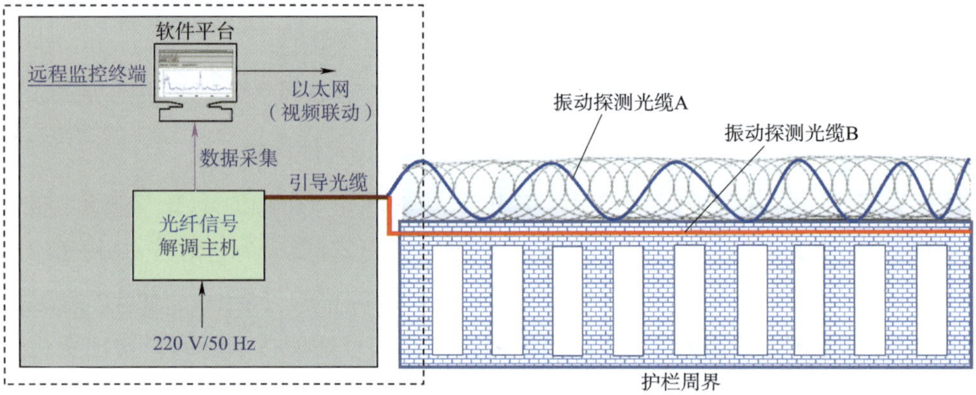

图 8-20　振动光纤周界防范系统原理

(2)性能分析。振动光纤探测技术的线缆式结构可适用于各种地形,由于光纤为无源设备,其抗电磁干扰、抗雷电干扰能力强,耐腐蚀;缺点是易受大风、植被等环境及其他振动因素的干扰。

(3)可靠性分析。振动光纤探测技术误报率较高。

5. 周界防范技术对比

针对红外对射、脉冲电子围栏、振动电缆、振动光纤几种周界防范技术进行对比分析。

周界防范系统探测技术比较见表 8-4。

表 8-4　周界防范系统探测技术比较

探测技术	红外对射	脉冲电子围栏	振动电缆	振动光纤
算法建模	开关量报警	开关量报警	单变量	单变量
防区及有效定位/m	3～200	60～200	30～600	200～2 500
安装环境要求	直线对射	需定制	任意环境	任意环境
受天气环境影响	一般	较小	较小	较大
威慑性	无	有	无	无
安全性	好	一般	一般	好
误报率	一般	极低	较低	较高
直接成本	较低	高	较高	较高
使用寿命	较长	长	较长	长
供电要求	较高	较高	较高	较低
是否需要自成系统	是	是	是	是
安装的便捷性	灵活	简便	简便，无需额外铺设通信和供电电缆，适用围栏	简便，无需额外铺设通信和供电电缆，适用围栏
防护种类	光线阻断报警	高压脉冲电缆，瞬间接触放电报警	探测由于攀爬或剪断围栏而引起的振动	探测由于攀爬或剪断围栏而引起的振动
探测精度	单防区长度	单防区长度	精确定位 3 m，软件任意划分防区	精确定位 8 m，软件任意划分防区
探测概率	高	高，易破坏	极高	高
防雷击，电磁、射频干扰	雷电有干扰，防雷设备需另加	雷电有干扰	防护，自带防雷	防护
维修	每 3～6 个月需现场调校，每 2～3 年需要整体更换	平均每 3～4 年需要整体更换	简单维护，平均无故障时间大于 100 000 h，平均维修时间小于 10 min	简单维护，平均无故障时间大于 100 000 h，平均维修时间小于 10 min
缺点	安装区域不能有植被，误报率高，雨雾天气，小动物影响大	安装区域不能有植被覆盖或树木干扰，天气干扰大，容易突破和破坏，容易对人身造成二次伤害，可能附带民事责任	需有依附安装用柔性围网	需有依附安装用柔性围网

通过以上对比可以看出，红外对射成本最低，系统构成简单，探测率高但受环境影响误报率较高，是一种最传统简单的周界技术防范手段；脉冲电子围栏成本高，具有威慑效应，误报率低，但防御的同时可能造成对人身的伤害，适用于司法系统等威慑区域（如看守所、监狱）；振动电缆、振动光纤探测技术多用于破坏周界、攀爬周界、下挖周界、攀爬桥梁铁塔的防范入侵场景，其中振动光纤对供电的要求较低。

在数据中心应用中，考虑到在园区周界设置摄像机进行视频监控，视频监控可以在监控室内对周界入侵的报警进行复核，因此对误报率的要求没有铁路线路那样苛刻，可以更关注方案的探测灵敏度;运维人员在园区内工作,可方便地对系统设备进行维护,因此对系统故障率的要求也低于线路项目,但系统设备单元应便于修复;在园区周界电源、传输的资源丰富。综合以上特点,红外对射、脉冲电子围栏、振动电缆、振动光纤均是数据中心周界防范的可选技术方案。

针对数据中心应用,以上四种方案的优势、劣势对比见表 8-5。

表 8-5 数据中心周界防范系统探测比较

周界防范方案	优势	劣势	使用场合
红外对射	价格低,方案简单	误报率较高,周界附近不可有植被影响	无特殊要求
脉冲电子围栏	误报率较低,有威慑效果	成本高,可能导致二次伤害,不美观	安防等级高
振动电缆	误报率低	成本较高,需依周边围栏安装	安装围栏,对误报率敏感
振动光纤	防区大	成本较高,需依周边围栏安装	超大规模园区

综合以上对比结果,需根据数据中心项目的具体需求,确定采用的周界方案。在设置视频监控的情况下,若无特殊要求,考虑数据中心园区的周界范围一般不大,建议采用传统的红外对射方式进行防护,降低系统建设成本。

8.2.2 数据中心建筑设备监控系统设计技术

建筑设备监控系统(building automation system,BAS)是针对数据中心建筑物内的暖通、给排水、电力等专业设置的机电设备或系统进行集中监视、控制和管理的综合系统。BAS 采用分散控制、监控室集中监视管理的模式,对冷冻水系统、通风及空气调节系统、室内给水与排水系统等建筑物机电设备进行设备运行的检测与控制。

BAS 系统通过对建筑物内各种设备实施综合自动化监控与管理,为用户提供安全、舒适、便捷、高效的建筑物环境,并使整个系统和其中的各类设备处在最佳的工作状态,保证建筑物内机电设备运行的经济性和管理的现代化、信息化及智能化。

针对数据中心的应用场合,各类机电设备的工作运行为信息系统设备提供电力、制冷等基础设施环境,利用 BAS 系统对这些机电设备监控在常规建筑物机电设备监控的需求基础上,一方面通过集中监控管理的方式对各类设备运行状态进行实时监控,提高系统运行的安全可靠性;另一方面通过协调各类机电设备的运行状态,使基础设施各类机电设备在最高效、最经济的工况下运行,提高整个数据中心的使用能效。

BAS 系统在数据中心最重要的核心在于对制冷系统的监控,通过在不同工况下调整制冷机组的工作模式、状态,可以保障数据中心安全可靠运行,且能够有效地降低数据中心能耗。

8.2.2.1 BAS 系统关键设备选型

BAS 系统可以采用 PLC 或 DDC 两种方案。

1. PLC 方案

可编程逻辑控制器(programmable logic controller,PLC)是一种专门为在工业环境下应用而设计的数字运算操作电子系统。中大型 BAS 系统通常由管理工作站、PLC 控制器、远程 I/O 等组成,按照管理网络层、控制网络层、现场网络层三级组网。其中管理层的工作站与控制层的 PLC 控制器之间通常通过以太网组网;控制层的 PLC 控制器与现场层的远程 I/O 之间通过控制总线方式组网。系统的主要计算能力集中在 PLC 控制器处,为了确保系统的安全可靠性一般冗余配置 PLC 控制器,并通过环形或双总线的方式与现场的远程 I/O 连接。

2. DDC 方案

直接数字控制器(direct digital controller,DDC)是利用微信号处理器来执行各种逻辑控制功能,主要采用电子驱动,也可用传感器连接气动机构。中大型 BAS 系统通常由管理工作站、网络控制器、DDC 控制器等组成,按照管理网络层、控制网络层、现场网络层三级组网。其中,管理层的工作站与控制层的网络控制器之间通常通过以太网组网;控制层的网络控制器与现场层的 DDC 控制器之间通过控制总线方式组网。系统的计算能力分散在各 DDC 控制器处,单个 DDC 出现故障时不会导致系统大面积故障。

3. 方案比较

PLC 和 DDC 方案比较见表 8-6。

表 8-6　PLC 与 DDC 控制器比较

比较项目	PLC	DDC
应用领域	PLC 系统多应用于工业控制领域,产品的设计理念是替代复杂的继电器电路,强调通用性	DDC 系统多应用于专业楼宇控制领域,产品的设计理念源于工业自动化仪表,强调专用性
系统架构	PLC 系统采用集中处理模式,PLC 控制器集中设置于机房,现场主要部署分布式 I/O 模块,通过总线将数据传输到 PLC 集中进行处理计算	DDC 系统采用分散式处理及控制方式,现场 DDC 控制器具备数据采集及数据处理功能
系统可靠性	PLC 控制器可冗余设置,通过环形总线或双总线方式提高系统冗余度	DDC 一般均采用单机设置方案,但单个 DDC 的损坏仅影响该 DDC 所管辖的区域,不会影响整个系统故障
软件开发及调试	PLC 软件需要专业人员对整体系统进行开发及调试,难度较大	DDC 预置了大量楼宇控制的程序,系统调试相对容易
系统可扩展性	调整软件时需对整个 PLC 软件调整,可能影响系统运行	调整软件时可以单机调试,对整个系统的影响较小

PLC 系统主要应用于工业控制领域,可以冗余设置,系统安全性高,但软件开发调试起来困难较大,扩容调整时可能影响系统运行;DDC 系统主要应用于楼宇控制,DDC 控制器中预置、固化了大量楼宇监控软件,软件调试较简单,扩容时对整个系统影响小。

结合数据中心信息系统作为基础设施的机电设备数量多，对机电设备实时监控保障安全可靠运行要求高，对系统协同工作的性能要求也比较高；根据需求进行系统扩容时不能够中断既有业务，即要求数据中心各类系统均可以平滑升级扩容；同时，数据中心制冷机组的控制至关重要，目前行业内主流的做法是采用 DDC 对制冷机组进行控制。

结合 PLC 和 DDC 两种方案的特点，考虑利用楼宇控制系统的成熟技术，特别是制冷机组控制的常规技术，保证系统调试的可行性及未来预留楼层的扩展需求，推荐采用 DDC 控制方案。

8.2.2.2　BAS 系统关键技术研究

1. BAS 系统监控对象

BAS 系统向上级接入 DCIM 系统，横向与 FAS、智能照明系统互联，同时对定压补水、新风机组、送排风机组、制冷机组、冷冻泵、冷却泵等设备直接监控。BAS 系统的具体接口是设计、实施阶段由相关设备专业与 BAS 专业协商确定的，根据数据中心项目，梳理 BAS 系统的主要监控对象、接口协议及内容见表 8-7。

表 8-7　BAS 系统监控对象

序号	系统	接口协议方式
1	BAS 与 DCIM 系统	BAS 系统与 DCIM 系统通过 OPC 形式对接，双方系统对接数据满足各自系统要求
2	BAS 与 FAS	FAS 系统将自身报警点位，以 MODBUS RTU 形式提供给 BAS 系统。FAS 提供 MODBUS 点表，点表除了具备相关信息外需要有点位的具体位置信息，并提供所有点位相应的防火分区位置信息。BAS 接口位置于 FAS 箱体主机控制箱端子排
3	BAS 与智能照明	BAS 系统与智能照明系统通过 BACNET IP 形式对接，智能照明系统将自身监控点位以 BACNET IP 形式开放给 BAS 系统，BAS 系统完成系统集成功能，双方系统对接满足各自系统要求
4	BAS 与定压补水装置	成套定压补水装置提供如下控制点：运行状态，水泵故障状态，接口界面位于成套定压补水装置配电箱，BAS 系统对上述点位进行监控
5	BAS 与新风机组	BAS 系统通过通信口监控新风机组启停，运行状态，故障报警，远程/就地，初中效压差报警，静电除尘启停控制，静电除尘运行状态，静电除尘故障报警，新风阀开关控制，新风阀开关状态反馈，防冻报警，新风温湿度，送风温湿度，电动调节阀控制及反馈，变频器启停，变频器就地远程，变频器反馈，变频器故障
6	BAS 与温控风机/排烟机	温控风机/排烟机通过硬线给 BAS 系统预留风机启停，运行状态，故障报警，远程就地，连锁风机开到位反馈接线端子排，点位类型为干接点形式
7	BAS 与制冷机组	制冷机组通过通信口提供机组相关参数，并通过硬线提供机组启停，远程就地，故障报警，运行状态点位
8	BAS 与冷冻泵	冷冻泵通过通信接口为 BAS 系统提供设备相关运行参数，并通过硬线方式提供冷冻水泵启停，冷冻泵运行状态，故障报警停机，就地/远程，变频器频率控制及反馈，变频器故障状态
9	BAS 与冷却泵	冷却泵通过通信接口为 BAS 系统提供设备相关运行参数，并通过硬线方式提供冷冻水泵启停，冷冻泵运行状态，故障报警停机，就地/远程，变频器频率控制及反馈，变频器故障状态

续上表

序号	系统	接口协议方式
10	BAS与闭式冷却塔	闭式冷却塔通过通信接口为BAS系统提供设备相关运行参数，并通过硬线方式提供风机启停，风机运行状态，故障报警，就地/远程，变频器启停，变频器频率控制及反馈，冷却塔回水温度，喷淋泵启停控制，喷淋泵运行状态，喷淋泵故障状态，喷淋泵手自动状态，电伴热启停控制，电伴热运行状态，电伴热故障状态，电伴热手自动状态
11	BAS与蓄冷管	蓄冷罐通过COM通信方式为BAS系统提供设备运行相关参数
12	BAS与电伴热控器	通过硬线为BAS系统提供机组启停控制，运行状态，远程就地，故障报警
13	BAS与潜污泵	通过硬线为BAS系统提供机组启停控制，运行状态，远程就地，故障报警
14	BAS与给水机组	给水机组通过COM通信方式为BAS系统提供设备运行相关参数
15	BAS与机房专用空调	机房专用空调通过通信口方式为BAS系统提供设备运行相关参数
16	BAS与立式组空调	立式组空调通过通信口方式为BAS系统提供设备运行相关参数
17	BAS与电梯	电梯通信口要求：RS-485口，支持MODBUS RTU或TCP，设备支持灵活拨码，为BAS系统提供电梯运行状态数据
18	BAS与电子水处理	通过硬线为BAS系统提供机组启停控制，运行状态，远程就地，故障报警
19	BAS与风冷热泵机组	风冷热泵系统通过通信口方式为BAS系统提供设备监控相关参数
20	BAS与C02风冷热泵热水机组	CO_2风冷热泵系统通过通信口方式为BAS系统提供设备监控相关参数
21	BAS系统与开关量传感器	开关量传感器通过硬线接口为BAS系统提供开关量信息，BAS系统通过DI模块获取信息，如压力开关传感器
22	BAS系统与模拟量传感器	模拟量传感器通过硬线接口为BAS系统提供模拟量信息，BAS系统通过AI模块获取信息，如温度传感器、湿度传感器、氢气含量传感器等

2. BAS系统监控接口方式

(1)系统级接口。BAS系统与DCIM系统、FAS系统、智能照明系统等存在系统级接口，多采用通信接口的方式实现互联。

系统级通信接口通过BAS系统设置的通信主机(网关控制器)实现数据互通。

(2)设备级/现场级接口。设备级/现场级接口分为硬线接口、通信接口两类，具体的接口对接要求需符合以下几点：

①硬线接口。

DO：开关量输出，即BAS提供给相关系统的开关量信号，要求为无源接点，接点独立设置，不与其他系统共享，采用继电器隔离。

DI：开关量输入，即相关系统提供给BAS的开关量信号，要求为无源接点，接点独立设置，不与其他系统共享。

AO：模拟量输出，BAS提供给相关系统的模拟量信号。接点独立设置，不与其他系统共享。

AI：模拟量输入：相关系统提供给BAS的模拟量信号，接点独立设置，不与其他系统共享。

②通信接口。相关设备设置接口类型为通信接口的设备控制柜应设置通信总线连接

器,满足接入 BAS 系统的开放性协议要求。

3. BAS 系统可靠性设计

数据中心内的机电设备主要分为两类,一类是直接影响数据中心运行的关键机电设备,如冷冻水系统、机房专用空调系统等,这些设备一旦故障可能导致数据中心内信息系统设备停机;另一类是不直接影响数据中心运行的辅助机电设备,如送排风系统、排污系统等,这些设备故障仅对数据中心的部分功能产生影响,只要及时修理就不会对信息系统设备造成直接的不良影响。

根据两类设备的 BAS 设备可靠性等级要求不同,对关键机电设备采用高可靠的控制系统架构,针对辅助机电则采用常规的控制系统架构。

(1)关键机电设备控制系统架构。考虑到空调水系统采用了 $2N$ 的设置方案,BAS 系统针对 A、B 路空调系统采用了 A、B 两套相对独立的控制系统。由于空调水系统本身已经采用了 $2N$ 的设置,在一套系统故障的情况下由于空调系统的冗余特性,不会造成制冷量下降,因此对其中一套系统的控制可靠性要求是不敏感的。

针对 A、B 两套空调水系统采用 A、B 两套相对独立的控制系统,每套控制系统采用以太网环网的方式提高网络可靠性,其中每一套控制系统自身不再采用冗余设置方案,保证系统整体可靠性的同时节约了成本。

BAS 系统单路空调水系统监控界面示意如图 8-21 所示。

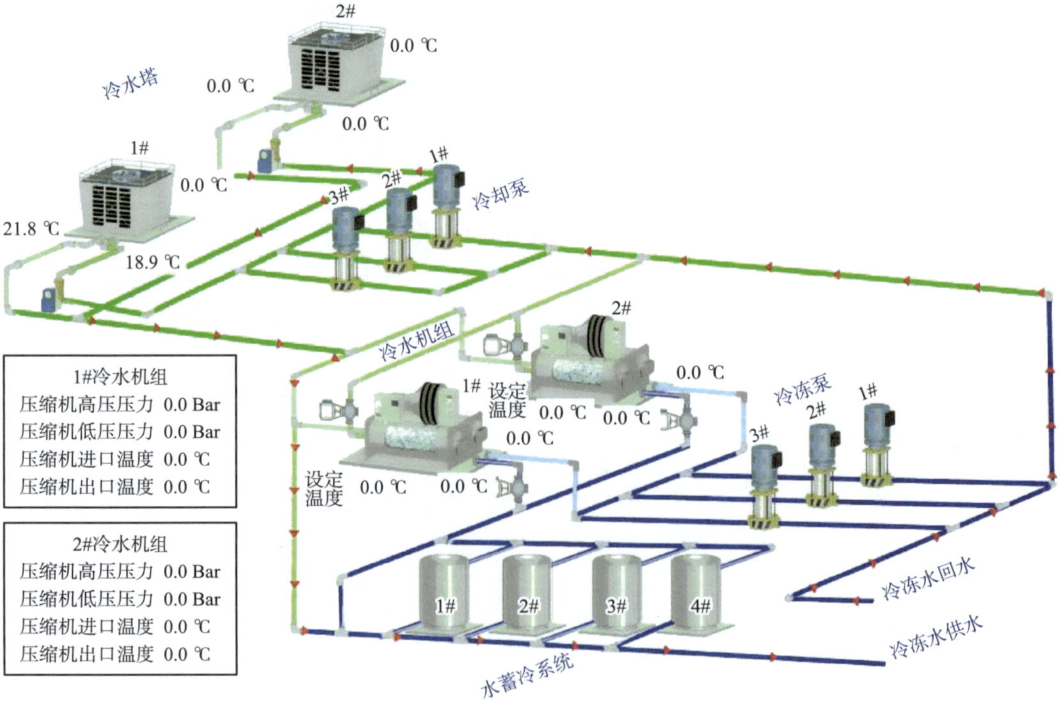

图 8-21　BAS 系统单路空调水系统监控界面

(2)辅助机电设备控制系统架构。辅助机电设备设置一套相对独立的 BAS 系统，控制系统内部采用星型以太网组网或串行总线组网的方式。

4. BAS 系统组成方案

BAS 系统监控对象点数较多，系统规模较大，采用管理、控制、现场设备三个网络层组网。

BAS 系统的管理层利用以太网网络组网，在智能建筑监控室、ECC 监控中心等相关有监控人员值守的房间设置 BAS 系统监控工作站、打印机等设备，并设置服务器进行实时数据、历史数据的存储。

控制层由通信主机、网络控制器等设备组成。将通信主机设置在智能建筑机房，网络控制器根据控制对象及区域的划分设置在智能建筑机房、制冷机房内。其中将系统分为三部分，分别是 A 路空调水系统、B 路空调水系统、辅助机电设备系统，分别设置不同的网络控制器，实现三部分控制功能的相对独立。控制层设备利用智能建筑系统网络与管理层设备互联，设置通信总线与现场层的控制设备、远程 I/O 设备、通信模块等互联。

现场层的控制设备、远程 I/O 模块、通信模块根据监控对象的位置，考虑管理方式、安装调试维护方案和经济性，安装在制冷机房、排风机房、配线及设备间等房间内，根据现场设备的数量选择壁挂箱或落地柜方式进行安装。现场控制设备、远程 I/O 模块、通信模块与被监控对象通过硬线或通信总线连接，其中通过数字量输入(DI)、数字量输出(DO)、模拟量输入(AI)、模拟量输出(AO)连接的设备通过一对一连线的方式接入 BAS 系统现场层设备，制冷机组、风冷机组等设备通过通信总线方式接入 BAS 系统现场层设备。

BAS 系统设置与能源管理、电力监控、智能照明等的接口，均采用系统级通信接口方式。

8.2.3　数据中心火灾自动报警系统设计技术

数据中心内部署大量信息系统设备，运行的是国铁集团级核心业务，一旦由于火灾导致业务系统中断将造成重大经济损失甚至公共场所秩序混乱，因此火灾自动报警系统的研究在满足规范要求基础上，要进一步提高灵敏度、实施全面的探测方案，尽可能在火灾发生的早期进行预警，避免灾难的发生。

与传统方案中机房采用点式烟感、温感探测器不同，在数据中心的信息主机房内采用了高灵敏度的吸气式烟感探测系统，可以在火灾极早期阴燃阶段通过探测细小的烟颗粒进行火灾预警，及时通知运维人员进行现场检查，避免火灾的发生。

8.2.3.1　消防设施设置概况

一般工程中由暖通、室内给排水专业负责建筑物消防设施的设计，在数据中心中多设置室内消火栓系统、自动喷水灭火系统、气体灭火系统等，典型设置方案如下：

数据中心建筑物各层均设置室内消火栓；楼内不宜采用湿式自动喷水系统灭火的配电、配线间，10 kV 变电所及各电气设备用房、楼梯间外其余部位均设喷淋系统；信息主机房模块、变配电用房、智能建筑机房、通信运营商机房、铁路通信机房、UPS 室、电池室、ECC 机房等房间采用 IG541 气体灭火；配线间采用超细干粉无管网灭火系统；建筑物全楼设置排烟系统。

8.2.3.2 火灾自动报警系统总体构成方案研究

1. 火灾自动报警系统类型及构成

依据 GB 50116—2013《火灾自动报警系统设计规范》，结合消防设施的设置及联动控制需求，建议独立数据中心园区采用控制中心型火灾自动报警系统。

在有人常驻的建筑物内设置一处消防控制室，作为主消防控制室，集中显示所有火灾报警信号和联动控制状态信号，联动控制消防设施；其余建筑物根据规模及是否有人员常驻情况按需设置消防控制室。

控制中心型火灾自动报警系统主要由火灾报警控制器（联动型）、火灾探测器、监视模块、控制模块、手动火灾报警按钮、火灾声光警报器、消防应急广播、消防专用电话、图形显示装置等组成。系统中的火灾报警控制器、消防联动控制器和消防安防控制室图形显示装置、消防应急广播的控制装置、消防专用电话总机等起集中控制作用的消防设备，设置在主消防控制室内。

数据中心大量房间采用气体灭火系统，由专用的现场气体灭火控制器进行控制，在主消防安防控制室设置一台独立的气体灭火控制主机以总线的方式连接所有现场气体灭火控制器、干粉灭火控制器；气体灭火控制主机通过通信接口方式与火灾报警控制器互联，气体灭火控制器的联动触发信号应由火灾报警控制器发出。

根据建筑物特点设置防火门监控系统、电气火灾监控系统、消防电源监控系统、应急照明及疏散指示系统等。

2. 火灾报警控制器设置方案

在主消防控制室设置火灾报警控制器，具备联动控制功能，提供消防探测及联动控制总线的接入。

根据规范要求，一台火灾报警控制器所连接的火灾探测器、手动火灾报警按钮和模块等设备总数和地址总数均不应超过 3 200 点，其中每一总线回路连接设备的总数不宜超过 200 点，且应留有不少于额定容量 10%的余量的原则，每台火灾报警控制器配置 16 总线回路，每条总线回路实际连接设备的总数不超过 180 点。

总线回路设置时在单个较大面积的防火分区内设置多条总线回路，原则上总线不跨越自身管理的防火分区连接其他防火分区的部分设备。

多台火灾报警控制器之间通过总线互联，实现系统之间相关探测、报警及状态信息的传输。

消防水泵、防烟和排烟机等需要直启的设备，均通过直启线接入主消防控制室内统一设置的手动直接控制装置。

主消防控制室为值班人员设置工作台，并在工作台上布置图形显示工作站、打印机等设备。

8.2.3.3　探测器选型及设置方案

1. 主机房探测器的选择

(1)主机房火灾隐患及特点。

①火灾隐患。电缆、蓄电池过热；电子信息设备运行过程产生大量热量；电路板过热；电缆或其他设备元器件发生电气故障；安装、检修或维护时的操作可能引发火灾。

②火情特点。主机房内稳定、不间断的新风，导致火势会迅速变大并蔓延；电子信息设备中的塑料处于阴燃状态，释放高毒性、高腐蚀性的气体，危及设备的可靠性，严重威胁人身安全及健康；紧凑型设备内部可燃物质的密度越大，在火灾的初级阶段未被及时探测到的概率越大，其发展和蔓延的速度也就越快；电气设施故障或易燃液体渗漏引起的火灾会沿着电缆通道快速蔓延；空调系统所带来的通风过滤、空气流动会加速火灾的发展和蔓延。

针对以上特点可以看出，数据中心主机房内的火灾隐患较大且不易察觉，一旦发生火灾则容易蔓延，因此应采取极早期的火灾探测手段，尽可能避免火灾的发生。

(2)探测器种类要求。暖通专业在四层启用的信息主机房模块内采用 IG541 气体灭火，为了满足气体灭火控制系统的联动控制需求，在信息机房模块内机房空间、防静电地板下均设置两种独立的火灾探测器。

通常，选用感温探测器和感烟探测器的组合，其中感温采用点式感温探测器已经可以满足需求，主要针对感烟探测器的选型进行研究。

(3)感烟探测器的选择。在 GB 50116—2013《火灾自动报警系统设计规范》5.4.1 节中规定："下列场所宜选择吸气式感烟火灾探测器：1　具有高速气流的场所。…… 5　需要进行火灾早期探测的重要场所。"数据中心内一般采用精密空调，为满足制冷需求，空调换气次数高达每小时 20～50 次，气流强劲。且由于数据中心具有重要性，因此满足该条规定的条件，建议在重要的数据中心内设置极早期烟雾报警系统。

对于空气高速流动的主机房，由于烟雾被气流稀释，致使一般感烟探测器的灵敏度降低；此外，烟雾可导致电子信息设备损坏，如能及早发现火灾，可减少设备损失，因此主机房采用吸气式烟雾探测火灾报警系统作为感烟探测器。

2. 其他位置探测器选型

(1)气体灭火房间。暖通专业在信息楼首层变配电用房、智能建筑机房、通信运营商机房，信息楼 UPS 室、电池室，运维楼智能建筑机房、ECC 机房等房间采用 IG541 气体灭火，为了满足气体灭火控制系统的联动控制需求，在上述机房空间、防静电地板下设置点型感烟火灾探测器及点型感温火灾探测器。其中，电池室采用防爆型探测器。

(2)电缆隧道。信息楼首层电力专业在地下部分区域设置了电力电缆隧道，用于敷设外部引入的 10 kV 电力电缆。在电力电缆隧道内采用缆式线型感温火灾探测器，对高压电缆实现防护。缆式线型感温火灾探测器由解码器、终端盒、感温电缆组成，感温电缆的解码器通过监控模块接入火灾自动报警系统回路。

(3)其他区域。其他区域考虑设置点型感烟火灾探测器进行火灾探测。

由于数据中心荷载高，用于设置主机房的信息楼的梁通常较高，以某数据中心为例主梁达到 1 000 mm 高，次梁达到 850 mm，主梁和次梁突出顶棚的高度均超过 600 mm，因此设置在顶板的点式感烟、感温火灾探测器需特别考虑梁格对探测范围的影响，被梁隔断的每个梁区域至少设置一只探测器。

8.2.3.4 其他监控系统方案

1. 气体灭火控制系统构成及设置方案

气体灭火控制系统主要由气体灭火控制主机、气体灭火控制器及各类现场设备构成。

在主消防控制室设置一台气体灭火控制主机，以总线的方式连接所有现场气体灭火控制器；气体灭火控制主机通过通信接口方式与火灾报警控制器互联，一方面从火灾报警控制器获取联动触发信号，另一方面对气体灭火房间排风机、排风口、风阀、空调等设备联动控制。

在气体灭火的房间外设置气体灭火控制器。在气体灭火防护区出口外上方设置放气指示灯、火灾声光报警器，用于表示气体喷洒，在防护区疏散口的门外设置气体灭火装置的手动启动和停止按钮；在防护区内、外分别设置手/自动转换装置，具备手动和自动控制状态显示功能。

2. 干粉灭火控制系统构成及设置方案

干粉灭火控制系统由干粉灭火控制器、各类现场设备构成，各干粉灭火控制器接入气体灭火控制主机实现统一管理。

在配线间等干粉灭火防护区出口外上方设置放气指示灯、火灾声光报警器等表示干粉释放，在防护区疏散口的门外设置手动启动和停止按钮，防护区内、外设置手动和自动控制状态显示功能的手/自动转换装置。

干粉灭火控制器以总线方式接入气体灭火控制主机统一管理，接受火灾报警控制器的联动触发信号，控制干粉灭火装置启动。

3. 消防电话构成及设置方案

设置消防专用电话系统，包括消防专用电话总机、分机、电话插孔等设备。

在主消防控制室集中设置消防专用电话总机，数据中心各建筑物的消防电话分机、消防电话插孔统一接入该电话总机。

在消防泵房、变配电室、信息机房、通信机房、UPS 室、电池室、气瓶间、排风机房、消防安防控制室、智能建筑控制室、ECC 机房等与消防联动控制相关的房间设置消防专用电话分机。

手动火灾报警按钮带有电话插孔。

消防专用电话分机与总机单独连接；根据数量，电话插孔按照区域与总机连接。

在消防控制室设置用于直接拨打 119 的电话。

4. 消防应急广播构成及设置方案

在主消防控制室设置消防应急广播主机、消防应急广播分区控制器、消防应急广播声源、广播功放、监听音箱等设备。

消防广播按照每个防火分区进行广播回路的划分。

在建筑物走道和大厅等公共场所设置吸顶扬声器，每个扬声器额定功率为 3 W；在地下室设置壁挂式扬声器。

5. 防火门监控系统

防火门监控系统由防火门监控主机、防火门监控分机、现场监控设备组成。

在主消防控制室设置防火门监控主机，并与火灾报警控制器通过通信接口互联。与监控分机通过通信总线互联。

在各建筑物内设置防火门监控分机，与现场控制器通过通信总线方式连接。针对常闭防火门，设置现场控制器与门磁连接获取防火门开、闭状态；针对常开型防火门，在火灾情况下具备自动关闭防火门的能力。

在疏散通道上常闭型防火门处设置门磁、现场控制器；常开型防火门设置电动闭门器、门磁、现场控制器。实现对疏散通道上防火门火灾情况下关闭控制及开启、关闭及故障状态的反馈功能。

8.3　智能建筑系统技术发展趋势

智能建筑系统相对已经成熟，在传统架构下持续发展了数十年。随着信息技术发展，在系统架构、功能、智能化水平等方面均出现了较多的发展分支，其中与物联网技术结合应用、系统间深度集成互联形成联动能力、提供绿色环保节能管理功能是主要的技术发展趋势。

8.3.1　与物联网技术相结合

随着物联网技术的不断发展，智能建筑系统将与物联网技术更为紧密地结合，物联网领域新技术将不断应用到建筑智能化系统中，有助于整个系统应用范围、技术功效和智能程度的提升。物联网技术是一个复杂的多学科交叉应用技术，涵盖和跨越的学科内容十分广泛，它集成了传感器技术、信息处理技术、通信技术、组网技术、中间件技术、网关技术、数据挖掘与数据发现技术以及数据多粒度存储技术等，能够对纷繁复杂的现实环境实现感知、监测、网络传输、数据存储和应用服务。物联网技术通过建筑中广泛分布的高质量传感器获取海量相对可靠的信息，提取目标特征，并依赖高级层次的数据融合模型高强度地批量处理和分析数据，以实现对信息数据的处理、预测、评估和辅助决策，利用物联网网络能够将设备、建筑和机房环境、运维设备等进行有效连接和应用交互，可避免传统智能建筑不易整合资源的问题，达到了“万物互联”的目的，为智能化建筑的功能实现和运行提供了良好的基础。

8.3.2 系统间的深度集成与互联

未来随着技术的发展和管理模式的提升，智能化集成系统将成为发展趋势。通过将不同功能的建筑智能化系统，利用统一的信息平台实现集成，形成具有信息汇集、资源共享及优化管理等综合功能的系统，使系统功能形成一个高效、智能化的整体。被集成的系统具有互操作性，通过相互协作实现智能化系统的总体目的。

1. 智能化集成系统的功能要求

(1)应以满足建筑物的使用功能为目的，确保对各类系统监控信息资源的共享和优化管理；

(2)应以建筑物的建设规模、业务性质和运维管理模式等为根据，建立实用、可靠和高效的信息化应用系统，以实施综合管理功能；

(3)集成系统的系统构成涉及智能化系统信息共享平台建设和信息化应用功能实施。

2. 智能化集成系统的配置要求

(1)应具有对各智能化系统进行数据通信、信息采集和综合处理的能力；

(2)集成的通信协议和接口应符合有关的技术原则；

(3)应实现对各智能化系统进行综合管理；

(4)应支撑工作业务系统及运维管理系统；

(5)应具有可靠性、容错性、易维护性和扩展性。

在数据中心应用中，可以将建筑物智能化集成系统与数据中心基础设施管理系统进行深度集成，在对建筑物机电设备与信息系统设备进行统一管理，是数据中心智能建筑系统的重要发展方向。

8.3.3 更加绿色环保节能

未来智能建筑将形成以节约为导向的设备监控系统，就数据中心与智能建筑行业整体的发展趋势而言，其中一个最明显的核心要求和发展导向就是绿色化。虽然目前在智能建筑中已经使用了一些降低耗能或者再生能源的技术，但随着新技术的不断发展，在这个功能领域还有不断发展的空间，一些新的节能手段也将被应用。例如，为了评价智能建筑的绿色化，需要对相应的耗能数据进行监控和标准化分析，随着大数据、云计算等技术的发展，监控系统可通过建立、分析和总结建筑相应的历史数据，进行建筑的绿色化自我诊断并实现智能控制，利用科学合理的能效模型作为依据，对建筑内部设备及系统的运行参数和运行方式进行调节，实现绿色高效、避免能源浪费。

第9章 信息系统配套设计技术

按照狭义与广义的概念区分数据中心,信息系统与土建工程二者之间存在一个界面,本书中将这个界面界定在信息系统机柜与基础网络布线处。按照这个界面,信息系统工程只需要在建成的数据中心基础设施内部署设备、连接网络、调试系统即可完成主要工作内容,既便于新建工程时顺利实施,也符合后期运营阶段系统改造工程需求。本章就是针对信息系统配套的机柜及布线、总控中心的设计技术进行介绍。

9.1 信息系统配套设计概述

信息机柜是数据中心内电子信息系统设备的安装载体,首要考虑的是其承载电子信息系统设备的能力要满足信息系统规划需求,另一方面随着绿色、节能数据中心对精确制冷的需求,要考虑机柜封闭系统方案。

9.1.1 机柜系统及布线

9.1.1.1 机柜封闭系统

数据中心内电子信息系统设备散热量大,为了有效优化气流组织,提高数据中心主机房制冷效率,进一步实现降低能耗的目的,采用信息机房机柜封闭系统。本次研究对冷通道封闭、热通道封闭两种机柜封闭系统进行对比分析,并给出适用场合。

机柜封闭系统分为冷通道封闭(cold aisle)和热通道封闭(hot aisle)两种,通过"面对面,背对背"的机柜摆放方式,利用部分空间封闭的方式将冷、热空气隔离。

冷通道封闭、热通道封闭这两种封闭方式的对比示意如图9-1所示。

1. 冷通道封闭

冷通道封闭的机柜系统如图9-2所示。送风方式为下送风,冷风流经电子信息系统设备(布置在L、M、N和O机柜内)时对设备进行冷却,热风通过布置在室内的回风口排出主机房。

冷通道封闭的机柜系统立面气流示意如图9-3所示。

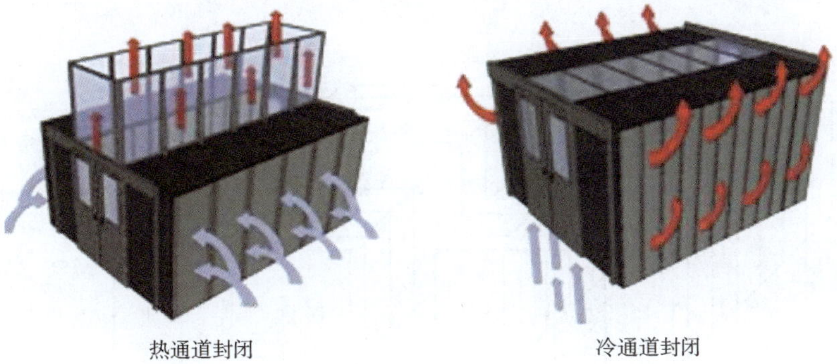

图 9-1　热通道封闭与冷通道封闭示意

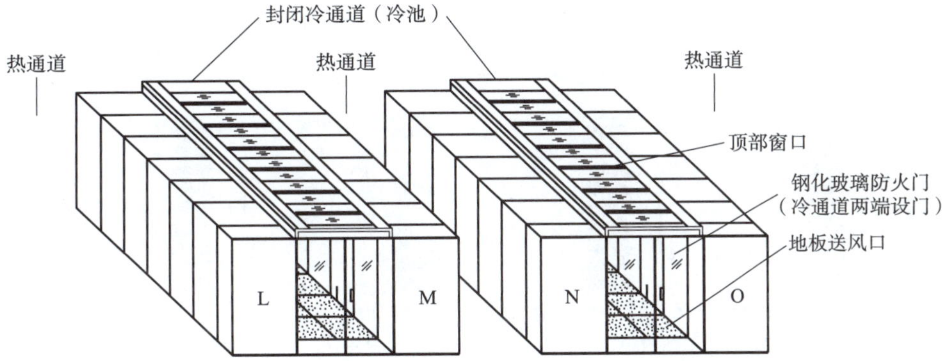

图 9-2　冷通道封闭示意

图 9-3　冷通道封闭立面气流示意

2. 热通道封闭

热通道封闭的机柜系统如图 9-4 所示。将电子设备的主要散热面相对组成的热通道封闭，冷风直接与设备散出的热量混合，通过热通道送到室外。

热通道封闭的机柜系统立面气流示意如图 9-5 所示。

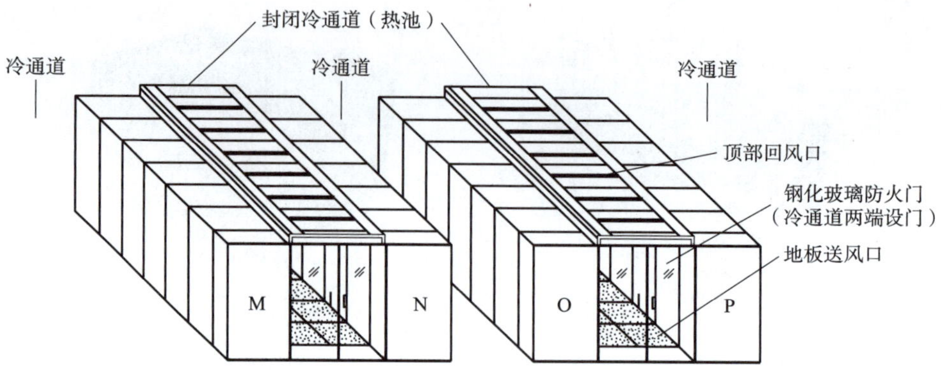

图 9-4 热通道封闭示意

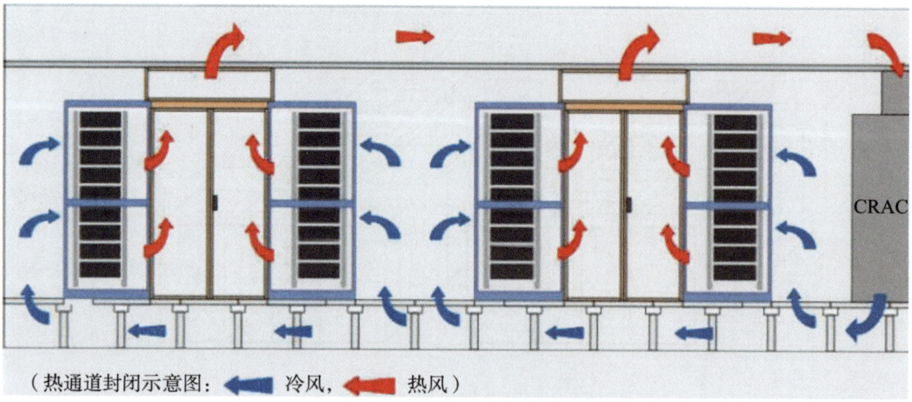

图 9-5 热通道封闭立面气流示意

9.1.1.2 数据中心布线规范要求

1. 网络系统

在 GB 50174—2017《数据中心设计规范》10.1 网络系统中，提出的要求如下："

10.1.1 数据中心网络系统应根据用户需求和技术发展状况进行规划和设计。

10.1.2 数据中心网络应包括互联网络、前端网络、后端网络和运管网络。前端网络可采用三层、二层和一层架构。

10.1.3 A 级数据中心的核心网络设备应采用容错系统，并应具有可扩展性，相互备用的核心网络设备宜布置在不同的物理隔间内。"

针对网络的规定，重点在于根据用户需求和技术发展状况进行规划和设计。由于信息系统发展速度很快、需求多种多样，网络系统作为数据中心布线系统的依据，需要根据用户的需要并结合先进且稳定的技术进行规划，无法按照统一规定来建设。

其中 A 级数据中心要求核心网络设备应采用容错系统，互相备用的核心网络设备宜布置在不同的物理隔间内。对本条进行解读，即核心网络设备的容错是必须的，但考虑到网络设备堆叠等技术要求，往往在不同物理隔间内设置会导致网络系统架构复杂、增加投资等问题，因此规范中未作不同物理隔间的强制性要求。

2. 布线系统

在 GB 50174—2017《数据中心设计规范》10.2 布线系统中提出了相关要求。

规范中是数据中心整体的布线系统要求。其中，数据中心建筑物、园区的布线和常规工程区别不是很大，满足各系统要求即可，本节主要介绍数据中心主机房内的结构化布线方案。

其中，承担数据业务的主干和水平子系统应采用不低于 OM3 /OM4 多模光缆、单模光缆或 6A 类及以上对绞电缆，主要是为了满足业务网络的带宽需求，并预留扩展条件。

主机房布线系统中 12 芯及以上的光缆主干或水平布线系统宜采用多芯 MPO/MTP 预连接系统，存储网络的布线系统宜采用多芯 MPO / MTP 预连接系统，采用该方案是为了保障结构化布线系统的可靠性，也便于快速实施，后文将会做 MPO/MTP 预连接系统与传统熔纤方案的对比分析。

同时，规范规定了铜缆与电力电缆的间距要求。

9.1.1.3　主机房防雷与接地规范要求

在 GB 50174—2017《数据中心设计规范》中，规定数据中心的防雷和接地设计应满足人身安全及电子信息系统正常运行的要求，并符合现行国家标准 GB 50057《建筑物防雷设计规范》和 GB 50343《建筑物电子信息系统防雷技术规范》的相关规定。

同时，作为铁路行业的数据中心，其防雷接地也应满足 TB 10180—2016《铁路防雷及接地工程技术规范》的相关要求。

总结以上相关规范，对主机房的防雷接地要求主要包含以下内容。

1. 主机房防雷接地要求

主机房内的防雷接地要求在《数据中心设计规范》中直接规定，与《建筑物防雷设计规范》、《建筑物电子信息系统防雷技术规范》的相关要求一致。

其中，保护性接地包括：防雷接地、防电击接地、防静电接地、屏蔽接地等；功能性接地包括：交流工作地、直流工作地、信号接地等。根据 8.4.2、8.4.3 的规定，对功能性没有特殊要求的情况下，数据中心主机房内各类接地宜共用一组接地装置。

2. 主机房电磁屏蔽相关要求

《铁路防雷及接地工程技术规范》中相关规定如下：

(1)屏蔽网应充分利用结构钢筋，并通过墙内结构主筋与建筑物接地装置多处连接。

(2)墙面、地面及顶面屏蔽网采用直径不小于 12 mm 的钢筋构成不大于 5 m×5 m 的网格；在 5 m×5 m 网格内，采用直径不小于 8 mm 的钢筋铺设成不大于 600 mm×600 mm 的网格。

(3)门窗屏蔽应采用截面积不小于 9 mm^2、网孔不大于 80 mm×80 mm 的铝合金网。

(4)屏蔽网的网格交叉点均应电气连接。相邻的墙面、顶面、地面及门窗屏蔽网之间应相互电气连接,并通过接地汇集线与接地装置多处连接。

9.1.2 数据中心总控中心

结合铁路运维管理习惯数据中心总控中心应具备数据中心日常监控及运维管理、应急响应及紧急处置、集中展示及仿真培训三大类功能,满足数据中心基础设施、信息系统、通信系统运营过程中跨团队、跨部门的集中监控、节能管理、项目管理、日常巡检计划管理、集中运维管理、应急响应及紧急处置、集中展示、员工培训及技能测试等管理需求。

9.1.2.1 日常监控及运维管理

1. 数据中心集中监控功能

通信系统为信息系统提供高带宽高可靠性的数据传输及承载平台,基础设施为信息系统、通信系统提供高安全可靠性的供电、制冷、消防及安全防范,三者之间密切关联,基础设施或通信系统发生故障都会导致数据中心信息系统运行故障,情况严重时将导致信息系统瘫痪。

总控中心作为数据中心本地的事件处理、监视和控制的中心,应实现对主数据中心基础设施、信息系统、通信系统的集中监控或复示,实时掌握数据中心运行的整体状态,供本地运维管理人员针对主数据中心当前运行状态和预计的变化进行判断、决策和指挥。

集中监控功能是数据中心总控中心核心功能,也是总控中心实现其他功能的基础。

2. 数据中心节能管理功能

数据中心属于耗能大户,数据中心运营费用中电费占有极高的比例,对数据中心的节能管理可以显著节约数据中心的运营费用。

数据中心在信息系统用电之外,其余的用电主要是空调制冷系统用电及供电系统损耗。通过总控中心的集中监控,在满足信息系统的制冷、供电基础上,调整空调、供电系统在最优工况运行,是数据中心投产后降低 PUE,进一步降低运营成本的主要手段。

3. 数据中心项目管理功能

数据中心中信息系统业务调整频繁,经常进行设备上下架、网络调整、应用功能调整等工作,对运行中系统具有一定安全隐患,需要在总控中心实现项目管理功能,主要满足以下几个方面的需求:

(1)实现对工作人员的管理,通过安全防范系统严格监控工作人员的行进路线及停留时间,掌握异常行为;

(2)掌握机房空间、制冷、供电条件,监控信息设备调整对机房运行环境的影响,优化机房设备部署;

(3)关注网络的物理连接、网络层接入情况;

(4)信息业务系统监控,避免调整业务功能对其他运行中业务的影响。

4. 数据中心日常巡检计划管理功能

借助总控中心的集中监控能力,协助计划调度人员更合理地安排日常巡检工作,消除数据中心各类隐患。

5. 数据中心集中运维管理功能

在总控中心实现信息系统的集中运维,有利于对运维人员操作内容进行实时监控和复核。

9.1.2.2　应急响应及紧急处置

数据中心承载关键信息业务系统,一旦因故宕机会导致巨大的经济损失甚至秩序混乱。在尽量提高数据中心可用性的基础上,也要考虑极端情况下数据中心发生故障时要尽全力缩短故障的持续时间。因此,数据中心应考虑应急指挥机制,针对数据中心突发安全事件、系统故障等实现统一部署、快速反应,在最短时间内修复,将可能的危害降到最低。

总控中心在应急指挥时需要对信息、通信、基础设施等全部系统的信息提供实时、直观、全面的统一图像展示和数据支持,及时中转命令和数据实现上行下报,在应急响应情况下辅助运维人员完成危机判定、决策分析、命令部署、实时沟通、联动指挥、现场支持等工作。

9.1.2.3　集中展示及仿真培训

1. 数据中心集中展示功能

按照行业经验,在数据中心建成投产后面临大量行业内外专家、企业政府领导参观视察的任务。由于数据中心是无尘环境且安全防护等级高,为了保证系统可靠运行,一般都会避免参观人员进入数据中心核心生产区域。总控中心作为集中监控且有人员值守的区域,可以使参观人员迅速了解数据中心的整体运行状况,是数据中心集中展示的良好平台。

2. 数据中心员工培训及技能测试功能

利用总控中心集中监控的优势,可以实现现代化的体验式培训及业务技能的现场测试。

9.2　机柜及布线关键设计技术

信息机柜是数据中心内电子信息系统设备的安装载体,首要考虑的是其承载电子信息系统设备的能力要满足信息系统规划需求,另一方面随着绿色、节能数据中心对精确制冷的需求,要考虑机柜封闭系统方案。

9.2.1 信息机柜系统关键设计技术

9.2.1.1 数据中心信息机柜尺寸

1. 选择信息设备机柜的制约因素

信息机柜的制约因素主要来自于两方面，一是数据中心主机房的空间条件，二是信息机柜自身的承载能力要求。

(1)数据中心主机房空间条件。

①平面布置影响。数据中心主机房的长、宽制约了机柜的摆放条件，结合规范规定及规划的通道等限制因素，单机柜的长、宽直接影响了主机房机柜布置数量。如图 9-6 所示，一个机房的净尺寸为长 15.6 m×宽 10 m，IT 地板面积为 156 m^2，根据不同尺寸的设备机柜核算机房可布置的设备机柜数量。

当选用宽 600 mm×深 1 200 m 的设备机柜时，最上方的通道仅能满足 600 mm 的宽度，不满足规范的要求，因此该机房布置 3 列尺寸为宽 600 mm×深 1 200 m 的设备机柜是合理的，最多可以布置 63 个设备机柜。

当选用宽 600 mm×深 1 000 m 的设备机柜时，最上方的通道满足 1 400 mm 的宽度，合理地设置机房进、出口位置可以满足规范和运维需求，因此该机房可以布置 4 列尺寸为宽 600 mm×深 1 000 m 的设备机柜，最多可布置 84 个设备机柜。

与机柜深度类似，机柜的宽度和机房尺寸核对后可能也会产生数量的影响，当机房列数较多的情况下也会对机房承载设备总数量产生较大的影响。

一般来说，在机房的电源、制冷可以满足需求的情况下，应尽可能布置更多的设备机柜，以提高 IT 地板面积的使用效率。因此新建数据中心主机房应根据预定的机柜尺寸进行合理布置，综合考虑机房的长、宽、高及结构柱布放，实现最大化空间应用；既有房间改造的数据中心主机房则需要根据既有房屋情况，合理地选择机柜尺寸。

②高度影响。机房的高度对机柜高度有所限制，在前文总体设计部分中对机房规划已经有详细分析，本处不再赘述。

(2)信息机柜承载能力要求。机架式安装的 IT 设备均安装在机柜内，尺寸都应符合标准化要求。但在使用过程中，信息机柜的承载能力主要按照服务器、存储、网络、布线几种情况分别考虑。

①服务器。常规 PC 服务器分为 2U、4U 两种，基本都可以部署在宽度 600 mm，深度 1 000 mm 的机柜内。

小型机服务器一般采用自带机柜或采用标准机架式安装，需根据设备特殊需求考虑安装条件。

目前新建信息系统主流采用云平台架构，多采用 PC 服务器，因此服务器机柜的宽度一

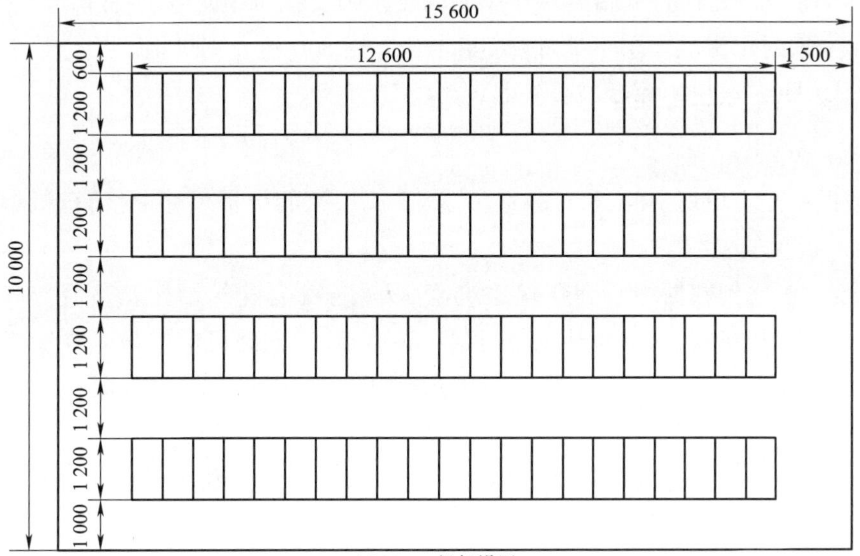

1 200 mm机柜设置

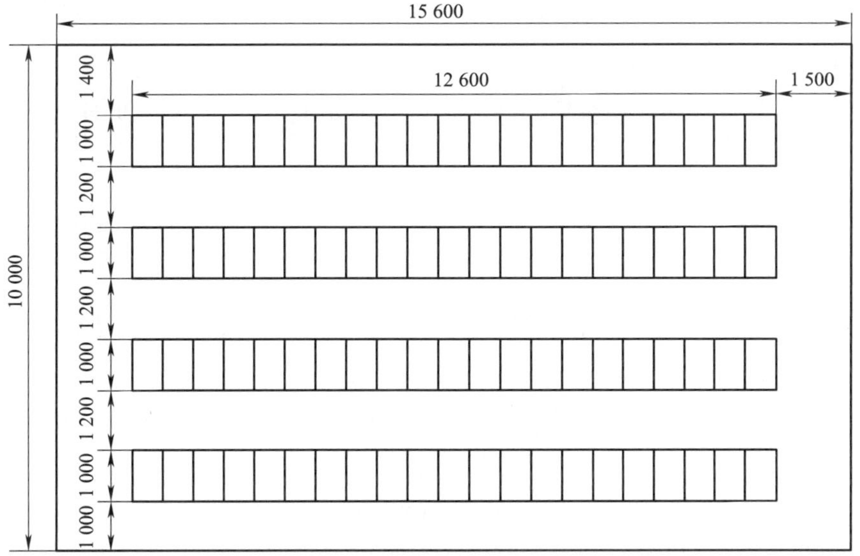

1 000 mm机柜设置

图 9-6　机柜尺寸与机房尺寸的关系(单位:mm)

般不受设备制约,多选用 600 mm 宽机柜。为了满足部分服务器设备深度的需求,建议数据中心主机房内选择深度大于 1 000 mm 的机柜。

②存储设备。主流的高端存储设备一般自带机柜,若调整为标准机架式安装需要根据设备特殊考虑安装条件。

基于分布式云存储的虚拟化存储设备多为 x86 的架构,其安装需求与服务器类似。

③网络和布线机柜。网络设备和布线机柜的特点在于柜内线缆数量多,缆线最多的机

柜将容纳上千根网线/光纤的跳接，基于工艺的要求需要在机柜两侧具备理线的条件。网络和布线机柜一般对于深度要求不高，但宽度一般选择 800 mm 宽机柜。结合数据中心整列宽度一致的要求，一般机柜深度与服务器、存储深度一致。

2. 信息机柜尺寸选择

基于数据中心主机房空间、机柜承载需求、主流厂家的机柜尺寸，对信息机柜的尺寸进行选择。

(1)深度。考虑到数据中心为新建建筑，可以充分配合建筑结构调整最佳房屋空间条件。结合主流 IT 设备尺寸，深度不宜小于 1 000 mm；考虑到机房内防静电地板的尺寸为 600 mm×600 mm，从机房美观、实用、便于施工及后期调整等因素出发，选择深度为 1 200 mm 的机柜。

(2)宽度。服务器机柜(含服务器、存储)选择宽度 600 mm 机柜，网络机柜(网络、布线)选择宽度 800 mm 机柜。

从机房模数考虑，除了在列头的机柜可以采用 800 mm 机柜以外，机列中部的机柜尽量以 4 个 600 mm 宽机柜为基本单位，将每 4 个 600 mm 宽机柜调整为 3 个 800 mm 宽机柜，以保证每列机柜的长度一致。

(3)高度。信息系统规划中对机柜高度不做强制要求，满足机房高度即可。本次研究的在主数据中心的案例中选用 2 000 mm 高的 42U 机柜。

9.2.1.2 信息机柜封闭系统

1. 机柜封闭方式选择

在机房相同设施的情况下，封闭冷通道和封闭热通道的方案都可以达到气流遏制以及散热管理的效果。根据冷热通道的模拟效果，结合实际工程案例，对两个方案比较如下。

(1)机房管理人员在机房操作时，采用冷通道封闭方案会导致冷通道外部空间温度高，人员工作不舒适；热通道封闭时机房整体大环境温度适中。

(2)机房面积大时热通道封闭，会使冷量在大空间内部分流失，冷量利用效率相对较低。机房面积较小时，保证机房保温效果良好的情况下，热通道封闭的节能效果较好。

(3)冷通道封闭只需封闭机列冷通道的顶部和端门，投资相对较低；热通道封闭需要封闭热通道并且将热通道延伸到主机房外，投资比较高。

(4)冷通道封闭方案对机柜上方走线影响较小；热通道封闭要从机柜热通道上方延伸至机房外，对机柜上方走线影响大。

冷热通道封闭方案比较见表 9-1。

表 9-1 冷热通道封闭方案比较

方案效果	冷通道封闭	热通道封闭
人员舒适度	低	高

续上表

方案效果	冷通道封闭	热通道封闭
制冷效率	适用于大机房	适用于小机房
投资	较低	较高
对上走线影响	小	大

综上所述，考虑到数据中心机房规模大，从经济适用、便于实施的角度，本次研究采用冷通道封闭方案。

2. 冷通道封闭机柜系统方案

（1）冷通道封闭方案。冷通道封闭系统设计方案如图 9-7 所示。

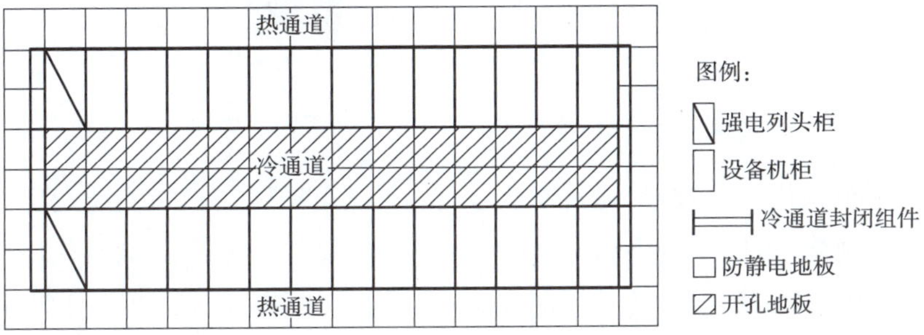

图 9-7　冷通道封闭机柜系统设计方案

机柜面对面为冷通道，背面为热通道，冷通道采用开孔地板，具备地板下冷气向上送出的条件。在机柜列的两侧设置端门，在冷通道上方设置天窗，实现冷通道的封闭。具体冷通道封闭后的机柜系统效果如图 9-8 所示。

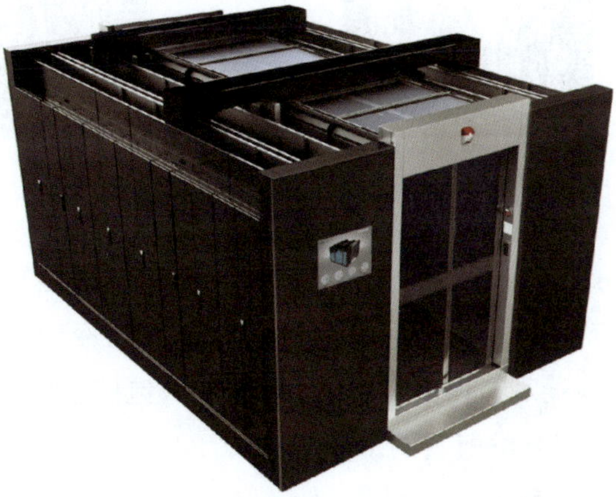

图 9-8　某厂家冷通道封闭机柜系统

以主数据中心实施的冷通道封闭为例进行介绍。冷通道封闭组件由端门及天窗两部分组成：

①端门。微模块端门采用全玻璃推拉门，采用隐藏式门盒设计，端门打开后不会裸露在外；同时电动门与动环传感器联动，一旦遇到空调失效，模块内温度过高等情况，通道门将自动开启，确保紧急散热。典型端门样例如图 9-9 所示。

图 9-9　某厂家冷通道封闭端门及天窗结构件

②天窗。天窗采用钢化玻璃，通透率大于 90%（满足照明需求），安装宽度分为 600 mm 和 800 mm 两种规格，可以支持手动、过温和第三方告警信号开启。除与消防联动外，与电动门功能类似，翻转天窗与动环传感器联动，一旦遇到空调失效，模块内温度过高等情况，通道门将自动开启，确保紧急散热。典型天窗样例如图 9-10 所示。

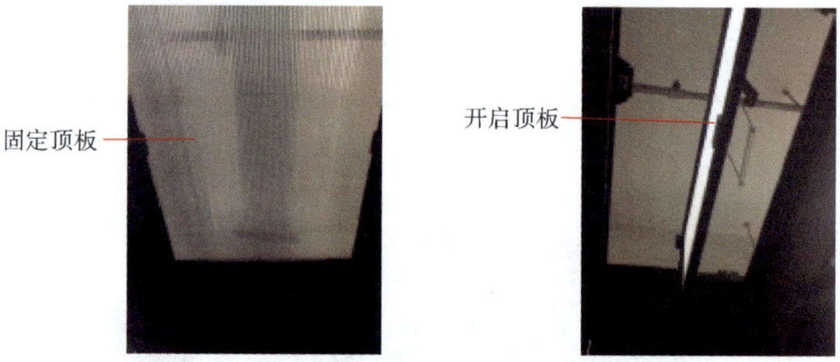

图 9-10　某厂家冷通道天窗顶板及开启状态

③包柱组件。主机房内难以避免设置有结构柱，一般在机柜布置配合过程中将结构柱设置在机列之间，对机柜布置、冷热通道影响最小。因此，在冷通道封闭过程中涉及大量包柱组件需求，为了达到整体美观协调的效果及密闭效果，包柱组件与封闭冷通道组件外观颜色喷涂一致，宽度对应标准 IT 机柜及网络机柜（600/800 mm），满足实际使用需要。

包柱组件效果如图 9-11 所示。

（2）封闭控制系统。主数据中心采用的冷通道封闭系统带有控制系统，其结构如图 9-12 所示。

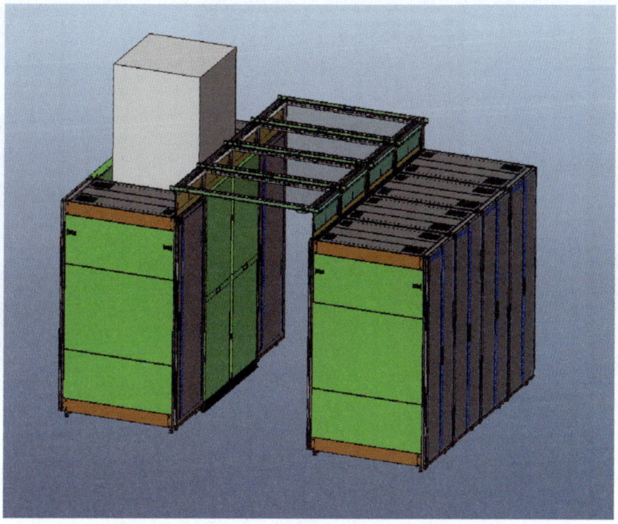

图 9-11 包柱组件效果

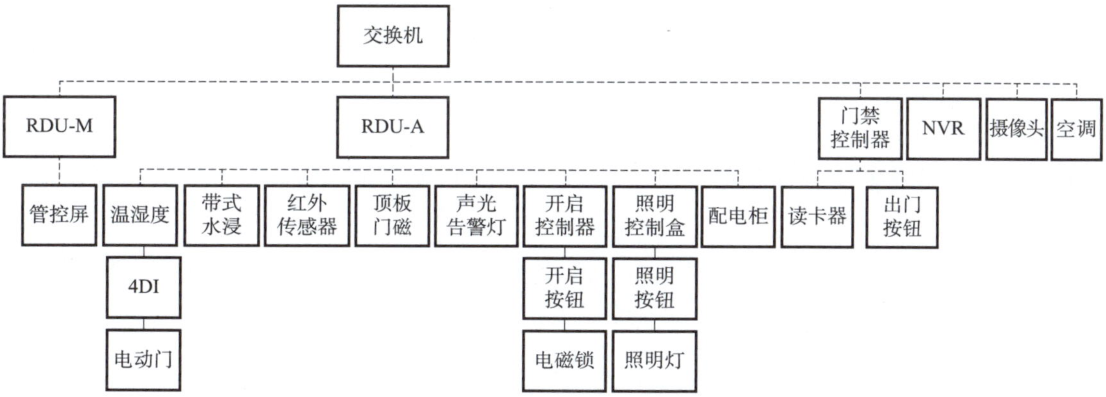

图 9-12 某厂家冷通道封闭控制系统架构

该系统控制器控制功能主要包括屏幕、动力及环境、门禁、摄像头几部分内容。考虑到主机房内已经设置 DCIM(深度集成机房电源及环境监控系统),因此冷通道控制系统仅保留其与封闭通道相关的主要功能,其余动环相关功能由 DCIM 系统实现。

①灯光控制。冷通道封闭系统内照明采用三色照明,手动控制白色和蓝色,告警下控制红色,告警消失后恢复。

照明采用 24 V DC 供电的 LED 灯条,天窗支架内嵌入式安装。封闭冷通道的三色灯光效果如图 9-13 所示。

②端门智能屏幕。在冷通道封闭的端门门盒上镶嵌工业级智能触摸屏,方便本地运维。

触摸屏可显示总览等主要信息,模块底图根据实际配置机柜、列头柜、行间空调等设备定制,基础设施运维人员在主走廊即可观测通道内主要设备运行情况。

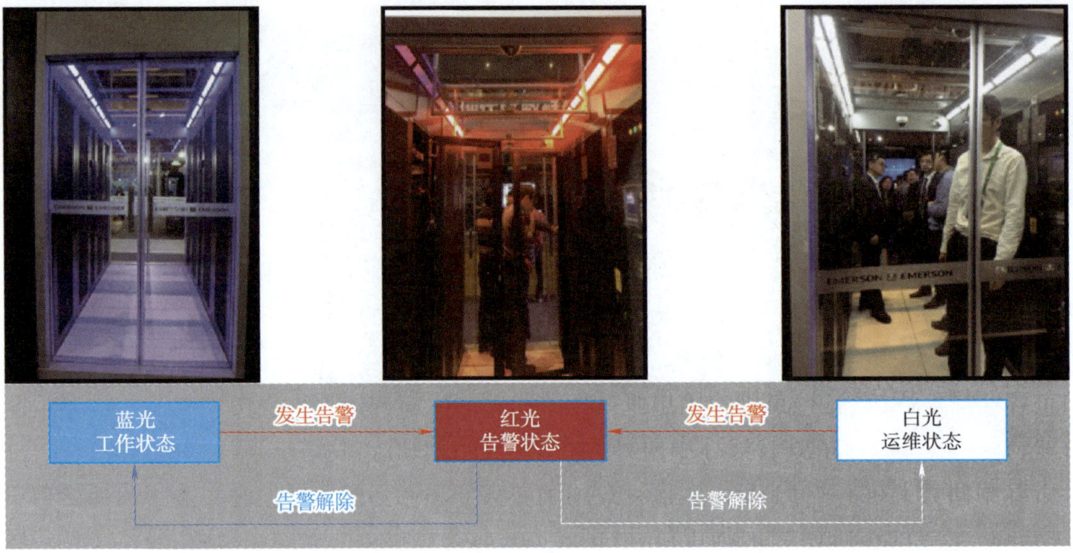

图 9-13　三色灯光效果及逻辑

③满足环境监控系统。在每一个冷通道封闭系统内均配置动环监控服务主机，用于控制顶板开启与消防联动、三色智能照明等系统功能。

同时考虑到 DCIM 系统传感器、园区视频监控系统摄像机等设备的安装需求，冷通道封闭系统内部在翻转天窗框架位置均预留安装位置，可确保第三方传感器、摄像机正常安装使用。

冷通道封闭系统自带 6 个温湿度传感器，均可通过模块内动环监控主机进行物理量处理汇总，呈现在本地显示屏。

9.2.2　结构化布线关键设计技术

9.2.2.1　数据中心网络需求分析

数据中心布线系统以网络需求为核心，因此要将网络需求的分析结果作为布线设计的前提。

1. 典型云数据中心网络规划

某云数据中心规划网络总体架构如图 9-14 所示。由主数据中心、同城/异地数据中心的多个 SDN 组网接入单元与传统组网接入单元组成网络资源池，满足业务应用的灵活部署。网络核心将接入单元、运维管理网络环境和外部连接网络环境互联。运维管理网络环境用于支撑数据中心的运维管理，外部连接网络环境用于连接铁路信息专网、铁路广域网、互联网等外部网络以及路外信息系统。多个数据中心间连通东西向流量实现资源调度，连通南北向流量实现业务应用信息交换。

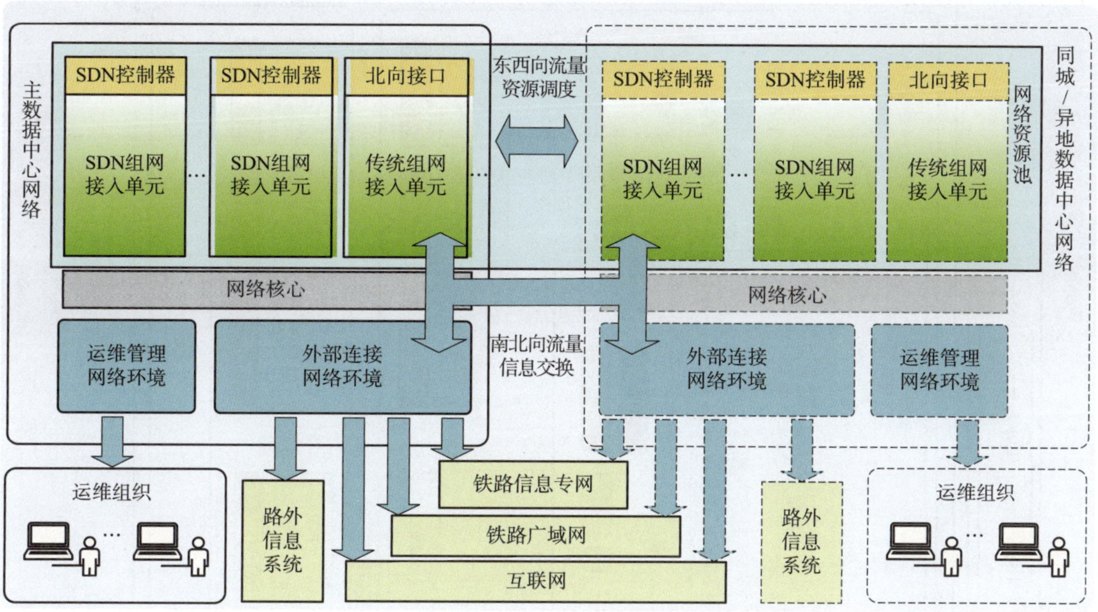

图 9-14　某云数据中心基础网络总体架构

数据中心网络技术架构如图 9-15 所示，主要由数据中心网络核心、POD 核心、SDN 接入单元（POD）、传统组网接入单元（POD），以及提供外部接入的互联网接入区、广域网接入区、专线/专网接入区，用于支撑安全、运维工作的运维管理区、终端接入区、带外管理区等网络区域，以及同城/异地数据中心相关区域组成。依靠云管平台的超级控制器、网络自动化部署模块，实现网络资源的统一管理、调度。

2. 网络对布线系统需求分析

以上述云数据中心为例，分析数据中心网络对布线系统的需求。

（1）核心网络机房总配线区至通信机房。数据中心外部网络连接主要包含路内、路外两种情况：

路内外部网络连接包含铁路信息专网、铁路广域网及 OTN 网络延伸等，这些网络在数据中心内落地在铁路通信机房。考虑到 OTN 网络延伸的带宽会比较高，至少达到万兆，随着双中心、灾备等需求可能会继续提升，因此网络核心机房至铁路通信机房之间至少满足多个万兆网络互联的需求，且应充分考虑升级 100G 的能力。

路外外部网络连接包含互联网、路外信息系统网络等，这些网络在数据中心内落地在公网通信机房。其中，互联网带宽较高，目前设计达到每个运营商各 2 个万兆网络的互联能力。

（2）模块机房中间配线区至核心网络机房总配线区。模块机房中间配线区至核心网络机房总配线区之间的网络连接主要是实现传统网络接入（机房汇聚区）与传统网络核心，

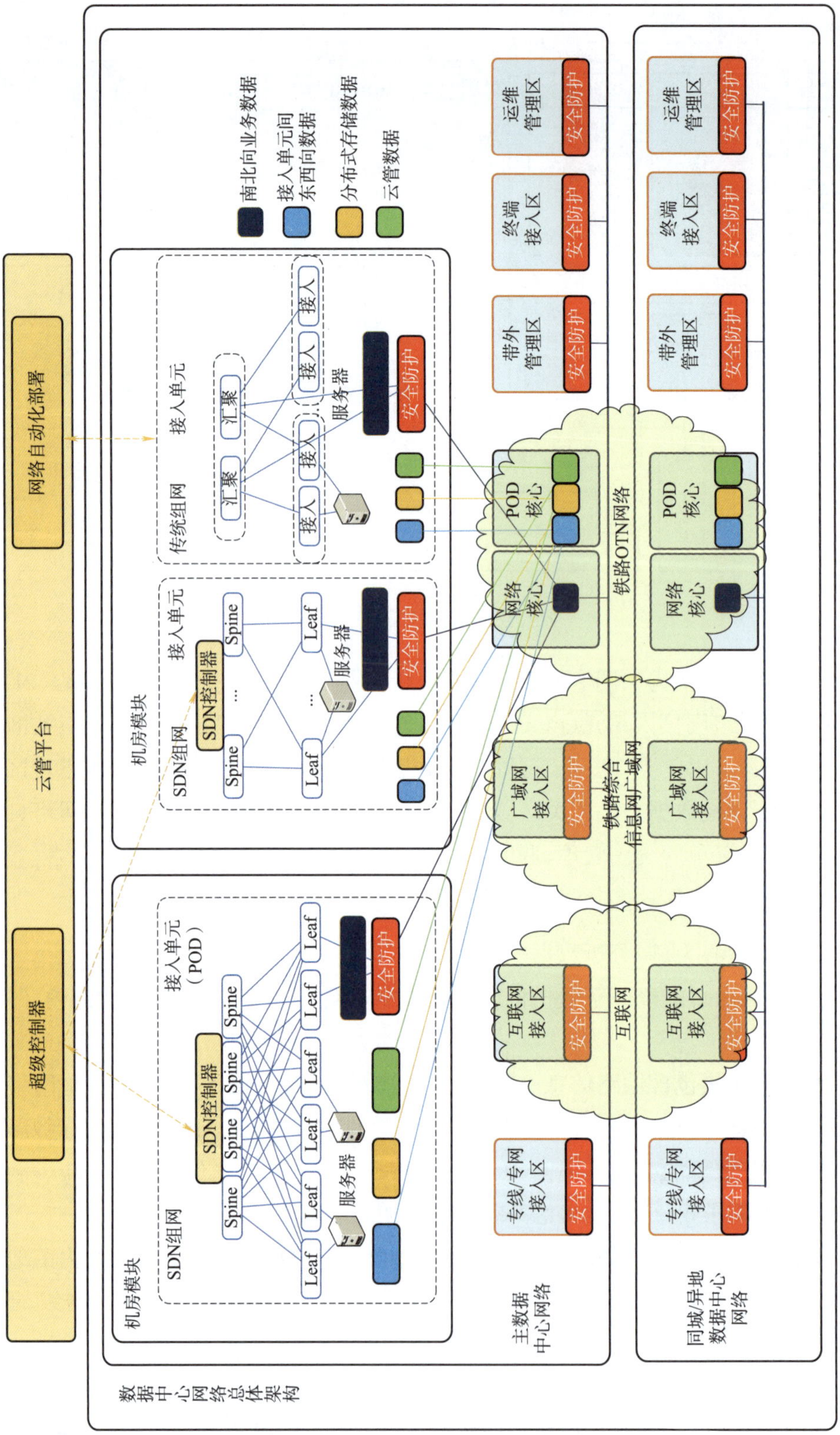

图9-15　某云数据中心基础网络技术架构

POD 网络接入(spine)与 POD 核心之间的高速互联。

在云数据中心的网络架构中，东西向流量占主要，因此核心至汇聚的流量相对较小。按照目前的规划，多条 40G 的传输带宽可以满足要求，但随着网络技术发展及业务的调整，未来可能会升级到 100G 甚至更高。

(3)设备机柜至模块机房中间配线区。

①业务网。机房内采用 leaf-spine 的网络构成方案，在模块机房中间配线区设置 spine 节点，在每个机柜的架顶设置 leaf 节点。每个 leaf 至 spine 节点之间设置 2 个 40G 网络互联。

②管理网。每个机列列中设置管理网交换机，通过万兆网络连接至模块机房中间配线区的汇聚节点。每个机柜设备管理口通过铜缆连接至列中柜设置的管理网交换机。

③存储网。存储网按照 SAN 网络、NAS 网络、分布式存储等几种方式构建。

a. SAN 网络。SAN 存储设备集中设置在机房内的一个区域，一般选择与网络汇聚区相近位置，充分利用主干线槽敷设缆线的能力。单独构建 SAN 网络，将服务器的 FBA 口与 SAN 交换机互联，共同接入集中 SAN 存储设备。

b. NAS 网络。结合存储带宽需求确定连接带宽，一般 NAS 存储共用以太网，将 NAS 存储设备旁挂在核心交换机或汇聚交换机即可，对具体安装位置要求不高。

c. 分布式存储网络。分布式存储利用 x86 服务器构建，与虚拟化网络构成类似，为了满足存储带宽可靠性一般选择独立构建网络或共用业务网并通过 QOS 机制保证存储网带宽。

9.2.2.2　数据中心主机房结构化布线方案

1. 线缆及配套设施选型

(1)单模光缆。

①光缆选型。OS1 指满足光纤标准 G. 652A 和 G. 652B 的光纤，即传统的单模光纤；OS2 指满足光纤标准 G. 652C 和 G. 652D 的光纤，也称单模零水峰光纤或单模低水峰光纤。

OS1 单模光纤所用于波段主要为：

O 波段(原始波段-original)：1 325～1 360 nm；

C 波段(常规波段-conventional)：1 530～1 560 nm。

OS2 单模光纤克服了 1 383 nm 的水峰影响，它的可应用波段则扩展为四个：

O 波段 (原始波段-original)：1 325～1 360 nm；

E 波段(扩展波段-extended)：1 360～1 460 nm；

S 波段(短波段-short)：1 460～1 530 nm；

C 波段(常规波段-conventional)：1 530～1 560 nm。

考虑到 OS2 光缆的波段较 OS1 更多，结合主流波分复用提高带宽的方式，在下一代

40G、100G 以太网络中 OS2 型单模光纤具有更好的适用性。

②光缆敷设及成端。机房间的光缆需要跨越机房，且机房间的桥架多敷设在吊顶内，线路敷设条件不佳，因此光缆应选择带轻铠保护的类型；同时由于穿线条件不佳，不建议采用预连接光缆。

在信息机房光缆芯数很多，应选用高密度的单模光纤配线架。

（2）多模光缆。

①光缆选型。根据 ISO/IEC 11801 的规定，多模光缆主要分为 OM1、OM2、OM3、OM4、OM5 共计五类，对应 IEC 60793 中的类型编号见表 9-2。

表 9-2　光缆类型对照表

ISO/IEC 11801-1	IEC 60793-2-10
OM1	A1b
OM2	A1a. 1
OM3	A1a. 2
OM4	A1a. 3
OM5	A1a. 4

目前在数据中心中应用较多的多模光缆类型为 OM3、OM4，OM5 的多模光缆产品刚刚上市，大规模使用案例不多。在波长 850 nm～940 nm 之间，某厂家的 OM3、OM4、OM5 三种光缆的有效模式带宽如图 9-16 所示。

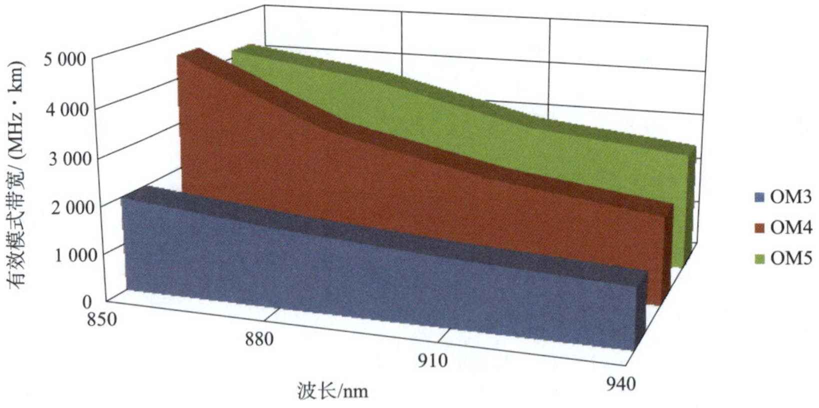

图 9-16　某公司 OM3、OM4、OM5 三种光缆的有效模式带宽对比

从图 9-16 中可以看出，某公司的光缆在 850 nm、880 nm、910 nm、940 nm 各波长处，OM5 光缆均有最佳的有效带宽。

不同种类多模光缆在 40G/100G 传输距离对比见表 9-3。

表 9-3　40G/100G 传输距离对比表

光纤类型	40G 收发器				100G 收发器			
	40GBASE-SR4	eSR4	BiDi	SWDM	40GBASE-SR4	eSR4	BiDi	SWDM
OM3	100 m	300 m	100 m	240 m	70 m	200 m	70 m	75 m
OM4	150 m	400 m	150 m	350 m	100 m	300 m	100 m	100 m
OM5	150 m	400 m	200 m	440 m	100 m	300 m	150 m	150 m

从表 9-3 可以看出，OM5 在 40G、100G 两种传输需求下的传输距离均为最长，具备优势。OM3、OM4、OM5 三种光缆的有效模式带宽规范要求如图 9-17 所示。

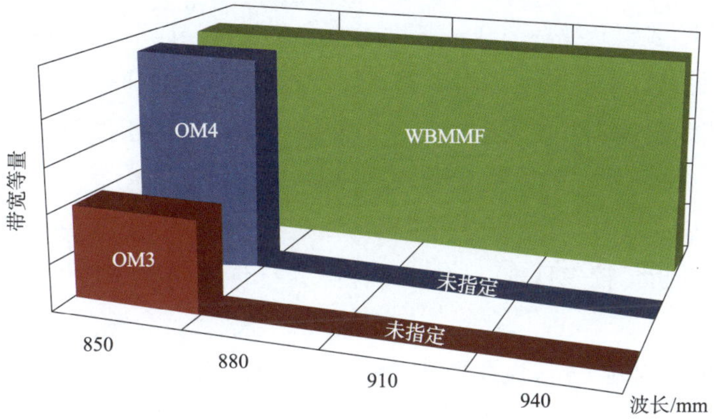

图 9-17　OM3、OM4、OM5 三种光缆的有效模式带宽规范要求

虽然三种光缆在 850 nm、880 nm、910 nm、940 nm 的各波长处有效带宽均可接受，但在相关规范中对有效模式带宽的要求中，针对 OM3、OM4 仅对 850 nm 处的有效带宽进行了规定，OM5 则对 850 nm、880 nm、910 nm、940 nm 四处带宽均有所要求。

由于规范的规定，对于不同的厂家的光缆，仅 OM5 能够保障在 4 个波段均有可靠的有效带宽。图 9-18 为波分传输的典型模式，可以看出采用双芯传输 40G、100G 时需要采用 4 处波长的有效带宽，在这种模式下 OM5 多模光缆是最可靠的。

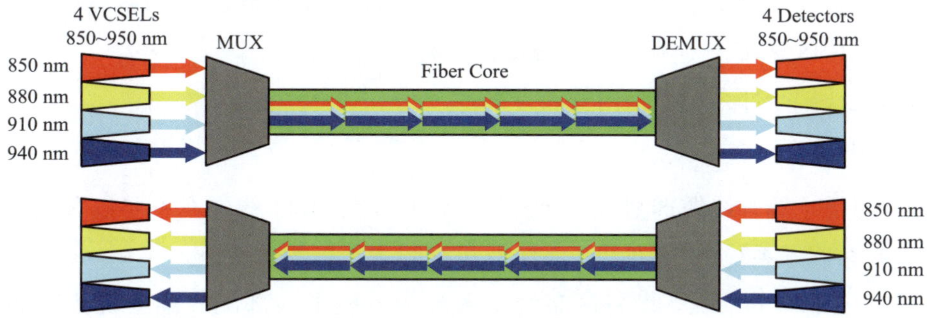

图 9-18　波分传输的典型模式

在波分传输100G SWDM4系统下，某公司委托第三方测试机构对OM3和OM5两种多模光缆进行了测试，其中OM3光缆为50 m，OM5光缆为200 m，测试结果见表9-4。

表9-4 OM3、OM5光缆在100G SWDM4系统测试结果

样品信息		误码率BER			
光纤类型	测试系统链路长度/m	850 nm	880 nm	910 nm	950 nm
OM3	50	0	5.82E-12	4.11E-11	1.99E-10
OM3	50	0	0	5.21E-12	0
OM3	50	0	3.13E-10	1.31E-09	9.91E-09
OM5	200	0	0	0	0

可以看出OM5多模光缆在200 m长度下4个波长处误码率均为0；OM3在850 nm波长处误码率为0，另外3个波长处均发生了误码，传输速率会受到影响。

综合以上分析，若数据中心充分考虑未来升级100G传输需求，选择OM5多模光缆是有优势的。

②光缆敷设及成端。多模光缆均在主机房内敷设，有光纤槽道保护，对光纤自身的强度要求不高；由于光纤折弯较多且难以检查，为保障光纤传输速率满足设计数值，建议选择抗弯曲光纤。

为了减少主机房内施工量，提高光纤的端接可靠性，多模光缆适合选用MTP/MPO的预连接光缆。

机柜侧光纤数量较为固定，可以采用常规预连接光纤配线架；机房的网络汇聚区聚集了全机房机柜的光缆，因此密度较大，适合选用高密度预连接光纤配线架。

(3)铜缆。规范中提出承载数据中心业务的铜缆应选用6A类铜缆。考虑到数据中心内主要业务均采用光缆承载，铜缆主要用于承载管理网。

从节约投资、便于施工的角度，本次研究建议采用6类铜缆承载管理网业务。

(4)布线总结。综合布线系统机房内采用六类非屏蔽电缆、万兆多模(OM5)光纤布线系统，机房间选用OS2单模光缆布线，综合布线线缆均选用低烟、无卤、阻燃型。

六类非屏蔽电缆系统采用24口六类RJ-45模块化配线架端接，光缆系统端接采用高密度的小型LC、MPO/MTP连接头可靠端接。

各区域配线架全部采用机柜内安装方案。

2. 结构化布线方案

根据网络需求结合线缆选型，本次研究数据中心结构化布线方案主要包含设备区布线子系统、水平布线子系统、中间布线子系统及机房间主干布线子系统。

(1)设备区布线子系统。设备区布线子系统为各机柜内部配线架至设备间的布线子系统。

结合机房结构化综合布线的工程内容，设置部分六类非屏蔽跳线、LC 双工多模 OM5 光纤跳纤、LC 双工单模 OS2 光纤跳纤，满足数据中心各类设备接入的需求。

(2)水平布线子系统。为了满足带外管理网的组网需求，设备布线区与水平布线区之间通过水平电缆连接。弱电列中柜采用 MOR 设置方案。

每个服务器机柜至本列弱电列中柜之间敷设六类线非屏蔽线缆；在各服务器机柜处设置数据配线架，在弱电列中柜处设置数据配线架满足各服务器机柜电缆的端接需求。

网络机柜列同样存在带外管理网的需求，在网络机柜列中选取与 MOR 同位置的机柜作为本列的铜缆集中机柜，本列其他网络机柜至铜缆集中机柜之间敷设六类非屏蔽线缆；在铜缆集中机柜设置满足其他机柜铜缆端接需求的数据配线架，本列其他机柜各设置 24 口数据配线架。

具体铜缆数量由业务需求确定，并结合铜缆数量计算配线架数量。

(3)中间布线子系统。

①光缆布线。信息机房模块的服务器机柜中各类服务器业务网均采用 TOR 网络接入方式，服务器机柜与中间配线区之间通过主干光缆连接。每个服务器机柜至本信息机房模块的网络机柜列中间配线区配线柜之间敷设 24 芯 MPO/MTP 预连接 OM5 光缆；在各服务器机柜处设置 24 芯预连接光纤配线架(含预连接模块)，在网络机柜列配线机柜处配置高密度预连接光纤配线架(含预连接模块)满足各服务器机柜光缆的端接需求；光纤配线架与主干光缆连接处满足 MPO/MTP 预连接光缆的接入条件，设备侧采用 LC 接口方式。

信息机房模块中的各 MOR 列中柜布线方案同服务器机柜，每组列中柜敷设 24 芯 MPO/MTP 预连接 OM5 光缆至网络机柜列中间配线区配线柜，并在两侧设置 24 芯预连接光纤配线架(含预连接模块)。

具体预连接光缆数量由业务需求确定，并结合总芯数确定光纤配线架数量。

②铜缆布线。每列的弱电列中柜至本信息机房模块的网络机柜列配线柜之间敷设六类非屏蔽线缆；在各弱电列中柜处设置数据配线架，在网络机柜列配线机柜处设置数据配线架满足各弱电列中柜电缆的端接需求。

具体铜缆数量由业务需求确定，并结合铜缆数量计算配线架数量。

(4)机房间主干布线子系统。每个信息机房模块的网络机柜列配线柜至网络核心机房模块主配线区配线机柜之间均沿 2 条不同路径各敷设多芯 OS2 单模光缆，满足模块机房中间配线区至核心网络机房总配线区之间网络高速互联。

每个通信机房各敷设多芯 OS2 单模光缆至网络核心机房模块主配线区配线机柜，满足外部网络至核心网络机房总配线区之间的高速互联。

在单模光缆两侧的网络机柜列配线柜处设置高密度光纤配线架，满足端接需求，配线架设备侧采用 LC 接口方式。

具体单模光缆的芯数、光缆数量，结合项目实际需求确定。

9.2.3 机房防雷与接地关键设计技术

9.2.3.1 主机房接地方案

1. 主机房接地研究综述

数据中心中接地包括保护性接地和功能性接地，是保证人身安全和电子信息系统设备正常工作的重要手段。在数据中心主机房接地的国内外研究中，各国专家就“共用接地”和“单独接地”一直存在争议，近年来已基本达成一致意见，即进行等电位联结并接地。这也是GB 50174—2017《数据中心设计规范》的研究背景。

同时，由于数据中心主机房内输入高频信号时接地电阻的阻抗(包含电阻、感抗、容抗的组合)远大于电阻值，且难以分析和计算，因此国标《数据中心设计规范》及美国通信行业标准 TIA-942《数据中心通信基础设施标准》、美国国家标准 ANSI/BICS 1002《数据中心设计和实施的最佳实践》、国际标准化组织 ISO/IEC 30134《信息技术一数据中心一关键性能指标》、欧洲标准 EN 50600《信息技术一数据中心基础设施》等都没有规定数据中心的接地电阻值，只要求接地和等电位联结即可，推荐数据中心采用共用接地系统。

《数据中心设计规范》中提到保护性接地和功能性接地宜共用一组接地装置，其接地电阻值按其中最小值确定。结合《铁路防雷及接地工程技术规范》的要求，综合接地系统接地端子处的接地电阻不应大于 1 Ω。本书保持与铁路行业防雷接地标准一致，对数据中心主机房接地端子排处的接地电阻值要求为不大于 1 Ω。

2. 对电力专业的要求及接口界面

(1)防雷要求。数据中心采用 UPS 集中供电方案，信息专业与电力专业的接口界面位于信息机房机柜 PDU 的上口。因此，相关电源防雷措施均在电力专业的设计范围，其设计应符合 TB 10180—2016《铁路防雷及接地工程技术规范》、GB 50057—2010《建筑物防雷设计规范》、GB 50343—2012《建筑物电子信息系统防雷技术规范》、Q/CR 571—2017《铁路信息机房通用技术规范》等规范的要求。

(2)接地要求。考虑到规范中提出保护性接地和功能性接地宜共用一组接地装置，主机房内接地装置不再根据功能分设。信息系统采用建筑物共用接地，接地电阻不大于 1 Ω，与电力专业接口界面位于等电位接地端子排。

由电力专业在信息机房模块设接地端子排，并预留接地端子。具体接地端子排数量、每个接地端子排的接地端子数量，根据机房面积及具体等电位联结网格需求确定。

3. 数据中心主机房接地方案

数据中心主机房接地主要包含等电位联结网格及设备的金属外壳、各类金属管道、金属线槽、建筑物金属结构(含静电地板)接地等相关内容。数据中心主机房接地示意如图 9-19 所示。

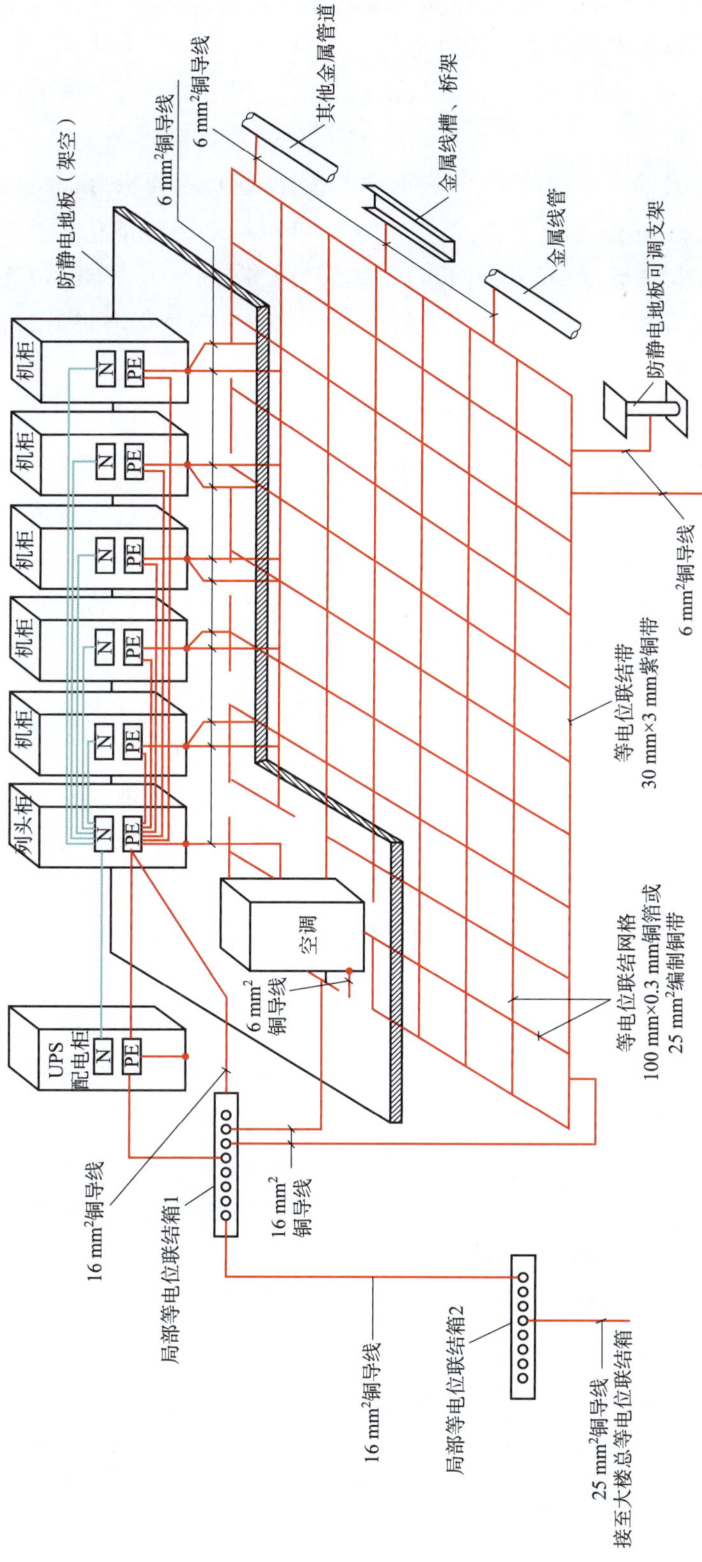

图 9-19 数据中心主机房接地示意

数据中心主机房采用SM混合型等电位联结方式，在防静电地板下设置等电位联结带构成等电位联结网格，通过等电位联结导体将等电位联结带与接地汇集排、各类金属管道、金属线槽、建筑物金属结构等进行连接。每台设备机柜应采用两根不同长度的等电位联结导体与等电位联结网格连接。

(1)等电位联结网格及等电位联结带。《数据中心设计规范》中要求等电位联结网格应采用截面积不小于25 mm^2的铜带或裸铜线，并应在防静电活动地板下构成边长为0.6～3.0 m的矩形网格。在图集《数据中心工程设计与安装》(18DX009)中，等电位联结网格采用100 mm×0.3 mm铜箔带25 mm^2编制铜带组成，可以满足《数据中心设计规范》中对等电位联结网格的相关要求。

数据中心机房内机柜布置非常紧密，结合“每台电子信息设备(机柜)应采用两根不同长度的等电位联结导体就近与等电位联结网格连接”的要求，结合施工现场实践，若采用100 mm×0.3 mm铜箔带25 mm^2编制铜带构成等电位联结网格，等电位联结网格过于脆弱，不便于接地导体与等电位联结网格的可靠连接。由于接地导体的长短对接地阻抗的影响很大，为保障主机房内电子信息系统设备正常运行应尽量缩短接地导体长度，即等电位联结网格应具备良好的接地导体就近连接条件，应补强其机械强度。

根据以上要求综合考虑后，建议铁路数据中心将等电位联结带与等电位联结网格结合设置。等电位联结网格采用截面不小于30 mm×3 mm的紫铜带作为等电位联结带组成边长介于0.6～3 m之间的等电位联结网格，可以保障主机房内各类接地设备可有效方便地与等电位系统连接。具体布置应结合主机房机柜布置方案，保证每列机柜下方至少有1根紫铜带。

在机房静电地板下环绕主机房周边采用截面不小于30 mm×3 mm的紫铜带构成等电位联结带。同时根据数据中心主机房布线方案，机房顶部存在大量的桥架、管线等，作为金属部件均应可靠接地。因此在机房顶部与地板下一致，环绕主机房周边采用截面不小于30 mm×3 mm的紫铜带构成等电位联结带。地板下、顶部的等电位联结带之间通过截面不小于30 mm×3 mm的紫铜带联结，如图9-20所示。

该方案中等电位联结带、等电位联结网格均保持可靠的电气连接。主机房内等电位联结系统与电力预留的等电位端子排之间采用截面不小于30 mm×3 mm的紫铜带搭接方案，并满足相关规范中对搭接面积的要求。针对压接情况，应在压接面涂抹导电膏确保压接面积均可靠导电，且打孔采用铜制螺栓固定。

(2)机房设备及金属部件与等电位联结网格的连接。

①设备机柜。每个设备机柜采用两根不同长度的10 mm^2铜导线与设备下方的等电位联结网格可靠连接。机柜配置主接地端子，实际操作中，机房内等电位连接带引接地线与机柜前后框下部接地端子位置连接，连接良好后可确保机柜与系统主接地等电位。

机柜主接地端子示意如图9-21所示。

图 9-20　机房顶部等电位联结带照片

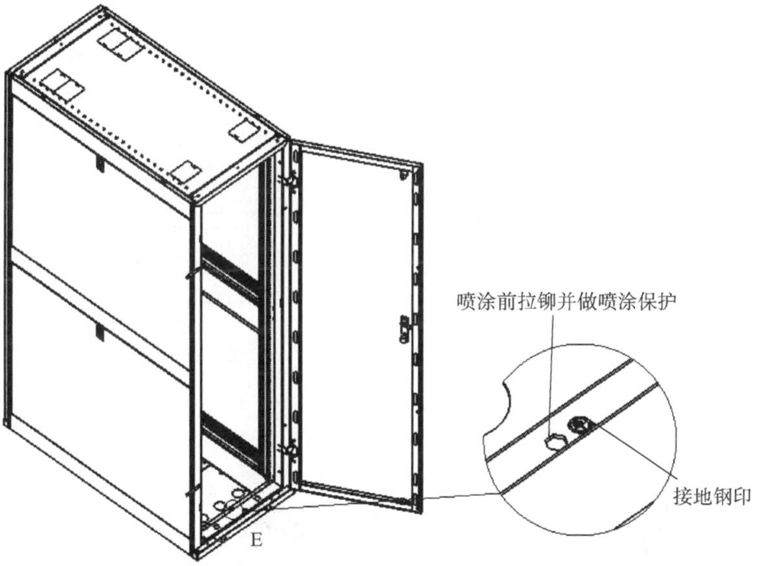

图 9-21　机柜主接地端子示意

机柜内的设备利用机柜内接地端子接地，主要方案有两种。

方案一：利用机柜侧柱接地端子接地。设备机柜的各部件具备电气连通性，考虑到机柜板材表面多喷刷油漆，故电子信息设备应设置接地线接引至机柜内预留设备接地端子处实现可靠接地。

机柜设备接地端子示意如图 9-22 所示。

方案二：机柜内设置接地铜排接地。在机柜底部增加接地铜排作为设备接地点，将多设备接地引入接地铜排。机柜接地铜排规格需满足 19 英寸标准机柜的安装条件，此接地铜排一般通过绝缘柱固定在机柜后侧立柱最下面的 U 位，如图 9-23 所示。

②静电地板接地。采用 100 mm×0.3 mm 铜箔带在防静电地板下结合防静电地板支座组成 0.6 m×0.6 m 的网格，并与等电位联结带互联。如图 9-24 所示。

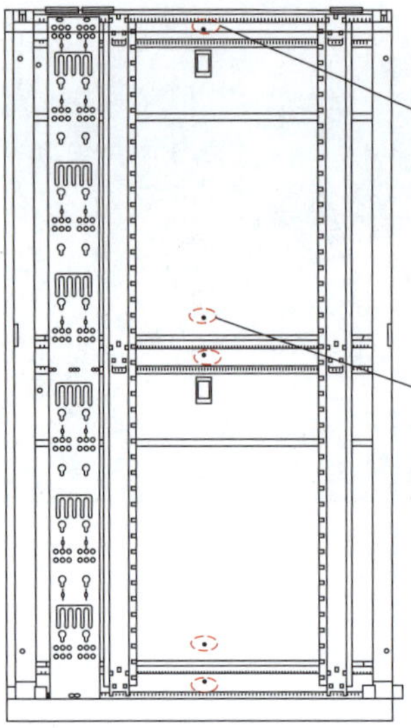

图 9-22　机柜设备接地端子示意

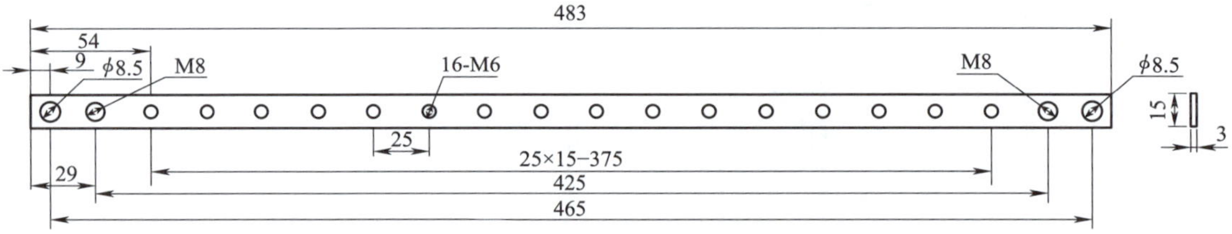

图 9-23　铜排接地示意(单位:mm)

图 9-24　数据中心静电地板接地

③其他金属部件。主要包括金属桥架(网格桥架、电力梯架)、钢管、设备机柜底座、空调及加湿器外壳、气体灭火管道、彩钢板墙面等。

各类金属管道、金属线槽、建筑物金属结构等通过 6 mm^2 铜导线与等电位联结网格或顶部等电位联结带相连接。

9.2.3.2　主机房电磁屏蔽方案

根据《铁路防雷及接地工程技术规范》要求，铁路数据中心主机房应设置法拉第笼实现电磁屏蔽。

1. 法拉第笼设计要求

在数据中心主机房六面（墙、顶、地面）设置电磁屏蔽网。

（1）在混凝土框架内应设置 ϕ12 mm 的圆钢为主筋（加强钢筋），主筋间用相同规格的圆钢相互焊接成 5 m×5 m 的网格，并保证电气连接的连续性。

（2）用 ϕ8 mm 的镀锌圆钢在主筋网格内焊接成不大于 600 mm×600 mm 网格，并与主筋焊接连通。

（3）采用屏蔽门窗，并用 10 mm^2 的铜带（扁平铜网编织带）与屏蔽笼可靠连接，预留用于与窗户连接；用 40 mm×4 mm 的热镀锌扁钢与屏蔽笼可靠焊接，预留用于与门焊接。

（4）屏蔽网的网格交叉点均应电气连接。相邻的墙面、顶面、地面及门窗屏蔽网之间应相互电气连接，并通过接地汇集线与接地装置多处连接

法拉第笼前面设计如图 9-25 所示，实际焊接图片如图 9-26 所示。

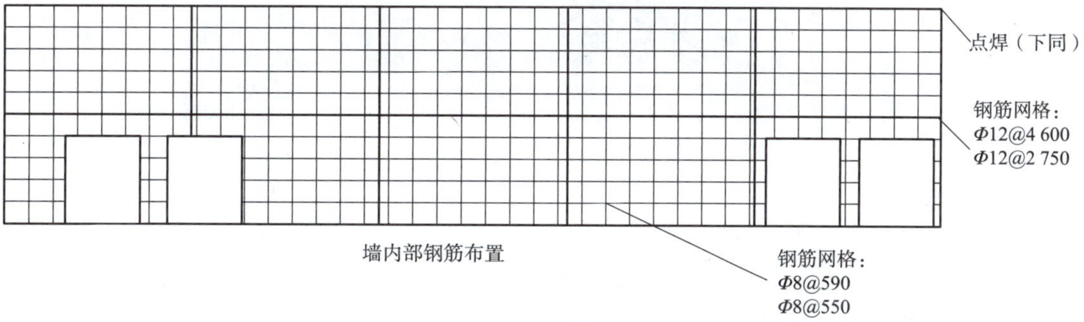

图 9-25　法拉第笼墙面设计要求

图 9-26　法拉第笼墙面实际焊接照片

2. 法拉第笼方案优化

(1)顶面、底面电磁屏蔽网构成方案。为实现电磁屏蔽，需要对主机房六面墙体设置电磁屏蔽网。

由于数据中心的荷载要求比较高，主机房荷载达到 12 kN/m^2，结构专业在楼板内设置了大量的钢筋。结构板中最密集的钢筋网格为 ϕ14 mm 的钢筋构成 200 mm×200 mm 的网格，已经高于法拉第笼电磁屏蔽的要求。

因此，主机房法拉第笼顶面、底面的电磁屏蔽网可直接利用结构专业设置的钢筋构成。考虑到电气连接性需求，需将相关的钢筋进行焊接。

(2)屏蔽窗方案。一般的电磁屏蔽要求门窗屏蔽应采用截面积不小于 9 mm^2、网孔不大于 80 mm×80 mm 的铝合金网。完成后效果如图 9-27 所示。

图 9-27　传统窗屏蔽方案

每个主机房设置一处观察窗，若采用传统窗屏蔽方案对美观影响极大，且不便于运营维护。经调查研究，本次设计采用电磁屏蔽玻璃构建主机房观察窗。

电磁屏蔽玻璃是一种防电磁辐射、抗电磁干扰的透光屏蔽器件，广泛用于电磁兼容领域。其中丝网夹芯型是由玻璃或树脂和经特殊工艺制成的屏蔽丝网在高温下合成；通过特殊工艺处理，对电磁干扰产生衰减，并使屏蔽玻璃对所观察的各种图形(包括动态色彩图像)不产生失真，具有高保真、高清晰的特点，同时还具有防爆玻璃特性，其屏蔽性能可达到 35～60 dB。

主数据中心采用屏蔽玻璃后屏蔽效果符合预期要求，其外观效果如图 9-28 所示，同时满足了业主对数据中心整体效果、美观方面的要求。

屏蔽玻璃中的金属网需要与建筑墙面的电磁屏蔽网有效连接。

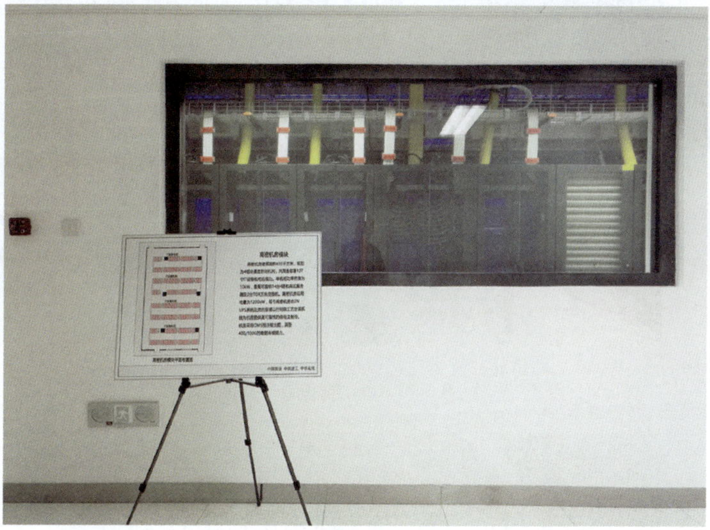

图 9-28　屏蔽玻璃屏蔽方案

9.3　总控中心关键设计技术

基于数据中心安全要求高、系统复杂且规模庞大等特点，一般大型企业的数据中心均设置总控中心，实现对信息系统、信息基础设施、土建基础设施的统一管理，便于各专业运维人员及时联动、规避风险。本节首先介绍典型数据中心总控中心样例，进一步介绍总控中心设计原则、关键技术，最终进行技术方案总结。

9.3.1　典型数据中心总控中心

对标铁路数据中心性质、规模，相似的大型数据中心的企业总控中心（ECC）大厅情况如下。

1. 某机场数据中心

某机场数据中心 ECC 设置了 16 个工作台，分四排布置。每个工作台单层可布置 6 个显示器及 2 个工位，ECC 大厅总计可容纳 32 个运维监控人员同时办公，如图 9-29 所示。

2. 金融行业数据中心 ECC

某银行总行数据中心室内场景如图 9-30、图 9-31、图 9-32 所示。

图 9-29　某机场数据中心 ECC

图 9-30　某银行总行数据中心 ECC

图 9-31　某银行数据中心 ECC

图 9-32　某银行生产基地数据中心 ECC

3. 互联网服务企业数据中心 ECC

某互联网企业数据中心室内场景如图 9-33 所示。

图 9-33　某互联网服务企业云基地数据中心 ECC

9.3.2　总控中心设计原则

数据中心总控中心是涉及多专业的综合性专项设计内容，设计内容主要包括总控中心及配套房屋；总控中心人员舒适性及设备散热的通风空调设施；总控中心至数据中心现场各节点的数据传输条件；供电及照明等。其中，核心设计内容是总控中心功能需求及监控工作台、综合布线、大屏幕显示等总控中心配套系统设置方案，直接影响了总控中心的功能实现。

设计中，各专业应遵循的主要原则包括以下几点：

1. 功能灵活、合理分区

总控中心以数据中心信息、通信、基础设施监控为主要功能。在数据中心建设过程中，由于建设单位与运维单位脱节，具体的运营维护模式往往未最终确定。因此，在数据中心总控中心设计过程中应遵循功能灵活、合理分区的设计原则，确保数据中心总控中心的使用灵活性及可扩展性。

2. 形式美观、协调一致

总控大厅在监控、管理、应急处置的基础功能之上，兼用于数据中心的展示，对总控大厅的美观性有较高的要求。专业配合时要遵循形式美观、协调一致的原则，如监控工作台的结构、外形、材质应尽量保持一致，并与总控中心大厅建筑装修效果、大屏幕显示系统相协调。

3. 工艺要求性强

监控工作台的工艺应具备兼容性，满足各类终端主机和显示屏的安装及散热条件、强弱电布线条件，大屏幕显示内容具备灵活调整的能力，总控中心建筑及暖通空调应为人员提供适宜的操作环境。

9.3.3 总控中心关键技术研究

核心设计内容是总控中心功能需求及工作台、综合布线、大屏幕显示等总控中心配套系统设置方案。本次研究主要针对总控中心的关键技术方案进行分析。

9.3.3.1 总控中心功能及整体方案

为满足数据中心总控中心功能，核心是要实现对数据中心基础设施、信息系统、通信系统的集中监控或复示，遵循功能灵活、合理分区原则设计总控中心的功能。

通常信息、通信、基础设施系统等在数据中心内均设置有专用机房部署后台设备，在总控中心附近设置总控中心机房，作为总控中心的网络汇聚节点实现与各专用机房的网络互联，同时在总控中心部署大屏幕显示系统等配套系统后台设备。

在总控中心设计阶段，将工作台规划为 IT 基础设施及应用监控区、数据中心通信及基础设施监控区、应急处置及综合办公区三大区域；通过采用总控中心综合布线系统实现各监控系统灵活接入，后期监控功能可根据需求调整；在总控中心前端设置一处大屏幕显示系统，具备显示各类监控内容的能力，显示内容可根据需求进行调整。

某数据中心的总控中心大厅长约 15 m、宽约 15 m，建筑面积约 225 m^2，划分各个监控区域并设置大屏幕显示系统；在临近处设总控中心机房，长约 15 m，宽约 4.5 m，建筑面积约 67.5 m^2，分区域设置 UPS 电源设备及信息设备。

9.3.3.2 工作台布置方案

1. 方案一：满布工作台方案

在总控中心大厅内共部署 18 个工作台，每个工作台规格为长 1.8 m×宽 1.2 m，采用三排弧形工作台布置方案，每排均设置 6 个工作台。总控中心布置如图 9-34 所示。

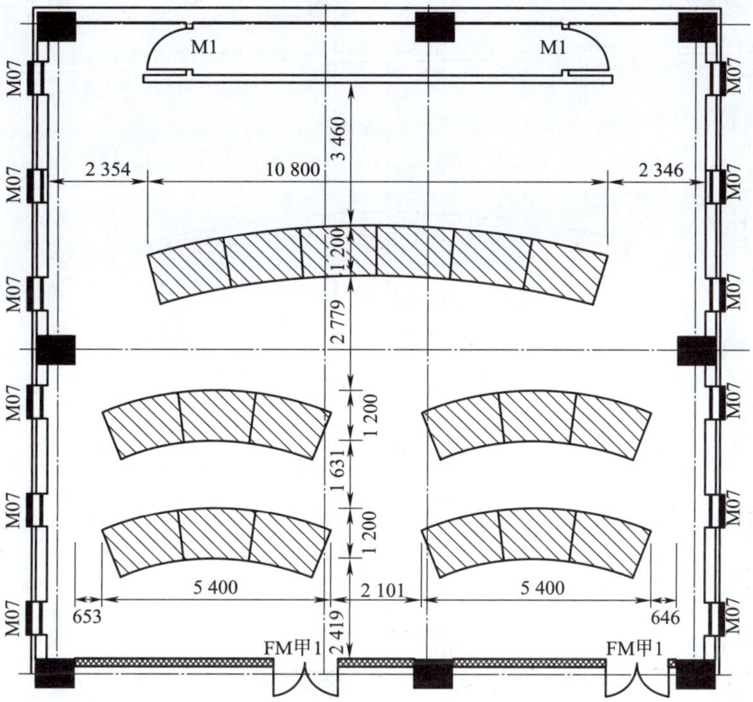

图 9-34 总控中心大厅工作台布置方案一（单位：mm）

将 18 个监控工作台规划为三个主要区域：

（1）IT 基础设施监控及应用监控区域。第一排工作台规划为主数据中心信息系统现场监控区域，主要实现 IT 基础设施、应用、网络、云平台等集中监控、分析和统一展示。考虑到信息系统各监控系统间关系紧密，本排工作台按照一排密集设置。

（2）数据中心基础设施监控区域。第二排工作台规划为主数据中心机电及安防等基础设施监控区域，主要实现通信、供配电、制冷等系统监控，同时具备消防安防的复示能力。

（3）应急处置及综合办公区域。第三排为应急处置及综合办公区域，在重大事件发生或运营关键时期供相关领导及应用支持部门人员进行应急会商、现场指挥、现场值守。

2. 方案二：10 个工作台及方案

在总控中心大厅内共部署 10 个工作台，每个工作台规格为长 1.8 m×宽 1.2 m，采用三排弧形工作台布置方案；总控中心中部设置一台会议桌。总控中心布置如图 9-35 所示。

（1）IT 基础设施监控及应用监控区域。第一排工作台规划为主数据中心信息系统现场监控区域，主要实现 IT 基础设施、应用、网络、云平台等集中监控、分析和统一展示。同时将关系紧密的运维调度、施工调度部署在该区域。

（2）数据中心基础设施监控区域。图 9-35 左下角两个工作台分别为 DCIM 系统及通信

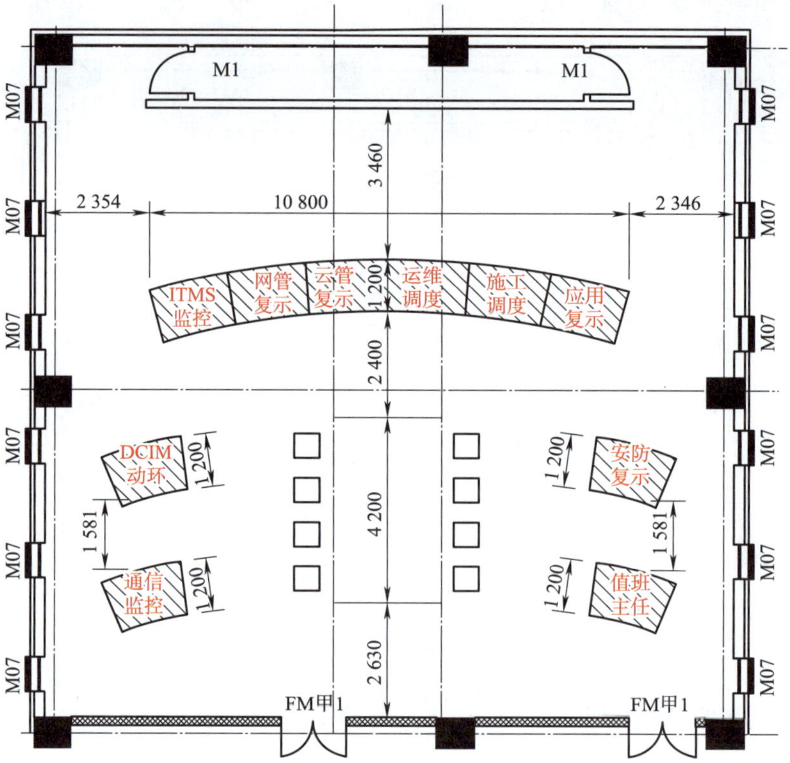

图 9-35　总控中心大厅工作台布置方案二(单位:mm)

系统的监控台,其中 DCIM 系统集中展示基础设施机电设备运行状态。

(3)应急处置及综合办公区域。图 9-35 右下角两个工作台为安防复示及值班主任的办公台,另设置一处会议桌实现应急情况下的集中处置和指挥。

3. 方案比较

方案一是传统监控中心、调度中心的布局方案,按照常规数据中心经验实际监控人员可能少于工作台位,存在一定的浪费;方案二在传统监控方案基础上增加了会议桌,便于应急处置,空余空间相对较大有利于数据中心对外展示功能,但总控中心的集中监控功能略有下降。为提升应急装置能力,该数据中心最终按照方案二实施。

4. 工作台相关工艺要求

根据监控工作台宽度及 24 英寸液晶显示器的宽度,考虑监控人员的工作性质及视角范围,各工作台的显示屏可采用单层或上下二层布置方案,可安装 3 至 6 个 24 英寸液晶显示器;同时,每个监控工作台内具备部署 6 台主机的空间。

按照各监控系统的监控终端设置在总控中心大厅,监控工作台需满足各类监控终端的部署条件,因此总控中心大厅部署的监控工作台采用专业的工艺,主要包括为终端主机和显示屏提供的安装及散热条件、综合布线系统、供配电系统部署条件,以及为监控人员提供的舒适、环保、安静的操作环境等。

ECC 工作台的主要技术要求如下：

(1)工作台的结构应采用高强度金属结构，具备连续性的可拓展空间；框架结构应能组合配置，支持拉出式主机座、电缆集中管理槽及显示器支架等配件；桌面应采用高强度耐磨材料，侧板应能有一定的灵活性。

(2)工作台所配置的各类设备应安全、稳固地与工作台结构相结合，与工作台装饰相匹配，外观简洁、统一。

(3)工作台内部应能容纳多台主机(台立式主机、卧式主机)；应有大于 1 200 mm 深度，以便容纳 LCD 显示器和足够的工作空间；桌面可安装 6 台 24 寸液晶显示器，以及鼠标、键盘、电话、传真等设备。

(4)工作台内部走线应有专用的强电、弱电电缆槽，强电、弱电布线应合理、整齐，其间距应符合相关规范，并保证维护、更换的方便性和灵活性。电缆槽附近应有足够的空间，根据需要可就近安装电源插座、综合布线插座或配线架等。

(5)工作台应具备降噪、通风、照明功能，根据需要可具备升降调节功能。

(6)工作台配置监控人员的工作椅。

9.3.3.3　总控中心综合布线方案

总控中心机房作为总控中心的综合布线汇聚节点，一方面总控中心监控工作台的终端均通过网线接入总控中心机房，一方面总控中心机房通过光缆接入各专业系统。在总控中心内设置监控系统，通过在总控中心机房内设置接入层网络交换机，经光纤跳线、电缆跳线与监控终端跳接，将监控终端接入所需的网络中。在监控功能需要领导调整的情况下，该布线方案具备很强的灵活性。

总控中心的综合布线系统分为水平电缆布线和主干光缆布线两部分，如图 9-36 所示。

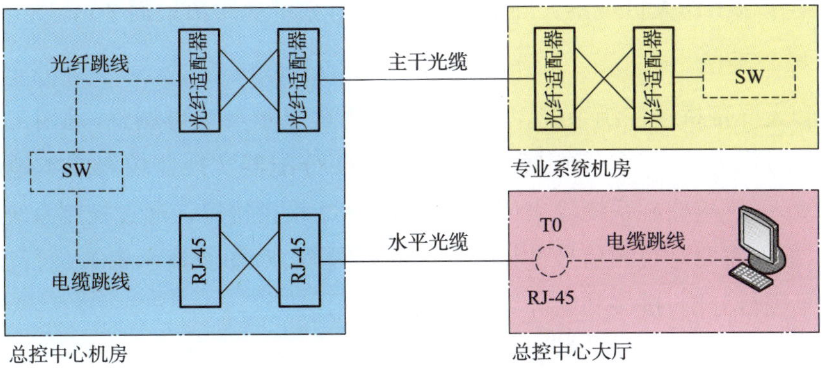

图 9-36　总控中心综合布线系统示意

1. 水平电缆布线

在总控中心大厅监控工作台处设置信息点，根据每个工作台信息点的数量选用信息插座或配线架；信息点至总控中心机房之间采用六类线布线，在总控中心处设置六类线配线架，与信息点一一对应。在监控工作台处设置的监控终端，通过电缆跳线可以接入总控中心机房内的网络交换机。

2. 主干光缆布线

各专业系统的核心网络交换机位于各专业系统机房内，在总控中心机房和专业系统机房之间敷设光缆，两侧设置光纤配线架。在总控中心机房内设置的网络交换机，通过光纤跳线可以接入专业系统机房内的专业系统核心交换机。

按照每个监控工作台按照满配 6 个显示器及 6 台监控终端，结合打印机、电话、传真机等设备的接入需求，按照每个工作台 12 个信息点进行布置。

9.3.3.4 总控中心大屏幕显示系统方案

总控中心大厅设置大屏幕显示系统，根据使用需求展示信息系统 IT 基础设施、网络管理、云平台管理、关键应用等，通信系统 OTN、数据通信网等，数据中心基础设施机房电源及环境、供配电、空调制冷、安防、消防、PUE 等信息，同时展示关键位置的视频监控画面，为总控中心全体工作人员提供数据中心运行状态的统一展示。

1. 显示屏系统

结合大屏幕系统显示面积、总控中心整体布局、技术成熟度等多个因素，总控中心显示屏系统选用 LCD 超窄边拼接屏系统。显示屏系统由 4 层×8 列共计 32 个独立的 55 寸超窄边液晶拼接屏组成。布置大屏幕的墙面为长 15 m×高 6 m，整体大屏幕系统约为长 10 m×高 2.8 m，整体效果协调。

考虑到工作台工作人员观察大屏的需求，大屏幕系统底距离地面 2 m。

2. 显示控制系统

设置一套大屏幕拼接控制系统。为了保证大屏幕显示灵活可调整，采用工作台监控终端显卡输出信号作为输入信号源，通过 HDMI/DVI 分配器实现监控终端本地屏幕显示及大屏幕系统输入；拼接控制系统输出信号直接驱动 32 块拼接屏。通过控制系统对视频信号的调度管理，根据需要对视频信号进行分配、切换、处理，对图像显示参数进行设置和调整，可对输入信号进行分割、拼接和全屏等多种形式显示。

3. 显示传输系统

将大屏幕拼接控制系统设备部署在总控中心机房，考虑到 HDMI/DVI 等视频信号电缆传输均有距离限制，输入、输出均采用光缆传输方案，通过在总控中心机房和总控中心大厅设置光端机实现电信号与光信号的转换。

总控中心大屏幕显示系统示意如图 9-37 所示。

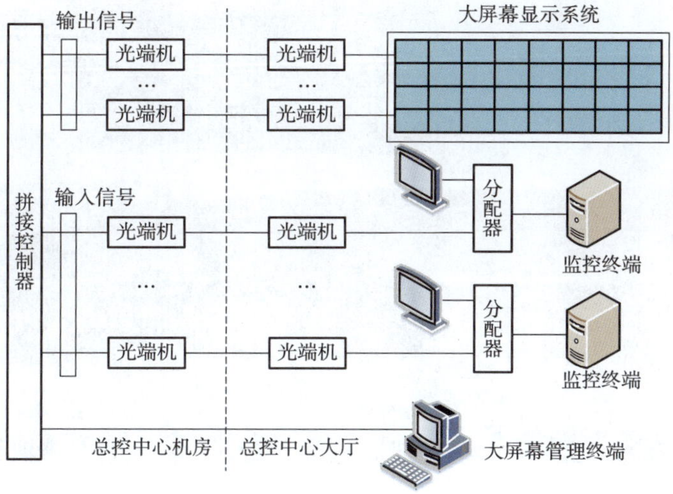

图 9-37　总控中心大屏幕显示系统示意

9.3.4　总控中心方案总结

数据中心的规模远超常规信息机房，信息系统、通信系统、基础设施的运维管理难度也大于常规信息机房，对绿色节能、安全可靠的要求更高，因此对能够实现集中监控的总控中心需求迫切。结合数据中心行业案例及铁路信息机房的运维习惯，分析了数据中心总控中心的业务功能需求，总结了总控中心的设计原则，并提出了总控中心工作台布置、综合布线系统、大屏幕显示系统等关键技术方案。该方案有助于提高数据中心的运维水平，保障数据中心绿色环保、安全可靠地运行。

本书提出的总控中心设计方案具有很强灵活性，可以满足运维期间的各种调整需求，但相应地增加了布线、设备投资；若在数据中心建设期间确定了运维方案，通过对本方案进行适当的简化，更有针对性的方案可以降低部分投资。

某数据中心的 ECC 总控大厅全景及工作人员状态如图 9-38 和图 9-39 所示。

图 9-38　ECC 总控大厅全景

图 9-39 ECC 总控大厅监控人员工作状态

9.4 信息系统配套技术发展趋势

随着数据中心规模架构不断发展，信息系统在数据中心的设备部署及网络布线顺应趋势进行优化就显得愈发重要，本节从数据中心信息机柜和布线两大类发展趋势切入展开分析，为未来信息系统设计方案提供借鉴。

9.4.1 数据中心信息机柜发展趋势

预制化、模块化是数据中心信息机柜的一个重要发展方向。通过采用微模块的方式，实现数据中心机柜及配套设施的工厂预制、现场安装，提升数据中心建设周期的同时，在工厂可以进行更加完备、专业的测试，来保障数据中心实施质量。

将机柜、供电、制冷、布线等基础设施进行整合，形成微模块化的机柜系统，降低对数据中心的机房环境需求。未来将在物理集成基础上，进一步提升微模块的集成度，完善智能化的管理、控制能力。

9.4.2 数据中心布线发展趋势

布线系统是搭建数据中心的基础物理平台之一。在数据中心标准、用户需求与技术进步三个因素的驱动下，数据中心综合布线技术以结构化、高密度、高带宽、高可靠、易扩容、智能化、绿色化为核心的理念逐渐演化为整个布线行业的发展趋势。

1. 结构化

在数据中心的实际应用中,网络路由复杂又要兼顾网络应用的可靠性,布线系统交叉跳接与管理将会十分频繁,传统的以设备端与端之间采用直连式跳线的方式在布线管理中将面临极大的挑战。结构化布线是数据中心布线标准的重要内容之一,以主配线区域(MDA)为布线管理的核心采用星状结构分布的布线方式可以十分方便地解决各个设备、路由的实际应用与管理,一次工程实施后通过末端的跳接即可实现设备的连接。

2. 高密度

随着数据中心机房中网络设备的集约化程度的不断提升,以刀片式服务器、核心交换机、存储网络交换机等设备为代表的端口密度的不断提升,如果采用传统布线产品,那么将极大地占用机房机柜的有效空间。业界先进的 MTP、MPO 等端口的高密度光纤布线和高密度铜缆的解决方案能极大地节省机柜空间。

3. 高带宽

网络设备的性能因网络应用的发展而不断得到提升,数据中心的存储区域网络(Storage Area Network,SAN)具有比较有代表性的高带宽通道,通带 SAN 采用光纤作为传输介质,目前的应用从 8G 到 16G 等不断提升。局域网的传输采用波分复用技术,可以使带宽从 10G 向 40G 甚至 100G 方向发展。针对短距离的布线,万兆铜缆也具备一定的优势。因此,如 OM5、七类线等先进的缆线在数据中心布线中应用也是一种发展趋势。

4. 高可靠

就数据中心而言,布线的可靠性主要与两方面有关:一是网络布线整体结构规划,二是布线产品本身的可靠性。在 TIA 942 等标准中的布线网络结构规划与 4 个级别的可靠性定义有关,布线的可靠性与布线系统设计有很大的关系。实际的应用与标准的发布有一定的时间差,在今后的发展中,专业数据中心领域的设计方案应进一步提供数据中心系统的可靠性,从而为网络运行的可靠性提供更高的保障。

5. 易扩容

由于数据中心应用的特殊性,与传统楼宇布线有所不同的是,数据中心的扩容和管理相对来说是比较频繁的。另外,由于数据中心的重要性与机密的特点,通常用户不希望也不放心扩容时有许多施工人员花很长的时间在正常运行中的机房内进行施工。鉴于数据中心的扩容频繁性、重要性、机密性等远大于传统楼宇布线的这种特点,数据中心的产品也需要提供方便安装与灵活扩容的方案。从这一特点上来分析,在数据中心的应用中,以结构化整体设计为基础、模块化布线方案将更适合数据中心。

6. 智能化

在以结构化为基础的布线方案中,水平配线区(HDA)与主配线区(MDA)是网络跳线管理的核心区域，海量的跳接关系靠人员难以高效、准确完成。目前已经出现了智能配线架，基础功能可以对线缆的跳接进行集中管理，高级的功能已经实现了远程控制的自动跳接，具有一定的技术价值。

7. 绿色化

对于数据中心的绿色化可以分成两部分来理解：一是绿色节能，二是绿色环保。一方面，从布线系统来看，应进行合理的机柜设计与摆放，以避免冷热气流短路现象；应规划合理的布线路由，如采用上走线为地板下静压箱提供更大的空间；另一方面，从布线的环保性上看，在数据中心的机房内，因为主机房内的空间通常是管理人员的活动空间，所以在布线产品原材料选择上应更多采用低烟、无卤类的产品。

第 10 章　通信系统配套设计技术

本章对铁路数据中心配套建设的铁路通信网引入及规划适应性等关键技术进行研究。主要包括通信网现状，数据中心业务需求分析，通信传输系统及数据通信网的组网方案、保护方式等。

10.1　通信系统基础知识

通信系统通常是指各种形式的信息传递，从最初的模拟传输逐步发展为数字传输，到目前广泛使用的光纤传输。随着社会的进步与信息技术的发展，人们总是在不懈地追求更高的传输带宽和更低的传输错误率。

回顾光纤通信的发展历程，光纤技术和传输系统总在交替更迭中逐步发展。光器件的不断进步和光纤技术的推陈出新相辅相成，一方面先进器件性能对光纤提出新的要求，另一方面的光纤工艺的升级会促进系统性能的提升。光纤窗口波长如图 10-1 所示。

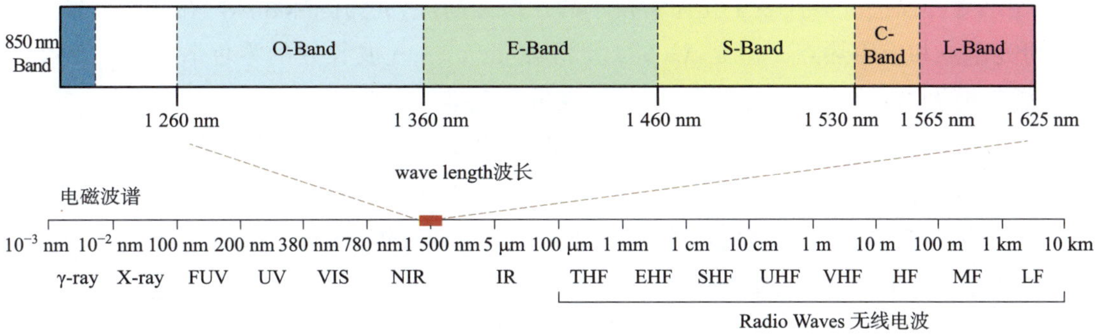

图 10-1　光纤窗口波长示意

回顾光纤通信系统的发展历史，迄今为止大致经历了如下几个发展阶段。

20 世纪 70 年代为多模光纤研发和应用期，利用多模光纤的第一窗口出现了光纤通信系统的雏形。其特征是：采用 850 nm 短波长多模光纤，光纤损耗为 2.5～3 dB/km，传输速率为 50～100 Mb/s，中继距离为 8～10 km，20 世纪 80 年代初陆续在世界先进国家推广应用，多用作市话局间中继线路。

20 世纪 70 年代末到 80 年代初，光纤厂家又开发了第二窗口，出现了单模光纤。其特征是：采用 1 310 nm 波长多模或单模光纤，光纤损耗为 0.55～1 dB/km，传输速率为 140 Mb/s，中继距离为 20～50 km，相配合使用的是高辐射 LED，其光谱宽度为 120 nm，注入光功率为 20 μW，一般用于中、短距离的长途通信线路，也用做大城市市话局间中继线，以实现无中继传输。

20 世纪 90 年代是 G.653、G.654 单模光纤的大规模应用期，打开了光纤的第二窗口(1 310 nm)，采用 1 310 nm 长波长单模光纤，光纤损耗降至 0.3～0.5 dB/km，实用化、大规模应用是其主要特征，传输信号为准同步数字系列(PDH)的各次群路信号，中继距离为 50～100 km，主要用于长途干线和海底通信，是光纤通信重点推广应用阶段。

1984 年，第三窗口(1 550 nm)开始启用，同年，国际电报电话咨询委员会(CCITT)发布 G.651 和 G.652 标准。其主要特征是：开始采用 1 550 nm 波长窗口的光纤，光纤损耗进一步降至 0.21 dB/km，主要用于建设同步数字系列(SDH)同步传送网络，传输速率达 2.5 Gb/s，中继距离为 80～120 km，并开始采用掺铒光纤放大器(EDFA)和波分复用(WDM)器等新型器件。色散位移光纤(DSF，G.653)是应用于 1 550 nm 窗口的一项重要成就，其特点是把零色散点从第二窗口移到第三窗口，1 550 nm 波长不仅损耗最低，而且色散也最小，有效地解决了 1 550 nm 光通信系统的色散问题。

1996 年掺铒光纤放大器(EDFA)开始商用化，促使密集波分复用(DWDM)提上议事日程。其主要特征是：采用密集波分复用(DWDM)技术的全光网络开发与应用，充分利用光纤低损耗波段潜在容量实现传输系统的急剧扩容。由于 WDM 具有大容量、透明性、可重构性、易扩容性等优异性能，近年来得到了极大的重视和飞速的发展，其相关的光器件、光系统、光网络等方面的发展代表了光通信技术的发展方向，已成为国际和国内在光纤通信领域内的研究重点和应用热点。但是，G.653 光纤在 1 550 nm 波长处的零色散，造成 DWDM 系统波道间的非线性干扰十分严重，因而没在世界上推广开来。

1993～2006 年，光纤通信窗口扩展到第四、五窗口及 S 波段，光纤通信窗口全面打开，光纤特性更趋完善。这些光纤一开始工作在第三窗口，即 C 波段(1 530～1 565 nm)。1995 年后，扩展到第四窗口，即 L 波段(1 565～1 625 nm)。1998 年，低水峰单模光纤 G.652C(第五窗口)推出，使 1 383 nm 的水峰几乎不存在(衰减<0.31 dB/km)，打开了光纤的第五窗口，即 E 波段(1 360～1 460 nm)。从此单模光纤从 1 260 nm 至 1 625 nm 波长范围内，具有优异的衰减性能。

2002 年 5 月，ITU-T 对于单模光纤通信系统光波段划分为 O、E、S、C、L、U。

多模光纤 850 nm 称为第一窗口，单模光纤 O-Band 称为第 2 窗口，C-Band 称为第 3 窗口，L-Band 称为第 4 窗口，E-Band 称为第 5 窗口。

近几年相继开发出 L 波段(第 4 窗口)、E 波段(第 5 窗口)及 S 波段窗口。其中特别重要的是无水峰的全波窗口。这些窗口开发成功的巨大意义就在于从 1 260～1 625 nm 的广阔的频谱范围内，都能实现低损耗、低色散传输，使传输容量几百倍、几千倍甚至上万倍增长。这一技术成果将带来巨大的经济效益。

光纤技术的发展体现在其技术参数的改善和优化，主要包括衰减的降低、带宽的扩展、有效面积的优化及偏振模色散(PMD)的进一步改善。光纤的衰减已经降低到理论的极限，光纤衰减的降低为光纤通信系统的发展提供了必要的条件。由于制造工艺的不断进步，单模光纤的衰减已经接近其理论极限值。光纤的可用带宽进一步扩展，通常认为光纤的带宽是无限的，实际上由于水峰、截止波长及零色散波长等的限制，有些波段是无法使用的。水峰即在 1 370～1 410 nm 波段，因光纤玻璃纤维中，经常残留有水(OH 基)杂质存在，氢氧根离子(OH-)的吸收，导致损耗急剧加大。随着工艺的提升，玻璃制作过程中脱水技术的发明，E 波段中最常用的光纤(ITU-T G. 652. D)的衰减变得比 O 波段低，这类光纤也被称为低水峰光纤或无水峰光纤。

可见光纤技术已经为下一代宽带信息网络，尤其是为承载未来 IP 业务的下一代光通信网络奠定了良好基础。

10. 2　通信需求分析

铁路数据中心相关的通信业务主要有两方面，一方面是铁路局至国铁集团之间各类应用系统之间的互联需求，一方面是各国铁集团级数据中心之间的局域网、存储网的互联需求。

10. 2. 1　铁路局至国铁集团之间相关应用系统的互联需求

10. 2. 1. 1　综合信息网应用系统

1. 铁路信息网络

铁路信息网络纵向划分为国铁集团、铁路局、站段三级局域网，横向划分安全生产网、内部服务网、外部服务网。

铁路信息网络各层级局域网之间通过广域网互联，其中安全生产网、内部服务网的广域网由铁路数据通信网承载，外部服务网的广域网单独构建。

2. 铁路智能客站旅客服务与生产管控平台

铁路智能客站旅客服务与生产管控平台，是智能客站建设的基础信息平台，提供数据处理、分析、展示及辅助决策等功能，并优化和融合铁路旅客服务系统集成管理平台、客运管理信息系统、铁路客运设备管理应用和客运站应急指挥应用四个系统功能，形成客站生产和服务业务的一体化协同。

铁路智能客站旅客服务与生产管控平台采用集中部署三级应用的总体架构。在国铁集团部署国铁集团级与铁路局级平台，在铁路局部署必要的前置服务器，在车站配置必要的接口和边缘计算服务器。

铁路智能客站旅客服务与生产管控平台在国铁集团、铁路局、车站三级之间通过数据通信网进行数据传输。

10.2.1.2 铁路客票系统

铁路客票系统采用国铁集团级系统（双活中心）、铁路局中心系统、车站级系统三级架构。从2018年开始推广应用铁路全面电子客票系统。电子客票是铁路在票制方面的重要创新，它结合铁路自身业务特点，整合旅客出行的内外部信息，为旅客提供从车票购买到乘车出行的全行程出行场景的电子化客票服务，同时通过系统化的安全保障措施，确保信息安全和系统运行稳定可靠。对内基于业务视角由购票用户向乘车旅客的转移，优化客运服务流程，提升经营管理智能化水平，对外提高旅客出行体验，提升铁路行业整体形象。

1. 国铁集团级客票系统双活中心之间

在国铁集团构建国铁集团级客票系统同城双活中心，客票系统第一生产中心、客票系统第二生产中心之间的客服外网、内网、客票局域网及客票网存储网络之间通过铁路传输网专用通道实现互联。

在客票二期工程中，铁路国铁集团机房新设主备用各1套40波10 Gbit/s波分复用设备，在客票第二生产中心机房新设主备用各1套40波10 Gbit/s波分复用设备，各利用4芯光纤开通主备用40波10 Gbit/s密集波分复用系统。根据以上业务需求，占用主备用波分系统各16个波道。

2. 铁路局中心至国铁集团中心之间

目前，各铁路局中心至国铁集团级客票系统第一生产中心、第二生产中心之间主备用均采用E1/POS专用通道，基于铁路通信传输系统承载，构建客票专用广域网。

3. 车站级客票系统至铁路局中心之间

目前，各铁路局车站级客票系统至铁路局中心之间采用环形网络或星型网络组网方案，网络通道情况较为复杂，各铁路局下属车站的网络条件不同，采用不少于2条且不同物理传输路径的网络通道，基于铁路通信传输系统承载，构建客票专用广域网。

10.2.1.3 调度集中/列车调度指挥系统（CTC/TDCS系统）

CTC系统：各铁路局集团公司至国铁集团为主备用均采用E1/POS专用通道，基于通信传输系统组建CTC专网。

TDCS系统：各铁路局集团公司至国铁集团为主备用均采用E1/POS专用通道，基于通信传输系统组建TDCS专网。

10.2.2　铁路数据中心之间的互联需求

10.2.2.1　国铁集团级主数据中心与既有机房之间的互联需求

目前国铁集团级主数据中心已建成。根据国铁集团对主数据中心的功能定位，既有国铁集团级信息机房内的大部分业务系统将迁移至主数据中心；关键业务系统采用在线迁移方案，非关键业务系统采用离线迁移方案；部分客票系统将迁移至主数据中心，与既有客票系统第一生产中心、第二生产中心形成双活/主备应用方式。

为满足上述业务迁移需要，在主数据中心与国铁集团级既有信息机房（含客票第一生产中心）、客票第二生产中心之间构建综合信息网互联专用通道，拉通局域网与存储网络，便于业务平滑迁移。通道类型为万兆以太网通道、光纤存储通道。

10.2.2.2　铁路局数据中心/国铁集团级主数据中心与灾备中心之间的互联需求

目前，灾备中心已开展前期研究工作。根据国铁集团对灾备中心的功能定位，灾备中心既要实现对主数据中心关键业务系统的灾备，还应实现对铁路局级关键业务系统的灾备，同时还在灾备中心部署大数据分析中心，统一的开发、测试、培训环境，并为铁路局级数据中心提供预留云资源。

互联需求如下：

1. 异地数据中心与主数据中心及同城双活中心（国铁集团级既有信息机房）**之间的互联需求**

异地数据中心与主数据中心、国铁集团级既有信息机房（双活中心）之间存在互联通信需求，以满足信息系统各类应用备份、多中心运行对业务网、存储网的多中心互联需求。

（1）异地数据中心与主数据中心互联需求。

①业务网互联需求。异地数据中心与主数据中心之间需互联的业务网包括内部服务网、外部服务网、电子支付内网、电子支付外网、客票网、公安网、CTC，并考虑适量预留。

异地数据中心与主数据中心之间近期需求为千兆以太网通道，远期需求为万兆位以太网通道。

②存储网互联需求。异地数据中心与主数据中心之间需互联的存储网包括客票网、内部服务网和外部服务网。

异地数据中心与主数据中心之间需求为光纤存储通道。

（2）异地数据中心与国铁集团级既有信息机房互联需求。

①业务网互联需求。异地数据中心与国铁集团级既有信息机房之间需互联的业务网和异地数据中心与主数据中心业务网相同。

在异地数据中心与国铁集团级既有信息机房之间近期需求为千兆以太网通道，远期需求为万兆以太网通道。

②存储网互联需求。异地数据中心与主数据中心之间需互联的存储网和异地数据中心与主数据中心存储网相同。

异地数据中心与国铁集团级既有信息机房之间需求为光纤存储通道。

综上，异地数据中心与主数据中心互联需求初期为千兆以太网通道、光纤存储通道，远期为万兆位以太网光通道＋光纤存储通道需求总量接近 100 Gbps；异地数据中心与国铁集团级既有信息机房互联需求初期为千兆以太网光通道＋光纤存储通道，远期为万兆位以太网光通道＋光纤存储通道，需求总量接近 30 Gbps。

2. 异地数据中心与 18 个铁路局之间的互联需求

为了满足接管主数据中心系统情况下与铁路局系统的互联需求及铁路局上移系统与路局站段的互联需求，需要构建异地数据中心与 18 个铁路局之间的互联通道。主要包括客票网、公安网、综合信息网、外部服务网四类。

(1)客票网。异地数据中心至每个铁路局按照千兆以太网专网通道考虑。

(2)公安网。异地数据中心至每个铁路局按照千兆以太网专网通道考虑。

(3)综合信息网。根据各路局既有综合信息网的流量统计情况，既有 CE-PE 互联可满足各路局至异地数据中心的通道需求，本次研究暂不考虑对各路局与综合信息网对接的 PE 路由器进行扩容。

异地数据中心至成都、武汉大区转发节点之间万兆位以太网的直连链路。

(4)外部服务网。异地数据中心按照接入外部服务网广域网考虑，满足主、备用千兆以太网带宽需求。

10.2.3　通信需求总结

根据国铁集团级数据中心、铁路局级数据中心的规划和功能定位，结合国铁集团信息系统集中化部署的需求，对铁路数据中心相关的通信需求进行分析和展望。

10.2.3.1　网络整合化

针对目前行车调度系统(CTC/TDSC)、客票系统、公安管理信息系统等铁路关键业务应用系统仍采用专线通道独立组网，与其他铁路应用系统难以互联互通的现状，应逐步在保障应用和网络安全前提下，整合既有专网，纳入统一的铁路综合信息网，提高网络资源的综合利用水平。

10.2.3.2　组网扁平化

随着国铁集团主数据中心的建成，原有在各铁路局集团公司部署的信息系统将逐步上移至国铁集团层面统一部署，现状综合信息网大部分业务系统采用的国铁集团—铁路局—基层站段的传统三级网络结构将逐步演变成国铁集团—基层站段二级扁平化网络结构。

10.2.3.3 带宽扩大化

随着国铁集团级数据中心的规划及布局，各类业务应用系统在逐步进行网络整合，组网结构在向扁平化方向发展，业务系统也普遍采用冗余、热备、多活等系统架构提高整体的网络性能和可靠性。铁路行业的数字化转型涉及大量的数据传输和处理，从而需要更大的带宽来支持这些操作；近年来高铁线路规模的不断增长、5G-R网络的落地应用，多样化的业务需求推动了网络带宽的增长，以提供更好的数据服务，满足用户高质量网络体验；智能铁路的建设和维护需要海量的数字信息，需要宽带通信网络来支撑。这些网络带宽的需求造成了综合信息网、客票专网等通道的带宽需求的快速增长。

10.3 铁路通信网现状

铁路通信网是铁路行业专用广域网，本节主要对通信线路、光纤传输系统、数据通信系统几个方面的建设与应用现状进行介绍。

10.3.1 通信线路

铁路通信网是服务于铁路运输的专用通信网络，目前已全部光纤数字化。普速铁路大部分敷设1条8～24芯干线光缆，高速铁路沿线路两侧各敷设1条32～48芯干线光缆。

10.3.2 光纤传输系统

铁路通信网以光纤传输技术为主构建，全路光传输网分为骨干层、汇聚层和接入层三层结构。

骨干层传输网覆盖国铁集团、18个铁路局集团公司以及部分重要枢纽节点。骨干传输网为国铁集团至铁路局、铁路局与铁路局之间的直达业务提供传输通道，实现各业务至国铁集团的汇聚和跨局间的互通。“十二五”期间，陆续建成了1～6号40波单波10G/100G混合和单波100G的骨干OTN环网，逐步替代原有京沪穗、东南环、东北环、西南环、西北环DWDM环网业务。骨干传输网采用环形和部分网状结构的全光网络，业务节点在国铁集团、铁路局所在地设备冗余设置，其余省会城市、铁路枢纽所在地市单点设置，全路骨干传输网可上下业务节点约70余个，通过划分10 Gb/s子波道或使用10 Gb/s波道承载骨干MSTP网、骨干数据网业务。

骨干网络范围容量见表10-1。

表 10-1　骨干网络范围容量

环网号	容　量	范　围
1	28×10G+2×100 Gb/s	国铁集团、京、济、上、郑、武
2	40×100 Gb/s	国铁集团、京、郑、武、成、西、太、呼、兰
3	40×100 Gb/s	昆、宁、成、武、广
4	28×10G+2×100 Gb/s	昌、武、上、广
5	40×100 Gb/s	国铁集团、京、沈、哈
6	40×10/100 Gb/s	青、乌、兰

汇聚层(铁路局局干)传输网随高铁基建项目及通信基础网改造工程建设，大部分路局采用 40 波单波 10G 或单波 10G/100G 混传的 OTN 系统构建，部分采用 10 Gb/s 的 MSTP 系统。汇聚(局干)层构建铁路局集团公司内的骨干光传送网络，主要实现铁路局集团内各站段间及各站段至铁路局集团调度中心的业务传送，主要承载有数据网组网 POS155/GE、数字调度、GSM-R 基站环、TDCS/CTC、微机监测、电力远动、供电远动、客票系统、综合信息网等业务至路局中心的汇聚通道。

接入层传输网随铁路基建及铁路局集团更新改造工程建设，多为 2.5G/622M SDH (MSTP)系统。接入层网络为铁路沿线每个区间节点提供业务接入服务，主要承载有固定电话、数字调度、GSM-R 基站环、TDCS/CTC、微机监测、电力远动、供电远动、客票系统、综合信息网、动环监控等业务基层组网的业务通道。

10.3.3　数据通信系统

数据通信网包括内服网数据通信网、外服网数据通信网两部分。

10.3.3.1　内服网数据通信网

内服网数据通信网主要承载铁路运输生产、内部服务相关的业务，主要包括铁路信息网络内部服务网、安全生产网的广域网中已经实现了铁路计算机网和数据通信网二网融合的业务。

内服网数据通信网由骨干网络和区域网络两层网络共 5 类节点设备构成。

1. 骨干网络

骨干网络设置国铁集团汇接节点及北京、上海、武汉、成都、西安 5 个大区转发节点。各转发节点均设置 2 台骨干网转发路由器(转发-A、转发-B)，完成铁路局间流量及铁路局到国铁集团流量的转发。同时，各转发节点均设置 2 台骨干网接入路由器(接入-A、接入-B)，完成本铁路局到国铁集团及其他铁路局流量的骨干网接入。同一转发节点 2 台路由器之间通过 10GE 链路互联，不同转发节点间路由器通过 10GE 链路互联。骨干网络结构如图 10-2 所示。

各骨干网络转发节点均与国铁集团汇接节点之间点对点互联。区域网络核心节点路由器分别通过两个 10GE 链路，接入本路局设置的骨干网接入节点。

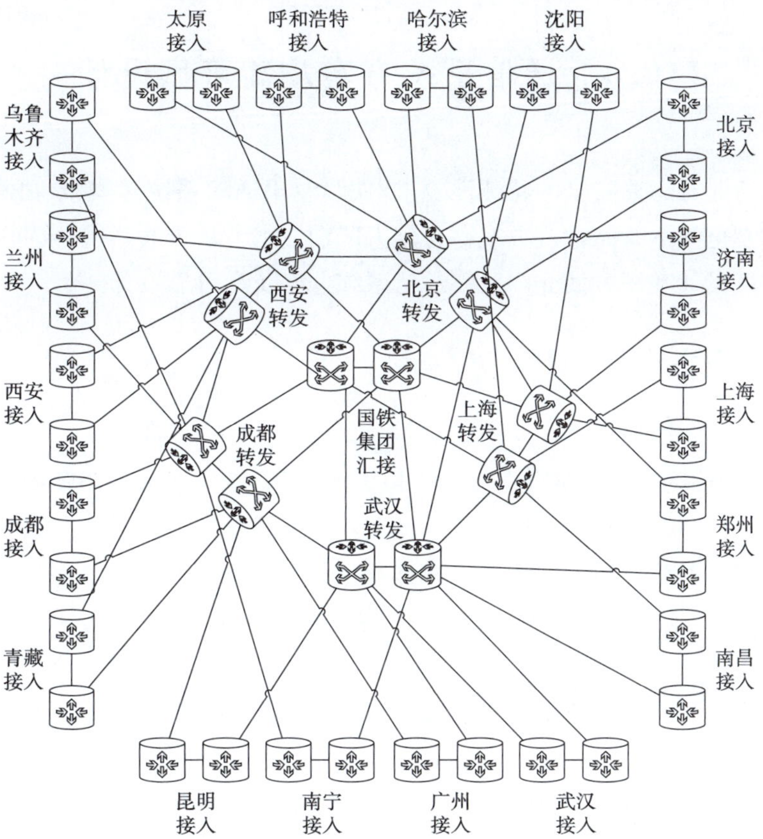

图 10-2　骨干网络拓扑结构

2. 区域网络

区域网络设置核心、汇聚及接入节点。目前随高铁基建项目建设的接入节点已覆盖各站、段、所。铁路局集团基础网改造工程也已基本完成。部分铁路局集团已实现原有综合信息网与数据通信网整合，利用 xPON 接入网实现班组信息联网。

10.3.3.2　外服网数据通信网

外服网数据通信网主要承载铁路信息网络外部服务网的广域网业务，用于 12306、95306、客服语音平台、站车 Wi-Fi 等外部服务的外服网数据网也已建成，采用核心、接入 2 层结构构建，覆盖国铁集团和 18 个铁路局集团。网络结构由汇接转发节点和接入节点 2 类节点设备构成，汇接转发节点在国铁集团级既有信息机房、通信中心分别设置 1 台汇接转发路由器，接入节点在各铁路局同城异地设置 2 台接入路由器，各铁路局接入路由器与国铁集团汇接转发路由器采用“口”字型连接，其中北京、沈阳、哈尔滨采用 10GE 链路，其余铁路局采用 2×GE 捆绑链路，同城异地 2 台路由器间采用 10GE 链路互联。外服网数据网目前主要承载 12306 网、95306 网业务。

10.4 通信系统方案及高可靠设计

由于铁路行业对运输安全的特殊性要求，铁路专用通信系统对安全、可靠要求非常高，相应的技术方案也与运营商常规方案存在较大区别。本节从传输系统、数据通信网、传输数据方案和可靠性设计几个方面介绍铁路通信系统方案及高可靠设计。

10.4.1 传输系统

10.4.1.1 技术路线的选择

近几年来，传输网所承载的业务发生了巨大的变化，专线业务逐步萎缩，IP 数据业务数量、带宽的增长都非常迅速，对底层的传送网带宽和承载效率提出了很高的要求。本次研究重点针对铁路骨干通信网技术路线的选择进行分析和比选。

目前，大容量传输网主流采用 OTN 技术，并已发展到单通路 100 Gbit/s，通路数 80 路的能力。

为了满足业务网络的大带宽需求，光通信在高速和全光灵活演进方面也都取得了较大进展。

(1)干线 100G 技术和设备成熟，超 100G 标准稳步推进，200G、400G 将成为高速传输领域新热点。

(2)分组增强型 OTN、软件定义光网络 SDON 逐步走入大众视野。

OTN 技术非常适合于骨干传输网和汇聚层(局干)传输网应用。数据中心作为铁路信息处理的中心，应考虑利用 OTN 技术构建基础承载网。对于 155M/FE 及以下小颗粒业务优先通过 SDH/数通设备收集汇总后承载在 OTN 传输，对于 GE/2. 5G/10GE 以上大颗粒业务直接承载在 OTN 上传送。

分组增强型 OTN 融合了 PTN 与 OTN 的联合组网，实现汇聚层至骨干层业务的无缝融合，有效解决分组业务的高效传输，实现承载网络的统一管理。

软件定义光网络 SDON 通过器件、节点、网络的软件编程，充分挖掘全网资源，通过软件定义快速实现不同服务类型和服务质量的业务部署，实现按需提供业务、虚拟光网络和网络切片。

对比传统 OTN，分组增强型 OTN 提供了更高效的分组业务承载，而 SDON 更进一步加强了网络的服务能力。分组增强型 OTN 现阶段主流设备制造商已经可提供成熟的商用产品，SDON 尚属于技术前沿，国内外运营商尚处在深入验证、小规模试商用阶段，结合现阶段产品成熟度等因素，考虑铁路骨干网目前采用 OTN 技术部署，推荐采用兼容分组增强型 OTN 的节点设备子框，根据需要配置相关板卡的方案。

10.4.1.2　业务流量的估计

通过业务需求分析，数据中心建成初期将以内网、存储网络互联带宽为主，随着业务的迁移增加，逐步过渡到以内部服务网带宽为主的趋势。由于局域网、存储网互联和内部服务网组网均采用光传送网承载，按照业务需求分析主数据中心建成后初期的带宽预测为：主数据中心至国铁集团级既有信息机房、主数据中心至客票第二生产中心均在数百吉 bps，主数据中心至各铁路局千兆 bps，逐步过渡为主数据中心至各铁路局万兆 bps。

10.4.1.3　技术方案研究

根据上述业务流量分析，针对业务系统大集中，即各铁路局、各站段与数据中心点对点的数据业务。

方案一：构建以主数据中心、灾备中心为核心的传输网络

该方案网络核心与数据中心重合，各数据中心间设置高速直达路由，数据中心至各路局、站段通过一或两级网络互联，扁平化网络结构，减少网络层级，业务流向与拓扑结构尽量一致，以达到最高的网络承载效率。

方案二：在现有骨干传输网、数据网框架下接入主数据中心、灾备中心业务

该方案重复利用已建成的骨干 OTN 网、骨干数据网。通过最小的改动业务数据中心业务，有效保护骨干网投资，满足数据中心业务需求。主数据中心选址在天津武清，距离国铁集团约 75 km，仅骨干网 5 号环由此经过(未设置 OADM 节点)，综合距离、安全性等因素，推荐由主数据中心至国铁集团新建双平面 OTN 系统，由国铁集团节点接入骨干网。灾备中心按照选址在贵阳考虑，贵阳北属骨干网 3 号环 4 维 OADM 节点，可分别利用 2 个维度形成双环网不同径路保护，并通过武汉、重庆两个不同的节点与骨干网 1-4 环、2 号环互通。

10.4.1.4　平台容量的选择

主数据中心至国铁集团级既有信息机房、客票第二生产中心可在既有传输网基础上局部新建或利用扩容骨干传输网承载。国铁集团级既有信息机房至客票第二生产中心已建有双平面 40 波 100G 系统；主数据中心至各铁路局需要利用骨干传输网承载，骨干传输网除 1 号环为 40 波 10G、100G 混传系统外，其余环网均为 40 波 100G 系统，主数据中心选择 40 波单波 100G 的 OTN 系统能够与骨干传输网良好兼容，便于业务互联互通。

10.4.1.5　设备容量的选择

主数据中心 OTN 设备容量考虑与骨干 OTN 网组网和能力相匹配。骨干 OTN 网各节点均不设置光交叉板件，电交叉能力一般节点为 3.2 T 电交叉子架、枢纽及重要节点采用 6.4 T 单或双电交叉子架。

考虑组网及保护形式的统一，主数据中心 OTN 设备建议不设置光交叉板件。结合保护方式选择单或双电交叉子架。

10.4.1.6 保护方式的选择

传输系统的保护方式完善，可分为业务层面（业务环形组网、业务主备）保护、设备层面（网元级即多网元分别接入、板件级）保护、系统层面（单平面、双平面）保护和网络结构层面（环形、网状、线性 1+1；光层 OLP、电层 SCNP）保护四个方面。

1. 业务层面

国铁集团级信息系统业务多采用双平面方式组网，双平面设备间采用链路聚合、负荷分担方式运用，已形成保护。

2. 设备及系统层面

已建成的骨干 OTN 系统均采用单平面组网，在国铁集团、铁路局所在地的机房内设置两套 OADM 设备（多采用双电子架配置），通过业务规划来实现网元级保护。此外所有 OTN 网元关键板件（如主控板、交叉板、电源板等）采用 1+1 热备。

国铁集团级既有信息机房至客票第二生产中心客票双中心间采用双平面组网，国铁集团级既有信息机房、客票第二生产中心分别设置两套 OADM 设备，两套设备独立组网互不相关，客票中心业务分别利用两套设备独立传送，实现系统层面的保护，同时所有 OTN 网元关键板件（如主控板、交叉板、电源板等）采用 1+1 热备。

主数据中心 OTN 系统需要同时适应国铁集团级既有信息机房至客票第二生产中心的双平面组网保护和 OTN 系统的单平面网元保护形式。

3. 网络结构层面

已建成的骨干 OTN 网采用环形+局部网状网结构组网，利用同一铁路的两条光缆作光线路 OLP 1+1 保护。承载的 SDH 业务采用 SDH 自身的 MSP 保护方式实现保护，承载的 IP 业务采用 ODUk 的 SNCP 保护方式实现保护。

已建成的客票双中心间采用双平面线性 1+1 组网，每个平面的设备分别利用 1 条光缆组网，两平面间互不相关。承载的 SDH 业务采用 SDH 自身的 MSP 保护方式实现保护，承载的 IP 业务利用业务系统自身保护方式实现保护。

主数据中心 OTN 系统采用主备用+迂回的方式组网，主备用方向两套设备采用双平面方式运用，同时利用同一铁路的两条光缆作光线路 OLP 1+1 保护；迂回方向两套设备作为两个网元接入骨干 OTN 网的不同波道，形成网元保护。承载的业务采用 OLP 和 ODUk 的 SNCP 两种保护方式实现保护。

4. OTN 与上层数通设备的保护配合

由于主数据中心 OTN 系统在组网时同时采用了光层 OLP 保护和电层 SNCP 保护，为确保倒换逐级进行需要确定层间保护倒换的协调机制。OLP 和基于 ODUk 的 SNCP 保护倒换时间均可满足小于 50 ms 的技术要求。通常 OLP 只是用来保护物理光纤。承载的

SDH 业务优选 SDH 自身的 MSP 保护方式无需 OTN 配置保护，对于承载的 IP 业务和 OTN 的 SNCP 保护协调时，如果上层 IP 业务配置 BFD 用于链路快速检测时，需要设置拖延时间，即优先由 OTN 系统提供保护，防止上层数通设备路由收敛。

10.4.2　数据通信网

本次研究针对铁路内服网数据通信网技术方案进行研究。铁路内服网数据通信网作为基础承载网，承载铁路安全生产网、内部服务网各层级之间互联等多种广域网业务。

10.4.2.1　总体架构方案

内服网数据网由骨干网络和区域网络两部分构成，其中骨干网络又分为转发节点和接入节点。主数据中心接入内服网有两种技术方案，方案一是调整现有数据网骨干网组网，增加数据中心转发节点及接入节点，将数据中心业务直接接入至数据网转发平面。方案二是在既有国铁集团汇接节点下增加数据中心接入节点，与国铁集团级既有信息机房、国铁集团东调度楼、通信中心接入节点同等方式由国铁集团汇接节点接入数据网转发平面。

10.4.2.2　接入方案的选择

方案一：增加数据中心转发节点。新增数据中心节点与既有国铁集团节点平级，直接与相邻的转发节点互联或混合组网，实现数据中心业务的快速转发，但对现有网络结构的调整较大，路由设计、自治域规划等均未预先考虑，同时骨干传输网设计未考虑武清至相邻转发节点的链路，带宽难以支撑。

方案二：作为接入节点接入国铁集团汇接节点。在现状数据网的网络框架下调整较小，近期数据中心业务带宽可满足 10 Gb/s，远期可随骨干数据网同步扩容到 100 Gb/s 带宽。主数据中心业务与国铁集团级既有信息机房、国铁集团东调度楼、通信中心业务一致由国铁集团汇接节点统一接入也符合现有的铁路业务运用与管理模式。此外主数据中心选址武清，利用 OTN 专网直接接入国铁集团（北京）汇接节点传输距离尚可接受。

通过分析比较推荐采用方案二即主数据中心作为接入节点接入既有国铁集团汇接节点方式。

10.4.2.3　接入层级的选择

铁路数据网整体规划及运用方式采用 P 路由器负责业务转发，PE 路由器负责业务接入。骨干网络转发、接入路由器均为 P 路由器，区域网络核心、汇聚路由器为 P 路由器，接入路由器为 PE 路由器。

结合国铁集团数据网现状，国铁集团设置骨干网络汇接节点路由器以及国铁集团东调度楼、国铁集团级既有信息机房、通信中心 3 处接入节点路由器。主数据中心作为国铁集团新增的业务接入节点，应配置为接入节点，接入国铁集团汇接节点路由器。

10.4.2.4 接入带宽的确定

铁路数据网骨干网络转发节点内部路由器通过10GE链路互联，转发节点间路由器通过10GE链路互联。国铁集团转发节点至接入节点通过10GE链路互联。

结合骨干网络现状及现有接入网络链路条件，主数据中心接入节点路由器建议采用10GE链路接入国铁集团汇接节点路由器。

10.4.2.5 数据网保护方式

数据通信网采用双平面组网，主数据中心应与现有数据网组网方式一致，新设双套设备分别接入两个网络平面。

10.5 通信系统配套技术发展趋势

虽然铁路通信系统属于行业专网，但随着智能高速铁路、数字铁路发展需求，各级信息系统间的数据传输需求爆发性增长，需要结合通信行业发展情况及时对铁路通信网络进行技术升级。本节从光纤技术发展、新型波段的涌现、制约发展的问题、光缆发展、全光网络传输技术发展等角度介绍了铁路数据中心的通信系统配套技术发展趋势。

10.5.1 光纤技术发展

面向高速铁路算力网络时代和网络发展的新特点和新需求，网络数据传输需求呈指数增长，光纤网络作为底层的承载网络，全光高速互联、算力与光协同联动对网络发展至关重要。

10.5.2 新型波段的涌现

扩展光网络传输能力的一大法宝就是不断深挖光纤可用的波段资源，也就是不断扩展光网络的传输道路宽度。传输道路宽了，光网络的传输能力自然就提升了。近期，光网络涌现出CE、Cpp、C+L新波段，为扩展光网络传输能力添砖加瓦。

这里所提及的新波段CE/Cpp/C+L是指当前光通信为扩展传统C波段传输资源而引入的新波段资源，要想扩宽光通信所使用的C波段，主要思路是向临近短波长波段(S波段)和长波长波段(L波段)扩展，以扩宽光通路。

10.5.2.1 CE波段

CE(C Extended)波段也称C+波段。通常C波段资源划分为80个通路传输信息，其中每个通路占用0.4 nm的波段范围资源。因此，C波段也称为C80波段。CE波段借用了L波段(即长波长波段)部分波长资源，波长范围扩展为是1 529.16～1 567.14 nm，CE波段资源可划分为 96 个通路传输信息，也就是 C96 波段。CE 波段的传输容量相对于 C 波段，增加了 20%。

10.5.2.2　Cpp 波段

Cpp(C plus plus)波段也称为 C++波段。Cpp 波段不仅像 CE 波段那样，向 L 波段借用波长资源，也同时向 S 波段借用资源，波长范围扩展为 1 524.30～1 572.27 nm。按照每个通路占用 0.4 nm 的波段范围资源划分，波段资源可以划分为 120 个通路传输信息。因此 Cpp 波段也被称为 C120 波段。Cpp 波段的传输容量相对于 C 波段，增加了 50%。

10.5.2.3　C+L 波段

C+L 波段从字面上可了解到，C 波段和 L 波段的资源都用于光通信。同样按照每个通路占用 0.4 nm 的波段范围资源划分，C+L 波段常见传输方案有如下 3 种。

1. C120+L80 方案

Cpp 波段(120 个通路)+L 波段(80 个通路)，实现 200 波系统。其中 L 波段实际为 L+波段，波长范围为 1 575.16～1 617.66 nm。C120+L80 传输方案的传输容量较 C 波段增加了 1.5 倍。

2. C96+L96 方案

CE 波段(96 个通路)+L 波段(96 个通路)，实现 192 波系统。其中 L 波段实际为 L++波段，波长范围为 1 575.16～1 626.43 nm。C96+L96 传输方案的传输容量较 C 波段增加了 1 倍多。

3. C120+L96 方案

Cpp 波段(120 个通路)+L 波段(96 个通路)，实现 216 波系统。其中 L 波段实际为 L++波段，波长范围为 1 575.16～1 626.43 nm。C120+L96 传输方案的传输容量较 C 波段增加了约 2 倍。

10.5.3　现阶段制约发展的问题

现阶段已经将光纤可用波长资源拓展到非常大的范围。但是，这些波段资源可以真正应用到通信系统中，还受到下面因素影响。

10.5.3.1　受光器件的限制

例如下列光器件对新扩展的波段范围都不能直接支持，需要升级。

(1)掺铒光纤放大器(EDFA)。

(2)调制器等有源器件。

(3)波长选择开关(WSS)无源器件。

10.5.3.2　传输性能劣化

对于 L 波段，传输性能劣化，会增加运维复杂性，进而增加成本投入。

10.5.4 光缆发展

可喜的是现阶段 MS-OTN 等主流传输系统已经成熟运用 CE 波段实现 80 波系统向 96 波扩展，这将进一步充分利用现有光纤资源，扩展光纤可用波段资源，提升传输容量。

随着技术的日新月异，当前也有部分运营商开始部署 Cpp 波段光网络，作为未来光通信网络发展的目标，未来一定可以看到采用 C+L 波段解决方案的光通信网络。

10.5.5 全光网络传输技术发展

算力网络时代对网络提出了新的挑战，低延时、业务感知、灵活组网等需求，利用传统电层业务调度方式逐渐捉襟见肘，催生出擅长大颗粒业务光层波长调度的 OXC 全光网络。

10.5.5.1 OXC 全光网络特点

1. 全光互联

基于 OXC 实现光层波长调度，业务波长穿越传输节点设备时通过光背板、光交叉连接矩阵、输入输出端口，实现波长的一跳直达，相比光电光再生逐跳转发，节省了环节，在物理层就实现信号的调度和转化，仅光无电交叉互联。

2. 高速传输

400G 代际路线逐步收敛、统一发展。单载波 400G 是继 100G 后的下一代 OTN 的基础传输速率，相比 100G，400G 面临从调制格式、波段范围、光纤设施等全面的技术革新。

关于调制格式，10G 时采用 NRZ、100G 时 PM-QPSK，400G 时中短距离(600 km)传输 16QAM-PSC 在竞争中胜出，实现传输性能和频谱效率的最佳匹配，1 000 km 以上还有待进一步研究。

关于波段范围，80 波系统是骨干网基本需求，单波速率从 100G 提升至 400G，系统总容量对应增加 4 倍，现有 C6T 波段不能满足 400G×80 波长距离系统需求，需要扩展波段至 C+L。

关于光线设施，少模光纤(FMF)上的弱耦合模分复用(MDM)，可以比较好地兼容现有的商用单模系统，无需进行更改和特殊设计，有利于实现原有收发系统的复用和平滑升级。

3. 超低时延

Mesh 化+OXC 组网，降低路径时延，网络扁平化，降低节点处理时延。

4. 光算协同

算力感知，算力和传输资源灵活调度，光网络管控与算网大脑协同。

新一代基于 OXC 的光电联动型全光网，面向算力网络发展需求，构筑算力网络的光底座，单载波 400G 关键技术、器件及芯片逐步成熟，作为下一代 OTN 网络实现超大容量的使能技术，助力骨干传输网由 100G 到 400G 的代际演进。

第 11 章　基础设施管理系统设计技术

智能数据中心运行的监控系统包括电力、暖通等机电设备监控系统，对空间环境温度、湿度、浸水的检测监测系统，信息系统设备运行状态监控系统等。在传统模式下，上述对建筑物的监控系统、对机房的监控系统及对信息系统的监控系统分别独立设置，针对机电、环境、信息系统的协同调整需要由运维管理人员进行协调，效率不高，存在严重的安全风险。数据中心基础设施管理系统用于对数据中心各类监控系统集成，在系统层面实现运行、报警、维修数据的协同，从而提高复杂系统环境下的运维管理效率。

11.1　相关监控系统概况及管理需求

本节首先对数据中心内基础设施相关监控系统、信息运维管理系统、基于 BIM 的数据中心运维管理平台等进行介绍，总结数据中心基础设施的运维管理需求，为读者提供数据中心基础设施管理系统的基础背景。

11.1.1　数据中心相关监控系统概况

涉及数据中心内基础设施的监控系统，主要包含机房电源及环境监控系统、建筑设备监控系统、火灾自动报警系统、视频安防监控系统、出入口控制系统、能源管理系统、电力远动监控系统、在线接地及智能防雷系统、柴油发电机监控系统。

1. 机房电源及环境监控系统

机房电源及环境监控系统平台，实现对数据中心整体机房电源及环境的监控，主要实现对数据中心主机房、辅助区的环境、供配电、UPS 设备、蓄电池组、空调系统末端的机房专用空调等与主机房密切相关设备及环境状态的统一监控。

2. 建筑设备监控系统

建筑设备监控系统是针对数据中心建筑物内的暖通、给排水、电力等专业设置的机电设备或系统进行集中监视、控制和管理的综合系统，对于数据中心来说主要实现了空调水系统、新风系统等机电设备的模式控制、远程监控。

3. 火灾自动报警系统

火灾自动报警系统由火灾报警控制器(联动型)、火灾探测器、监视控制模块、消防应急广播、消防专用电话、图形显示装置等组成,实现对数据中心火灾的探测、报警及消防设施联动控制。

4. 视频安防监控系统

视频安防监控系统为数据中心各类运维人员提供统一、可靠的监控能力,满足运维人员远程及时发现问题、故障或事件的远程复核及事后原因分析等运维需求。

5. 出入口控制系统

在数据中心内由于安保层级、使用功能不同,分别采用了车辆出入口控制、速通门、门禁、电梯控制等手段,对人员流动进行管理。

6. 能源管理系统

为加强节能管理、提高能源利用效率、降低运营成本,能源管理系统完成对国铁集团主数据中的电能进行全方位动态监测并记录,采用模拟图及系统图等形式,实现各类能耗状态及能耗参数的直观监测管理。

7. 电力远动监控系统

电力远动监控系统主要实现对 10 kV 配电所以及 10/0.4 kV 变电所各远动终端的遥控、遥测、遥信。

8. 在线接地及智能防雷系统

在线接地及智能防雷系统在防雷功能的基础上,收集并整合系统中所有 SPD 的运行状况、雷击记录及接地电阻值等其他的相关数据,实现对防雷状况在线监测。

9. 柴油发电机监控系统

对柴油发电机的日常状态参数及运行中的状态参数进行监测。

11.1.2 信息运维管理系统概况

11.1.2.1 信息运维支撑平台总体架构

依照《铁路信息化总体规划》要求,国铁集团数据中心运维支撑平台,传统环境与云环境并存,通过 IT 服务管理系统(ITSM)管理传统环境运维,云管理平台管理云资源及服务。将非云化物理设备、云化虚拟设备分别通过集中监控平台、云管理平台进行管理,二者通过流程管理平台进行整合,实现系统运维监控自动化、服务流程化、展示互动化。运维支撑平台包括数据展现平台、流程管理平台、集中监控平台、配置管理数据库(CMDB)等,并与云管理平台进行集成。运维支撑平台技术架构如图 11-1 所示。

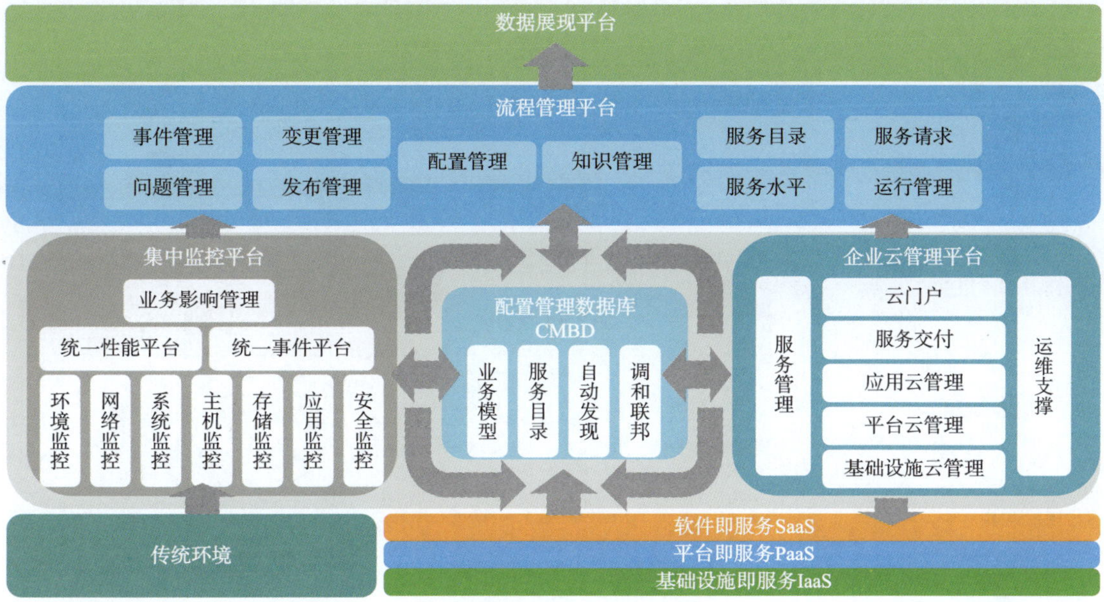

图 11-1　运维支撑平台技术架构

综合运维支撑平台建设需满足铁路数据中心运维管理需求，为国铁集团信息系统和未来部署于数据中心的其他单位的信息系统提供运维服务。

11.1.2.2　信息运维支撑平台功能

针对铁路未来多数据中心统一规划，综合运维支撑平台总体架构设计如图 11-2 所示。

通过集中部署综合运维支撑平台，实现对国铁集团多数据中心资源的统一监控和维护管理，各级运维人员通过统一运维门户开展运维工作，提供配套的运维管理功能，按照租户方式进行设计，数据中心内运维人员可查看自身的监控、告警、工单等内容，国铁集团为顶级租户，各数据中心为独立租户，同级租户之间数据不共享，顶级租户可查看各下级租户信息。上下级之间可灵活地开展运维工作协同、信息共享报送等工作。将信息系统部署于数据中心内的托管单位或机房租用单位为独立租户，提供资源状态查看、故障报告等运维信息。综合运维支撑平台对外提供数据接口服务，便于与集成服务平台、客户服务平台、开发测试平台等进行良好的数据交互。

11.1.3　基于 BIM 的数据中心运维管理平台

11.1.3.1　BIM 运维管理平台总体架构

基于 BIM 的数据中心运维管理平台是对设施进行标准化综合管理的三维信息化管理平台，其总体架构如图 11-3 所示。

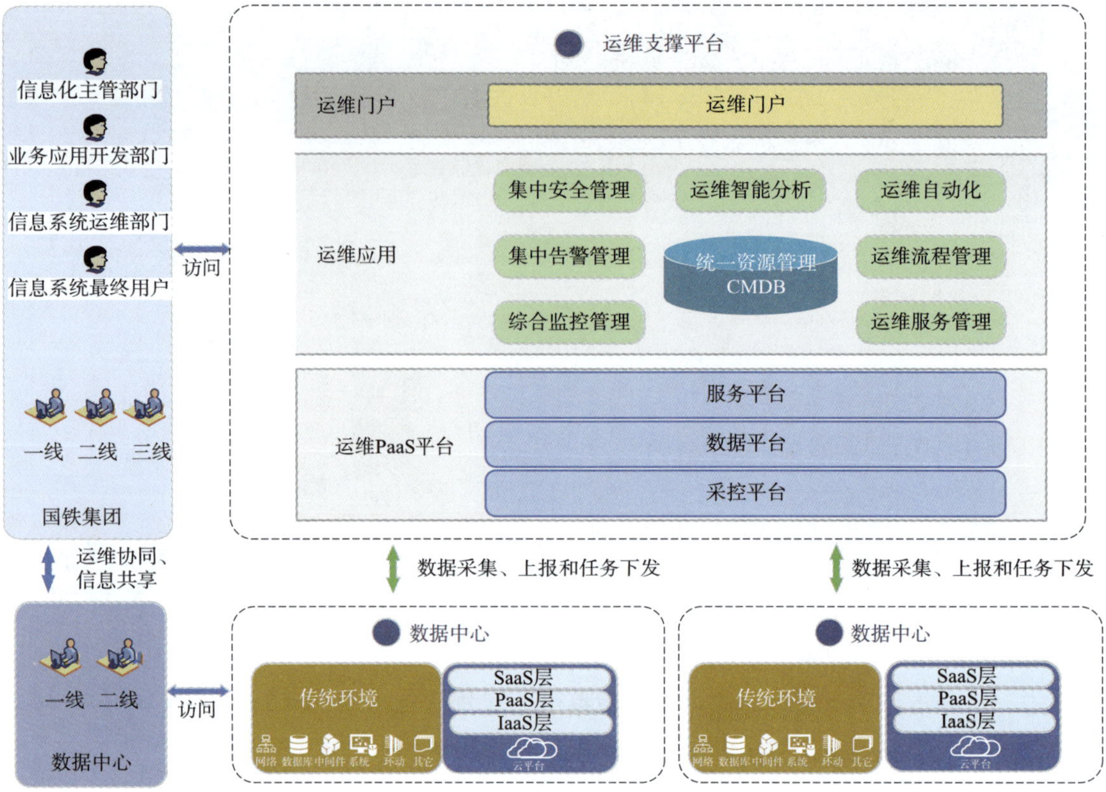

图 11-2 运维支撑平台总体架构设计

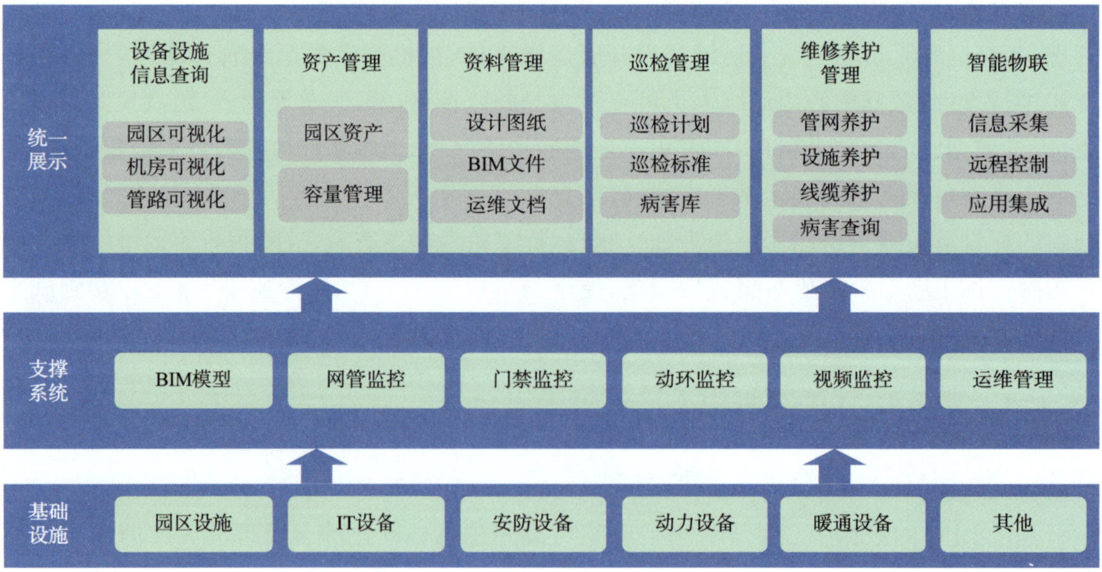

图 11-3 BIM 系统平台架构

BIM 系统平台总体架构分为三层：

基础设施层：包含园区设施、IT 设备、安防设备、动力设备、暖通设备等。

支撑系统层：包含 BIM 模型、网管监控、门禁监控、动环监控、视频监控、运维管理。

统一展示层：包含设备设施信息查询、资产管理、资料管理、巡检管理、维修养护管理。

11.1.3.2　BIM 运维管理平台功能

1. 设备设施信息查询

设备设施信息查询主要包括以下三个方面。

园区可视化：基于 BIM 成果，以三维虚拟仿真的展示形式，完整呈现园区全貌，包括建筑、景观、道路等，构建与真实园区一致的虚拟环境，并可获取园区项目信息。

机房可视化：根据 BIM 成果和机房实际部署情况，建立完整楼层、机房、机柜的设备部署情况。为数据中心机房基础设备管理提供与实际情况相一致的 3D 可视化管理环境，并可查询获取相关设备设施信息。

管路可视化：实现园区内管线路由 3D 展示及信息查询，例如消防、雨水、排水、中水、给水、强弱电系统等。

2. 资产管理

基于 BIM 的资产管理系统需提供资产管理功能，为上层各项资产管理功能提供相应的数据支撑。

BIM 的资产管理模块需提供基于三维场景的、集中化的、基于对象的资产管理功能。

3. 资料管理

文档管理包含文档库管理和文档与 BIM 模型的挂接，使文档既能实现集中化管理，用能实现通过三维可视化的 BIM 模型快速检索其相关联文档。文档管理人员集中化管理文档的同时，又能为用户提供在三维场景中通过可视化的 BIM 模型快速搜索相关文档。

文档管理基础数据层由 BIM 模型数据提供的设备、空间相关属性信息，设备设施系统提供的文档属性信息及其他与文档相关的管理属性等组成；基于基础数据层、管理资源数据层，抽象组合得到文档分类信息，文件夹层级结构等文档库管理相关管理数据，以及文档与设备、空间及其他管理信息相关联的文档挂接关系等文档挂接管理相关的管理数据。为实现文档库管理、文档挂接管理提供数据支撑。

4. 巡检管理

巡检信息化是在现有巡检工作流程的基础上，运用先进的信息化手段，改善原有按手册巡检，手写、手抄巡检结果的巡检方式，采用计算机统一编制巡检计划，下达到移动终端，现场使用移动终端收集巡检结果，任务完成后将结果汇总到数据库服务器。巡检信息化做到巡检有计划，执行有监督，数据可追溯。

5. 维修养护管理

利用BIM模型数据提供维修养护管理功能，通过规范、高效的维修养护管理工作提高园区运营管理水平。

11.1.4 数据中心基础设施运维管理需求

数据中心基础设施的运维管理需求要远高于普通建筑物，本节对数据中心的特殊性进行分析。

1. 运维管理需求

数据中心内基础设施各类机电设备的关联度远高于常规建筑物，由不同的监控系统对其进行监控无法形成有效的逻辑关联处理，在发生故障的情况下难以通过分立监控系统及时快速地定位并解决问题、难以避免发生二次灾害。对数据中心基础设施的集中管理目标是实现对机房设备管理和运营维护实现统一、完善和主动的流程化运维，规范化服务和集中化管理，全面提高技术保障水平。

主要数据中心运维方面有别于常规建筑物的需求主要体现在以下几个方面：

A. 运维过程中需要对数据中心电力、冷却和物理空间使用的持续重新优化，这可以帮助降低数额巨大的运维成本。

B. 整合IT与数据中心设施管理，拉近IT管理人员和设施管理人员的距离，从IT需求基础上优化数据中心运行模式。

C. 实现更高的能源效率，从而实现能源成本的节约，构建绿色数据中心。

D. 提供数据中心运行辅助决策，从节能、安全可靠等方面提供不同的运行模式建议。

E. 加强数据中心的资源和资产管理。

2. 基础设施管理系统需求

为了实现对数据中心基础设施的高效管理，满足运维管理需求，有必要建立一套综合完整的运维体系，通过规范的管理、高效的团队、自动化的工具帮助用户对机房运行状况监视、管理及控制。完成对机房环境、机电设备、安防、消防、用电等情况的无缝数据集成，实时获取各类基础设施数据，通过对各类数据处理、分析及逻辑判断，实现上述各监控系统的集中视图、集中监控、集中告警、集中数据分析和统一运维管理。从基础设施机电设备系统看，实现全面地集中监控供配电系统、暖通系统、安全防范系统、消防系统等，使得运维更加科学、更加规范。

根据前文梳理，数据中心在建设期间对基础设施进行监控的监控系统数量就达到十余个，在运维的逐步完善过程中还可能有更多的监控系统补充进来，这种分立的系统之间缺乏有效的数据互通，无法从系统内部实现联动，同时各类终端的界面、风格不统一也给运维人员增加了运维难度。

综上，对数据中心基础设施管理系统的需求体现在以下方面。

监控一体化：数据中心基础设施的所有监控系统应是一个整体，从各个维度实时监控、监测机房的运行状况，具备关联报警功能与实时事件记录功能，为机房安全、可靠的运行提供最有力的保障。

闭环自动化控制：需要实现跨系统、跨专业的闭环自动化控制，超越工作人员的处理极限，通过系统分析在保障数据中心安全稳定运维的基础上，实现绿色节能控制。

机房人员设备统一管理：所有进入机房的人员及设备，拥有完整的管理、维护、资产、基础配置登记，可以随时查阅数据中心内人员活动及设备的管理维护基本信息。

精细化机房资源配置：实现对机房各区域的机架空余空间、供电、制冷、配线、网络端口等资源的精细化管理，为机房设备的维护、变更、成本计算提供基础数据。

机房运维作业标准化：通过关联基础设施状态，辅助运维值班、交接班、文档管理等功能，将设备故障预警与运维管理结合，提高作业流程效率的同时提高数据中心可用性。

11.2　基础设施管理系统架构方案比选

数据中心基础设施管理系统是数据中心管理领域的热点解决方案，旨在提升数据中心的运营效率及可靠性。该系统在国内、国外演进的过程存在一些差异，在数据中心设计时需要对比两种技术路线的差别，结合项目实际需求选择适用的架构方案。

11.2.1　DCIM 系统定义

DCIM 全称 data center infrastructure management，即数据中心基础设施管理。DCIM 是近年在数据中心管理领域兴起的一个热点话题，旨在采用统一的平台同时管理关键基础设施如 UPS、空调以及 IT 基础架构如服务器，并通过数据的分析和聚合，最大化提升数据中心的运营效率，提高可靠性。

DCIM 概念起源于国外，不同的机构对 DCIM 也有不同的定义，但同一的思想是 DCIM 工具可以架起一座沟通关键基础设施和 IT 设备之间的桥梁，从而帮助运营者管理数据中心。

Gartner 对 DCIM 的定义是：数据中心基础设施管理(DCIM)工具监控、管理和控制数据中心所有 IT 相关设备(例如服务器、存储和交换机)和基础设施相关设备(例如 PDU 和精密空调)的使用情况以及能耗水平。

451 Group 对 DCIM 的定义是：数据中心基础设施系统通过持续收集和管理数据中心的资产、资源以及各种设备的运行状态，然后通过分析、整合提炼成有用的数据，从而帮助数据中心管理者管理数据中心并优化性能。

综合以上两个组织给出的定义，DCIM 系统实现了数据中心机电基础设施及 IT 基础设施的数据采集、分析、整合提炼，为数据中心管理者提供管理数据中心的辅助决策。

11.2.2　DCIM 系统技术路线选择

随着 DCIM 系统的多年发展，在国际、国内形成了两种主流的技术流派，本节针对两种流派的主要方案进行对比分析，提出适合铁路数据中心的方案。

11.2.2.1　国外主流 DCIM 系统

拥有 DCIM 解决方案的国外厂商有施耐德电气、艾默生、CA 技术、康普、西门子、ABB、Cormant、FNT、Geist 公司、Intel 公司、Modius 公司、Nlyte 公司、泛达等。

某种程度上讲，国外厂商楼宇自动化系统技术非常发达，针对数据中心的 DCIM 产品多是由传统建筑管理系统(BMS)基础上改良而来，是在楼宇自动化、安防、配电等系统基础上进行集成互联，并根据数据中心数据统计的特殊需求而来。国外厂家的 DCIM 系统典型架构如图 11-4 所示。

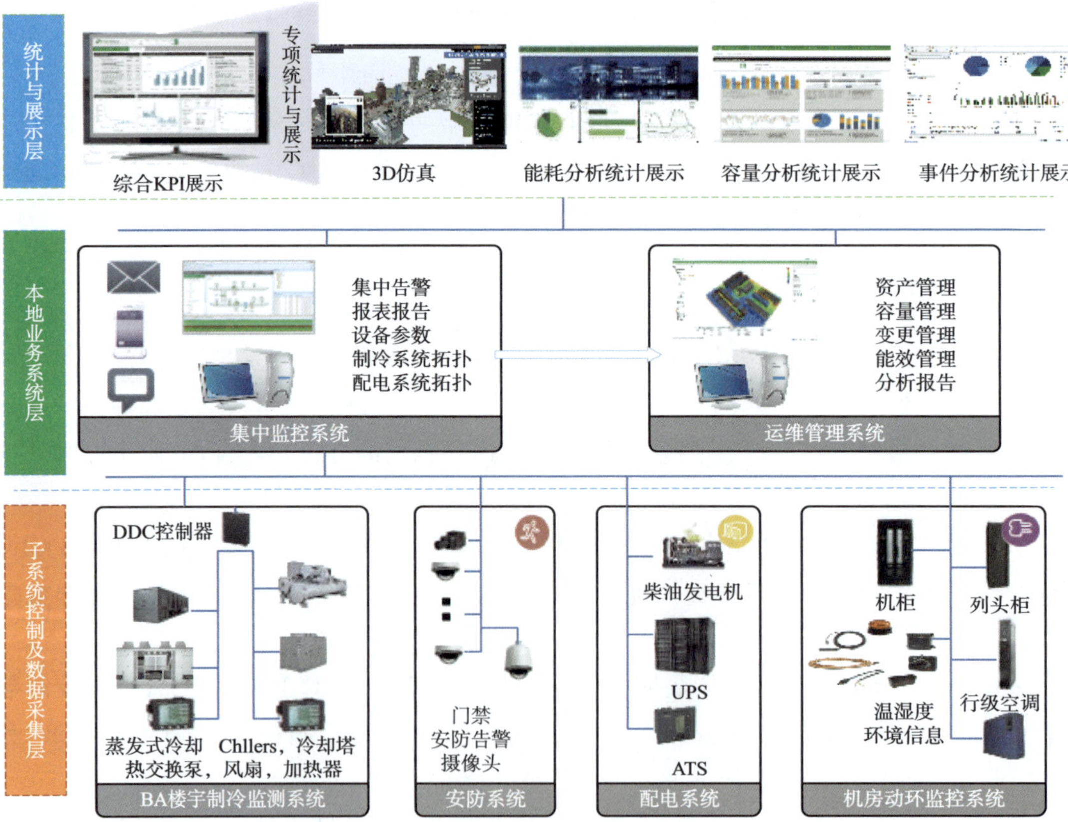

图 11-4　典型国外 DCIM 系统架构

子系统控制及数据采集层指的是在数据中心设置的 BA(楼宇制冷监测系统)、安防系统、配电系统、机房动环监控系统等子系统,DCIM 系统与这些子系统采用接口互联的模式。DCIM 系统通过本地业务系统层设置了集中监控及运维管理两大功能,其中集中监控系统实现各子系统集中告警、报表报告、设备参数、制冷系统拓扑、配电系统拓扑的分析及计算,运维管理系统则进行数据中心资产管理、容量管理、变更管理、能效管理的分析,并具备统一展示的功能。

11.2.2.2　国内主流 DCIM 系统

国内厂商代表主要是华为、共济、金鹏正等,国内一些做数据中心动环监控系统、数据中心机房集成的厂商如捷通公司等也陆续推出了 DCIM 解决方案。

不同于国外公司 DCIM 系统多由 BMS 系统发展而成,国内楼宇自动化发展水平不高,而对传统信息系统机房的监控需求较高,因此国内公司的 DCIM 系统多是由机房动力及环境监控系统扩展而成。国内的典型 DCIM 系统架构如图 11-5 所示。

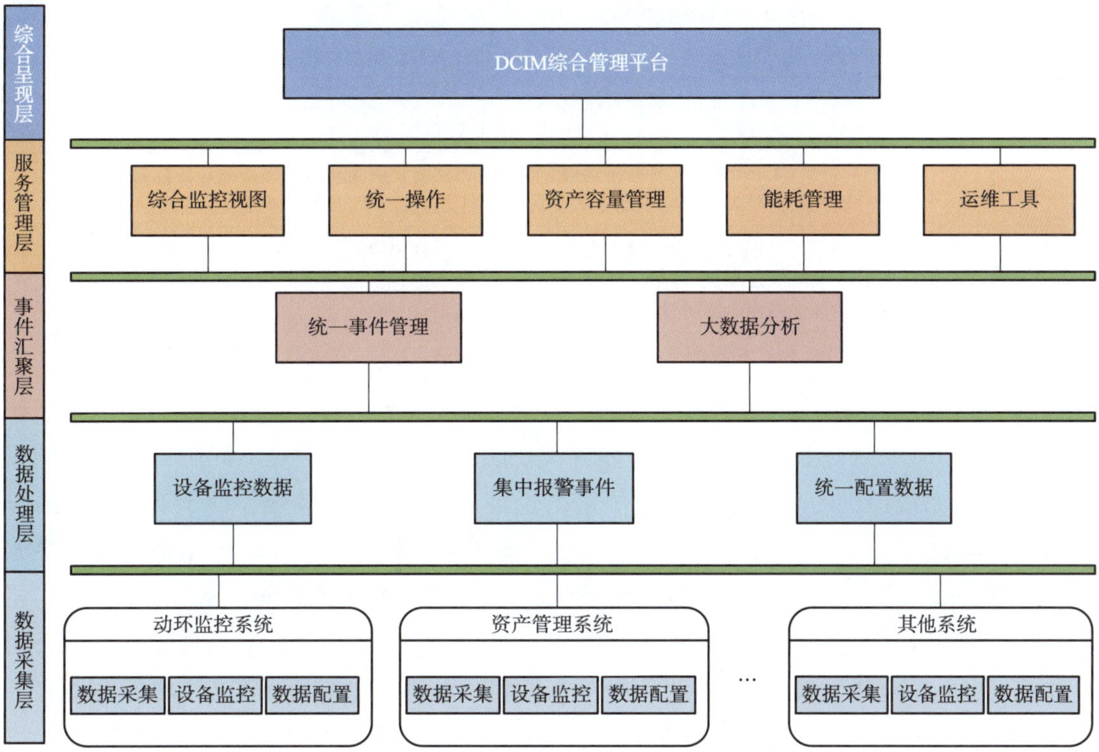

图 11-5　典型国内 DCIM 系统架构

其中数据采集层以传统的动环监控系统为主,同时包含了 IT 资产管理系统(如利用 RFID 探测柜内设备的系统等),一般这两个系统作为 DCIM 系统的采集层深度集成在 DCIM 系统中,而机电相关的 BAS、配电等系统均看作其他系统,采用系统互联的方式采集数据;数据处理层将各类数据采集层的设备监控数据、集中报警事件、统一配置数据进行处理;事件汇聚层实现统一事件管理及事件的大数据分析功能;服务管理层提供综合监控显示、统一操作、资产容量管理、能耗管理、运维工具等应用操作;通过综合呈现层统一向用户提供人机交互。

11.2.2.3 技术路线选择

国外公司首先提出了 DCIM 系统的概念,国内的公司也迅速跟上提供了数据中心 DCIM 系统的解决方案,由于国内外数据中心对安全可靠、绿色节能的需求类似,因此国内外 DCIM 系统的功能基本类似,均可以满足铁路数据中心对基础设施管理的需求。

由于国外公司的 DCIM 系统发展自 BMS 系统,国内公司的 DCIM 系统发展自动环监控系统,虽然两条技术路线最终实现的功能类似,但实际在建设过程中仍旧存在一定的差异,具体体现见表 11-1。

表 11-1 DCIM 系统技术路线对比表

特点	国外 DCIM 系统技术路线	国内 DCIM 系统技术路线
发展方式	基于 BMS 系统发展而成	基于动环监控系统发展而成
系统架构	DCIM 系统作为各类智能建筑系统的集成平台,与各类子系统互联	深度集成动环监控及资产管理系统,与其他子系统互联
兼容性	各品牌针对 DCIM 系统与自家子系统的互联有所优化,与其他品牌子系统实现基本互联	深度集成动环监控等系统具备自身采集能力,原生状态即互联其他子系统无品牌要求
灵活性	一般国外 DCIM 系统平台功能均是相对固定的,这部分功能经过调优,性能一般优于国内平台,但新功能多需由总部研发灵活性较差	平台功能部分固定,但更多功能是根据项目具体要求进行功能二次开发而成的,灵活性较高,但性能相对一般
厂商服务	国外厂商一般严格按照合同执行,后期调整需要补签合同	国内厂商一般会驻场配合调试,可以满足业主大部分需求

国外 DCIM 系统一般由公司统一开发并提供统一平台软件,通过不同项目开放不同授权实现功能,系统提供的功能一般经过严格的论证和测试,性能较强。DCIM 系统发展自 BMS 系统,这些厂家的技术都比较成熟,往往具备 BAS、安防、配电、动环等系统的解决方案,与自家的 DCIM 系统有一些功能优化,但对于其他品牌系统接入则功能会受限。

国内 DCIM 系统多利用既有的动环监控平台扩展而成,每个项目中都是要与其他公司的 BAS、安防、配电等系统互联,因此这些厂家的集成能力一般较强,可以处理标准协议的各厂家系统,兼容性强。同时,国内应用 DCIM 系统的软件平台功能一般应用层不固定,可以根据业主的需求进行二次开发,但二次开发一般由工程师现场完成,缺少严格的优化,性能相对较为一般。

结合国内的情况进行 DCIM 路线选择。

国内项目的特点在于:

(1)一般国内建设的招投标流程难以保障选用同一家的设备,对系统的兼容性要求更

高,国外品牌捆绑的优势难以体现;

(2)用户经常有一些特殊的要求,使用习惯各有不同难以统一,同时国内项目的建设工期往往比较紧张,需要 DCIM 厂家配合快速完成相应功能二次开发;

(3)一般企业用户的专业性不强,在建设前期提不出明确要求,在运维过程中经常需要厂家提供软件调整服务。

在铁路项目中具备国内一样的特点,同时由于铁路行业信息、通信、电力系统运维已经非常成熟,有自身的习惯,DCIM 系统要符合既有运维模式,又要同时符合运维人员从铁路机房到数据中心运维管理模式转变的特点,要求会比较高,对二次开发、驻场服务的要求要远高于常规数据中心项目。

结合铁路行业应用的特点,虽然国外 DCIM 系统发展更早、理念也比较先进,但国内 DCIM 厂家的兼容性、灵活性及厂家服务更适合国内的国情,因此铁路数据中心建议选择国内厂家提供的 DCIM 系统解决方案。

11.3 智能铁路数据中心基础设施管理系统设计技术

本节基于确定的 DCIM 系统架构,介绍 DICM 系统的设计原则与功能设计方法,提出 DCIM 系统整体架构、DCIM 系统集成方案等系统构成方案。

11.3.1 DCIM 系统设计原则及功能

11.3.1.1 DCIM 系统设计原则

DCIM 综合架构围绕“管理理念先进”与“技术架构先进”两个立足点,为数据中心运维管理人员提供一套先进的、高效的运维管理系统,实现运维管理的一体化、平台化、服务化、自动化、可视化、智能化、高可靠。

1. 一体化

DCIM 系统一体化是需要平台采用微服务、大数据等新一代互联网技术架构进行建设,建设符合数据中心基础设施运维管理需求的统一平台及运维技术体系,能够实时监控信息机房、UPS 配电区的基础设施设备的运行状态、环境温湿度及空气质量、信息系统工作状态,将事件汇聚统一管理,标准化事件格式,将不同的事件标准统一并呈现。

2. 平台化

以“软件定义运维”的理念设计 DCIM 系统平台,应避免运维数据碎片化,实现数据统一融合、基础数据共享,应避免运维管理工具竖井化,通过统一建设、集中控制的平台承载不同需求的运维管理应用,基于“平台+App”的微服务模式构建运维工具,运维管理工具可按需组合，满足复杂、多部门协作的运维场景。

系统能够在监测到故障后，界面能够联动触发相关报警信息，并且具备立即通过多媒体语音提示、电话语音信息、短信文字信息、E-mail 邮件推送、App 推送等多种方式，在规定的时间内向预设好的人员发出报警信息。

3. 服务化

围绕以用户为中心实现对运维工作的服务化梳理，明确服务目录，将运维工作打包成服务项，通过便捷服务通道，实现“流程即服务”的运维管理模式。

4. 自动化

提供日常运维工作的自动化执行能力，包括各类机电设备运行状态、信息系统虚拟机创建、软件安装、配置参数调整、设备和应用巡检、故障处置、数据备份、应急演练等，均可通过软件代替手工自动执行。另外需要结合运维机器人，通过对运维数据的自学习、场地数据的自动采集和分析，为运维人员提供快速的运维工作建议和帮助。

5. 可视化

提供数据分析和展示场景，提供直观的数据综合可视化展现，提供各种业务应用系统端到端的展现视图和展现能力，以及面向运维人员的运行展示视图，包括 BIM 三维界面展示、机房运行展示、网络运行展示、系统运行展示、业务运行展示等；面向业务用户的资源使用情况展示、资源性能展示等。

6. 智能化

DCIM 需要具有大数据处理、存储和分析能力，具有预设专家库及机器学习能力，能通过对运维场景的自学习，在可控的范围内进行自主分析和决策，实现各个子系统之间的智能联动，为运维人员提供优化运行建议。

7. 可靠性高

DCIM 系统平台在架构上使用业内领先的云平台架构，确保系统发生任何单点故障时不影响系统运行，确保重要设施的实时监视效果。

11.3.1.2 DCIM 系统功能设计

DCIM 系统需要提供综合监控管理、统一资源管理、运维流程管理、运维服务管理、集中安全管理、运维自动化、运维智能分析、运维服务门户等功能，具体体现在以下几个方面：

1. 综合监控管理

提供对机电基础设施、信息系统、BIM 平台等方面的自动监控管理，通过实时采集各层资源的运行指标数据，进行综合加工处理，将计算指标结果统一存储到数据平台。同时与动态基线阈值、状态阈值等监控策略进行综合比对判断，出现异常能及时发出告警事件，通过告警管理的智能分析引擎，实现告警智能关联分析和自动化处理，保证故障发现的及时性和处置效率。

（1）子系统综合集中监控。DCIM 系统主要具备机房电源及环境监控系统、资产管理系统、建筑设备监控系统、安全防范系统、火灾自动报警系统、能源管理系统、信息运维管理系统等系统的整合、告警处理、服务管理、数据分析、综合呈现等功能，实现对数据中心基础设施的统一监控和管理，并通过统一的界面呈现给运维管理人员

（2）设备状态管理。平台综合管理基础设施设备状态信息，能够实时直观地显示设备的运行数据和运行状态。通过软件界面可直观地展示出各设备的情况，包括整体结构、运行状态、关键参数、拓扑信息。

（3）设备资产管理。DCIM 系统的设备资产管理主要是围绕 IT 运维管理为核心，负责对运维资产信息的维护，其中包括网络设备、主机设备、人员与运维项目等信息的维护与管理。

2. 统一资源管理

提供对数据中心的环境资源、信息系统资源及应用系统等对象的配置信息统一管理功能。提供对数据中心基础设施、信息系统、资产、备品备件的全生命周期管理。提供容量管理、容量分析评估功能。实现对合同、文档、知识的统一管理。

（1）综合报表。根据系统管理需求，为系统定制强大而完善的报表系统，满足用户管理需求。允许用户自定义报表内容，每个报表均由不同的模块组成，每个模块根据定义的属性又能自动生成不同类型的图形、图表、数据表等。

监控系统具有界面友好的报表系统，能够生成折线图、趋势图、表格、柱状图、饼图等，并提供报表自定义工具，用户可根据自身管理需求，自动生成各种参数组合的任意时间段的图形、图表和报表。

系统具备用户操作日志、系统运行状态日志、报警日志等。所有日志可以根据查询条件即时生成报表，并可打印输出。

（2）数据总览。系统可将采集数据进行汇总管理，依据用户关注应用进行统计展示，帮助用户统计各类应用，进行定汇总展示。

（3）对比分析。通过系统采集数据及历史记录数据，结合数据中心运行状况，利用大数据工具，对于数据进行实时分析。分析结果可以对比历史数据帮助用户了解当前状况与历史情况。

3. 运维流程管理

通过规范服务流程和技术服务工作，基于随需定义的服务流程引擎，建立一套标准的运维服务流程，围绕服务目录、事件管理、问题管理、变更管理、发布管理、服务请求管理等，实现数据中心运维服务的流程化、规范化管理。

4. 运维服务管理

为更好地对日常运维工作进行有效跟踪和计划制定，提供规章制度管理、值班管理、巡

更管理、运维计划管理、外包管理等内容。

5. 集中安全管理

集中安全管理模块能够提供对安全相关工作的支持，通过对采集的各种安全信息和安全事件进行汇总、归并、统计与分析，快速发现和分析安全问题，实现安全事件管理、安全事件上报、应急响应管理等。

（1）报警标准化。数据中心运行过程中会产生大量报警，不同专业设备、不同子系统推送信息格式不同，操作员和管理员收到不同格式事件推送无法直观快速寻找到报警事件重点，需做二次判断。

通过 DCIM 系统将事件汇聚统一管理，标准化事件格式，可通过设定好规则规范事件格式从报警事件"产生时间、所属专业、事件类型、维保项目、厂家信息"等关键信息统一格式输出，将不同的事件标准统一并呈现。为统一的分析和决策提供可靠的、准确的数据基础。便于运维操作的标准和故障定位分析，向管理者提供科学可靠的依据，人员无需再为数据格式的不统一而耗费大量的精力。

（2）事件关联。可灵活配置告警事件间的关联关系。对于告警事件可以查询其关联事件，以从事件查询主事件，可快速定位到事件的发生根源。

（3）事件分析。平台提供告警事件存储，形成知识库累积实现对事件的智能分析。可以在告警事件产生后自动关联相关专业信息、趋势判断，为管理人员提供问题判断的依据并提出解决办法。

6. 运维自动化

自动化管理通过软件代替人工完成大批量或重复进行的工作，可包含日常运维工作中的机电设备运行模式切换、信息系统虚拟机创建、软件安装、配置参数调整、设备和应用巡检、故障处置、数据备份、应急演练等场景。通过自动化引擎将所操作资源对象、动作和外部资源有机串接起来，形成一个个自动化流程，为上层场景应用提供各种资源的自动化运维能力支撑。运维机器人通过对运维数据的自学习，可与运维人员进行灵活交互，提供故障预案的智能提示、运维数据的自动检索等。通过机器人将各类运维信息植入到聊天会话当中，形成人、机器、数据的自动化、透明化联动，打破团队中心化壁垒，形成点对点协作，打造一站式运维作战室，以此提高运维的工作效率。场地机器人负责数据中心内数据的自动采集和分析，包括资产信息盘点、设施设备巡检、故障排查等，实现检测分析智能化、日常运维无人化。

7. 运维智能分析

构建基于 PaaS 平台层的数据存储、分析处理能力，建设运维智能分析管理系统，利用基础平台的能力和多种算法，为上层分析场景应用提供各种数据加工、汇总和分析。提供直观的运行态势分析、数据综合分析报表和可视化展现，将采集到的数据中心基础设施和 IT 业务数据真正利用起来，为数据中心运维和业务运营提供决策依据，包括运维态势感知、安全态势感知、资源运行趋势分析、异常数据分析，为运维工作的快速响应和分析决策提供良好的数据支撑。

(1)IT 设备规划与 SPC 的结合决策。IT 设备规划及部署可以依据 DCIM 系统提供的空间、电力、制冷等数据信息，进行优化布置，提高 IT 设备的部署效率及信息系统机房的利用效率。

(2)能源能耗管理及 PUE 计算。系统统计出数据中心的能耗，了解各个设备、模块能耗情况。如能源输入能耗、变配电能耗、负载能耗等。其次，对各个分项能耗进行精细化分析，如对机柜内 IT 设备能耗进行统计，包括制冷子系统能耗、通风子系统能耗、变配电子系统能耗、照明子系统能耗等。数据采集完成后，通过能效分析管理平台分析，计算数据中心 PUE 数值，为使用者提高数据机房的电源使用效率指明方向。

PUE(电源使用效率)值是数据中心电力使用效率的衡量指标，PUE 值是指数据中心消耗的所有能源与 IT 负载消耗的能源之比，越接近于 1 表示数据中心的绿色化程度越高。系统对实时 PUE 及历史 PUE 提供计算及展示。

①实时 PUE。通过对供配电系统的监控，可以计算出当前机房的 PUE。

②历史 PUE 查询。PUE 会存储到系统数据库内，方便用户随时检索以往任何时间点的 PUE 值，方便用户把历史 PUE 和当前实时 PUE 进行对比，可以了解机房电源能效比的变化。

8. 运维服务门户

通过运维服务目录、微信公众号、移动运维门户等为数据中心业务人员、运维人员提供多样化的运维入口。运维服务目录以目录的方式组织，允许各运维工具、场景应用注册服务项，或者运维管理人员自行添加服务项，可将服务项授权给各运维角色，并通过 Web 界面、微信公众号和移动运维门户 App 发布运维服务项，最终为不同层级、不同角色的运维参与者提供满足其管理需要的运维入口。

(1)平台视图。DCIM 管理平台依据需求进行综合数据展示，包含汇总视图、分模块管理视图、资产管理界面、PUE、能耗管理界面等。

(2)机房管理。DCIM 平台将机房管理和机房电源及环境监控系统管理整合至一个综合平台下，可以实现事件与机房展示相结合。

11.3.2　DCIM 系统构成方案

11.3.2.1　DCIM 系统构成

1. DCIM 系统整体架构

数据中心基础设施管理系统实现对机房电源及环境监控系统、建筑设备监控系统、安全防范系统、火灾自动报警系统、能源管理系统等子系统的数据集成，设置与信息系统设备相关如 IT 资产管理系统的接口条件。

DCIM 系统实时获取各子系统监控数据，通过对各子系统监控数据的综合处理、分析及逻辑判断，实现各子系统的集中视图、集中监控、集中告警、集中数据分析和统一运维管理。

系统采用集中管理的模式，对各监控系统进行集成，其系统架构如图 11-6 所示。

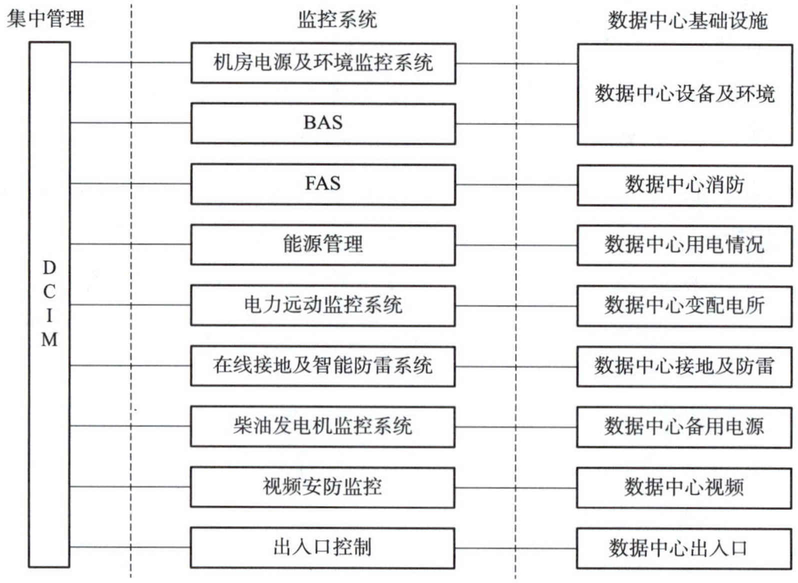

图 11-6　DCIM 系统集中监控整体架构

DCIM 系统采集及处理机房电源及环境监控系统、建筑设备监控系统、安全防范系统、火灾自动报警系统、能源管理系统等相关数据，并进行统一展示；通过各个子系统之间的数据交互及共享，实现各系统信息的互联、互通、互用，提供高效、集中、优化的管理手段，系统实现信息互通互联、业务协同，为数据中心的长期可靠运行提供决策支撑。

2. DCIM 系统构成方案

(1)DCIM 系统云平台逻辑架构。为了保证系统后期扩展与完善，DCIM 系统采用虚拟化云平台的架构，计算平台由 IaaS 层、PaaS 层和 SaaS 层组成，其逻辑架构如图 11-7 所示。

IaaS 层由逻辑化/池化后的计算、存储、网络、安全等软硬件资源池及封装后的多种 IaaS 服务组成，这些资源可直接被云服务用户使用，也可组合支撑更复杂的业务场景，用户可在 IaaS 服务基础上部署和运行包括操作系统和各种应用软件。

PaaS 层为客户提供部署、管理和运行应用程序的环境和服务，应提供应用框架、中间件及相应的部署和管控等能力，同时 PaaS 还提供代码管理、编译打包、发布部署、持续集成和持续交付等开发运维一体化服务。PaaS 层涵盖应用共性需求，包括数据管理服务、中间件服务、并行计算平台、流程管理服务、SOA、开发测试平台等细分的服务内容。从服务模式上，PaaS 需考虑移动化应用所需的平台支持，还需考虑移动办公、协作等需求。

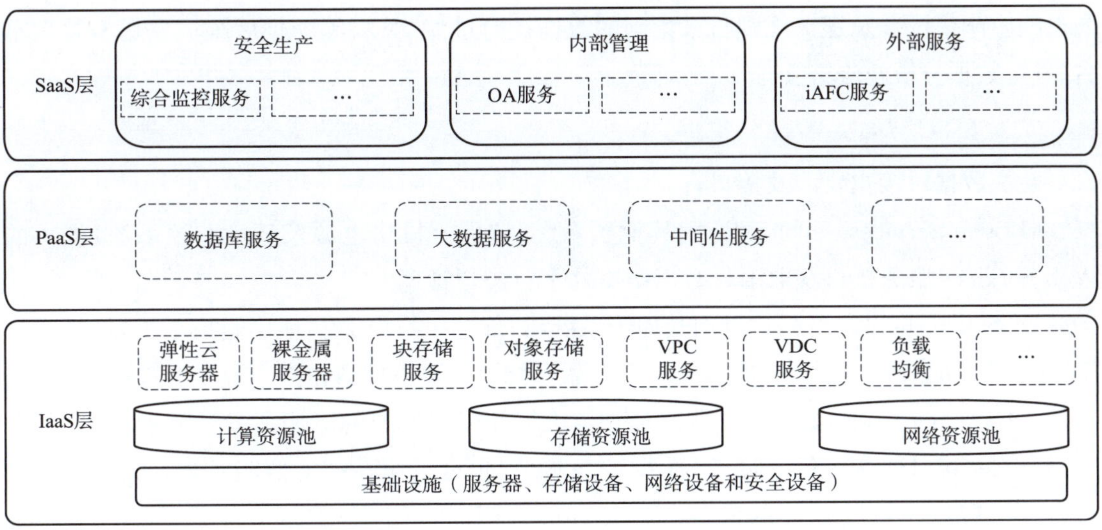

图 11-7　DCIM 系统云平台逻辑架构

SaaS 层主要服务于 DCIM 系统安全生产、内部管理和外部服务业务，结合 DCIM 系统功能需求提供应用类服务。

(2)DCIM 系统部署方案。在数据中心内选定机房设置数据中心基础设施管理系统设备，采用云平台架构进行部署，通过虚拟机实现数据库服务、应用服务及各类接口服务功能。在 DCIM 系统虚拟化云平台中安装数据中心基础设施管理平台软件、告警处理软件、PUE 计算软件等，并开发与建筑设备监控系统、安全防范系统、机房电源及环境监控系统、火灾自动报警系统、电力监控及能源管理系统等相关系统的接口，实现各子系统数据统一采集。

在数据中心的 ECC 大厅、有需求的专业监控室内设置 DCIM 系统监控终端，满足运维管理人员对数据中心基础设施管理的需求。

各类监控系统均采用以太网接口与 DCIM 系统互联，通过各子系统接入 DCIM 系统网络交换机，实现物理互联。

11.3.2.2　DCIM 系统集成方案

1. 数据采集功能

DCIM 系统对前端数据的采集分为两种方式：直接从设备采集和通过系统接口实现数据间接采集。

通过系统接口实现数据间接采集是指通过数据对接方式，接入已有子系统或不同专业系统，数据采集遵循行业标准，如机房电源及环境监控系统、建筑设备监控系统、安全防范系统、火灾自动报警系统、能源管理系统等。

直接采集是指通过采集设备(如U位资产采集设备、RFID天线)直接获取原始数据,并通过响应阈值设置及逻辑规则将采集到的数据进行过滤、关联等处理后统一发送至管理平台,进行数据分析及告警管理。

2. 数据接口形式

系统数据对接主要涉及接口有:

(1)web Services。可通过调用其他子系统(如部分机房电源及环境监控系统)提供的Web Services服务接口获取事件数据至事件平台进行管理。

(2)SNMP接口。可通过调用其他子系统(如部分机房电源及环境监控系统)提供的基于TCP/IP协议族的网络管理标准SNMP服务接口获取事件数据至事件平台进行管理。

(3)BACnet协议。BACnet是针对智能建筑及控制系统的应用所设计的通信,可用在暖通空调系统(HVAC,包括暖气、通风、空气调节)也可以用在智能照明系统、门禁系统、火灾自动报警系统及其相关的设备,本系统可通过Bacnet协议获取智能建筑部分子系统数据。

(4)OPC(工业标准OLE for process control)。可通过OPC标准化接口获取部分监控系统、门禁控制系统数据至事件平台进行管理。

(5)API接口。可通过调用系统软件提供的对外API接口获取其事件数据至事件平台中进行管理。

(6)数据库Gateway。可通过其他系统开放的软件的数据库,在两个数据库事件表之间进行实时数据同步方式,将其事件数据接入本系统的事件平台中进行管理。

(7)SDK(simple develop key)。SDK意味简单的开发钥匙,通过不同系统间提供SDK包可以实现系统间互相调用数据。

(8)Modbus接口。Modbus是一种串行通信协议,于1979年为使用可编程逻辑控制器(PLC)通信发展而来,已经成为工业领域通信协议的业界标准,是现在工业电子设备之间常用的连接方式。目前Modbus已经支持TCP/IP的连接方式。

(9)104规约(IEC 104)。IEC 104规约由国际电工委员会制定,提出了应用服务数据单元(ASDU)用网络规约TCP/IP进行传输的标准,为远动信息的网络传输提供了通信规约依据。

(10)深度集成。深度集成指集成的系统间不利用接口互联的方式,而是对软件自身进行调整,利用同一套软件平台将被继承的子系统完全融合起来的集成方式。

3. 数据中心基础设施管理系统与相关系统典型接口

根据不同监控系统在各自场合应用的特点,提供的主流接口也有所差异。综合各类系统可提供的集成接口,根据数据中心项目案例,列举DCIM系统与监控系统的典型集成接口类型见表11-2。

表 11-2　DCIM 系统与监控系统典型集成接口形式

序号	系统集成	集成接口
1	建筑设备监控系统	OPC
2	视频系统	SDK
3	门禁系统	API
4	电力监控系统	104 规约 TCP/IP
5	能源管理系统	Modbus TCP/IP
6	机房电源及环境监控系统	深度集成
7	火灾自动报警系统	Modbus TCP/IP

其中机房电源与环境监控系统与 DCIM 系统采用深度集成的模式，选择国内的 DCIM 系统技术方案一般都提供深度集成能力，同时这样做的优势包括：

(1)机房电源与环境监控系统是数据中心管理人员最关心的内容，通过深度集成可以保证与 DCIM 系统提供统一的 B/S 页面风格；

(2)便于操作人员直接通过 DCIM 系统对机房电源及环境监控系统的参数进行设置；

(3)机房电源及环境监控系统在采集层已有一级数据处理和全部数据的存储，对 DCIM 系统的压力小，利于深度集成；

(4)机房电源及环境监控系统后台硬件资源与 DCIM 系统后台硬件资源可共用集中管理，简化系统架构，节约成本。

4. 与信息运维系统互联方案

DCIM 系统具备与信息系统对接的能力，连接信息系统需求与基础设施能力，打造数据中心内基础设施与信息系统的一体化运维管理平台。

DCIM 系统对数据中心基础设施进行统一管理，可以为 IT 管理提供空间、供电能力、制冷能力、网络端口空余等关键基础资料；信息管理部分通过资产管理联结信息系统设备与基础设施，在信息系统上架、运行调整时由 DCIM 系统提供设备上架位置决策，并协调基础设施运维人员与信息系统运维人员充分配合，通过下发工单等方式指导工作人员完成相应的工作。

DCIM 系统与信息系统对接的前提是数据中心内基础设施与运维管理与信息系统运维管理深度融合，而在现阶段的很多数据中心内基础设施与信息系统运维管理模式是相互分离的，分别由物业管理部门、信息系统开发管理部门管理，难以统一协调。更存在一些极端情况，如外租数据中心，租户的信息系统情况对数据中心运营单位是保密的，从管理的角度就无法将 DCIM 系统与信息系统对接起来；即使是很多企业，对用电、空调的管理人员也是偏向物业外包的，信息系统则是企业信息部门负责，对外部人员提供的信息内容也有所限制。

DCIM 系统与信息系统对接可以进一步提升数据中心的智能化水平，是实现 DCIM 系统功能的重要手段。但结合项目建设情况，需要在基础设施建设完成后，结合运维具体需求，在云平台架构基础上逐步开发完善。

11.3.2.3 主数据中心 DCIM 系统集中监控界面案例

根据前述 DCIM 系统研究，随着主数据中心的建设，其集中监控功能已经实现，本节以主数据中心实施的系统界面为例，对 DCIM 系统的集中监控界面进行介绍。

DCIM 系统为数据中心的信息系统基础设施及数据中心基础设施的各类机电设备提供了集中视图、集中监控、集中告警、集中数据分析和统一运维管理的平台，有助于数据中心整体运行效率的提升。

在 3D 视图模式下，可以看到数据中心信息系统机柜、UPS、电池等设备的部署情况，给运维人员直观的感受。如图 11-8 所示。

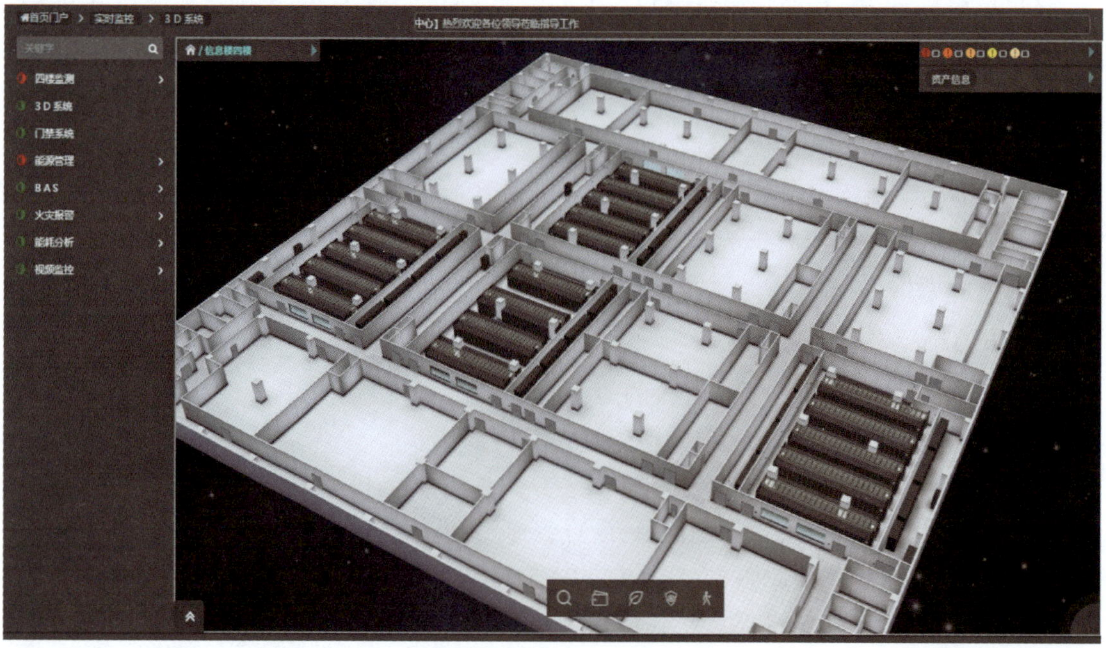

图 11-8　DCIM 系统 3D 展示界面

温度云图功能可以在 3D 视图中展示体现机房内的温度分布状态。通过颜色的深浅，直观的标识温度高低，有助于运维人员对机房温度的整体把握。如图 11-9 所示。

在 DCIM 系统的机房监测功能中对机房的温湿度、供配电、空调等运行状态进行统一监测。可以直观地看到各类监测设备的运行状态，图中绿色代表运行正常，红色则表示有告警信息。如图 11-10 至图 11-13 所示。

DCIM 系统集成了电力监控系统及能源管理系统，图 11-14 是能源管理界面，可以对数据中心中每一处配电柜的运行状态、输出功能及耗能情况进行检测。通过对数据分析，有助

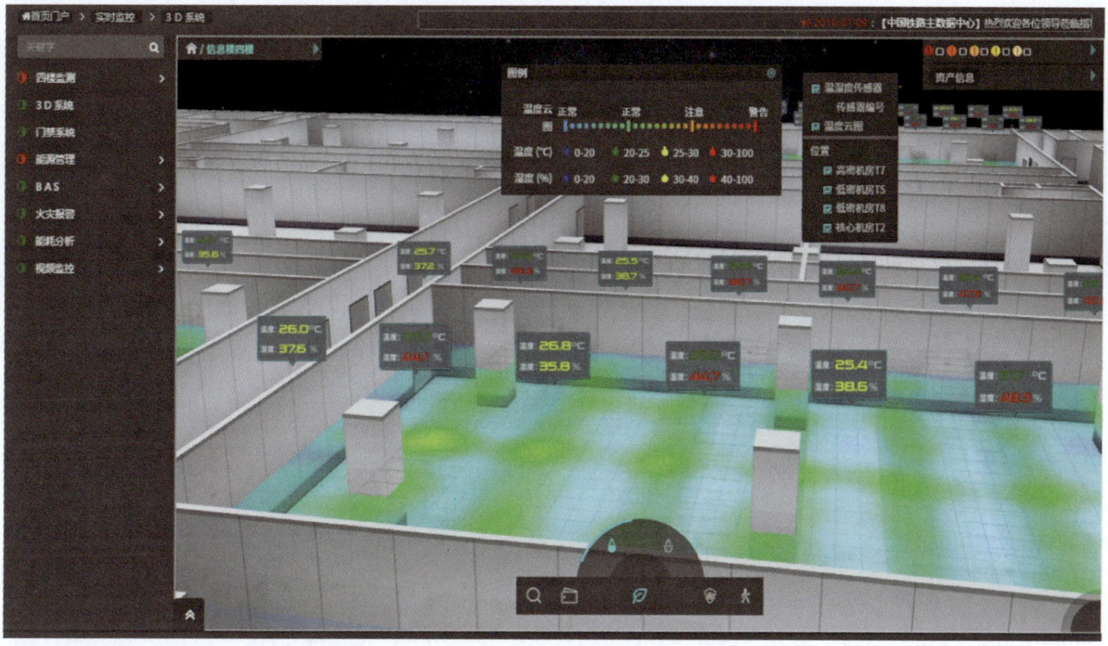

图 11-9　DCIM 系统温度云图界面

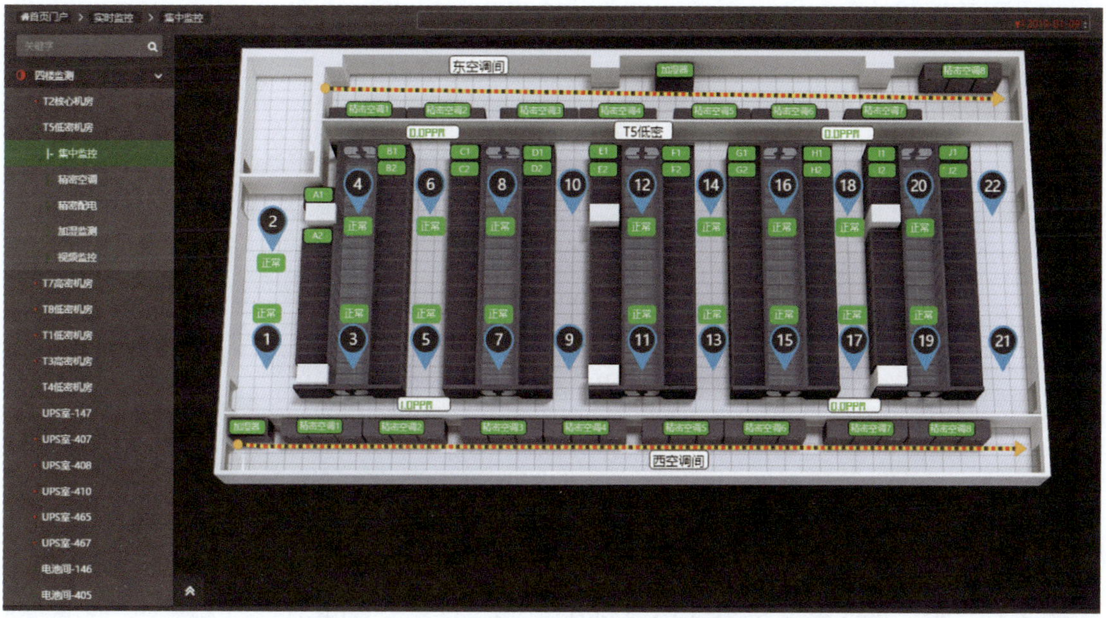

图 11-10　DCIM 系统机房监测界面

于了解数据中心各类设备的能耗情况，进一步提供运维人员进行数据中心节能运行的辅助决策。

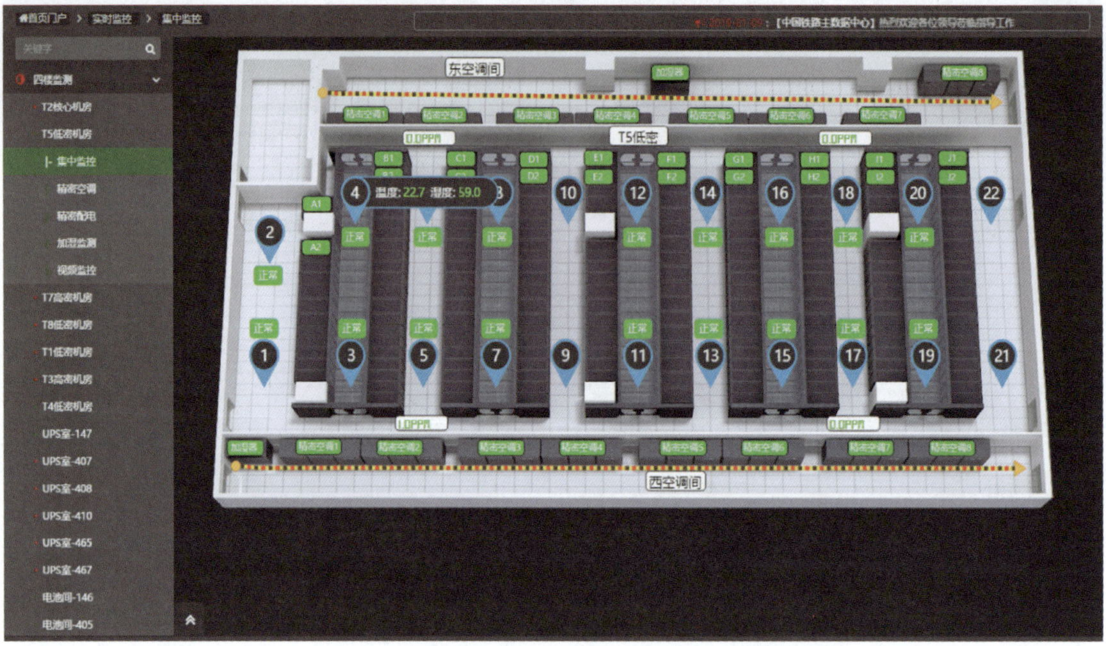

图 11-11　DCIM 系统机房温湿度展示界面

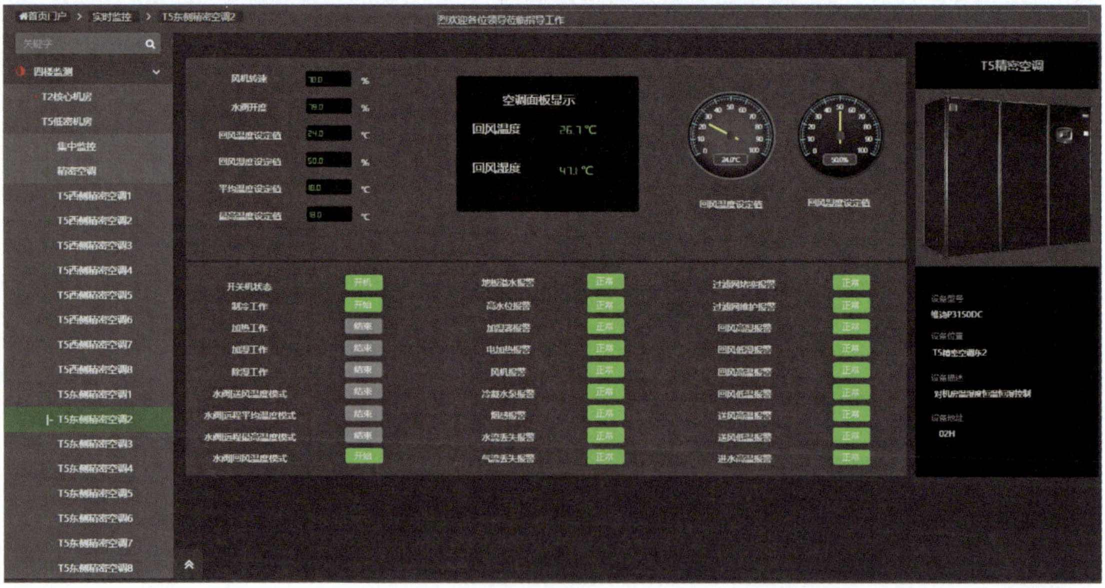

图 11-12　DCIM 系统机房空调运行状态展示界面

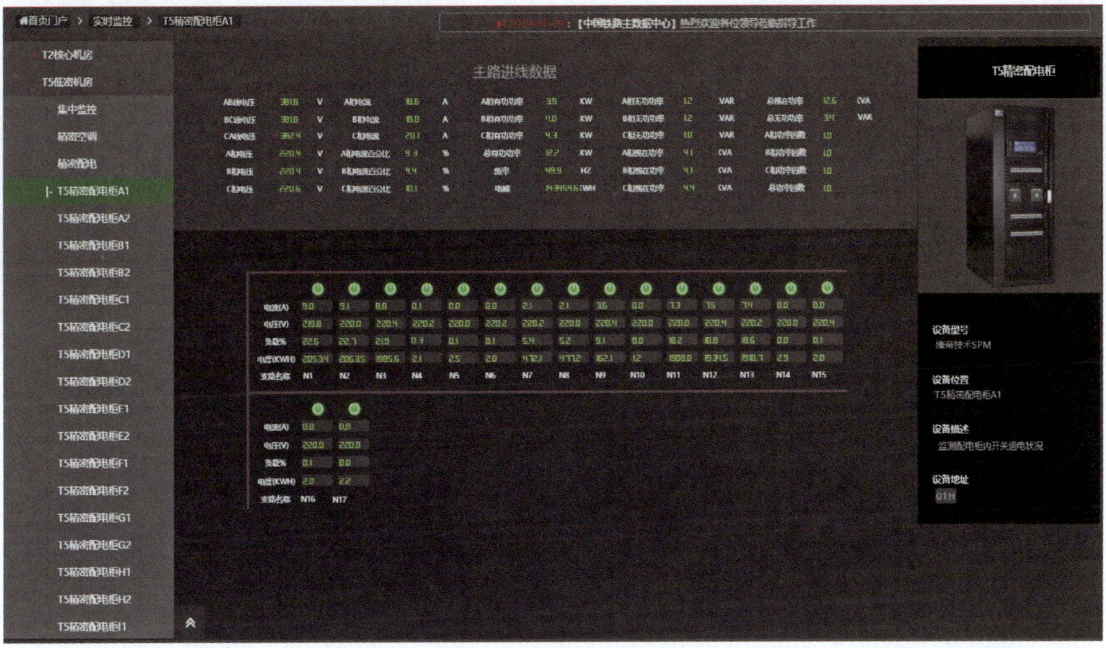

图 11-13　DCIM 系统机房配电状态展示界面

图 11-14　DCIM 系统能源管理界面

11.4 基础设施管理系统发展展望

以上对数据中心的DCIM系统进行了介绍，但目前DCIM中三维展示的界面仍然是以示意图为主，虽然具有一定的直观性，但与实际仍旧有较大的差异，且三维示意图中与设备绑定关系复杂，一般仅实现本系统数据与图元的关联。因此，本节进一步研究基于DCIM与BIM结合的发展方向。

11.4.1 DCIM与BIM融合应用展望

类似航空航天飞行器的健康维护与保障、工厂的建模与运维，数据中心的管理系统发展也需要将DCIM与BIM技术深度结合。

在数据中心中的应用实践中，挖掘DCIM系统和BIM技术分别存在的优势。

1. DCIM系统

DCIM系统集成了数据中心内的各类监控系统，可以获取各类机电设备的关键运行数据，具备各类系统数据的统一获取、展示、分析能力，是数据中心基础设施运行的状态监控平台，是实体数据中心运行状态最真实的数字化表达。

但目前DCIM系统的3D展示界面中依旧以示意为主，与实际数据中心的设备布置存在一定的差异；同时，各类系统在DCIM系统中实现了数据共享，但缺乏统一的信息模型，目前DCIM系统仍旧是监控系统生成数据的集成平台，没有关联详细的设备信息。

2. BIM技术

BIM技术在数据中心全生命周期应用，具备建筑物的三维可视化模型，建筑物及各类机电设备的基础信息均保存在模型中，是数据中心基础设施状态的稳定准确模型，是数据中心在数字空间中最准确的形象描述。

但BIM系统仍然以静态模型为主，与现场数据的关联程度低，无法实时表现数据中心实际运行状态。

3. DCIM系统与BIM技术结合

DCIM系统是数据中心基础设施动态数据的集合，而BIM则是数据中心基础设施静态数据的集合。通过将DCIM系统与BIM技术结合起来，可以在数据中心准确模型的基础上提供动态运行数据，实现模型与现实的实时对应，为运维人员提供更加可用、可靠、可信、可视的模型，使得在监控中心内可以准确地了解数据中心内各类设备准确的运行状态。

从而，可以构建融合DCIM与BIM的数据中心，在数字空间内最大程度地仿真现实数据中心的各类运行状态。根据DCIM系统采集的各类数据，在BIM实现展示、模拟，即实现了数字孪生数据中心的基本形态，在此基础上随着运维过程可以逐步在平台上完善相应的应用功能，进一步实现数据中心运行状态的仿真、预测。

11.4.2 DCIM 系统与 BIM 系统结合方式

DCIM 系统与 BIM 系统均是庞大的系统，二者的结合需要深入的技术论证，本节展望二者结合的方案。

1. 轻量化 BIM 模型嵌入 DCIM 系统

BIM 模型包含了大量的建筑信息，导致 BIM 模型的规模庞大，对运行环境的计算处理能力、图形处理能力的要求均非常高。但对于数据中心投产后的运维人员来说，BIM 模型中很多数据是不敏感的，通过轻量化的手段裁剪 BIM 模型大小，降低展示、调用模型时对计算能力的要求是很有必要的。

结合以上需求，将 BIM 模型轻量化得到一个与真实场景最为接近的三维模型，按需保留 BIM 模型中的必要信息并提供到 DCIM 系统的云平台中，将各类设备的监控数据与三维模型中的对应设备、信息绑定，就可以得到一个三维场景的 DCIM 展示界面同时实现监控数据与数字空间设备信息的关联，具备数据中心的基本数字化需求。

这种方式的缺点在于 BIM 模型轻量化后不具备原生 BIM 模型的修改能力，是一种有损的模型传递。在后期数据中心发生较大调整需要维护 BIM 模型时，模型的变化不会直接反映到 DCIM 系统中，需要重新轻量化 BIM 模型、关联模型中设备与 DCIM 监控数据。

2. 构建基于 BIM 平台的基础设施管理系统

这种模式是一种深度融合的方案，即将 BIM 平台与 DCIM 系统平台统一构建为一个系统，即基于 BIM 技术构建的基础设施管理系统平台。

该系统平台自身直接具备 BIM 模型编辑能力，掌握全量化的 BIM 模型。同时将各类监控系统的数据直接接入平台，在 BIM 模型编辑过程中并构建其联动、管理逻辑，实现设备的数字化信息模型与采集数据全过程关联。

这种方式不需要对 BIM 模型轻量化，在展示过程中通过平台的计算处理，为运维人员定制显示相关信息。由于利用同一平台实现 BIM 模型编辑与数据采集，可以保障在运维过程中与实际数据中心运行状态更高的一致性。

目前 DCIM 技术已经相对成熟，但不同技术流派之间的发展、特长也有所差异；BIM 技术尚处于设计应用为主的阶段，后续的功能开发也不完善。针对二者相结合的技术，需要解决大量软件开发问题，目前尚不具备实施条件。

3. 趋势分析

针对以上两种 DCIM 与 BIM 结合的模式，进行对比，详见表 11-3。

表 11-3　DCIM 与 BIM 技术结合方案比较

系统分类	优势	缺点
轻量化 BIM 模型嵌入 DCIM 系统	1. 对计算平台要求低，易于使用； 2. 对既有 DCIM 系统调整小，便于实施	1. BIM 模型调整需要重新轻量化、绑定； 2. BIM 仅作为准确的三维模型使用
构建基于 BIM 平台的基础设施管理系统	1. 全生命周期的 BIM 模型，随着维护监控管理平台也同步变化； 2. 拥有全部信息数据，具备开发更多功能的基础	1. 对计算平台要求高，成本高； 2. 需要基于 BIM 平台重新开发 DCIM 系统，难度大

可以看出，由于技术、对计算能力需求、系统现状等原因，在初期应用中采用轻量化 BIM 模型嵌入 DCIM 系统是具备可行性的方案。随着技术的成熟与发展，开发一套基于 BIM 技术的基础设施管理系统平台，将是实现 DCIM 与 BIM 融合的最佳手段。

第12章 BIM 技术应用

建筑信息模型(building information modeling,BIM)技术可以在数据中心全生命周期应用,涵盖工程设计、施工建造、运维管理多个阶段。在设计、建造阶段主要可以提供三维协同设计平台及可视化施工指导等功能,BIM 模型作为数字化资产移交运营单位更是提供了建设阶段的全过程数据,具备非常广泛的数字化、智能化应用前景。

12.1 BIM 基础知识

BIM 技术在建筑领域已经较为广泛地应用,本节对 BIM 技术的基本概念、BIM 应用优势及 BIM 协同工作等基础知识进行介绍,便于读者快速了解 BIM 系统的特点,进一步理解高速铁路数据中心 BIM 技术应用的必要性与优势。

12.1.1 BIM 技术的基本概念

BIM 技术是一种应用于工程设计、施工建造、运维管理中的数据化工具,基于 BIM 可以进行可视化、工程分析、碰撞检查、规范核查、造价预估算、编制竣工图、施工模拟和数据传递等。BIM 技术是一种多维(三维空间、四维时间、五维成本、N 维多应用)模型信息集成技术,可以使建设项目的所有参与方(包括政府主管部门、业主、设计、施工、监理、造价、运营管理、项目用户等)在项目从概念产生到完全拆除的整个生命周期内都能够在模型中操作信息和在信息中操作模型,从而从根本上改变从业人员依靠符号文字形式图样进行项目建设和运营管理的工作方式,实现在建设项目全生命周期内提高工作效率和质量,减少错误和风险的目标。

BIM 是以三维数字技术为基础,集成了建筑工程项目各种相关信息的工程数据模型,是对工程项目设施实体与功能特性的数字化表达;BIM 是一个完善的信息模型,能够连接建筑项目生命期不同阶段的数据、过程和资源,是对工程对象的完整描述,提供可自动计算、查询、组合拆分的实时工程数据,可被建设项目各参与方普遍使用;BIM 具有单一工程数据源,可解决分布式、异构工程数据之间的一致性和全局共享问题,支持建设项目生命期中动态的工程信息创建、管理和共享,是项目实时的共享数据平台。

BIM 技术的定义包含了四个方面的内容：

(1)BIM 是一个建筑设施物理和功能特性的数字表达，是工程项目设施实体和功能特性的完整描述。它基于三维几何数据模型，集成了建筑设施其他相关物理信息、功能要求和性能要求等参数化信息，并通过开放式标准实现信息的互用。

(2)BIM 是一个共享的知识资源，实现建筑全生命周期信息共享。基于这个共享的数字模型，工程的规划、设计、施工、运维各个阶段的相关人员都能从中获取他们所需的数据，这些数据是连续、即时、可靠、一致的，为该建筑从概念到拆除的全生命周期中所有工作和决策提供可靠依据。

(3)BIM 是一种应用于设计、建造、运营的数字化管理方法和协同工作过程。这种方法支持建筑工程的集成管理环境，可以使建筑工程在其整个进程中显著提高效率和大量减少风险。

(4)BIM 也是一种信息化技术，它的应用需要信息化软件支撑。在项目的不同阶段，不同利益相关方通过 BIM 软件在 BIM 模型中提取、应用、更新相关信息，并将修改后的信息赋予 BIM 模型，支持和反映各自职责的协同作业，以提高设计、建造和运行的效率和水平。

12. 1. 2　BIM 应用优势

CAD 技术将建筑师、工程师们从手工绘图推向计算机辅助制图，实现了工程设计领域的第一次信息革命。但是此信息技术对产业链的支撑作用是断点的，各个领域和环节之间没有关联，从整个产业整体来看，信息化的综合应用明显不足。BIM 是一种技术、一种方法、一种过程，它既包括建筑物全生命周期的信息模型，同时又包括建筑工程管理行为的模型，它将两者进行完美的结合来实现集成管理。BIM 在工程实施的各个阶段都具有应用优势：

1. BIM 在规划、设计阶段的应用优势

BIM 在项目规划阶段的应用是否能够帮助业主把握好产品和市场之间的关系是项目规划阶段至关重要的一点，BIM 则恰好能够为项目各方在项目策划阶段做出使市场收益最大化的工作。同时在规划阶段，BIM 技术对于建设项目在技术和经济上可行性论证提供了帮助，提高了论证结果的准确性和可靠性。在项目规划阶段，业主需要确定出建设项目方案是否既具有技术与经济可行性又能满足类型、质量、功能等要求。但是，只有花费大量的时间、金钱与精力，才能得到可靠性高的论证结果。BIM 技术可以为广大业主提供概要模型，针对建设项目方案进行分析、模拟，从而为整个项目的建设降低成本、缩短工期并提高质量。

与传统 CAD 时代相比，在建设项目设计阶段存在的诸如图纸冗繁、错误率高、变更频繁、协作沟通困难等缺点都将被 BIM 所解决，BIM 所带来的价值优势是巨大的。在项目的设计阶段，让工程设计从二维真正走向三维的正是 BIM 技术，对于工程设计方法而言这不得不说是一次重大变革。通过 BIM 技术的使用，建筑师们不再困惑于如何用传统的二维图

纸表达复杂的三维形态这一难题，深刻地对复杂三维形态的可实施性进行了拓展。而 BIM 的重要特性之一——可视化，使得设计师对于自己的设计思想既能够做到“所见即所得”，而且能够让业主捅破技术壁垒的“窗户纸”，随时了解到自己的投资可以收获什么样的成果。

2. BIM 在施工阶段的应用优势

正是由于 BIM 模型将反映完整的项目设计情况，因此 BIM 模型中构件模型可以与施工现场中的真实构件一一对应。可以通过 BIM 模型发现项目在施工现场中出现的“错、漏、碰、缺”的设计失误，从而达到提高设计质量，减少施工现场的变更，最终缩短工期、降低项目成本的预期目标。

对于传统 CAD 时代存在建设项目施工阶段的图纸可施工性低、施工质量不能保证、工期进度拖延、工作效率低等劣势，BIM 技术针对这些缺陷体现出了巨大的价值优势：施工前改正设计错误与漏洞；4D 施工模拟、优化施工方案；使精益化施工成为可能。

在项目的施工阶段，施工单位通过对 BIM 建模和进度计划的数据集成，实现了 BIM 在时间维度基础上的 4D 应用。正因为 BIM 技术 4D 应用的实施，施工单位既能按天、周、月看到项目的施工进度，又可以根据现场实时状况进行实时调整，在对不同的施工方案进行优劣对比分析后得到最优的施工方案；同时也可以对项目的重难点部分按时、分，甚至精确到秒进行可建性模拟，例如对土建工程的施工顺序、材料的运输堆放安排、建筑机械的行进路线和操作空间、设备管线的安装顺序等施工

3. BIM 在运维阶段的应用优势

BIM 在建筑工程项目的运营阶段也起到非常重要的作用。建设项目中所有系统的信息对于业主实时掌握建筑物的使用情况，及时有效地对建筑物进行维修、管理起着至关重要的作用。那么是否有能够将建设项目中所有系统的信息提供给业主的平台呢？BIM 的参数模型给出了明确的答案。在 BIM 参数模型中，项目施工阶段做出的修改将全部实时更新并形成最终的 BIM 竣工模型，该竣工模型将作为各种设备管理的数据库为系统的维护提供依据。建筑物的结构设施（如墙、楼板、屋顶等）和设备设施（如设备、管道等）在建筑物使用寿命期间，都需要不断得到维护。BIM 模型则恰恰可以充分发挥数据记录和空间定位的优势，通过结合运营维护管理系统，制定合理的维护计划，依次分配专人做专项维护工作，从而使建筑物在使用过程中出现突发状况的概率大为降低。

12.1.3 BIM 协同工作

BIM 协同工作通过 BIM 平台与各个业务系统的集成应用，从而提高各参与方协调一致完成项目目标的过程和能力。以铁路工程的 BIM 协同涉及为例，铁路工程涉及测绘、地质、线路、站场、桥梁、隧道、轨道、工程经济、牵引变电、电力、接触网、通信、信号、信息、环保、给排水、机务车辆等多个专业领域，在设计工作中既有固定顺序的跨专业信息传递，也有复杂

的多专业联合迭代趋优。需要综合考虑设计中结构化和非结构化数据无障碍交换、可视化环境下跨专业参考和结构间约束驱动、基于铁路 BIM 标准的数据存储和交付等要求。协同工作利用统一设计平台，内置 BIM 设计标准，扩展铁路工程通用及专业设计功能，实现数据同源、骨架驱动的多专业协同 BIM 设计。

协同机制可以从以下两个方面进行理解：

(1)根据协同深度进行划分，可分为文件级协同和构件级协同。文件级协同是指不同参与主体分别设计不同的文件，按照文件进行任务管理、权限控制和质量审核的一种设计方式，文件之间可以相互参考引用，但不同文件中的构件、几何和特征之间无关联约束关系；构件级协同是指各参与主体在统一的数据环境中设计各自负责的模型构件，按照构件进行任务管理、权限控制和质量审核，构件之间可以存在关联约束关系。

(2)根据协同时机进行划分，可分为结果协同和过程协同。结果协同是指在各参与主体完成设计之后，将设计成果进行集成，通过检查再调整保证设计整体性的一种协同方式；过程协同是指设计过程中，不断地交换信息，各主体的设计之间存在关联引用关系，把单个参与主体的设计行为放置于系统整体层面进行考虑，设计成果随设计进展自动集成的一种协同方式。

12.2　BIM 技术在高速铁路数据中心中的应用

本节结合 BIM 技术优势，分析 BIM 在高速铁路数据中心的应用，按照 BIM 在高速铁路的应用需求与数据中心设计阶段 BIM 应用点、施工阶段 BIM 应用点、运维阶段 BIM 应用点分别进行介绍。

12.2.1　BIM 在高铁数据中心的应用需求

1. 项目管理需求

铁路行业投资巨大，如何既保证质量又能节省投资是建设方对于项目管理最大的需求。BIM 技术由于本身的信息化、参数化、协同性及协调性、关联性、可持续设计、可视化、成本控制等特点，可以帮助建设方更好地掌控项目的发展，降低项目风险，为业主节约较大的投资成本。

铁路数据机房是铁路建设中涉及多专业、高要求的工点之一，参与的专业包括建筑、结构、暖通、给排水、通信、信息、电力等。在项目管理过程中如何利用 BIM 技术优化施工组织设计，实现项目管理信息化，从而使得各专业之间的施工进度协调统一是建设方的另一大需求。

2. 可视化展示需求

可视化是 BIM 模型最直观的特征。

对于建设方来说，BIM 技术的可视化展示可以更加直观地管理整个项目，通过 BIM 模型随时了解建设工程状态，实现对工程质量安全动态监管。

对于设计方来说，需要通过 BIM 技术的可视化展示随时了解自己的设计，加深对建筑设计的理解，而且设计师直观感受设计成果，从而在比选中优化方案，完善设计。

对于施工方来说，可视化更是一种可以直观了解整个项目的设计意图，实现虚拟施工的手段。施工人员需要通过 BIM 技术的可视化展示完成对设计图纸的解读，从而更快速、准确地完成施工组织方案。对于复杂工点的一线施工人员，BIM 可视化技术可帮助其清晰地了解施工质量及工艺的控制难点和施工过程中的安全风险点，模拟现场实物情况来指导现场的安装，完善施工工艺，提高施工质量，保证生产效率。

对于运维方来说，BIM 技术的可视化展示可以使得运维方对整个站房工程进行全面、系统的了解，从而可以更科学、专业、高效地进行设施、设备的运维管理。

3. 精品化设计需求

对于铁路数据中心而言，参与设计的多个专业之间的信息沟通不及时、不顺畅，专业接口繁杂，资源调配不协调，进度难以把控等多方面因素导致设计效率较低，导致出现大量的返工或变更。BIM 技术就需要满足设计人员的精品化设计需求。主要有以下几点：

(1)精确设计与方案优化。传统二维设计通常设计方式粗犷，而大型数据中心又易存在设计死角，因此需要借助 BIM 技术辅助相关专业精确设计、完善内容。

(2)提高协同设计质量与效率。与一般民建相比，铁路数据中心设计包含的专业繁多，因此需要各专业在 BIM 平台上协同设计，提高设计质量与沟通效率，避免资源浪费。

(3)交付与展示多样化。二维图纸与交底文件是传统设计模式的交付内容，但对于复杂空间容易出现交付不清的状况，使用 BIM 技术可以实现在图纸及交底文件中以三维方式表达交付难点，此外可结合 VR 技术直观展示功能空间、立面造型等以供快速决策。

(4)利用 BIM 技术进行专项设计。专项设计可以在设计 BIM 模型的基础上进行深化加工，建立系统节点模型，对复杂系统节点进行分析，结合设计需求和标准规范，对重要节点进行优化，选择最优方案。

与此同时，对于高铁数据中心来说，综合管线排布是很大的技术难题，通过 BIM 技术可以实现管线的排布及吊顶高度的优化等需求。

4. 智能建造需求

施工单位作为高铁数据中心建设中重要的参建单位，如何实现智能建造现在已经是很多施工方在考虑的重要问题。BIM 技术可以满足施工单位很多方面的需求。

通过 BIM 技术的关联数据库，运用模型可以快速、准确统计出各阶段的工料用量。将项目工期进度计划、物资材料总控计划、季(月)度材料计划、总工程数量清单等信息与BIM施工模型相链接,形成一个可视的4D(3D+Time)模型,直观、动态地反映整个施工过程。施工管理人员可以将项目人力、物资材料、机械设备的实际投入与项目工期目标相结合,有效节约工程成本。

对于复杂构件以及复杂区域关键性节点等部分可以通过BIM模型的建立全方位360°去观察、实施,从而避免了工期的延误以及施工过程中导致的错误。

减少施工误差。相比于设计阶段,施工过程中的重难点直接影响工程质量、进度、造价,BIM技术在施工过程中可以起到积极作用,包括预制构件的生产与拼装,施工进度模拟,施工构件定位等。

5. 智能化运维需求

现代铁路大型客站是铁路建设的一大特点,其体量巨大,功能复杂,其设备系统涉及众多的专业领域,建设运营管理的水平直接影响到旅客的出行质量。

在铁路站房的运维管理中,传统的管理方式存在无法在电脑端展示设备的三维真实状况、无法实现多专业的集成展示等缺陷。而通过结合运维工作开展的实际情况,BIM技术可以在建筑运维空间管理、数据管理和质量管理方面得到应用,满足提升运维管理工作质量的需求。

另外,建立BIM运营维护管理系统,实现数据资料管理、维修养护管理、设备资产管理、应急安全管理、商业空间开发管理和决策分析功能,为铁路站房提供现代化的管理模式。

6. "BIM+"技术应用需求

BIM技术由于其信息化的特点,可以满足建设、设计、施工、运维各方实现不同的应用需求。而仍有很多需求是单独靠BIM技术实现不了的,可以将其与现代科技其他的先进技术结合起来以实现多方位的需求。

BIM+GIS技术。在施工之前可以先建立具有测绘功能的GIS模型;在地形模型的基础上结合电子版场地布置图建立对应的场布BIM模型,通过综合场布的可视化模拟,直观地反映施工现场情况,合理规划施工用地、保证现场运输道路畅通、方便施工人员作业,有效避免二次搬运,大大提高了施工效率。同时可以实现现场合理布局,增强绿色施工、节能减排的理念。

BIM+VR/AR技术。VR技术是更直观展示建筑物的一种方式,可以将BIM模型进行虚拟环境(VR)处理和部署,利用模型生成铁路站房的三维虚拟环境,让观察者即时、没有限制地观察站房建成后的三维空间事物。

BIM+倾斜摄影+Fuzor技术。对于铁路车站BIM模型展示,主要为对车站周围场景、景观的关系以及车站内部流线的展示。这就需要将BIM模型与周围环境结合起来并且对BIM模型内部进行漫游展示。倾斜摄影可以将周围地形、场景及景观展示出来,Fuzor

可以对 BIM 模型内部进行一定的漫游和环视等操作来展示模型。这样将三个技术结合起来就可以满足全方位的展示铁路车站的需求。

12.2.2　数据中心 BIM 全生命周期应用点

12.2.2.1　设计阶段 BIM 应用点

1. BIM 模型构建

常用的 BIM 建模软件主要包括 Autodesk 公司的 Revit 系列软件、Dassult 公司的 CATIA 建模软件和 Bentley 公司的 MicorStation 系列软件。不同软件的侧重点及优、劣势各有不同：

(1)Revit 系列软件。软件有建筑结构、暖通给排水、电气等多个功能模块，其优点是对建筑相关模型构建的适应性强、功能丰富，软件操作相对简单，三维模型展示和二维出图都较为便捷；主要缺点是软件对硬件配置要求较高，对于超大数据的支持不够理想。

(2)CATIA 系列软件。软件具备强大的曲面建模和参数化驱动能力，在航空和汽车等领域得到广泛应用。软件的优点是参数化驱动、对超大数据支持好和结构分析功能强大；缺点是建模速度慢、建筑工程相关建模需借助二次开发提高效率、软件成本高和出图较为困难。

(3)MicorStation 系列软件。软件致力于基础设施、石油化工领域，专业性比较强，其优点是数据管理能力比较出色、数据接口统一；主要缺点是软件学习难度较大、应用成本高、数据格式与操作习惯与国内差别大、推广难度大。

(4)技术选择。对于高速铁路数据中心模型构建，由于其涉及建筑、机电等相关专业，考虑软件的适用性，Revit 针对建筑专业有大量的功能模块，建模效率较高、软件操作也符合建筑设计习惯；相比之下，CATIA 和 MicorStation 最初均不是应用于建筑领域，虽然其建模功能强大，能够满足建筑相关模型的建立需求，但需要进行一些功能模块的二次开发才能实现效率的提升，且在使用操作习惯上需要学习和适应，推广成本较高。因此，数据中心模型的构建选用 Revit 系列软件来实现。

2. 综合管线设计及出图

高速铁路数据中心由于建筑功能及空间错综复杂，机电系统的整体设计受空间条件限制，苛刻的净高要求对细部综合管线配合的精度要求也非常高。因此，在设计过程中，为满足不同阶段的设计配合需求，在机电设计应用需进行多层次应用。

(1)机电系统规划。为实现不同功能的联通，并满足公共空间、机房空间和大型设备运输空间等不同要求。在 BIM 模型中进行机电系统方案规划，规划确立设备通道，根据机房位置及主要跨区、跨层管线路由，通过软件进行净空分析，确定系统方案的可行性。

(2)三维综合设计及优化。管线综合优化主要是在遵循基本的排布原则和管线间距控制原则的前提下，针对项目特点，优化电缆、桥架、管道、风管的平面和立面上的排布和走向，同时综合协调管线之间以及与建筑、结构、设备间的空间位置关系，从而解决各构件的碰撞问题且尽可能地优化空间。传统管综大多是在设计结束后集中进行的，传统管线综合方式大多依靠各专业的平面管线布置图简单地叠加，再针对关键部位绘制局部的剖面图，处理管线路由与碰撞问题。项目团队实施"实时与阶段性节点三维 BIM 管线综合的原则"，依靠管线三维模型进行准确建模和定位，在设计过程中实时管综，随时发现问题随时调整设计，避免了传统设计流程中最后管综时有问题只能补救而无法优化的弊端，BIM 为更优化的设计提供了可能。

实际上，各专业通过 BIM 协同设计的方式，已经避免了二维方式下可能产生的大部分专业间碰撞的问题。同时，可在管线综合工作展开前，制定量化的管线综合基本控制原则、管线综合管线间距控制原则与 BIM 综合设计工作责任与协调机制，保证管线综合设计工作分阶段有序分责完成。

在项目设计过程中，借助 BIM 模型，管线综合设计意图有更多的表达方式。例如，使用更多的轴测图、剖透视图，创建更多明细表，更加清晰地将模型中的几何信息和非几何信息传递给业主及项目各参与方，实现深度设计数据共享。

①平面视图表达。管线综合平面图主要表现内容包括：建筑分区示意图，房间名称及标高，沿路由方向水管、风管、电缆桥架等主干管线的类型、规格、标高、定位尺寸。

②剖面视图表达。管线综合剖面图主要表现内容包括：剖面处轴网及标高，视图比例，剖切深度及范围，剖切处水管、风管、电缆桥架等主干管线名称、规格、标高、定位尺寸，管线图例等。

③轴测图视图表达。通过管线综合轴测视图方式表现多角度的建筑主体结构及机电专业三维设计内容，在轴侧图中将附带信息详细表示，为重点区域或设备间复杂管线排布和施工作技术指导。管线综合轴侧图表现内容涵盖透视视图方向，视图比例，进出管线名称、规格、标高，管线图例等。

综合和管线设计不仅涉及机电系统间的协同配合及避让调整，还包括与结构方案、装修方案的深度配合。通过模型校核查找冲突部位，进行了结构方案、装修方案、机电管线形式的配合调整。

(3)基于 BIM 模型的综合管线二维图纸生成。BIM 技术对于重难点空间协同设计及空间优化的作用非常显著，在二维图纸很难全面表达的隐蔽空间、复杂部位的配合设计过程中，利用 BIM 模型全面真实地表达建筑空间、结构构件与机电系统之间的空间关系，与多方设计师建立联系，进行设计方案的比选、推敲，形成最优化的综合协调方案，有效地提高了设计的质量和效率。例如，数据中心走廊有限空间内管线排布、各专业管线径路设计及机电系统组织方案都是依据 BIM 三维协同设计成果形成的最优设计方案。

在完成全专业 BIM 模型创建及碰撞检查、管线综合设计和优化工作后，基于修正后的各层全专业 BIM 模型，生成综合管线二维图纸，对重点空间，复杂部位的管线排布方案进行全面准确地表达，并配合三维视图保存在项目文件中，图纸经各专业复审核人员确认后作为二维图纸成果交付。

3. 精细化设计

在数据中心项目中存在大量复杂空间和隐蔽空间，依托 BIM 技术具有的精准尺寸、参数化驱动特点，整体协调各专业和交接关系，进行精细化设计及配合，在重点部位和隐蔽空间的设计过程中，采用 BIM 技术进行重点部位及复杂空间的设计方案的优化比二维 CAD 设计有着明显的优势，利用三维可视化模型，与多方设计师建立联系，可以发现大量隐藏在设计中的问题，有效提高各专业沟通配合的效率。

对重点空间、隐蔽部位等设计难度大的空间部位，采用 BIM 先行的正向设计方式，在三维环境中进行精细化协同配合，通过方案的比选、推敲，形成最优化的综合协调方案，有效地提高了设计的质量和效率。

依据 BIM 三维协同设计成果形成的最优设计方案，并以三维设计配合结果指导二维设计。

4. 碰撞检查及设计校验

利用 BIM 模型对二维图纸设计进行校核检查，同时对设计完成后各专业间的空间关系进行检查，以碰撞报告的形式将发现的问题反馈给设计人员，并利用模型沟通配合解决方案，设计人员对发现的问题及时更改，避免施工过程中重复返工，减少可能产生的不必要损失。

设计人员通过 BIM 设计模型达到精细化设计，利用全专业 BIM 协同化设计模式，发现并避免了大量传统二维设计模式下产生的错漏碰缺问题，且管线布置紧凑合理，为建筑空间效果优化创造了良好条件。

12. 2. 2. 2　施工阶段 BIM 应用点

1. 模型传递和配合流程

BIM 模型的有效传递及利用是设计及施工 BIM 衔接及应用的基础，将设计 BIM 成果提交建设单位，施工单位利用设计模型进行后续的施工 BIM 模型专项深化及相关应用，并利用模型进行施工配合协调及相关设计调整对接工作。

设计及施工方 BIM 团队共同建立和执行施工阶段的 BIM 模型深化及沟通配合流程，对施工过程中发生的设计变更或配合修改进行有效的记录，并将相关的图纸、文件与 BIM 模型相关联，保证 BIM 深化模型的时效性及准确性，并制定了相关的图纸及模型变更管理流程如图 12-1 所示。

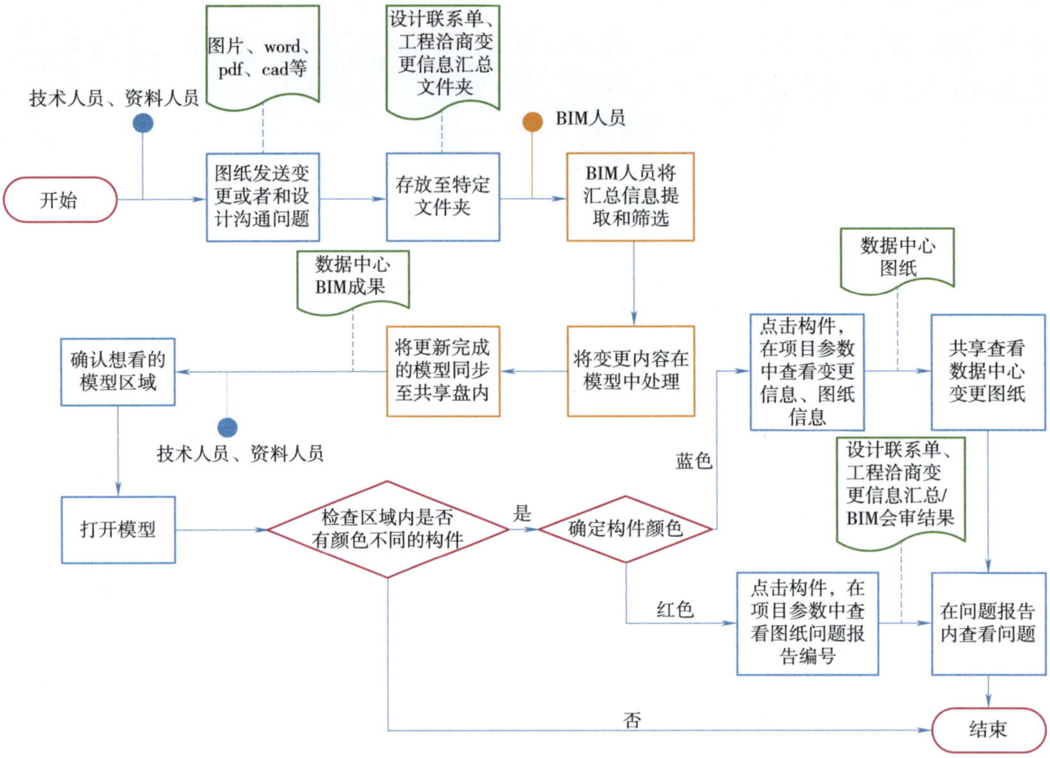

图 12-1 基于 BIM 的图纸及模型变更管理流程

2. 深化设计

深化设计是施工(配合)阶段设计与施工单位利用 BIM 技术进行协调配合的一项重要工作，在数据中心项目中，利用 BIM 技术可以进行混凝土结构深化、二次结构与砌筑工程深化、机电管线与设备机房深化、幕墙工程深化等多项深化设计工作。

(1)混凝土结构复杂节点深化设计。数据中心工程结构构件尺寸大，节点复杂，是工程中的重难点。利用 BIM 三维可视化的特性，开展混凝土结构复杂节点深化设计优化，帮助现场管理人员更加迅速地了解节点位置的施工难点和工艺做法。能够完成复杂节点深化设计建模，并出具相应的施工二维图，对深化完成的模型用于工程施工工艺对比及探讨、施工技术交底、施工模拟、碰撞检查、导出效果图、输出节点详图及节点验收等，通过三维可视化交底普及至施工现场，避免了在施工过程中发现问题致使现场窝工、返工。

(2)建筑墙体深化设计与排砖。砌筑墙体深化包含对圈梁、构造柱、水平系梁、地梁的模型建立，并结合轻量化引擎将深化结果以二维码形式张贴于施工图纸及施工部位，方便扫码查看深化模型。

在二次砌筑应用过程中，可依据 BIM 三维深化设计成果出具相应二维施工图，用于辅助现场施工，降低了现场二次开洞的成本，节约工期，保障施工的有序推进。开展砌筑墙体立面排砖应用，减少现场的材料浪费。基于 BIM 的砌筑协同工作流程如图 12-2 所示。

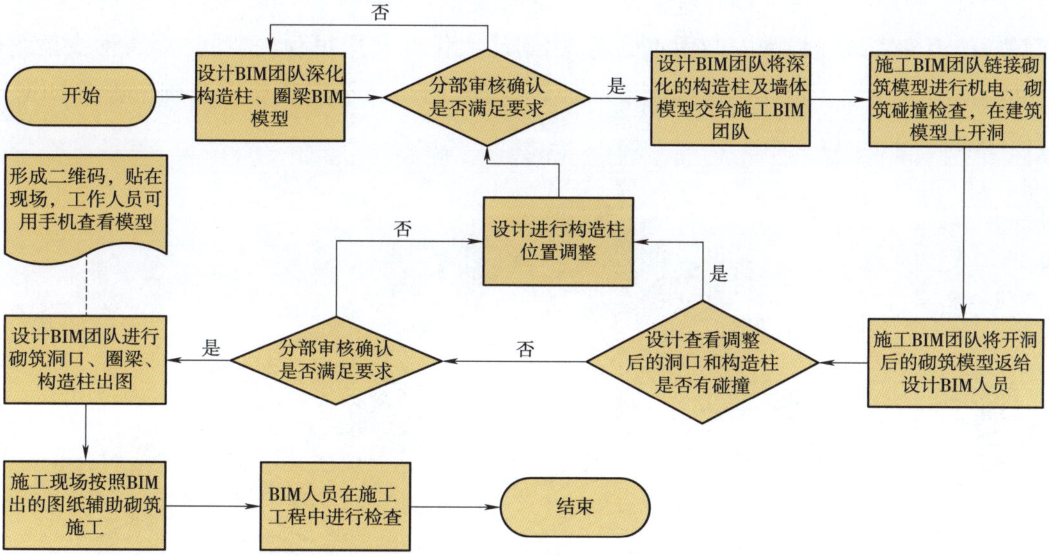

图 12-2　基于 BIM 的砌筑协同工作流程

(3)机电管线与设备机房深化设计。制定深化建模标准，细化管道排布间距清单，形成管综不同阶段标准。对数据中心的给排水、暖通、电气、信息等专业进行 LOD400 模型建立和管综排布，结合二次砌筑及装修方案，统筹规划机电管线位置及路由，出具指导施工现场的深化设计图纸及轻量化模型指导现场施工。同时开展深化管线综合支吊架，除考虑同专业管线集中外，也根据系统原理最大化优化管线路由，出具相应的综合支吊架图纸指导现场施工。机电 BIM 问题报告流程如图 12-3 所示。

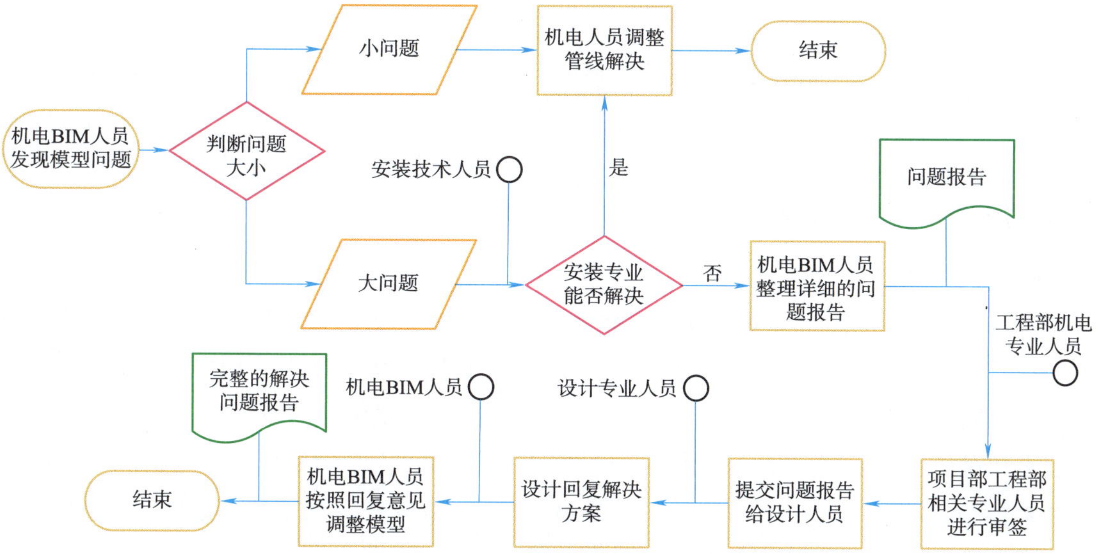

图 12-3　机电 BIM 问题报告流程

在考虑施工顺序、专业衔接和后期检修空间要求，直接基于 BIM 模型调整机电管线的空间位置，消除管线碰撞和安装困难问题，达到最大化地利用吊顶内空间、提高管线集约化水平的目的，避免设计错误传递到施工阶段，为机电的高水平安装奠定基础。基于 BIM 的综合管线排布如图 12-4 所示。

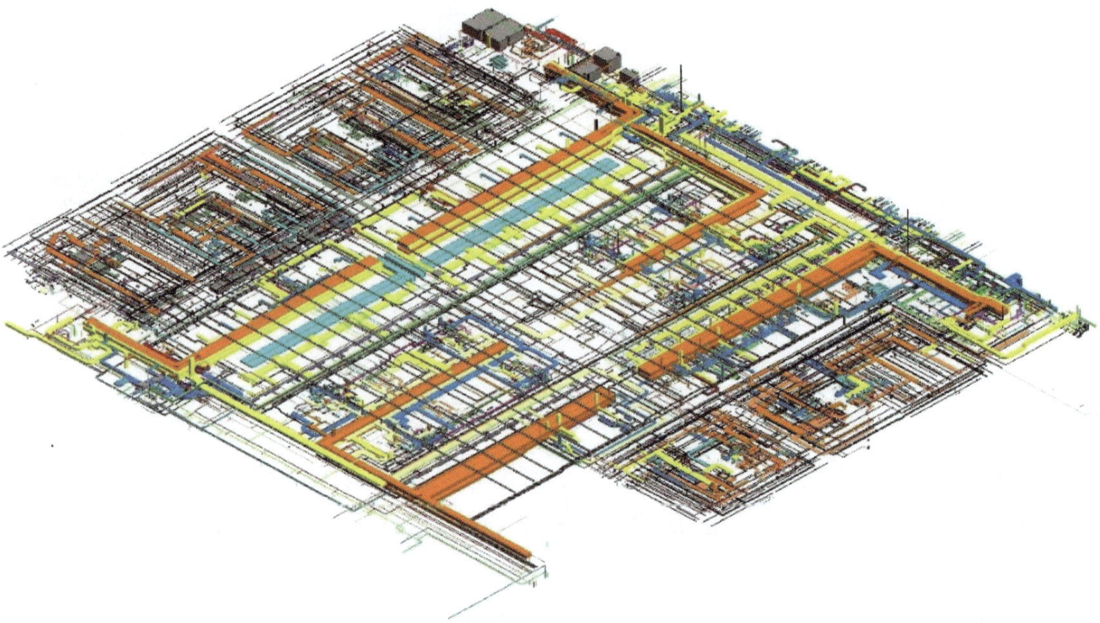

图 12-4　基于 BIM 的综合管线排布

(4)幕墙工程深化设计。在专项设计配合过程中，BIM 信息模型传递给专项设计团队进行深化设计，BIM 深化设计模型质量在一定程度上反映了整个项目工程的质量。

在建筑设计工作中，由于缺少对建筑幕墙的充分认识以及得力的工具，往往对幕墙的整体控制不够。可利用 BIM 软件优势，通过对幕墙的面板族和龙骨族的构建，利用 Revit 模型清晰了解到所有专业准确的条件信息，使设计方案从形式到构造的整体把控得到高度落实，提高了项目设计完成度。

3. 沟通配合

(1)基于 BIM 的图纸会审。利用在软件中开展虚拟建造的过程进行图纸会审，通过精细的全要素三维表达，找出实际施工中无法实现的问题，将会审问题与 BIM 模型挂接。

传统的图纸会审方式主要为单专业管理人员对本专业图纸的有限审查，受制于施工经验积累和对规范的了解程度，很难短时间汇总所有专业的图纸信息，图纸会审的时效性和准确性无法保证，更多问题遗留到实际施工中进行处理，造成资源和工期的浪费，质量也容易存在缺陷。将问题和缺陷的发现交给 BIM 软件去实现，管理人员专注于问题的处理，大大提高了图纸会审的精度和效率。

（2）基于 BIM 的方案模拟。基于 BIM 具有的可视化和可模拟特性，对数据中心范围内重点施工方案、关键施工工艺进行模拟仿真，对于节点的细部构造、空间位置和信息予以完整的模型展示，将施工操作规范与施工工艺融入施工作业模型中，进行复杂节点的施工模拟，并利用三维可视化的方案成果进行专家论证、评审，提前解决施工中发生的问题。

（3）基于 BIM 的三维可视化交底。数据中心质量目标要求高，主要施工内容为人员作业，为更好地将设计、施工要求传递给施工作业人员，在全部方案和技术交底 BIM 化的基础上，针对交底内容和过程实行基于 BIM 的三维可视化交底，包括使用 BIM 模型进行三维成果展示、关键事项提醒等，针对小的工艺制作小视频，将交底内容生成交底二维码，并在交底过程中，完成交底内容与作业工人的信息化平台绑定。

通过 BIM 的三维可视化交底，使得技术人员和分包作业人员更快速详尽地了解复杂区域的施工工艺，依据三维成果进行讨论沟通，节约了大量的时间，同时也避免了现场的窝工和返工。

4. 基于 BIM 的施工现场管理

（1）基于 BIM 的施工部署。依托 BIM 技术的三维可视化特点，建立工程附属场地、设备设施模型，所有现场施工内容和设施全部在 BIM 模型规划好后实施，检查措施设备以及场地对正式工程的影响关系，三维 BIM 模型上明确主要人流、物流等施工流线，理顺工程各主要施工阶段现场布局和衔接关系。利用 BIM 模型对多专业交叉施工点进行施工优化部署，为项目部节约大量工期，使施工组织更加合理有序。

（2）施工模拟。将施工操作规范与施工工艺融入施工作业模型中，进行复杂节点的施工模拟，出具相应的模拟动画或图片。通过方案模拟优化施工工艺，避免窝工和返工，提高施工质量，实现工程的虚拟建造。

5. BIM＋技术应用

（1）装配式机房深化设计。数据中心机房和主要管线中可应用基于 BIM 预制装配式施工技术。建立所有管线的 LOD400 深化模型，将模型的管道分段，与管道、风管等自动加工设备数据接口打通，实现主要机电管线、全部机房管线的工厂内后台预制化加工，运送至施工场地进行现场安装。可以有效减少现场的切割、焊接作业，提升绿色、文明施工水平，保证安装质量，降低施工风险，为工程节约成本，节省工期。

（2）基于 BIM＋倾斜摄影的多维施工应用管理。基于无人机的倾斜摄影建模技术可以将大区域空间范围实体快速生成实景模型，实景模型也可通过软件转换成 BIM 模型，实现物理世界的准确数字化特性，基于实景模型的应用可拓展至工程规划、施工组织优化等方面，鉴于以上倾斜摄影的技术优点和其与 BIM 模型之间数据打通的功能，数据中心周边范围内利用无人机倾斜摄影建模技术建立实景模型，将数据中心建立的 BIM 模型与实景模型融合拼接，来检验空间虚拟规划与现实世界的影响关系。

12.2.2.3 运维阶段 BIM 应用点

1. 资产管理

在施工深化后提供的基于 BIM 技术竣工模型的基础上，对模型进行充实和完善，建立运维管理系统，将模型相关属性信息与运维管理系统进行整合，实现资产信息共享，可以实现对资产的高效管理。

2. 空间管理

管理人员可以应用 BIM 合理安排建筑物的空间，管理空间变更需求，并计算相关成本。

3. 公共安全管理

应用 BIM 的数字信息仿真模拟功能，进行防灾计划和灾害应急模拟，提高公众的安全意识。突发事件发生时，应用 BIM 统计人流量、车流量，以便管理人员统筹安排预警系统，科学制定应急方案。

4. 设施管理

BIM 技术能够提供关于建筑项目协调一致并且可计算的信息，因此信息非常值得共享和重复使用，运维单位可降低由于缺乏互操作性而导致的成本损失，此外还可对重要设备进行远程控制。把原来数据中心独立运行的各设备通过 RFID 等技术汇总到统一平台进行管理和控制。通过远程控制，可重复了解设备的运行状况，为运维人员更好进行运维管理提供良好条件。

5. 节能减排管理

通过 BIM 结合物联网技术，使得日常能源管理监控变得更加方便。通过安装具有传感功能的电表、水表、燃气表等，可实现建筑能耗数据的实时采集、传输、初步分析、定时定点上传等基本功能，并具有较强的扩展性。系统还可以实现室内温湿度的远程监测，分析房间内的实时温湿度变化，配合节能运行管理。在管理系统中可及时收集所有能源信息，并通过开发的能源管理功能模块对能源消耗情况进行自动统计分析，并对异常能源使用情况进行警告和标识。

12.3 BIM十物联网应用展望

铁路行业云规划采用云边协同的架构，采用虚拟化技术构建计算资源、存储资源、网络资源池作为信息基础设施，并按照云计算模式统一管理，实现跨数据中心业务应用的统一灵活部署与调整。届时数据中心将采用国铁集团、铁路局及边缘处理中心的多级架构，考虑到数据中心内设置的信息系统设备数量繁多，分散后管理难度很大，在既有 DCIM 系统上能力提升的主要需求体现在以下 3 个方面：

(1)铁路数据中心中海量设备相关数据的全生命周期数据的信息化、智能化管理。

(2)在规划设计、施工建造、系统部署、运营维护各个阶段设备数据的实时更新、及时同步。

(3)数据中心基础设施的三维可视及设备精准定位，实现数据共享，为业务部署及调整提供全方位的量化评估与辅助决策支持。

将这些能力与 DCIM 系统本身的运行状态监控、分析相结合，有助于提升铁路数据中心基础设施的全面管理及智能运维能力。

应用 BIM 模型三维可视化、具备完整数据信息的特点，在数据中心规划设计、施工建造、运营维护全生命周期的流程应用 BIM 模型，同时对 BIM 模型进行实时更新及完善。基于 BIM＋物联网交互形成建筑设备的数字孪生体，设备数字孪生体与实体进行虚实空间的结合，可以在 BIM、物联网独立实现功能基础上，在建筑设备的建设期、运营期实现更加复杂、智能的功能。

12.3.1 BIM 模型构建

铁路应用的 BIM 建模软件包括 Revit、CATIA、Bentley 等，考虑数据中心主要针对建筑物及内部设备进行建模，选用 Revit 作为基础建模软件。利用 C＃语言借助 Revit API(应用程序接口)进行二次开发，实现数字化建模能力。首先对数据中心基础设施的关键机电及信息设备进行梳理，为灵活创建、调整和使用，采用可载入族的形式，利用参数化建模方式构建数据中心的 Revit 族库，构建的族库如图 12-5 所示。

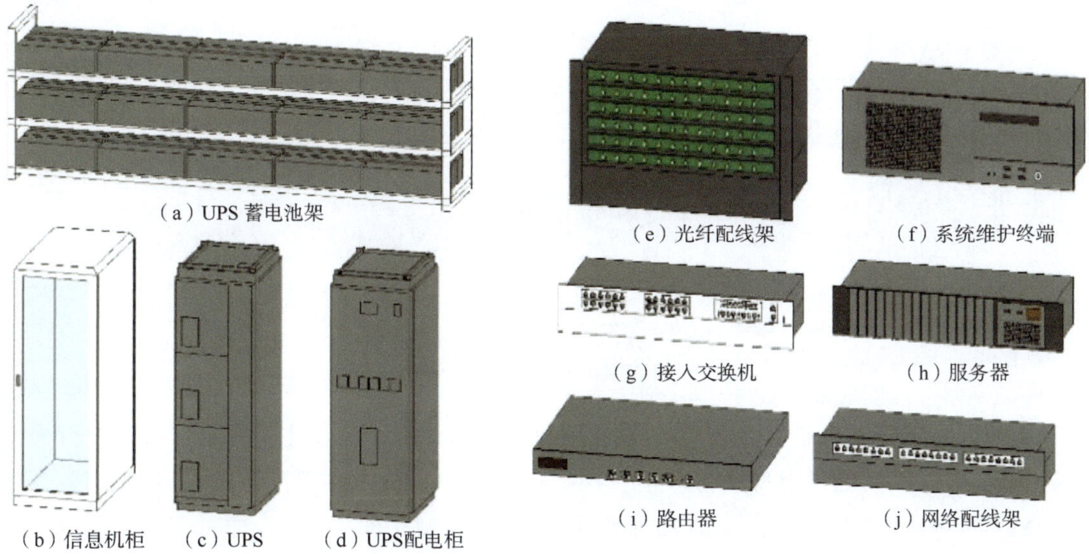

图 12-5 数据中心设备 Revit 族库

根据数据中心设计经验，研发 BIM 模型构建整体流程如图 12-6 所示。利用 Load Family 和 New Family Instance 等 Revit API 方法，开发数据中心环境构成、数据中心机柜布置、机柜内设备布置 3 个数字化建模模块，在输入参数后可以自动快速完成 BIM 模型构建及设备布置。在整体流程中每个模块之间设置检查复核及人工修正功能，满足自动化建模暂时无法体现的异形机房、特殊需求等情况下的精准建模需求。其中，在构建模型过程利用 Revit API 的 Add Parameter 方法每一个设备构件增加参数及唯一标识 Global Guid，并利用 DataGridView 控件将这些数据进行存储。

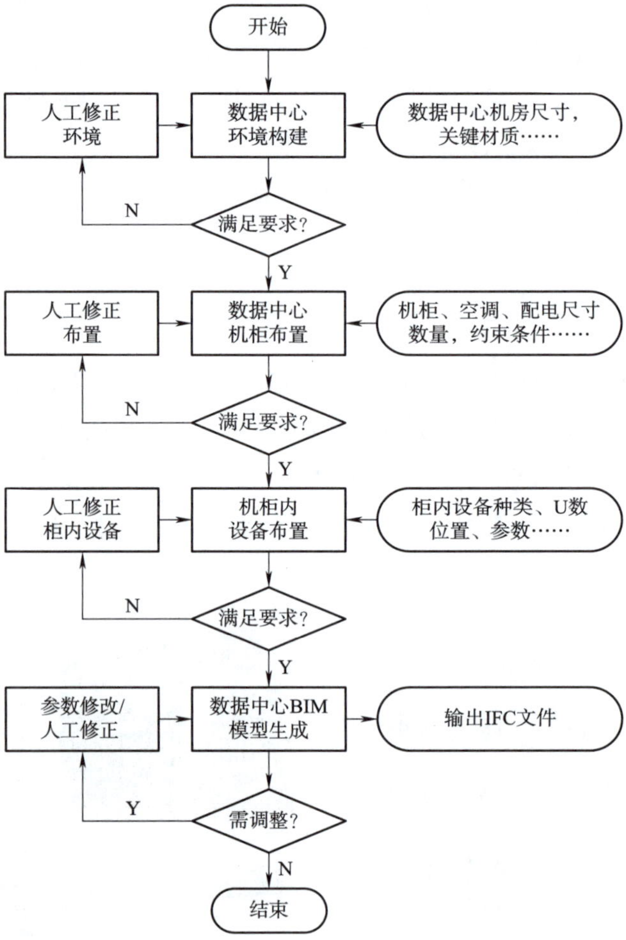

图 12-6 数据中心 BIM 模型构建流程

设置对生成数据中心 BIM 模型进行调整的功能模块，可以通过对模型的参数进行修改自动调整，也可以人工对模型进行修正。在确定数据中心整体模型符合需求后，利用数据中心 BIM 模型生成模块以 IFC(工业基础类)格式输出模型文件。

12.3.2 BIM 模型应用

IFC 是当前 BIM 技术中广泛认可的模型数据交换与共享标准，但由于 IFC 模型信息含量多，不利于文件的传输及浏览器端渲染，需要结合可视化、数据拆分存储实现进行转化及处理。

BIM 模型应用技术框架如图 12-7 所示。

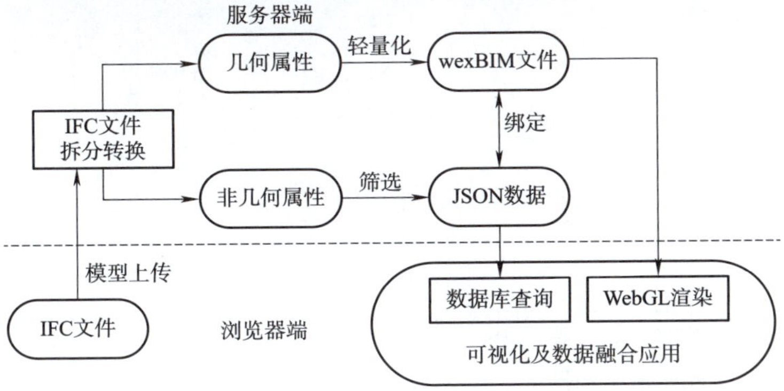

图 12-7　BIM 模型应用技术架构

(1)可视化应用。WebGL 具备不需浏览器插件支持、可利用显卡硬件实现三维图形渲染、开源可用等优势，是一种 B/S 架构实现 BIM 模型可视化的主流渲染技术，应用中需要将 IFC 文件转换为支持 WebGL 渲染的格式。

对开源社区项目 Xbim 组织发布的 xBIM Essentials 和 xBIM Geometry 开源组件进行二次开发，在服务器端对 IFC 文件进行解析，通过遮挡剔除、相似合并、参数化转片面和三角面等几何数据处理过程后，自动生成支持 WebGL 渲染的 wexBIM 文件。并在浏览器端通过 Layui 框架、xBIM WebUI 框架实现网页端对模型的渲染，模型缩放、旋转、漫游等可视化及基本操作功能。

(2)数据拆分存储。为了提高效率、充分利用数据，将 IFC 文件里的属性数据与几何模型数据进行拆分，将数据存入数据库中，直接通过数据库访问模型附加属性数据，可以获得高 I/O 性能的数据访问能力。

IFC 属性数据量庞大，需要在服务器端重新组织 IFC 构件的属性数据，为每个构件生成一条 JSON 格式数据描述存储在服务器数据库，优化数据存储量，提高索引速度。将 JSON 数据与构件的唯一标识 Global Guid 绑定，可以实现数模分离后的属性关联。

在浏览器端访问构件模型时，根据 Global Guid 直接匹配该构建的 JSON 数据。

12.3.3 物联网融合接入

RFID 是具备读取范围广、不易污损、不依赖光照的物联网技术，将 RFID 标签作为数据中心设备的唯一特征标识，与数据库中虚拟构件的 Global Guid 关联，可实现实体设备与数字孪生体设备的信息化统一管理，技术架构如图 12-8 所示。

在 BIM 模型构建的初期导出设备模型清单，通过 API 接口将数据与 RFID 系统数据关联，在设备的初始状态实现关联绑定。RFID 系统综合应用管理终端及现场手持终端，在设备计划、采购、安装、调试、运营维护等各个环节将新增数据录入系统。BIM 模型应用中利用 API 接口，根据构件 Global Guid 获取实际设备在 RFID 系统中的数据，将需要的数据补充到 JSON 数据中。

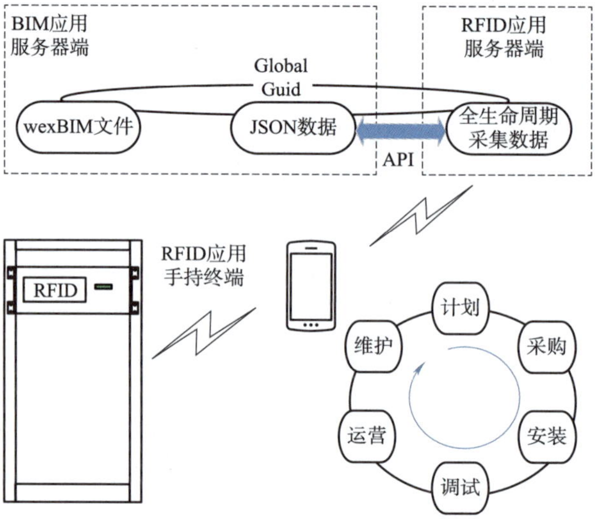

图 12-8 物联网融合技术架构

12.3.4 基于 BIM+物联网的全生命周期应用

12.3.4.1 系统应用特点

融合 BIM 应用、物联网建筑设备管控的系统具有以下应用优势及特点。

1. 平台功能

通过深度融合为 BIM 应用、物联网建筑设备管控应用提供统一的登录界面、数据存储及展示方式，基于三维可视化平台提供相关应用开发能力，实现建设、运营阶段的统一数据及统一视图。

2. 设备管控相关应用功能

通过基础功能开发测试，可以将 BIM 模型设备清单直接推送至物联网设备管控系统，设备管控系统根据主要设备清单进入采购流程。同时物联网设备管控系统利用 RFID、二维码等手段绑定实际设备，现场手持终端在采购、出入库、安装等各个环节录入物资状态。BIM 应用系统利用物联网设备管控系统数据接口，根据模型 ID 获取实际设备的采购、生产、出入库、安装的状态信息，直观在 BIM 模型中展现，同时可根据不同状态标记不同颜色直观展示整体工程进度。

3. 设备信息查询相关应用功能

基于三维可视化平台，可以为相关人员提供建筑设备的全量数据，可以进行基于时间线的统一展示，并索引展示设备关键信息及文档信息。

4. 设备定位识别功能

基于三维可视化平台及数据库内的数据，可以根据 RFID 标签扫描、数据索引多种方式在数字孪生体体现各类设备的详细信息，为现场人员提供便利查询能力，可以开放与相关系统的接口。

通过充分利用以上优势能力，可以在建设期、运营期通过进一步功能开发实现各类应用功能，引入先进信息技术与既有建设管理、运维管理融合更可以实现智能化管控能力。

12.3.4.2 建设期应用

BIM 模型设备清单可直接推送至物资管理系统，物资管理系统根据主要设备清单进入采购流程。同时物资管理系统利用 RFID、二维码等手段绑定实际设备，现场手持终端在采购、出入库、安装等各个环节录入物资状态。BIM 系统利用物资系统数据接口，根据模型 ID 获取实际设备的采购、生产、出入库、安装的状态信息，直观在 BIM 模型中展现，同时可根据不同状态标记不同颜色直观展示整体工程进度。

利用这些特性，在设计、采购、生产、施工的整个流程中，BIM＋物联网建筑设备的数字孪生体可以实现的智能管控功能包括以下几个方面。

1. 设备管控优化应用

(1)设备全生命周期监控及数据更新。在独立的 RFID 管控功能上，综合 BIM 的应用功能对设备建设全生命周期管控优化，根据不同角色及功能的划分主要包含基于 BIM 的设备采购计划、设备出厂绑定 RFID 标签、设备运输仓储过程管控、设备安装使用更新数据、绑定 RFID 的 BIM 数据交付运维五个步骤，综合运用 BIM 计量、BIM 估价、审批、招投标、RFID 标签选择、BIM 可视化信息查补、RFID 标签的绑定、更新及查询，实现设备的全生命周期管控，如图 12-9 所示。

首先，基于 BIM 模型构建功能对建筑设备进行参数化设计，确保 BIM 模型内含工程相关建筑物预计施工、运维全生命周期中一切必需的实体构配件以及设备的具体参数，并且精准地包含所有构件的尺寸以及位置信息。此时，利用 BIM 模型包含的信息统计设备的采购数量，为设备构建全生命周期数据档案，后续建设过程中针对某一设备的数据均以该数据库为基础进行统一编码、统一存储，如图 12-10 所示。将设备分类汇总整合，生成待采购设备清单。可结合项目管理平台、概预算软件等专业数据库进行暂估价计算，提交设备清单和暂估价信息给相关部门和领导审批。待审批通过之后，下发采购计划并开展相关流程。过程

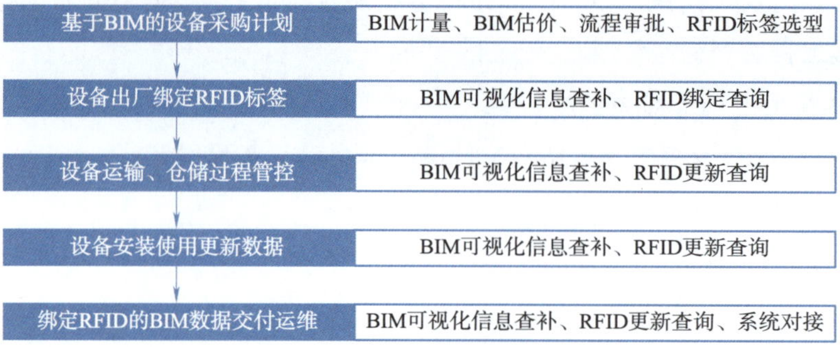

图 12-9　设备全生命周期监控及数据更新总体流程

中要根据建筑设备的特殊性质，对 RFID 标签进行选型，约定后续生产过程中需要绑定的标签。

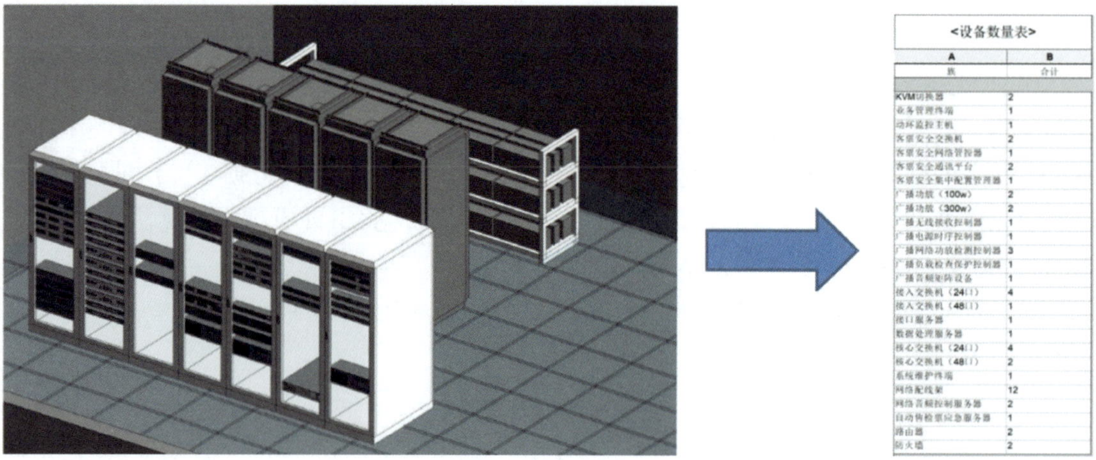

图 12-10　参数化设计模式

其次，在建筑设备生产阶段，设备制造商通过精细化的 BIM 技术的三维建模，工程设计人员和建设管理人员能够实时跟踪建筑设备制造过程中的情况，通过将实际设备与 BIM 模型进行比较甚至替换，提前发现实际组装过程中可能遇到的安装尺寸等问题，及时发现问题、反馈问题、解决问题，减少工程设计人员去设备制造厂现场监造的次数，提高建筑设备制造效率和准确性。设备生产厂家在将 RFID 电子标签与设备实体绑定的同时，将设备生产过程的关键参数和信息通过 RFID 电子标签录入数字孪生系统平台，补充作为设备数字孪生体的一部分。当设备生产完成后，生产厂家将设备的三维数字化说明书、标准检查流程和最优化拆解方法等关键安装、运维信息存入系统，进行留档保存，后续应用过程中可通过扫描 RFID 标签查询。

然后，在建筑设备的运输仓储过程中，按照一定的时间间隔或关键位置变化，将设备的运输位置、入库、出库等状态变化通过扫描 RFID 电子标签录入系统中，工程设计、施工、建设单位可以跟踪建筑设备所到达的位置，并利用 BIM 模型的颜色变化等方式提示设备目前的运输仓储状态，与设备存放仓库、场地整理、建设管理工期整体进行关联，为设备与工程实际情况匹配提供数据支持。

在建设后期，对设备的安装、调试、验收过程进行管控。在上述步骤中通过扫描 RFID 电子标签获取后台的可视化模型、设计数据及生产指标，核实确定设备的安装状态、调试及验收过程中发现的问题及解决结论，对这些过程进行辅助，将安装位置偏差、设备外形微调及连接关系的调整反馈至 BIM 模型中。实际竣工时可以通过扫描 RFID 状态将实际安装信息与计划内容进行比对、匹配、核对，确保实际现场安装的设备与设计的一致性。

最后，在移交运维的过程中，可以在提交实体工程成果的同时将建筑设备的数字孪生体模型同时移交，通过实体设备 RFID 的扫描可以快速确认资产内容，数字孪生体中可以包含设备设计、生产、施工全流程的关键数据和信息，并以设备为入口进行了数据索引，专业运维人员可以便捷地对关心的数据进行查询，也可以在现场利用手持终端扫描设备附加的 RFID 电子标签直接索引到相关信息。

(2)设备仓库管理优化。可以利用 BIM＋物联网优化建筑设备仓储过程的管理，主要包括入库、库存、出库的管理，利用了 BIM 场布、RFID 入库、RFID 定位、RFID 盘点、RFID 出库等功能，如图 12-11 所示。

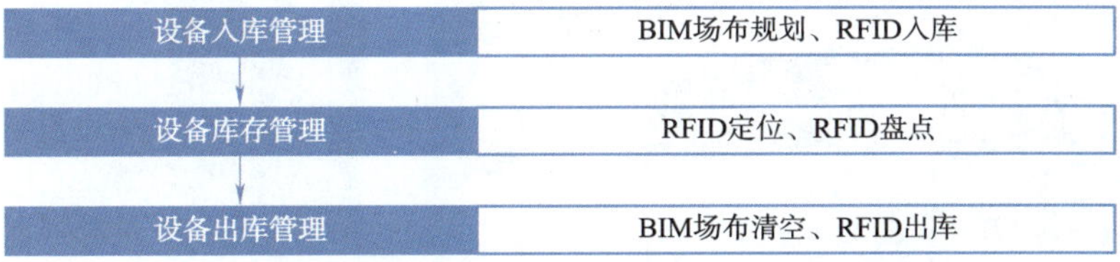

图 12-11　BIM＋物联网优化建筑设备仓储过程

首先，为了减少不必要的工作负担和成本消耗，在分析建筑工程现场施工实际设备的需求及到货预期后，利用 BIM 构建功能快速构建仓储环境的模型，以设备生产厂提供的包装尺寸，根据大小、数量、种类、重量等特点在虚拟空间对仓储的布置进行规划。当设备实际到达仓库后，利用手持终端或安装在仓库大门卡口的固定终端对设备的 RFID 电子标签扫描实现设备入库，提示库管人员规划的布置位置并三维展示，在安放入位后再次通过扫描标签更新状态，此时虚拟空间的仓库显示位置已经占据。

其次，在设备存放在仓库的阶段，可以利用可视化终端界面指导库管人员的巡视，并可以通过扫描 RFID 电子标签的方式进行数字化盘点，提高工作效率。针对重要、高值设备，采用可以长距离识别的 RFID 标签，在仓库内设置长距离固定读卡器，可以实时监控设备是否发生移动，保障设备财产安全。

最后，在出库阶段，现场管理人员可以通过平台查询设备存储的位置，现场领取过程扫描 RFID 标签实现出库管理，并在 BIM 虚拟仓库空间内将设备占用空间清空。

(3)设备安装管控优化。首先,设备的动态跟踪不需要专人全程追踪,而是将状态更新的步骤分散到建设单位、生产厂家、运输人员、仓库管理人员及施工安装调试人员,扫描RFID标签更新状态的同时还可以获得该步骤的关键信息,可以为设备安装提供可靠、准确的基础数据,并可以实现在设计—采购—安装流程的信息核对与监管,如图12-12所示。

当实体设备应用到施工实体建筑中时,相关工作人员即时把设备的状态信息(如安装时间、位置、操作人员等)通过手持终端扫描RFID标签的方式写入数字孪生平台;在三维可视平台实时反馈设备采购、库存、安装状态,与工程整体进度计划、状态进行匹配;相关的现场技术人员、管理人员、监督人员就能够借助手持终端扫描现场设备的RFID标签来掌握实际设备的安装使用情况,与前序流程进行比较,实现设备在建设期运用的验证与复核。同时,平台还可以通过BIM模型的模拟功能展示虚拟施工工艺流程,供相关工作人员提前学习记录。

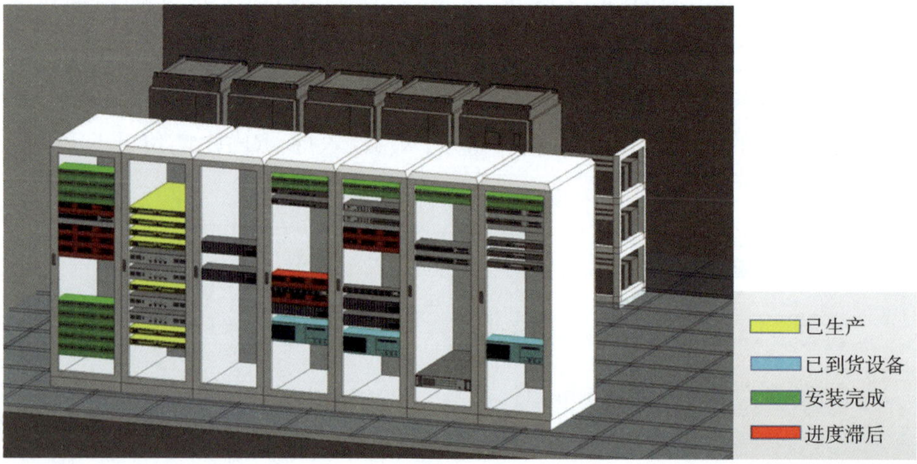

图12-12 施工进度监控功能

2. 施工安全管理应用

(1)风险区域可视化。为了防止现场作业及管理人员根据自己以往经验判断现场风险区域,可采用系统分析方法预先辨别出风险因素,结合碰撞检查、虚拟建造、动态漫游等BIM技术方法,汇总施工安全风险清单,并参考相关事故和安全规范等将其划分出风险区域范围。通过BIM相关软件进行三维建模,将现场风险区域在BIM模型以不同颜色进行显示,进行风险区域可视化,有效避免发生安全事故。

(2)定位预警、信息录入。在关键场合设置RFID远程读卡器,对设备定位的同时,可以为工作人员的穿戴设备上同样设置RFID标签,对设备类型、人员信息、施工安全工作范围等内容进行匹配,若存在不匹配情况或存在安全隐患则及时报警,提示施工管理人员及时现场督导处置。系统通过终端、RFID电子标签、后台处理方式在安装过程中扫描快速更新状态,改变了以往的手工录入、纸质传递等方式,减少了工作量并提高效率。

(3)安全信息数据库。通过现场扫描 RFID 标签将数据及时更新到基于 BIM 的数字孪生体中,形成安全信息数据库。BIM 与 RFID 两者在信息交互的过程中,施工现场信息不断传回 BIM 数据库并存储更新,最终形成了项目的安全信息数据库,因此在施工现场将可以接入的作业人员、相关机械材料、建筑设备等信息都进行存储,作业人员的信息逐渐形成个人档案,以便对人员进行管理;设备安装所利用机械材料状况也可以形成档案记录。通过多个项目数据的横向互通,可以为进一步优化风险区域划分、风险信息录入提供优化依据。

(4)设备质量把控。在各个阶段利用数字孪生体归集设备信息,可以实现对内容的审核,如初始数据与设计要求不符的禁止使用,没有验收合格(如无报验批准)禁止使用,安装信息与施工图不符的禁止安装等,各类不符合要求的信息通过平台报警方式提供给相关参建单位。可以保证整个工程过程中的交接资料真实准确、可追溯,确保应用在建筑实体的设备质量。

(5)安全检查。系统具有可视化、实时采集信息、信息共享等主要功能,辅助安全管理人员更好进行安全检查工作,在这基础上单独设置安全检查功能,此功能主要是存入相关安全检查标准和图片。在检查过程中,现场安全管理人员随时可以使用移动端软件调出标准和图片作为参考,帮助安全知识技能不足的检查人员,从而使检查工作更加准确。

3. 绿色建筑优化应用

根据我国绿色建筑评价,并结合对建设项目全生命期的考虑,可以将绿色建筑与建筑信息模型(BIM)有机地结合起来,从而产生“绿色建筑信息模型”。在建筑的全生命期内,将各个阶段拥有的数字化、可视化、模型化的信息,构成一个统一、完全共享信息的集成平台,并实现建筑系统以设备专业为主体包含各专业、各过程的完美连接和与任务协同,能够确保该建筑系统在最大程度上的节约资源、减碳和保护环境。充分运用基于建筑信息模型的建筑能耗和性能分析软件于建筑设计的每个阶段中,结合物联网提供设备的接入系统能力强化评价功能,这样能量分析的操作过程将会被大大的简化,在绿色建筑评价建筑节能减排上有着积极的作用,详细有如下几个方面。

(1)在设计初期使用 BIM 技术的方案设计软件把设计任务书中的业主对项目的一些数字化要求转换为依据几何三维形体的建筑方案,这将有利于业主与设计人员之间的沟通及方案研究的论证。把 BIM 模型中具有的这些建筑设备信息作为数据载体,在建筑的规划、设计、材料设备使用、能源消耗、施工过程中等方面进行数据提取、分析、管理。将分析计算的结果作为依据,优化和指导建筑规划、设计、施工方案,使其能够最大限度地提高资源和能源的利用率,最小限度地降低对环境的影响。

(2)使用 BIM 技术的模型综合碰撞检查软件,对建筑设备及其综合管线进行可视化、动态模拟、3D 协调等,在施工前避免发生碰撞,进一步减少施工过程中的返工、材料浪费;辅助生成报表台账,减少人工错误的发生;及时同步现场信息,避免由于信息交换不及时导致的人工误差。从以上方式减少人为原因导致的错误或返工,实现绿色建造及投资控制。

(3)对应绿色建筑评价条款的应用。

①将设备对应的效能等级录入到系统中,可以在评价阶段直接通过扫描获得相关信息并在 BIM 进行可视化展示。

②设备从供货商提供的货源地到施工现场运输的能耗,可以通过设备出厂、入库、出库、安装全流程的管控信息获取,通过在过程中录入运输方式信息并与地图信息相结合,可以自动计算。

12.3.4.3 运营期应用

1. 工程移交附加信息模型

在工程移交的同时,将集成有设计阶段、建设阶段的设备全生命周期数据信息库提供给运营管理部门,实现实体工程成果交接的同时提供工程的数字孪生模型,为后续运营开发、运维管理提供良好的基础。

(1)通过将建设期完整的设备信息传递到运营期,可以减少运营人员接手后的大量信息录入工作。结合 BIM+物联网形成的建筑设备数字孪生体包含了建筑设备从设计到移交全过程的关键数据,这些数据按照结构化数据构建,其他格式的文件以设备 ID 为基础进行统一纳入结构化数据索引,可以便捷地按照运维系统进行重新整理,满足运营维护的各类需求。

(2)基于 BIM 可进行物资空间位置信息、外观尺寸信息、系统构成及连接信息等内容的三维展示,并且可以通过手持终端扫描 RFID 的方式直接将信息推送到前端,这种基于可视化模型的数据展示方式有助于运营人员理解工程内容,便于培训及管理。

(3)可以建立建筑设备数字孪生体与多个运维系统平台的接口,保持设备全生命周期信息一致性,解决设备信息全过程追溯的难题,也具备将各类监控系统数据纳入三维可视平台统一展示、关联数据的条件。

2. 设备资产管理功能

延续建设阶段的设备管控功能,延伸至设备在生产运营、退役报废的全生命周期管理,包括多个子功能。

(1)设备数据库更新功能。在运维过程中,新购置的设备及配套材料可录入相关信息到系统中,并由系统生成唯一标识码通过 RFID 电子标签写入系统;当设备资产因变更、调剂、维修维护、报废等管理信息发生改变时,运维管理部门能通过 RFID 电子标签对系统中存储的内容进行修改,完成数据库更新,保持数据库与设备资产实际状态的一致性。

(2)设备台账的实时查询功能。根据设备资产数据库信息,运维管理部门可以按照设备名称、型号、规格、技术指标、使用频次、维修情况等特定条件进行查询或统计;也可对备品备件的库存情况、使用状态进行实时查询。

(3)到期提醒功能。根据设备资产数据库信息,当设备到达维护、大修或更换年限时,提前对运维管理人员进行提醒。

(4)设备清点功能。利用设备资产唯一的 RFID 条码标签。清点时,相关人员将固定资产数据库按照存放地点分别下载到手持终端上,按照工作计划,持手持终端到相应地点逐一扫描所有设备资产上的标签,终端自动完成实际清点情况与数据库账面情况的对比。

(5)设备监管功能。对贴有电子标签的贵重设备进行有效监控,在房间出入口等卡口安装读写器,读写器通过网络与系统后台建立联系:若由于管理需要对设备进行移动时,需在服务器上进行授权;若设备未得到授权被非法带出管理区域会发出报警,并第一时间给管理人员发送信息,防止设备擅自移动和被盗。

3. 智能化运维功能

(1)设备信息查询更新功能。在维护阶段中,当巡检或设备故障时,通过读取设备的 RFID 电子标签,能够自动调出设备生产厂家先前录入的三维数字化说明书,可视化展示对应设备的标准检查流程和最优化拆解方法,借助设备 BIM 三维数字化模型可视化指导运维人员,按标准步骤安全有序地完成设备拆解和检修。

维修完成后也要把整个故障报修信息(如报修时间、人员等)和维修信息(如维修时间、人员等)全部重新编辑通过 RFID 扫描的方式关联到系统中。

(2)巡检辅助功能。利用设备资产唯一的 RFID 条码标签作为巡检工作的接入点,系统后台可提示巡检设备并记录巡检人员巡检时间,为巡检工作提供辅助信息,协助巡检人员进行巡检记录,对管理者来说可确保巡检人员确实到设备处开展巡检工作。

BIM 运维管理平台可实现同时对多台设备进行虚拟巡检,列出设备运行清单。根据项目计划表,系统根据设定的巡检路径,智能巡检进行设备抄表并采集数据信息

(3)设备故障报警辅助功能。设置与将现有运维监测系统数据接入平台,根据监测系统报警信息,实时为运维人员提供故障设备定位、设备厂家、安装时间、维保信息以及设备所属系统等信息,并自动将故障信息记录入数据库,实现属性数据的动态扩展。

(4)定位设备识别功能。以智慧路灯杆为例,采用 RFID 标签方式,通过手持终端、车载终端实现智慧路灯杆的识别,进一步设置与管理系统、GIS 平台的接口,实现 RFID 的现场读识,并为巡检、维护提供定位能力。

(5)能耗管理。项目设备通过传感器采集数据并将实时数据对接 BIM 模型,实现实时点击设备预览设备能耗参数,并将设备参数实时统计上传,实现设备能耗的统计、对比及分析。此外,可将实时采集的设备运行数据中的关键指标通过大数据分析,形成运行趋势曲线图,可用于能源管理、故障预测、节能改造等。

12.3.4.4　结合应用展望

1. 与 VR 技术融合

虚拟现实(virtual reality,VR)即利用计算机技术构造出三维空间的虚拟世界,为用户

提供视觉、听觉、触觉等感官模拟。VR以计算机技术为基础融合图形资源、数字资源等多种信息资源，形成具有交互式和可视化的三维动态视觉、触觉动画。利用相关终端设备在VR营造的虚拟现实中对场景进行认知和感知，给体验者带来身临其境的真实体验感。目前，VR技术应用行业领域广泛，并具有和多种技术融合发展的优点。

(1)VR技术的特点。

模拟环境：通过数据的输入和图形的处理由计算机生成实时动态的三维立体逼真图像。

感知：通过一些手段使得VR具有一切人所具有的感知，包括听觉、触觉、力觉、运动等感知。

自然技能：通过计算机的处理使得参与者的肢体表情等行为动作与模拟的环境及物品做出实时响应，并反馈至参与者。

传感设备：三维交互设备使得参与者感受到与VR场景之间的互动。

通过VR技术，可以轻松地给予使用者真实经历某些事物的感受。

(2)结合应用。

①通过VR的三维可沉浸式体验，可以完美地弥补BIM模型及数据的展现方式，将BIM结合物联网形成的成果数据通过动画、互动等方式，模拟实际设备运用、维修的操作，可以实现更加模拟真实的培训，使运维工作人员快速了解建筑、设备的特性。

②通过VR漫游的功能可以将人与建筑模型形成一个互动的信息传递方式。可以进行虚拟建筑环境内的模拟演练等，对于紧急事件的演练、紧急方案的制定、隐蔽管线的查询都给予很好的辅助。

2. 与AR技术融合

增强现实(augmented reality，AR)技术这一概念最早出现在20世纪90年代初期，并且伴随着互联网技术的快速发展，AR技术被应用在众多领域，比如：医疗、军事、广告营销、教学演示、互联网影视以及赛事直播等领域。随着计算机技术的进一步升级，AR技术通过包含BIM及数据信息的建筑设备数字孪生体相结合，在真实的环境中无缝融合虚拟场景，可以为运营提供很强的辅助。

(1)AR技术的特点。

虚拟现实融合：用虚拟物体和现实环境的叠加来增强现实场景。

实时交互：用户通过增强后的现实环境进行交互操作，且交互满足实时性。

三维注册：计算机生成的虚拟物体要和现实环境一一对应，维持正确的定位和对准关系。

(2)结合应用。AR技术可以认为是手持终端的升级应用，可以将建筑设备信息更加便捷、快速地关联推送到现场人员眼前，利用AR眼镜等终端方式可以进一步解放现场人员的双手，具有非常良好的应用前景。

①通过AR功能可以在现场将设备的信息叠加到人眼看到的设备上，包括设备的数据

信息、相关隐蔽工程内容等。

②将设备维修、拆解步骤通过 BIM、动画的模式制作，直接推送到现场维修人员的眼镜上，可以指导现场人员维修。

③紧密结合现场人员及后台人员，通过语音、视频的方式将后方专家意见传送至现场，现场可以将视频画面反馈到后台，并且结合 RFID 读取、BIM 图像等信息确保现场及后台人员认知的一致性。

第 13 章 建设现状和发展趋势

本章介绍中国铁路主数据中心建设现状以及铁路数据中心在数字孪生数据中心、支持信息技术应用创新等方面的技术发展趋势。

13.1 建设现状

作为中国铁路首个大型、A 级数据中心，中国铁路主数据中心位于京津交界处的高村科技创新园，于 2018 年 3 月开工建设，2018 年底完成了基础设施建设。2019 年起国铁集团新建应用和既有应用陆续迁移至主数据中心运行，当前支撑运行应用总数超过 350 项。

13.1.1 主数据中心设计的主要原则

1. 安全可靠原则

充分考虑安全，能够防止内部恶意破坏及外部恶意攻击；充分考虑高可靠性因素，并有合理的冗余和容灾策略设计，保证业务系统不同级别的业务连续性要求。

2. 适度先进原则

保持适度超前，在充分借鉴国内外企业数据中心先进经验的基础上设计铁路主数据中心，满足未来 10 年业务发展需求，并适应信息化技术的发展趋势。

3. 结构合理原则

采用云架构，保证铁路主数据中心定位和布局以及 IT 基础设施架构合理安排负载和冗余，实现业务分担和功能分配的目标。同时能够保证铁路行业多业务发展需求，提供敏捷、高效的基础支撑。

4. 经济实用原则

根据应用需求选择性价比高的方案，使未来铁路主数据中心能够充分满足业务实际需求，同时也能适应未来业务的灵活扩展，能够充分利用现有投资。

5. 敏捷灵活原则

以敏捷型数据中心为目标，实现架构标准化，同时保证技术平台能够做到灵活可扩展、灵活可接入，未来能够平滑实现软硬件升级、扩容、迁移和更新。

6. 节能环保原则

设计中需要充分考虑绿色、节能、环保，提升计算资源利用率，降低整体资源消耗、既能为业务高可用、高可靠提供技术支撑，又能保证较小的资源消耗和使用。

13.1.2　主数据中心总体架构

依据铁路信息化总体规划赋予主数据中心的核心地位和重要使命，主数据中心要具备成为数据资源中心、逻辑算力中心和网安管控中心的重要能力。中国铁路主数据中心总体架构如图 13-1 所示。

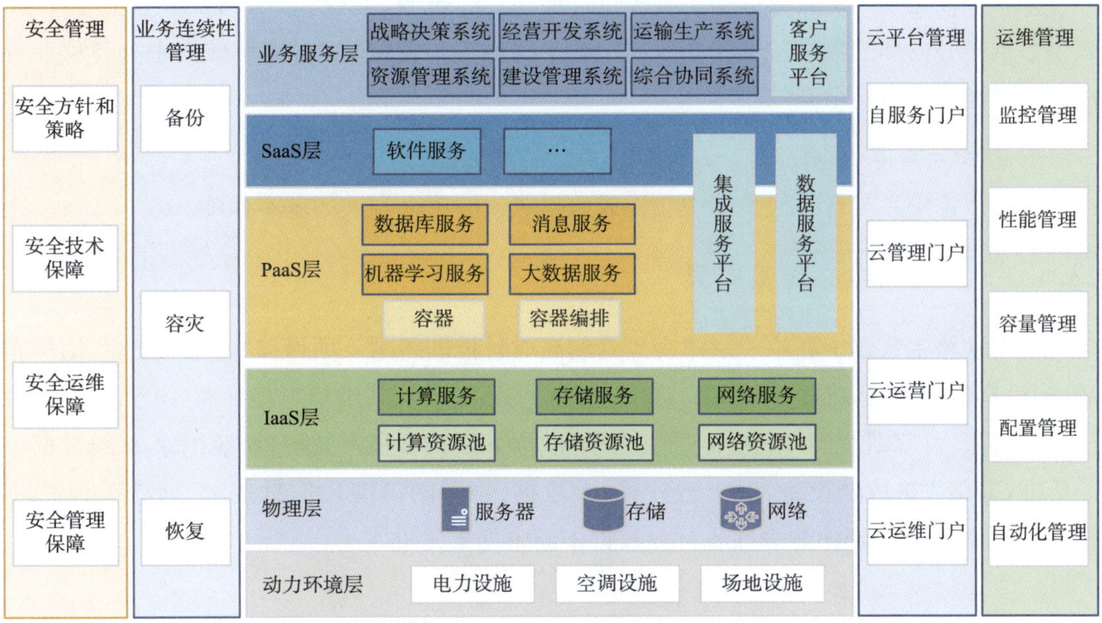

图 13-1　中国铁路主数据中心总体架构

1. 动力环境层

构成数据中心的基础设施，主要包括电力、空调、场地等设施，是本书所涉及设计技术的狭义数据中心范畴。

2. 物 理 层

数据中心各种信息资源物理设施设备，包括服务器、存储设备、网络设备等。

3. IaaS 层

基于 VMware、OpenStack＋KVM 的解决方案，对信息资源进行软件化和池化，为上层服务及业务应用提供计算、存储、网络服务等资源。

4. PaaS 层

基于 Kubernetes+Docker 容器、Open-Stack+KVM 的解决方案，专注于为应用提供数据、集成、中间件等各类服务以及技术支撑。

5. SaaS 层

基于 IaaS 层和 PaaS 层，为应用提供企业级通用软件服务。

6. 业务服务层

整合集成各类服务系统，为业务应用提供各级各类技术支撑。

7. 运维管理

采用一体化平台工具为数据中心提供性能、容量、配置、监控、自动化管理等服务，以及提供数据中心内部的数据备份和多数据中心之间的容灾恢复管理，确保数据中心各项业务应用的平稳可靠与安全高效。

8. 云平台管理

是主数据中心与各异地数据中心构成数据级或应用级容灾的基本保障。

13.1.3 主数据中心建设成果

中国铁路主数据中心位于京津交界处的高村科技创新园。项目按“两轴、四区”结构布局，建设有信息楼、运维楼、柴发楼，总建筑规模 54 560 m²，其中信息楼拥有 10 000 m² 的机房地板面积，可容纳 3 840 个机柜，园区平面布局如图 13-2 所示，设计按照国家 A 级数据中心标准，采用先进成熟设备，融入云计算、大数据、物联网等现代信息技术，满载运行 PUE 指标低于 1.5，节能环保能力在各行业数据中心中处于先进水平。

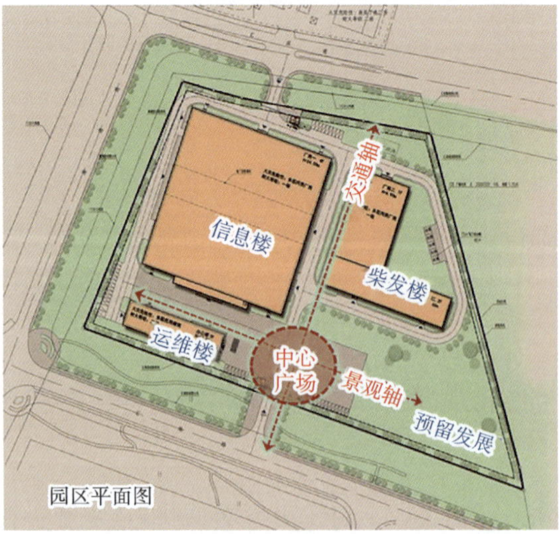

图 13-2 中国铁路主数据中心平面布局

主数据中心实景如图 13-3 所示。

图 13-3　中国铁路主数据中心实景

13.1.4　主数据中心服务能力

按照云计算服务交付标准，铁路主数据中心对用户提供 IaaS、PaaS、SaaS 三层服务。IaaS 层服务为信息化整体架构提供基础设施支撑平台，包含生产应用、开发测试、对外服务三大领域基础设施；PaaS 层服务为集成服务平台、数据服务平台、开发测试平台、生产应用微服务平台提供实现保证；SaaS 层服务最终体现六大业务系统；通过安全控制平台以及智能运维平台，为用户提供符合国家安全等级保护要求的信息化环境和稳定可靠的信息化运行平台。

铁路云服务架构如图 13-4 所示。

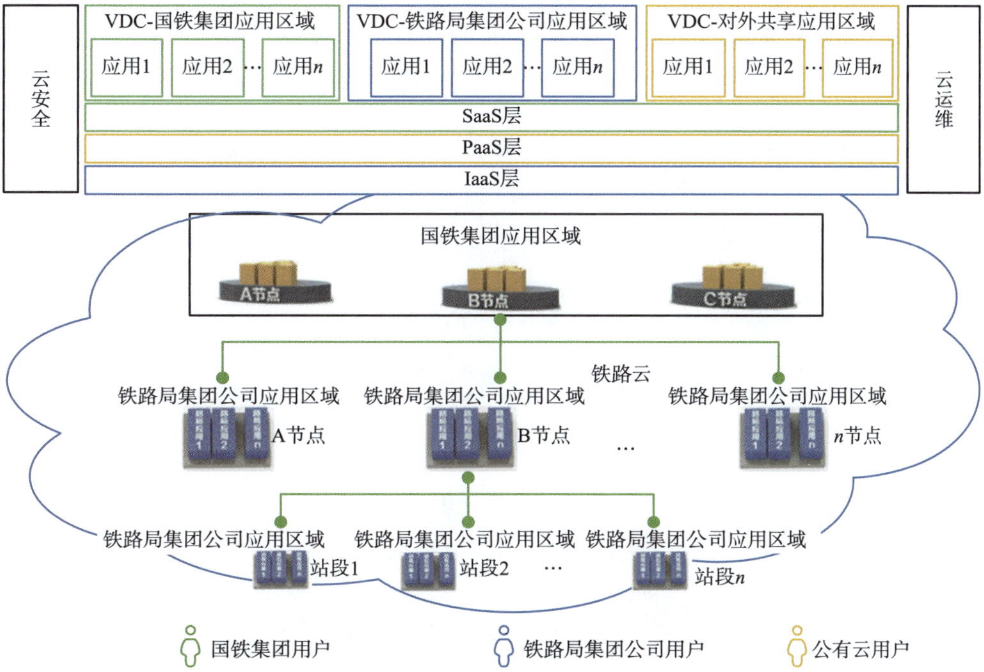

图 13-4　铁路云服务架构

作为全路数据中心中先行建设的铁路主数据中心，兼顾既有应用系统和新一代云架构应用系统运行的需要，全面提供云计算服务和传统架构计算服务。

13.2 发展趋势

高速铁路数据中心在逐步根据铁路数据中心规划建设、落地，形成体系的同时，技术方面也存在一些总体性的发展趋势。其一，是数字孪生数据中心，在实体数据中心之外构建数字域的数字孪生体，全面提升三维可视、数据平台、智能管理功能；其二，是数据中心对信息技术应用创新的支持。

13.2.1 数字孪生数据中心

数字孪生(digital twin)是一种充分利用物理模型、传感器更新、运行历史等数据，集成多学科、多物理量、多尺度、多概率的仿真过程，在虚拟空间中完成映射，从而反映相对应的实体装备的全生命周期过程。

基于 BIM+物联网交互形成建筑设备的数字孪生体，设备数字孪生体与实体进行虚实空间的结合，可以在 BIM、物联网独立实现功能基础上，在建筑设备的建设期、运营期实现更加复杂、智能的功能。

应用 BIM 技术构建数据中心的数字孪生体，利用物联网应用系统在各阶段采集、更新基础设施设备本体关联的各类数据信息，将高精度的三维模型、数据信息支撑能力提供给 DCIM 系统，为运营维护人员丰富完善数据中心全面管理能力，总体架构如图 13-5 所示。

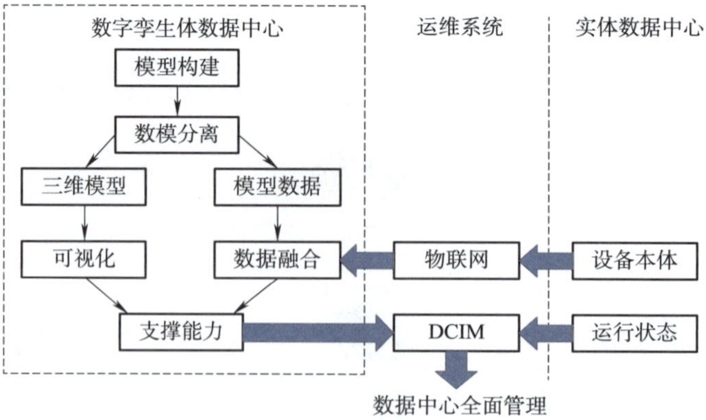

图 13-5 系统总体架构

在数字孪生体数据中心构建中，通过数字化模型构建技术形成 BIM 模型，通过数模分离技术将三维模型与模型数据分离开，利用可视化技术实现三维展示，与物联网采集数据融合,共同实现三维可视化及完整数据信息的支撑能力。在利用物联网按照 BIM 模型数据的结构,利用物联网技术收集设备本体关联数据。需要解决的关键技术包括以下 3 个方面。

(1)BIM 模型构建技术。不同于常规项目一次 BIM 建模,数据中心运行过程中设备变化、调整非常频繁,需要快速、便捷的 BIM 数字化建模能力以匹配信息系统设备的更新速度。

(2)BIM 模型应用技术。要将 BIM 模型提供的三维可视、数据应用起来,形成用于收集设备全生命周期产生的关键数据的数据底座。

(3)物联网融合接入技术。利用物联网技术对设备采购、生产、安装、运行、维修的各类数据进行采集,并自动在数字域中统一存入数据中心数字孪生体。

(4)基于数字孪生的数据中心应用。对 BIM 模型、全生命周期数据、物联网能力进行深度的融合与功能重构,按照数据中心运营维护的实际需求,构建对应的应用功能,从而把数字孪生数据中心实际应用于数据中心安全保障、效率提升与绿色节能中。

13.2.2 支持信息技术应用创新的铁路数据中心

中央网络安全和信息化委员会印发《"十四五"国家信息化规划》从加强信息技术基础研究、强化关键信息技术创新、布局战略性前沿性技术的视角,明确了技术创新的布局优化和能力提升重点,并部署了"前沿数字技术突破行动",推动形成支撑我国信息化高质量发展的创新发展体系。在"十四五"期间,铁路信息系统也将依照综合办公、经营管理、生产运营不同种类业务逐步开展信息技术应用创新。

铁路信息系统开展信息技术应用创新过程中,系统部署方案必然与传统有所变化,为满足相同的系统能力,需要铁路数据中心在空间、供电、制冷等多方面进行前瞻考虑,以满足新的部署需求。

参考文献

[1] 中华人民共和国住房和城乡建设部，中华人民共和国国家质量监督检验检疫总局. 数据中心设计规范：GB 50174—2017[S]. 北京：中国计划出版社，2017.

[2] 钟景华，朱利伟，曹播，等. 新一代绿色数据中心的规划与设计[M]. 北京：电子工业出版社，2010.

[3] 张广明，陈冰，张彦和. 数据中心基础设施设计与建设[M]. 北京：电子工业出版社，2012.

[4] 李劲. 云计算数据中心规划与设计[M]. 北京：人民邮电出版社，2018.

[5] 顾大伟，郭建兵，黄伟. 数据中心建设与管理指南[M]. 北京：电子工业出版社，2010.

[6] 钟景华，傅烈虎，丁麒钢，等. 新基建：数据中心规划与设计[M]. 北京：电子工业出版社，2021.

[7] 施卫忠. 铁路数据中心建设与规划研究[J]. 中国铁路，2021(1)：1-7.

[8] 吕科，张敬，黄铁彪，等. 京东数据中心构建实战[M]. 北京：机械工业出版社，2018.

[9] 韩平，潘宁，李毅，等. 国家开发银行数据中心结构设计[J]. 建筑科学，2016，32(5)：132-136.

[10] 周昀，王琳琳，邓倡，等. 国家东南健康医疗大数据中心项目上部结构设计[J]. 建筑结构，2018，48(增刊)：95-97.

[11] 卢振永，李金龙. 高烈度区数据中心钢筋混凝土框架结构体系抗震设计探讨[J]. 邮电设计技术，2017(12)：85-88.

高速铁路基础研究与技术创新丛书

第一期(16 册)

(一)基础理论与基础技术系列

高速铁路散体道床宏细观力学行为 赵春发　翟婉明　张　徐　著

ISBN 978-7-113-28857-0

高速铁路线路系统动力学 龙许友　时　瑾　王英杰　编著

ISBN 978-7-113-28997-3

高速铁路弓网关系研究 韩通新　著

ISBN 978-7-113-28941-6

(二)动车组系列

高速列车轻量化设计 李　明　伊召锋　米莉艳　等编著

ISBN 978-7-113-28972-0

(三)供电系列

高速铁路受电弓 韩通新　编著

ISBN 978-7-113-28975-1

高速铁路接触网检测技术 韩通新　著

ISBN 978-7-113-28961-4

(四)工程设计系列

高速铁路桥梁抗震设计 陈兴冲　张永亮　编著

ISBN 978-7-113-28964-5

高速铁路轨道工程 BIM 正向设计软件开发及实践 姚　力　刘大园　董凤翔　等编著

ISBN 978-7-113-28934-8

(五)工程施工与组织系列

高速铁路桥梁 BIM 技术研究与实践 盛黎明　苏　伟　刘延宏　宋树峰　编著

ISBN 978-7-113-28938-6

高速铁路岩溶路基边坡变形与稳定 白明洲　师　海　田　岗　等编著

ISBN 978-7-113-28880-8

高速铁路工程地质灾害超前预报图形判别和解译　　李　忠　郝娜娜　等编著

ISBN 978-7-113-28935-5

（六）通信与列控系列

高速铁路宽带无线信道测量与建模技术　　周　涛　何睿斯　艾　渤　编著

ISBN 978-7-113-28930-0

（七）测量与检测系列

（八）高铁运营与经济系列

高速铁路社会效益研究——基于时空经济分析　　李红昌　夏璇璇　著

ISBN 978-7-113-28942-3

（九）现代信息技术系列

高速铁路物联网技术　　史天运　孙　鹏　张惟皎　陈瑞凤　编著

ISBN 978-7-113-29029-0

（十）安全·健康·维护系列

高速铁路道砟飞溅机理及防治　　高　亮　石顺伟　殷　浩　著

ISBN 978-7-113-28906-5

高速列车多目标均衡综合节能技术　　张　雷　李　明　司志强　等编著

ISBN 978-7-113-28976-8

第二期（23 册）

（一）基础理论与基础技术系列

高速列车空气动力学数值模拟——基于 STAR-CCM＋软件

李　明　李　田　戴志远　等编著

ISBN 978-7-113-30059-3

高速铁路沿线地面沉降研究与防治　　李国和　黄大中　尚海敏　王少林　编著

ISBN 978-7-113-30176-7

高速铁路路基智能填筑技术　　王同军　闫宏业　杨　斌　尧俊凯　等著

ISBN 978-7-113-30047-0

季冻区高速铁路路基服役性能与孕灾风险研究

叶阳升　蔡德钩　毕宗琦　李善珍　等著

ISBN 978-7-113-29934-7

高速铁路隧道内附属设施气动效应及安全性研究

彭立敏　杨伟超　施成华　雷明锋　著

ISBN 978-7-113-30104-0

高速铁路钢轨打磨理论与技术　王文健　郭　俊　周　坤　著

ISBN 978-7-113-30061-6

高速列车动态性能正向设计　周劲松　宫　岛　孙文静　著

ISBN 978-7-113-30050-0

高速列车自动驾驶控制理论　宿　帅　李开成　唐　涛　袁　磊　等编著

ISBN 978-7-113-30147-7

高速铁路行车调度与控制一体化　唐　涛　宿　帅　孟令云　阴佳腾　编著

ISBN 978-7-113-30112-5

高速铁路无砟轨道结构水泥基材料理论与技术

龙广成　曾晓辉　马昆林　谢友均　著

ISBN 978-7-113-30056-2

(二)动车组系列

高速列车空气动力学设计技术　丁叁叁　著

ISBN 978-7-113-30055-5

(三)供电系列

高速铁路电力牵引供电工程智能建造技术

胡志华　陈建明　奚金柱　吴命利　等编著

ISBN 978-7-113-30205-4

(四)工程设计系列

现代铁路枢纽规划设计　许佑顶　高丰农　吴学全　李传勇　等编著

ISBN 978-7-113-27468-9

高速铁路隧道底部结构动力响应特性及设计方法

彭立敏　施成华　黄　娟　丁祖德　著

ISBN 978-7-113-30133-0

(五)工程施工与组织系列

高速铁路工程勘察技术创新与实践　陈则连　著

ISBN 978-7-113-30189-7

高速铁路工程质量系统管理(第 2 版)　　卢春房　等著

ISBN 978-7-113-30108-8

高速铁路路基沉降分析与控制技术　　宋绪国　郭帅杰　编著

ISBN 978-7-113-30154-5

深埋高速铁路地下车站施工关键技术　　杨新安　马明杰　李路恒　罗　驰　编著

ISBN 978-7-113-30001-2

高速铁路施工组织创新与实践　　魏　强　编著

ISBN 978-7-113-30136-1

高速铁路路基沥青混凝土防水封闭结构　　蔡德钧　闫宏业　楼梁伟　石越峰　等著

ISBN 978-7-113-30033-3

(六)通信与列控系列

高速铁路信号系统雷电防护技术研究　　向念文　徐宗奇　阳　晋　编著

ISBN 978-7-113-30135-4

(七)测量与检测系列

(八)高铁运营与经济系列

(九)现代信息技术系列

智能高速铁路图像大数据分析技术及应用　　李　平　李　瑞　赵　冰　编著

ISBN 978-7-113-30134-7

(十)安全·健康·维护系列

高速列车横风效应及气动安全控制动力学　　毛　军　柳润东　郗艳红　著

ISBN 978-7-113-30028-9

第三期(18 册)

(一)基础理论与基础技术系列

高速铁路桥梁抗风技术　　何旭辉　邹云峰　敬海泉　等著

ISBN 978-7-113-31329-6

高速铁路智能选线理论与方法　　蒲　浩　宋陶然　李　伟　张　洪　著

ISBN 978-7-113-31670-9

(二)动车组系列

高速列车风阻制动技术　　田　春　周嘉俊　马天和　吴萌岭　编著

ISBN 978-7-113-31648-8

高速列车制动防滑控制基础理论与试验技术 田 春 朱文良 马天和 吴萌岭 编著

ISBN 978-7-113-31585-6

高速铁路轮轨廓形设计及应用 沈 钢 陈迪来 编著

ISBN 978-7-113-31307-4

高速列车辅助供电系统 张立伟 姜东杰 徐海大 编著

ISBN 978-7-113-31574-0

高速列车被动安全系统技术理论 丁叁叁 编著

ISBN 978-7-113-31996-0

(三)供电系列

高速铁路供电系统电磁暂态分析与防护 刘明光 刘 铁 编著

ISBN 978-7-113-31249-7

(四)工程设计系列

(五)工程施工与组织系列

寒区高速铁路隧道低温影响与工程对策 马志富 田四明 杨昌贤 王志杰 等编著

ISBN 978-7-113-31456-9

高速铁路路基边坡生态防护技术与实践 叶阳升 蔡德钩 魏少伟 吕 宋 著

ISBN 978-7-113-31741-6

(六)通信与列控系列

真空管磁浮高速飞行列车车地无线通信技术 刘 留 艾 渤 编著

ISBN 978-7-113-31382-1

(七)测量与检测系列

高速铁路运营监测技术 赵 斗 张冠军 王长进 梁 永 编著

ISBN 978-7-113-31182-7

高速铁路精密工程测量技术 王长进 刘 成 张冠军 石德斌 编著

ISBN 978-7-113-31519-1

铁路工程地质遥感技术创新与应用 刘桂卫 著

ISBN 978-7-113-31354-8

(八)高铁运营与经济系列

高速铁路列车开行决策理论与技术 周文梁 史 峰 徐光明 等著

ISBN 978-7-113-31563-4

(九)现代信息技术系列

高速铁路数据中心设计技术 杨德修 樊 艳 赵 耀 崔校玉 编著

ISBN 978-7-113-31126-1

(十)安全·健康·维护系列

绿色高速铁路技术 蒋 辉 编著

ISBN 978-7-113-31460-6

高速列车驾驶人因安全保障理论及方法 方卫宁 唐 涛 等著

ISBN 978-7-113-31311-1